Faire l'histoire de la Résistance

Collection « Histoire »

Dirigée par Frédéric CHAUVAUD, Florian MAZEL et Jacqueline SAINCLIVIER

Série « Guerre et Société »

Dirigée par Jean-François CHANET

Derniers livres parus :

Aurélie CAMPANA, Grégory DUFAUD et Sophie TOURNON (dir.),
Les déportations en héritage. Les peuples réprimés du Caucase et de Crimée hier et aujourd'hui, 2010, 248 p.

Élise JULIEN,
Paris, Berlin. La mémoire de la guerre, 1914-1933, 2010, 416 p.

Jean-François CHANET et Christian WINDLER (dir.),
Les ressources des faibles. Neutralités, sauvegardes, accommodements en temps de guerre (XVIe-XVIIIe siècle), 2010, 458 p.

Yann LAGADEC et Stéphane PERRÉON avec la collaboration de David HOPKIN,
La bataille de Saint-Cast (Bretagne, 11 septembre 1758). Entre histoire et mémoire, 2009, 452 p.

Frédéric MORVAN,
La chevalerie bretonne et la formation de l'armée ducale, 1260-1341, 2009, 296 p.

Wolfgang KAISER (dir.),
L'Europe en conflits. Les affrontements religieux et la genèse de l'Europe moderne vers 1500-vers 1650, 2008, 448 p.

Sarah FISHMAN,
La bataille de l'enfance. Délinquance juvénile et justice des mineurs en France pendant la Seconde Guerre mondiale, 2008, 328 p.

Özkan BARDAKÇI et François PUGNIÈRE,
La dernière croisade. Les Français et la guerre de Candie 1669, 2008, 184 p.

Jean-Claude CARON, Frédéric CHAUVAUD, Emmanuel FUREIX et Jean-Noël LUC (dir.),
Entre violence et conciliation. La résolution des conflits sociopolitiques en Europe au XIXe siècle, 2008, 364 p.

Jean-Claude CATHERINE (dir.),
La captivité des prisonniers de guerre. Histoire, art et mémoire, 1939-1945, 2008, 240 p.

Aurélien LIGNEREUX,
La France rébellionnaire. Les résistances à la gendarmerie (1800-1859), 2008, 368 p.

Luc CAPDEVILA,
Une guerre totale, Paraguay, 1864-1870. Essai d'histoire du temps présent, 2007, 514 p.

Clément THIBAUD,
Républiques en armes. Les armées de Bolívar dans les guerres d'indépendance du Venezuela et de la Colombie, 2006, 430 p.

Serge BIANCHI et Roger DUPUY (dir.),
La Garde nationale entre nation et peuple en armes. Mythes et réalités, 1789-1871, 2006, 560 p.

Jean-François CHANET,
Vers l'armée nouvelle. République conservatrice et réforme militaire, 1880-1919, 2006, 324 p.

Sous la direction de
Laurent Douzou

▲

Faire l'histoire de la Résistance

▼

Actes du colloque international (18-19 mars 2008)

Collection « Histoire »

PRESSES UNIVERSITAIRES DE RENNES

Ouvrage publié avec le concours de la Fondation de la Résistance

La Fondation remercie à cette occasion le ministère de la Défense ainsi que les collectivités locales qui ont apporté leur soutien à ce colloque : le conseil régional Rhône-Alpes, le conseil général du Rhône, la ville de Lyon.

UHB Rennes 2 – Campus de La Harpe
2, rue du doyen Denis-Leroy
35044 Rennes Cedex

www.pur-editions.fr

Mise en page : Mélanie Chiappini pour le compte des PUR

ISBN 978-2-7535-1042-5
Dépôt légal : 1er semestre 2010

Sigles et abréviations

ANACR	Association nationale des anciens combattants de la Résistance
AS	Armée secrète
BCRA	Bureau central de renseignements et d'action
CDL	Comité départemental de libération
CH2GM	Comité d'histoire de la Deuxième Guerre mondiale
CHG	Comité d'histoire de la guerre
CHOLF	Commission d'histoire de l'occupation et de la libération de la France
CLL	Comité local de libération
CNR	Conseil national de la Résistance
COMAC	Commission d'action militaire
COPA	Centre des opérations de parachutages et d'atterrissages
CVR	Combattant volontaire de la Résistance
FFI	Forces françaises de l'intérieur
FN	Front national de lutte pour la liberté et l'indépendance de la France
FNDIRP	Fédération nationale des déportés et internés résistants et patriotes
FTP(F)	Francs-tireurs et partisans (français)
MLN	Mouvement de libération nationale
MOI	Main d'oeuvre immigrée
MUR	Mouvements unis de résistance
OCM	Organisation civile et militaire
ORA	Organisation de résistance de l'armée
R1	Région de Lyon
R3	Région de Montpellier
R5	Région de Limoges

RH2GM	Revue d'histoire de la Deuxième Guerre mondiale
RPF	Rassemblement du peuple français
SOE	Special operations executive
STO	Service du travail obligatoire
UNADIF	Union nationale des associations de déportés, internés et familles de disparus

Avant-propos

Victor CONVERT,
Préfet, directeur général de la Fondation de la Résistance

Le colloque « Faire l'histoire de la Résistance », qui s'est tenu à Lyon les 18 et 19 mars 2008, a été organisé par la Fondation de la Résistance et l'Institut d'Études Politiques de Lyon, avec la participation du Centre d'Histoire de la Résistance et de la Déportation de Lyon, qui assurait l'accueil des participants et de l'École Normale Supérieure Lettres et Sciences Humaines, où se tenaient les séances.

Deuxième colloque initié par la Fondation de la Résistance, il répond à l'une de ses missions essentielles, telle que l'ont souhaité ses fondateurs : encourager les recherches historiques sur la Résistance. Il s'inscrit dans un programme d'action qui s'efforce de répondre aux besoins des acteurs de cette recherche de la façon la plus complète possible. La Fondation octroie ainsi depuis 2004 des contrats de recherche annuels pour aider des étudiants à mener à bien leur thèse sur la Résistance. Elle décerne depuis 2006 le Prix Philippe Viannay-Défense de la France, fondé par l'Association Défense de la France pour récompenser un ouvrage publié ou un travail universitaire inédit. Elle a pendant quatre ans co-dirigé la préparation du *Dictionnaire historique de la Résistance* (Laffont, 2006), dont les principaux auteurs appartiennent à son Comité historique et pédagogique.

C'est dans le but de stimuler de nouvelles recherches après l'état des lieux formulé dans le *Dictionnaire*, qu'elle a décidé de tenir en province, à échéances régulières, des colloques scientifiques cumulant une approche nationale, voire internationale et des études de cas régionales. Car tout comme la Résistance a surgi de toutes les régions de France, c'est partout en France que le vivier des chercheurs d'aujourd'hui et de demain se trouve. Après une première rencontre, organisée en 2005 à Saint-Amand-Montrond sur *La répression à l'été 1944*, ce colloque représente donc la deuxième étape de cette entreprise, dans la ville qui, avant Paris, fut pendant un temps la « capitale de la Résistance ».

Pourquoi ce sujet « Faire l'histoire de la Résistance » nous a-t-il paru prioritaire ? Parce que les questions de mémoire ont une place aujourd'hui centrale en France, que la mémoire de la Deuxième Guerre mondiale a fait son entrée dans les programmes scolaires, que les documentaires et fictions sur cette période – et spécialement la Résistance – abondent. En même temps qu'ils suscitent un intérêt du public dont on ne peut que se réjouir, ils réactivent aussi des craintes d'un retour à une vision chargée de mythologie aux dépens du travail d'histoire. C'est pourquoi retracer les efforts entrepris dès la Libération par les historiens pour rendre compte de cette expérience singulière que fut la Résistance nous a semblé important, afin de mieux mesurer les difficultés auxquelles ils ont dû faire face et la façon dont leur travail a pu, peu à peu, façonner la mémoire collective.

Le professeur Laurent Douzou a bien voulu assumer la direction scientifique du colloque, en s'entourant d'un conseil scientifique composé de Jean-Marie Guillon, Pierre Laborie, François Marcot, Guillaume Piketty, Jacqueline Sainclivier, tous membres du Comité historique et pédagogique de la Fondation, et de Bruno Leroux, directeur historique de la Fondation.

La Fondation se réjouit particulièrement de l'audience dont a bénéficié cette rencontre et de l'intérêt manifesté par un public assidu et très divers, comme l'atteste la présence de nombreux universitaires français et étrangers, professeurs de l'enseignement secondaire et étudiants, en même temps qu'un nombre important d'anciens résistants de divers réseaux et mouvements.

Les débats ont permis de vérifier que ces derniers comprennent la légitime et inévitable distanciation de la méthode historique, tout en demeurant soucieux que celle-ci, appliquée à l'époque qu'ils ont vécue par les générations qui ont suivi, ne laisse jamais oublier les contingences factuelles de temps et de lieu, de chance et de malchance, de courage et de trahison, de succès ou d'échecs, de joies et de deuils, qui ont marqué charnellement à jamais leur combat à la fois douloureux et glorieux.

La Fondation tient à remercier ses partenaires co-organisateurs ainsi que toutes les institutions qui ont encouragé la tenue de cette manifestation en lui apportant un appui précieux : la région Rhône-Alpes, le département du Rhône, la ville de Lyon, l'université de Lyon 2 et l'équipe RESEA du Laboratoire de Recherche historique Rhône-Alpes. Tous ces concours ne peuvent que la pousser à continuer dans la voie lui permettant de s'affirmer comme un lieu de rencontre permanent entre chercheurs de toutes générations.

Introduction

Laurent DOUZOU

L'histoire de la Résistance en France pendant la Seconde Guerre mondiale a été, de longue date, un domaine particulièrement riche en publications de toutes sortes. Les acquis de ces travaux, considérables, ont récemment fait l'objet d'un état des lieux dans le *Dictionnaire historique de la Résistance* publié en 2006 sous la direction de François Marcot dans la collection Bouquins chez Robert Laffont.

L'objet du colloque tenu à Lyon les 18 et 19 mars 2008 avec pour titre « Faire l'histoire de la Résistance » était de faire le point sur les moyens mis en œuvre pendant une trentaine d'années pour étudier un phénomène – la Résistance – qui fut perçu, dès la libération, comme posant des problèmes spécifiques aux historiens. C'est au Comité d'histoire de la Deuxième Guerre mondiale, fusionnant en 1951 deux organismes nés à la fin de la guerre (la Commission d'histoire de l'occupation et de la libération de la France et le Comité d'histoire de la guerre), qu'il échut de piloter la plupart des travaux menés sur la Résistance.

Ce Comité fut une initiative sans précédent, par les acteurs comme par les moyens qu'elle mobilisa (notamment le réseau des correspondants régionaux, souvent eux-mêmes anciens résistants, et le recours aux enquêtes orales). Le colloque s'était fixé pour objectif d'étudier au plus près, trente ans après la fin de ses activités, cette initiative originale. Son existence et l'implication plus générale des résistants et de leurs associations dans l'historiographie de la Résistance ont, en effet, soulevé dès l'origine – et buté sur – les questions de la relation conflictuelle entre histoire savante et mémoires individuelle et collective, de la possibilité même d'une histoire du temps présent, des risques d'une « histoire officielle ».

À travers cette problématique, on se proposait donc d'évaluer le degré de pertinence de l'affirmation courante selon laquelle on serait passé progressivement « de la mémoire à l'histoire », de poser les jalons pour une étude dépassionnée des relations entre historiens et acteurs en histoire contemporaine et de la relation entre évolution historiographique et demande sociale. Le Comité ayant couvert un champ très vaste, le déroulement du colloque a été conçu pour tenter de rendre compte de tout l'éventail de ses activités en même temps que des problèmes auxquels il fut confronté chemin faisant. L'approche nationale du rôle du Comité a donc été complétée par l'évocation de thèmes transversaux, mais aussi par une double pesée, régionale et internationale, envisagée sous différents angles. Si le colloque a pris le Comité pour centre de gravité de ses interrogations, il ne s'en est pas tenu là et a abordé aussi thématiquement et théoriquement la période postérieure à 1980, date de la cessation des activités du Comité. L'ampleur du sujet était telle que nous avons renoncé à en couvrir certains aspects comme le travail effectué par le Comité international de la Deuxième Guerre mondiale ou les colloques organisés en France (sur la Libération de la France en 1974) ou à l'étranger.

Ces actes regroupent l'essentiel des communications prononcées au colloque, celles de Marie-Claire Lavabre sur l'historiographie communiste de la Résistance et de Gianni Perona sur l'historiographie de la Résistance italienne n'ayant malheureusement pas pu être intégrées à temps pour des raisons tenant uniquement aux délais que nous étions tenus de respecter pour la publication. Nous avons tenu à faire figurer les interventions lors des débats de Jean-Louis Crémieux-Brilhac, acteur et historien de la période, qui fut impliqué dans le travail du Comité dès ses débuts et dont le témoignage est précieux. Un recensement des correspondants du Comité complète ce tableau d'ensemble.

Nous voudrions, pour terminer, exprimer notre gratitude à Patricia Gillet, conservateur à la section du XXe siècle du CARAN, qui, en facilitant la consultation par les communicants de la collection des *Bulletins* de la CHOLF et du CHG, a contribué à la mise au jour d'éléments de nature à clarifier notre compréhension des conditions dans lesquelles une historiographie à la fois riche et complexe a été enfantée de la Libération jusqu'au début des années 1980.

Première partie

Le « laboratoire » du Comité d'histoire de la Deuxième Guerre mondiale

L'histoire de la Résistance avant les travaux du Comité d'histoire de la Deuxième Guerre mondiale

Julien BLANC

Comment l'histoire de la Résistance a-t-elle été abordée, pensée et conçue avant la fondation, en décembre 1951, du Comité d'histoire de la Deuxième Guerre mondiale (CH2GM) ? Sous quelles formes et chronologie, à travers quels vecteurs, cette histoire singulière s'est-elle ébauchée ? Quel intérêt enfin peut-il y avoir à se pencher sur la brève période qui vit naître les premières tentatives d'écriture d'une histoire de la désobéissance ?

Tels sont les questionnements que la présente communication se propose d'explorer.

De la même manière que les débuts de la Résistance ne se résument pas à une simple préhistoire de ce qui adviendra par la suite et méritent d'être appréhendés comme un objet d'étude à part entière, les quelques années qui précédèrent la création du CH2GM ne comptèrent pas pour rien. Aussi resserrée soit-elle, cette phase initiale fut aussi une période d'intense gestation et d'invention.

Scruter à la loupe ces premiers pas, c'est donc observer les origines d'un processus qui se poursuit encore aujourd'hui, celui de la mise en histoire d'un événement complexe niché au cœur d'une période, l'Occupation, qui ne l'est pas moins. C'est aussi s'attarder sur un moment fondateur dans la mesure où s'y élabora une réflexion tâtonnante sur les conditions, les modalités et les difficultés inhérentes à l'écriture de l'histoire d'un phénomène encore brûlant. S'affirmèrent en effet durant cette prime enfance nombre de traits spécifiques qui devaient marquer durablement de leur empreinte les pratiques historiennes mises en œuvre par la suite.

À travers quelques jalons historiographiques, on peut tenter d'esquisser une typologie des différentes approches du phénomène résistant afin de cerner, à grands traits, les caractéristiques originelles et les enjeux d'une histoire alors balbutiante.

Une préoccupation précoce et centrale, portée par les acteurs eux-mêmes

Le point de départ de l'enquête ne va pas de soi, comme souvent lorsqu'il s'agit de dater les prémices d'un phénomène. On songe d'emblée aux lendemains de la Libération comme si la chose allait naturellement de soi, suivant une habitude mentale qui voudrait qu'une période ne puisse être retracée, analysée et mise en perspective qu'une fois achevée. Pour la Résistance, les choses ne se sont pourtant pas déroulées ainsi et c'est de l'amont, du cœur même de la clandestinité, qu'il faut repartir.

La préoccupation de l'histoire, c'est-à-dire du récit qui rendrait compte, un jour, de leur engagement, n'a en effet jamais été étrangère aux acteurs du refus. Maints indices en témoignent à commencer par les stratagèmes déployés pour conserver une trace des actions menées, en particulier dans le domaine de la propagande. Quand Christian Pineau, par exemple, fonde à Paris, en décembre 1940, le modeste bulletin *Libération-Nord*, le tirage initial se limite à sept exemplaires. Six d'entre eux sont envoyés par la poste à des individus susceptibles de les dupliquer mais le dernier est précieusement conservé comme une relique de ces temps fondateurs et incertains. Dans ses mémoires, Christian Pineau explique ce geste « d'imprudence » par « une sorte de vanité un peu puérile » qui le « pousse à garder pour l'avenir un témoignage des risques[1] » encourus. « Garder pour l'avenir un témoignage »... Voilà une réflexion qui en dit long sur les préoccupations d'un pionnier de la désobéissance.

Plus tard, à partir de septembre 1942, Jules Meurillon, devenu responsable national du secteur de la propagande-diffusion à Libération-Sud, systématise le procédé en mettant en place plusieurs dépôts d'archives distincts à Lyon afin d'y entreposer tous les imprimés (documents, journaux et tracts) produits par son mouvement[2].

Dans ces deux cas de figure, le souci de rendre possible, dans un futur indéterminé et sans doute lointain, une étude documentée de la lutte souterraine, était bien contemporain et consubstantiel de l'action. Dans cette perspective, il convenait de sauvegarder, fut-ce parfois au détriment des

1. Christian PINEAU, *La simple vérité, 1940-1945*, Paris, éd. Phalanx, 1983, p. 89 (1re éd.: Julliard, 1960).
2. Voir Jules MEURILLON, *Julien Léonard. Un résistant ordinaire éditeur clandestin de Libération (1940-1945)*, ouvrage publié à compte d'auteur en 2000 et consultable à la Bibliothèque nationale de France. Cet exemple est emprunté à Laurent DOUZOU, *La Résistance française: une histoire périlleuse. Essai d'historiographie*, Paris, éd. du Seuil, coll. « L'Histoire en débats », 2005, p. 51.

considérations de prudence, des indices des activités menées pour pouvoir, un jour, les exploiter.

L'importance accordée à un tel projet est même parfois explicitement revendiquée. Dans une note de service adressée à « toutes unités » de la Haute-Garonne le 2 septembre 1944, soit douze jours à peine après la libération de Toulouse, le lieutenant-colonel Berthier, responsable FFI du département, écrit :

> « Il est important de fixer dès à présent, avec précision, pour l'historien de demain, tous les faits de la bataille de France et spécialement les combats auxquels ont participé les Forces Françaises de l'Intérieur.
>
> Tous les Chefs d'Unités voudront bien m'adresser dans le plus bref délai, des récits d'événements récents ou plus anciens, relatifs tant à la Résistance, qu'à la fin de la bataille décisive de Libération.
>
> Ces récits devront toujours être vérifiés, attestés par des témoins oculaires et datés[3]. »

Ce souci de réunir les conditions nécessaires à l'élaboration d'une histoire future ne concerne d'ailleurs pas exclusivement la Résistance. La naissance en avril 1943, à Grenoble, du Centre de documentation juive contemporaine (CDJC) répond à une exigence similaire. Créé dans la clandestinité, son but était d'accumuler les preuves des spoliations et persécutions subies par les israélites depuis juin 1940 et de constituer des fonds documentaires. Les collaborateurs du CDJC dépouillèrent ainsi systématiquement les articles publiés au Journal officiel en vue de dresser un inventaire précis et exhaustif des entreprises aryanisées et des administrateurs provisoires désignés.

Mais les acteurs de la désobéissance n'en restèrent pas au stade des seules préoccupations plus ou moins lointaines. Certains n'hésitèrent pas, de très bonne heure, à franchir le pas et à s'aventurer sur les sentiers périlleux de l'élaboration historique proprement dite en proposant des grilles interprétatives. Les premières tentatives d'écriture de l'histoire de la Résistance commencèrent déjà à s'ébaucher dans l'action, au fur et à mesure de son déroulement.

Des textes et des discours, rédigés ou prononcés dans l'ombre, véhiculèrent en effet nombre de représentations appelées, pour certaines à perdurer. À commencer par la nature héroïque, légendaire du combat clandestin. Cette dimension centrale s'exprima notamment dans l'énumération des morts de la France combattante à laquelle se livra Pierre Brossolette dans

3. Note du Lieutenant-colonel *Berthier* à toutes les unités FFI du département de la Haute-Garonne en date du 2 septembre 1944 (document trouvé dans les papiers privés de Jean-Pierre Vernant, *Berthier* étant son pseudonyme au moment de la Libération). Toute la question est bien entendu de savoir si cette note résulte d'une initiative personnelle de *Berthier*-Vernant ou d'une directive plus générale émanant de l'État-major national des FFI sous les ordres du général Koenig.

son discours du 18 juin 1943 prononcé à l'Albert Hall de Londres[4]. Elle imprègne quantité de ses interventions quand, tour à tour, l'ancien journaliste prophétise la descente des Champs-Élysées par le général de Gaulle au jour de la Libération de Paris[5], rend un vibrant hommage aux « soutiers de la gloire » qui meurent « dans l'obscurité pathétique des cales[6] » ou rattache leur combat souterrain aux pages les plus éclatantes et les plus nobles de l'histoire de France[7]. Pour l'agrégé d'histoire qu'était Pierre Brossolette, la Résistance était bien un « prodige[8] » de plus dans la chaîne ininterrompue de hauts faits qui avaient façonné la nation.

Certains écrits clandestins de Louis Aragon manifestent une tendance voisine à distinguer quelques figures emblématiques du combat des ombres broyées par la répression. On songe en premier lieu *au Crime contre l'Esprit*[9] publié en décembre 1943 dans la collection « Témoignages » des Éditions de Minuit sous le pseudonyme du « témoin des martyrs ». Aragon y célèbre la geste résistante et édifie un véritable mémorial. Vercors qualifiera d'ailleurs très justement *Le Crime contre l'Esprit* de « martyrologe bouleversant, frémissant,

---

4. On trouvera la version complète du discours de l'Albert Hall de Londres dans Pierre Brossolette, *Résistance (1927-1943)*, textes rassemblés et commentés par Guillaume Piketty, Paris, éd. Odile Jacob, coll. « Opus », 1998 (p. 213-216). Pour un commentaire détaillé de son propos, on renvoie à Laurent DOUZOU, *La Résistance française : une histoire périlleuse*..., *op. cit.*, p. 25-30.
5. Allocution radiophonique de Pierre Brossolette diffusée à la BBC le 22 septembre 1942. Intégralement reproduite dans Pierre BROSSOLETTE, *Résistance (1927-1943)*..., *op. cit.*, p. 141-144, il y déclarait notamment au sujet de l'homme du 18 juin :
« Français ne craignez rien, l'homme est à la mesure du geste, et ce n'est pas lui qui vous décevra lorsque, à la tête des chars de l'armée de la délivrance, au jour poignant de la victoire, il sera porté tout au long des Champs-Élysées, dans le murmure étouffé des longs sanglots de joie des femmes, par la rafale sans fin de vos acclamations » (p. 144).
« Vision quasi prophétique » comme le souligne à juste titre Guillaume Piketty dans sa présentation d'un texte qu'on ne peut manquer de mettre en miroir avec la description donnée par de Gaulle lui-même de la marche triomphale du 26 août 1944 :
« Ah ! C'est la mer ! Une foule immense est massée de part et d'autre de la chaussée. Peut-être deux millions d'âmes. Les toits aussi sont noirs de monde. À toutes les fenêtres s'entassent des groupes compacts, pêle-mêle avec des drapeaux. Des grappes humaines sont accrochées à des échelles, des mâts, des réverbères. Si loin que porte ma vue, ce n'est qu'une houle vivante, dans le soleil, sous le tricolore (...) Je vais donc, ému et tranquille, au milieu de l'exultation indicible de la foule, sous la tempête des voix qui font retentir mon nom... » (Charles DE GAULLE, *Mémoires de guerre*, t. 2, *L'unité (1942-1944)*, Paris, Plon, 1956, rééd. Plon « Volumes », 1999, p. 583).
6. Allocution radiophonique de Pierre Brossolette diffusée à la BBC le 22 septembre 1942 (Pierre BROSSOLETTE, *Résistance (1927-1943)*..., *op. cit.*, p. 144).
7. Discours prononcé par Pierre Brossolette à l'Albert Hall de Londres le 18 juin 1943. Ce discours commence ainsi :
« L'Histoire de notre pays n'est qu'une suite de prodiges qui s'enchaînent : prodige de Jeanne d'Arc, prodige des soldats de l'an II, prodiges des héros de la Marne et de Verdun, voilà le passé de la France. Ma mission est ce soir de rendre hommage à ceux par le prodige desquels la France conserva un présent et un avenir, les morts de la France combattante.
De tous les morts dont la chaîne innombrable constitue notre trésor de gloire, ceux-là plus qu'aucuns autres incarneront, dans sa pure gratuité, l'esprit de sacrifice » (Pierre BROSSOLETTE, *Résistance*..., *op. cit.*, p. 214).
8. *Ibid.*
9. « Le Témoin des Martyrs » (Louis ARAGON), *Le Crime contre l'Esprit*, Paris, éd. de Minuit, 1943.

des meilleurs patriotes torturés et assassinés[10] ». Par le moyen de courts récits monographiques, en utilisant comme sources les dernières lettres des condamnés, l'auteur dénonce « la grande entreprise des hitlériens contre l'esprit français[11] » et construit pour la postérité une galerie de portraits : aux côtés des étudiants parisiens descendus dans la rue le 11 novembre 1940, de l'ingénieur Jacques Bonsergent, de Guy Môquet et des otages de Châteaubriant, on croise les pionniers du « réseau » du musée de l'Homme, les avocats Masse, Pitard, Hajje et Rolnikas, le physicien Fernand Holweck, Berthie Albrecht et quelques autres. La variété du panel choisi permet de souligner à la fois la diversité des profils des combattants, leur but commun et leur sacrifice final à la cause suprême de la liberté.

L'Armée des ombres, publié à Alger en 1943 par l'écrivain Joseph Kessel, relève d'un autre genre littéraire puisqu'il s'agit cette fois d'une œuvre de fiction. Mais, pour bâtir son intrigue et nourrir ses caractères, le romancier s'est inspiré d'une multitude de situations précises et de personnages réels qu'il a ensuite amalgamés et retravaillés. Ce mode de construction romanesque atteste, une fois encore, de la puissance du légendaire. Il dit combien, au plus fort de la lutte, les aventures et les faits d'armes de la Résistance intérieure circulaient grâce au bouche-à-oreille et se trouvaient ainsi colportés jusqu'à Londres. L'oralité a de ce fait constitué le vecteur essentiel de la transmission.

Dans cette littérature de combat où la visée de propagande était souvent première, on ne trouve pas trace d'une réflexion critique sur les modalités de la mise en œuvre de cette histoire. L'heure n'était pas encore à la théorisation des pratiques mais plutôt à l'expérimentation sur le tas, sans le moindre recul. Pour autant la perspective historique est bien constamment sous-jacente dans la mesure où une image de la lutte clandestine s'affirme avec force à travers ces premiers écrits : diversité des profils, dépassement des anciens clivages et unanimité, héroïsme et sacrifice des combattants, inscription de leur action dans un *continum* temporel, telles en sont quelques-unes des caractéristiques majeures.

À une autre veine appartiennent les textes, fort rares il est vrai, rédigés sous l'occupation et dont la visée explicite est déjà d'ébaucher l'histoire d'un objet singulier car non encore achevé.

La Résistance française[12], « petit opuscule[13] » publié à Alger en avril 1944, s'inscrit dans cette perspective. Il est l'œuvre de deux résistants de l'intérieur qui écrivent sous pseudonymes : « Jean Jacques et Roland », respectivement ancien chef régional des Groupes Francs des MUR et Délégué à l'Assemblée

10. Vercors, *La Bataille du Silence : souvenirs de minuit*, Paris, Presses de la Cité, 1967 ; rééd., Paris, éd. de Minuit, 1992 (349 p.), p. 300.
11. « Le Témoin des Martyrs » (Louis ARAGON), *Le Crime contre l'Esprit…, op. cit.*
12. « Jean Jacques et Roland », *La Résistance française*, Alger, Office français d'édition, 1944, 141 p.
13. *Ibid.*, avant-propos, p. 9.

consultative provisoire, ont « quitté le pays en septembre 1943[14] ». Leur ouvrage constitue sans doute la toute première tentative de mise en récit de la Résistance à revendiquer explicitement le statut de travail historique. Dès le propos liminaire, les auteurs précisent en effet leurs objectifs :

> « Nous nous efforçons [...] de recréer le climat matériel, psychologique, moral, au sein duquel s'est déroulée la lutte menée par les Français contre l'ennemi et contre un gouvernement inféodé à l'ennemi. Notre ambition est de montrer que la Résistance, ce n'est pas seulement l'action d'une petite minorité d'hommes ardents, dévoués et enthousiastes, mais aussi l'attitude réfléchie de la majorité des Français [...] Elle ne se fait pas seulement mitraillette au poing [...], elle prend mille autres aspects, que nous essayons de présenter au lecteur[15]. »

Commandée par les services de la France combattante *via* l'Office français d'édition d'Alger, c'est une histoire de stricte obédience gaulliste[16] qui est produite. Nourrie de faits réels retracés au moyen d'anecdotes exemplaires, elle décrit la désobéissance dans ses diverses manifestations, depuis la naissance des premiers tracts jusqu'à la formation des maquis, insiste sur la conjonction naturelle, sous l'égide de l'homme du 18 juin, entre Résistance extérieure et intérieure, dénonce l'ampleur de la répression et célèbre « l'esprit de Résistance » qui « imprègne actuellement toute la vie des Français[17] ». Au final, une vision unanimiste de la Résistance triomphe puisque celle-ci n'est « l'apanage d'aucun parti, d'aucune confession, d'aucune école philosophique, d'aucune classe sociale[18] ». Si l'accent est mis sur le versant strictement militaire du combat des ombres (notamment les coups de mains des Groupes Francs), l'essai comporte aussi des impasses de taille : le rôle joué par les communistes, la France libre, l'activité des réseaux de renseignements ne sont, pour ainsi dire, pas abordées.

Mais, dans ce « tableau très rapidement esquissé et naturellement très incomplet[19] », le plus frappant est sans doute l'absence, quasi-systématique, de mention de date, de lieu et surtout de nom[20]. Tout juste les appellations des grands mouvements apparaissent-elles. Autant d'approximations et de manques qui, pour être incompatibles avec la rigueur attendue d'une démarche historienne, s'expliquent aisément. Achevé d'imprimer en janvier 1944, l'ouvrage s'inscrit tout entier dans une temporalité résistante, par nature très contraignante : « Nous devons à nos camarades toujours à leurs postes d'être circonspects[21] » prennent soin de prévenir les auteurs. C'est là toute

14. *Ibid.*, p. 95.
15. *Ibid.*, p. 10.
16. Le livre est dédicacé à « Charles de Gaulle, qui fut le Premier Résistant français ».
17. *Ibid.*, p. 59.
18. *Ibid.*, p. 10.
19. *Ibid.*, p. 134.
20. À l'exception notable de « Mme Albrecht », évoquée page 116.
21. *Ibid.*, p. 34.

la limite d'une tentative d'historicisation *in vivo* d'une période sur laquelle « on ne peut pas tout dire, et on ne sait pas tout[22] ».

Le travail pionnier réalisé par « Jean Jacques et Roland » ne repose sur aucune documentation précise, ni ne mentionne la moindre source. C'est exclusivement à partir d'expériences vécues, de souvenirs personnels et de témoignages recueillis que les auteurs ont construit la trame de leur récit. Leur légitimité à retracer ces événements repose entièrement sur leurs propres parcours clandestins. Autrement dit, dès ce coup d'essai, l'adéquation témoin/historien se trouvait déjà fermement posée comme un principe de base, comme la condition *sine qua non* à l'écriture de cette histoire.

L'heure des témoins

La place centrale occupée par les témoins dans l'élaboration de cette histoire mérite que l'on s'y attarde. Aux lendemains immédiats de la Libération, sans attendre, nombre d'acteurs publièrent en effet leurs souvenirs. Ces publications forment un épais maquis et l'on se contentera ici de mentionner quelques titres emblématiques. En quels termes, de quelle manière ces pionniers du témoignage évoquèrent-ils leur combat ? *A priori* de façon on ne peut plus diverse.

Dans *Avant que le rideau ne tombe*[23], recueil d'articles parus en 1945, Emmanuel d'Astier de la Vigerie jouait sur le registre de l'émotion. L'ancien fondateur et patron de Libération-Sud y cultivait sciemment une veine à la fois nostalgique et aristocratique : l'engagement résistant ayant été le fait d'une infime minorité, cette élite seule se trouvait en droit de l'évoquer et d'en entretenir la flamme. Également convaincu du caractère minoritaire de la Résistance, affecté par son échec politique et préoccupé par le fossé qu'il sentait se creuser entre les résistants et le reste de la nation, le créateur du mouvement Défense de la France, Philippe Viannay, adoptait au contraire une démarche pédagogique. Édité en 1945 sous son pseudonyme clandestin d'« Indomitus », *Nous sommes les rebelles* cherchait avant tout à expliquer ce qu'avait été le combat des ombres en reprenant les articles publiés par le journal *Défense de la France*. Dans la courte introduction de cet ouvrage, Viannay justifiait son entreprise par ces mots :

> « Ce que nous sommes ? Nous sommes les rebelles. Mais, Français, ces rebelles, nous voulons que vous les compreniez, pour les aimer, pour les suivre. Et les lignes qui viennent vous diront ce que nous avons été et ce que nous voulons être (...) Français, écoutez les rebelles[24]. »

22. *Ibid.*, p. 44.
23. Emmanuel D'ASTIER DE LA VIGERIE, *Avant que le rideau ne tombe*, Paris, Sagittaire, 1945, 48 p.
24. « Indomitus » (Philippe VIANNAY), *Nous sommes les rebelles*, Paris, collection Défense de l'Homme, 1945 (113 p.), p. 11.

D'autres textes, les plus nombreux sans doute, faisaient, de manière plus classique, le récit d'un parcours individuel et d'une aventure collective. C'est le cas, par exemple, des souvenirs de Résistance que faisait paraître Agnès Humbert sous le titre *Notre guerre*[25] dès 1946. Pionnière du refus en zone occupée, engagée corps et âme au sein de la nébuleuse du musée de l'Homme[26] et cheville ouvrière de la fabrication du périodique clandestin *Résistance*, elle offrait là une chronique au jour le jour des débuts de la désobéissance, en partie basée sur le journal intime qu'elle avait tenu jusqu'à son arrestation en avril 1941. Dans un style documentaire et dénué d'artifice, elle témoignait du quotidien incertain et prometteur des premiers résistants, de la répression impitoyable qui les avaient fauchés et de l'interminable nuit carcérale qui s'en était suivi.

La même année, avec *Le Sacrifice du matin*[27] de Pierre Guillain de Bénouville, premier haut dirigeant du mouvement Combat à témoigner, le genre des mémoires se mettait en place : fil chronologique serré, scènes dialoguées, portraits fouillés… une norme narrative prenait corps, reprise par la plupart des récits postérieurs. Son livre inaugurait aussi une guerre des mémoires[28] en multipliant critiques et attaques à l'encontre de tel ou tel responsable de la Résistance, Jean Moulin en particulier.

Centrés sur l'action de la France libre, les mémoires du colonel Passy[29] et de Jacques Soustelle[30] magnifiaient quant à eux l'action du général de Gaulle. La dimension politique était, là encore, évidente.

C'est toujours la même volonté de faire connaître la Résistance qui motive la parution de plusieurs recueils de textes et de mémoriaux. *Écrit dans la nuit* de Jean Texcier, les *Appels à la résistance lancés par le général Cochet*, les *Lettres de fusillés* des Éditions France d'abord, la somme intitulée *Les témoins qui se firent égorger* publiée par Défense de la France ou encore *Combat* d'Henri Frenay, sont autant d'ouvrages dont les publications s'éche-

25. Agnès HUMBERT, *Notre guerre. Souvenirs de Résistance*, Paris, éd. Émile-Paul Frères, 1946 ; rééd., Tallandier, introduction de Julien Blanc, 2004, 392 p.

26. Sur l'histoire de l'organisation du musée de l'Homme, je me permets de renvoyer à ma thèse : Julien Blanc, « Du côté du musée de l'Homme. Les débuts de la Résistance en zone occupée (été 1940-été 1941) », thèse de doctorat d'histoire sous la direction du professeur Laurent Douzou, soutenue à l'université Lyon 2 le 10 décembre 2008, 3 vol., 843 p.

27. Pierre GUILLAIN DE BÉNOUVILLE, *Le sacrifice du matin*, Paris, Robert Laffont, 1946, 610 p.

28. Guerre qui ne se réduit pas, par parenthèse, à l'opposition binaire entre gaullistes et communistes.

29. La parution des trois volumes s'étale entre 1947 et 1951 :
Colonel Passy (André DEWAVRIN), *2e bureau Londres*, Monte-Carlo, Raoul Solar, 1947, 236 p.
Colonel Passy (André DEWAVRIN), *10, Duke Street Londres*, Monte-Carlo, Raoul Solar, 1948, 387 p.
Colonel Passy (André DEWAVRIN), *Missions secrètes en France. Novembre 1942-juin 1943. Souvenirs du BCRA*, Paris, Plon, 1951, 439 p. ; rééd. Paris, Odile Jacob, 2000, préface de Jean-Louis Crémieux-Brilhac, sous le titre : *Souvenirs du chef des services secrets de la France Libre.*

30. Jacques SOUSTELLE, *Envers et contre tout*, 2 vol., t. 1, *De Londres à Alger 1940-1942* ; t. 2, *D'Alger à Paris 1942-1944*, Paris, Robert Laffont, 1947 (471 p.) et 1950 (455 p.).

lonnent entre 1945 et 1946 et qui répondent à cette exigence[31]. Documents d'histoire, rassemblés en vue de constituer la matière première d'une exploitation historienne future et mis à disposition du public, ils ont aussi été dûment sélectionnés et parfois expurgés par leurs auteurs : nulle trace, par exemple, du Manifeste du MLN de l'automne 1940 dans le recueil présenté par le fondateur du mouvement Combat.

Au-delà des différences de ton, de style et de contenu, la majorité de ces publications, dont la floraison, dans l'immédiat après-guerre, est véritablement impressionnante, possède un patrimoine génétique commun. Elles sont d'abord marquées par la proximité extrême de l'expérience vécue. En écrivant à si courte distance des événements, les témoins appliquaient à la lettre le principe énoncé par Marc Bloch en ouverture de *L'étrange défaite* selon lequel « un témoignage ne vaut que fixé dans sa première fraîcheur[32] ». En procédant ainsi, ils restaient de fait immergés dans le bain de la clandestinité, prisonniers en quelque sorte d'une époque qu'ils appréhendaient sans recul ou presque. L'ombre portée de la mort forme une seconde caractéristique partagée : le face-à-face avec le danger, la proximité avec la mort a marqué au fer rouge les survivants. Il n'est pas un seul texte qui ne rende hommage aux camarades tombés et ne voue un véritable culte aux disparus, soulignant avec force la dimension sacrificielle de la Résistance. Hantés par la certitude que la banalisation et l'oubli menacent si les témoins se taisent, tous cherchent enfin à retracer et à transmettre une expérience jugée à la fois capitale et singulière. Une ambivalence fondamentale, à la limite de la schizophrénie, est ici à l'œuvre : la Résistance, perçue et décrite comme un épisode radicalement à part et donc, par nature, difficile à partager, doit malgré tout être rendue intelligible pour conjurer le risque d'effacement.

Dans ce paysage historiographique dominé par les témoins, le positionnement de Lucie Aubrac apparaît singulier. Le texte qu'elle publie en 1945 sous le titre *La Résistance (naissance et organisation)*[33] n'est pas autobiographique mais se veut un essai à caractère historique[34]. Actrice de premier plan de la lutte contre l'occupant mais aussi agrégée d'histoire de formation, l'auteur, à l'instar d'autres protagonistes, avait parfaitement conscience, au

31. Jean TEXCIER, *Écrit dans la nuit*, Paris, La Nouvelle Édition, 1945, 240 p. Gabriel COCHET (Général), *Appels à la Résistance lancés par le général Cochet, 1940-1941*, Paris, Gallimard, 1945, 180 p. *Lettres de fusillés*, préface de Lucien Scheler, Paris, éd. France d'abord, 1946, 191 p. *Les témoins qui se firent égorger*, Paris, éd. Défense de la France, 1946. Henri FRENAY, *Combat*, Paris, Denoël, 1946, 160 p.

32. Marc BLOCH, *L'étrange défaite. Témoignage écrit en 1940*, Paris, Société des Éditions Franc-Tireur, 1946, 194 p., réédité chez Quarto Gallimard en 2006 dans le recueil Marc BLOCH, *L'Histoire, la Guerre, la Résistance*, édition établie par Annette Becker et Étienne Bloch, Quarto Gallimard, 2006 (1 094 p.), p. 523.

33. Lucie AUBRAC, *La Résistance (naissance et organisation)*, Paris, Robert Lang, 1945, 114 p.

34. Les souvenirs de Résistance de Lucie Aubrac paraîtront beaucoup plus tard, en 1984, sous le titre *Ils partiront dans l'ivresse : Lyon, mai 1943, Londres, février 1944*, Paris, éd. du Seuil, 258 p.

moment où elle prenait la plume, des difficultés de son entreprise et de l'inconfort de son statut. Avec lucidité, elle écrivait dans l'introduction de son ouvrage :

> « Parler de la naissance et de l'organisation de la Résistance en 1945 est une tâche comparable à celle qui aurait consisté à parler de la Révolution de 1789 en 1795. Placé dans la durée et la vie des événements, il est d'abord très difficile d'être impartial, il est ensuite impossible d'être complet.
>
> Parce que l'on a une formation d'historienne, l'on se construit une vue rationnelle de la Résistance, vue très intellectuelle, que l'on complète beaucoup trop sentimentalement parce que l'on a pris part à certains des événements (...) On se crée un ensemble de souvenirs et d'idées qui correspondent un peu trop à un sentiment personnel. Ce n'est qu'à travers ces sentiments, que j'ai pu dégager un certain nombre d'idées et rappeler un certain nombre de souvenirs sur la Résistance, son développement et son organisation[35]. »

Et, en effet, ce portrait de la Résistance intérieure jusqu'à la naissance du CNR est un objet hybride où l'actrice prend constamment le pas sur l'historienne. Ses lignes de force, son style recouvrent étroitement la personnalité et le parcours de son auteur : centralité du témoin, primat de la zone Sud sur la zone Nord, attention particulière accordée au mouvement Libération-Sud au détriment des autres, rejet immédiat et viscéral de Vichy... Foisonnant d'anecdotes, souvent décousu et même brouillon, l'ensemble, qui comporte des erreurs et d'importants angles morts (le PCF, les réseaux, la France libre...), a le mérite de dévoiler un *habitus* résistant avec ses codes et ses valeurs. Il témoigne surtout de l'extrême difficulté à hiérarchiser les faits et à produire une synthèse problématisée à si faible distance des faits. Non transformé, son essai ouvrait malgré tout la voie à une approche historienne.

Les historiens au travail

En même temps que les témoins couchaient sur le papier leurs souvenirs, une première génération d'historiens s'attela, sans tarder, à l'ouvrage. En réalité, dans la courte période de l'immédiat après-guerre, les deux registres d'écriture sont concomitants et inséparables l'un de l'autre. Ils forment les deux versants d'un même phénomène et ce pour une raison évidente qui a déjà été soulignée : les premiers historiens de la Résistance étaient tous, sans exception, d'anciens acteurs, souvent de premier plan, de la lutte clandestine.

On passera rapidement sur les conditions qui présidèrent à la création de la Commission d'histoire de l'occupation et de la libération de la France (CHOLF) dès octobre 1944 et du Comité d'histoire de la guerre (CHG)

35. Lucie AUBRAC, *La Résistance (naissance et organisation)...*, *op. cit.*, p. 9

en juin 1945[36]. Non sans rappeler la précocité de ces institutions officielles, les moyens matériels considérables dont elles disposèrent et surtout les objectifs qu'elles se fixèrent. Dès le départ en effet, partant du constat que la Résistance n'avait guère laissé de traces exploitables, il ne s'agissait rien de moins que d'en créer *ex nihilo* les archives. Dans un premier temps, les pionniers de la CHOLF, mués en archivistes, s'attelèrent à une grande enquête orale auprès des survivants afin de collecter récits et indices.

D'emblée donc, par la force des choses, les témoins, déjà dépositaires exclusifs d'une mémoire en péril, se trouvaient placés au centre du jeu, responsables de la faisabilité future d'une histoire de l'objet Résistance. Mais très vite, alors même que les enquêteurs de la CHOLF récoltaient à travers tout le pays les témoignages, s'imposa l'idée qu'il était possible, souhaitable et même nécessaire d'entreprendre sans attendre une démarche raisonnée et scientifique.

Un fascicule au titre volontairement modeste, « Esquisses d'une histoire de la Résistance française[37] », publié en janvier 1946 par l'ancêtre de la Documentation française et rédigé par Odette Merlat ou Édouard Perroy, tout à la fois médiéviste, ancien résistant et secrétaire général de la CHOLF, s'inscrit dans cette dernière logique. Le changement de perspective par rapport aux publications antérieures, l'ambition mais aussi les limites du projet étaient clairement énoncées dans l'avant-propos :

> « Beaucoup de témoins et d'acteurs de ce grand drame français publient, presque chaque jour, leurs souvenirs personnels, l'historique de leur groupe et racontent les événements auxquels ils ont été mêlés. Ce ne sont là que des travaux d'approche, des documents d'analyse que l'histoire devra étudier et critiquer.
>
> Il ne nous a pas semblé prématuré de présenter une synthèse provisoire, faisant état de nos connaissances actuelles. Elle est forcément incomplète, et peut-être, sur certains points, entachée d'erreurs, que des recherches ultérieures permettront de corriger. Il était en effet nécessaire, à côté des témoignages partiels dont on a pu lire les passionnants récits, de présenter une vue d'ensemble et une mise au point dont nous espérons qu'elles pourront être utiles[38]. »

En dépit du manque de recul et de l'étroitesse du format (25 pages au total), ce canevas historique, produit à chaud et qui synthétise les témoignages déjà recueillis, marque une rupture décisive dans l'historiographie

36. On renvoie sur cet aspect aux analyses développées par Laurent DOUZOU dans son essai *La Résistance : une histoire périlleuse...*, *op. cit.* On se reportera notamment au chapitre 2 de l'ouvrage (« Une histoire précocement, activement et officiellement en chantier », p. 53-82).

37. « Esquisse d'une histoire de la Résistance française », Notes documentaires et études, n° 225 (Première partie : « De l'armistice au débarquement allié en Afrique du Nord, juin 1940-novembre 1942 ») et 226 (Deuxième partie : « Du débarquement allié en Afrique du Nord à l'insurrection nationale, novembre 1942-août 1944 »), ministère de l'Information, Direction de la documentation, 30 et 31 janvier 1946 (14 p. et 11 p.).

38. « Esquisse d'une histoire de la Résistance française »..., *op. cit.*, première partie, avant-propos, p. 3.

de notre objet. Il élabore une chronologie rigoureuse, retrace la généalogie des principales organisations, décrit la Résistance dans ses développements successifs et propose une grille interprétative solidement charpentée. L'accent est mis sur le double processus de croissance et de rassemblement des forces de la désobéissance. Le résultat, remarquable de densité, offre pour la première fois une lecture globale de l'événement. Bien sûr, il comporte aussi ça et là des erreurs, des oublis ou se distingue des époques ultérieures par les choix qu'il opère : présenté comme le grand artisan de l'unification des organisations de Résistance, Pierre Brossolette éclipse ainsi totalement Jean Moulin.

Quatre ans plus tard, en 1950, mais s'inspirant du même esprit c'est-à-dire animé de la volonté de proposer enfin une véritable histoire de la Résistance à visée scientifique, Henri Michel publie dans la collection « Que sais-je ? » son *Histoire de la Résistance*[39], première synthèse d'envergure sur le sujet à destination d'un large public. Signé d'une des chevilles ouvrières de la CHOLF qui ne tardera pas à devenir l'acteur institutionnel majeur de cette histoire, l'ouvrage exploite le capital documentaire accumulé et tire le bilan des acquis cinq ans à peine après la fin de la guerre. Il approfondit, précise et corrige les analyses esquissées par Édouard Perroy en proposant un découpage tout à la fois géographique (Londres, zone Nord, zone Sud), thématique (par activités) et chronologique. La marche à l'unité constitue bien l'axe majeur de l'analyse mais Jean Moulin y retrouve cette fois toute sa place. L'effort de rationalisation entrepris contraste en tout point avec le travail antérieur de Lucie Aubrac. Avec cet ouvrage, une norme labellisée se met en place, celle d'une histoire désormais en chantier, sérieuse et sereine, parfois sèche à force de se vouloir objective. Mais à y regarder de près, l'étude se terminait pourtant sur une note militante qui était bien celle d'un ancien acteur : si la Résistance a toujours été un fait minoritaire, « il est incontestable qu'elle constitue un des plus magnifiques épisodes de l'histoire de France[40] ».

La rigueur et l'objectivité prônée par Henri Michel n'allaient pourtant pas de soi. La brochure de Jean Dautry et Louis Pastor, également intitulée *Histoire de la Résistance*[41] et parue en 1950 dans un contexte de fortes tensions politiques générées par la guerre froide, vient utilement nous le rappeler. Première synthèse produite par l'historiographie communiste, le propos tenu récite, sous la forme d'un catéchisme, le point de vue officiel du PCF. À la pointe du combat antifasciste depuis les années trente,

39. Henri MICHEL, *Histoire de la Résistance (1940-1944)*, Paris, PUF, coll. « Que sais-je ? », 1950, 127 p.
40. *Ibid.*, p. 125.
41. Jean DAUTRY et Louis PASTOR, *Histoire de la Résistance. De la drôle de paix à la drôle de guerre. De la drôle de guerre à la drôle de paix*, Paris, Enseignement et Culture, éd. de l'Union française universitaire, 1950, 52 p.

celui-ci devient naturellement, dans la parfaite continuité de ses engagements antérieurs, la seule force politique d'envergure à se dresser face à l'envahisseur aux lendemains de la débâcle. Avec ses cadres, ses militants et ses nombreuses organisations satellites, entraînant bientôt derrière elle les masses populaires, la Résistance communiste est présentée comme le fer de lance du combat contre l'occupant depuis les premiers jours de l'été 1940 jusqu'à la Libération. Sa stratégie d'action directe aboutit à « l'insurrection nationale victorieuse, impulsée par la classe ouvrière[42] ». Les faiblesses de l'argumentation, les partis pris et les oublis sont à la fois nombreux et évidents[43] : rien n'est dit notamment des tentatives de reparution de *l'Humanité* en 1940 et des ambiguïtés initiales de la direction du parti. Plus largement, en comparaison des organisations communistes, toutes les autres voient leur rôle réduit à la portion congrue. La Résistance est tout entière appréhendée à travers le prisme des rapports de classe : à la classe ouvrière, par nature insoumise, et à la petite bourgeoisie patriote s'opposent les élites vautrées dans la collaboration et le vichysme. De Gaulle constitue une cible de choix. Entouré de cagoulards et de réactionnaires, garant des intérêts des possédants, il renie la Résistance, trahit la Libération et incarne, *in fine*, le triomphe du « pétainisme sous une autre forme[44] ».

Exemplaire d'un mouvement de fond déjà à l'œuvre avant lui, le travail de Dautry et Pastor souligne combien l'histoire de la Résistance a pu être, très vite, instrumentalisée à des fins politiques et mémorielles. Les études résistantes devenaient ainsi un vaste champ de bataille idéologique.

Au même moment, une troisième tendance de cette histoire balbutiante commence à s'affirmer. En 1951, « Françoise Bruneau » fait en effet paraître son *Essai d'historique du mouvement né autour du journal clandestin Résistance*[45]. Cette étude fouillée, dont le titre résume bien les difficultés qu'il y a à qualifier avec précision cette histoire, mérite elle aussi attention. Elle inaugure d'abord le genre de la monographie. Ce coup d'essai échappe, le fait est notable, au contrôle de la CHOLF et précède la publication de ses propres travaux. L'optique retenue ici n'est pas, contrairement aux titres mentionnés jusque-là, de proposer une synthèse globale sur la Résistance mais, plus modestement, d'apporter un éclairage particulier sur une organisation précise. Le champ d'investigation, en se spécialisant, se réduit. Avec une conséquence de taille : cette tendance aiguise les concurrences car la tentation de dépeindre son organisation sous un jour favorable, en vue de

42. *Ibid.*, p. 45.
43. On renvoie sur ce point à l'article de Stéphane COURTOIS, « Luttes politiques et élaboration d'une histoire : le PCF historien du PCF dans la Deuxième Guerre mondiale », *Communisme*, n° 4, 1983.
44. Jean DAUTRY et Louis PASTOR, *Histoire de la Résistance...*, *op. cit.*, p. 52.
45. « Françoise Bruneau » (Yvette GOUINEAU), *Essai d'historique du Mouvement né autour du journal clandestin Résistance*, préface de Claude Bouchinet-Serreulles, Paris, SEDES, 1951, 215 p.

lui assurer une place de choix au panthéon de la Résistance, est grande. Or, la concurrence des histoires induit inévitablement un risque de morcellement de l'événement. D'autre part, cette entreprise éditoriale, portée par d'anciens militants du mouvement *Résistance*, est le fruit d'une élaboration collective; « Françoise Bruneau » n'est ici qu'un porte-parole. Au cœur du dispositif, les témoins sont directement impliqués dans l'écriture d'une histoire qui fut, avant tout, la leur. De fait, la conjonction témoin-historien se trouvait, une fois encore, réaffirmée.

Cette position épistémologique qui consiste à écouter, à entendre et surtout à associer les acteurs-témoins aux travaux en cours, sera constamment défendue par Henri Michel. Elle triomphe avec les articles de la *Revue d'Histoire de la Deuxième guerre Mondiale*, les volumes de la collection des PUF « Esprit de la Résistance »[46] ou encore les études régionales de la collection « La Libération de la France » chez Hachette, fréquemment confiées à d'anciens résistants de premier plan.

Que retenir de cette période intermédiaire, incertaine, à la lisière de l'histoire qui se fait et de l'histoire qui s'écrit? À coup sûr sa très grande fécondité du point de vue des pratiques historiennes.

La décision de fusionner, à la fin de l'année 1951, la CHOLF avec le Comité d'histoire de la guerre, et la création du Comité d'histoire de la Deuxième guerre mondiale qui en découle, marquent sans doute un tournant majeur sur le plan institutionnel. Ce regroupement était gage d'efficacité accrue. Mais sur le plan, autrement important, des objectifs poursuivis et des pistes ouvertes, les choses paraissent beaucoup moins tranchées.

Très tôt en effet, les acteurs ont perçu l'importance et même l'urgence qu'il y avait à fixer un cadre chronologique et conceptuel à leur action. Les questionnements, les méthodes et les enjeux relatifs à l'écriture d'une histoire de la Résistance ont été forgés sur le tas dès la période de la clandestinité et mis en chantier dans les années qui suivirent la Libération. C'est bien dans ces laboratoires que contenus et modalités de la production historienne prirent forme.

Le parallèle entre cette phase initiale d'élaboration d'une histoire de la Résistance et les débuts de la clandestinité est frappant: même inorganisation, même foisonnement, même absence de modèle auquel se référer,

46. On songe par exemple à l'étude concernant l'OCM menée par un ancien du mouvement, Arthur Calmette, (*L'Organisation civile et militaire, histoire d'un mouvement de Résistance de 1940 à 1946*, PUF, coll. « Esprit de la Résistance », 1961, 228 p.). Quant à la monographie consacrée au mouvement Combat et publiée en 1957, elle est certes l'œuvre conjointe de Marie Granet et d'Henri Michel mais elle n'aurait pas pu être menée à son terme sans l'aide, les conseils et la surveillance étroite d'Henri Frenay (Marie Granet et Henri Michel, *Combat. Histoire d'un mouvement de Résistance, de juillet 1940 à juillet 1943*, Paris, PUF, coll. « Esprit de la Résistance », 1957, 330 p.).

mêmes expérimentations tâtonnantes, même sortie des limbes… Navigant à vue, contraints d'inventer et de bricoler, les pionniers de la recherche historique n'ont jamais cessé d'interroger leurs pratiques.

Mais surtout, les premières esquisses produites imprimèrent une marque durable, un pli profond qui perdurèrent longtemps. L'instrumentalisation de l'histoire à des fins politiques, la concurrence des mémoires, la centralité des témoins, la difficulté à produire des synthèses et la tendance à la monographie furent autant de traits qui caractérisèrent le champ des études résistantes au sortir de la guerre. C'est seulement à partir de la fin des années soixante-dix et dans la décennie suivante qu'un virage méthodologique commença à s'opérer avec la remise en cause progressive de la manière dont cette histoire avait été initiée. Ces critiques contre un modèle hérité furent virulentes et parfois injustes. Elles visèrent en particulier la place, jugée démesurée, accordée aux témoins et la naïveté qui pouvait en découler. Mais ceci est, assurément et sans jeu de mots, une autre histoire.

L'histoire de la Résistance dans le travail du Comité d'histoire de la Deuxième Guerre mondiale : projets, méthodes

Guillaume PIKETTY

Dans son n° 124 daté d'octobre 1981, la *Revue d'histoire de la Deuxième Guerre mondiale* (*RH2GM*) présenta un article d'Henri Michel consacré au Comité d'histoire de la Deuxième Guerre mondiale (CH2GM)[1]. Ce texte était un bilan alors que l'Institut d'histoire du temps présent (IHTP) succédait au Comité et qu'une génération d'acteurs et de chercheurs s'apprêtait à transmettre le relais. Comme nombre d'écrits de son espèce, il découlait d'une relative reconstruction ou, à tout le moins, du « lissage » d'un processus davantage heurté et qui avait progressé par à coups, selon les initiatives. Tel avait été notamment le cas pour l'étude de la Résistance *intérieure française*[2]. Une Résistance au sujet de laquelle l'action du CH2GM continue à poser un certain nombre de questions. En particulier, l'implication des anciens de l'armée des ombres et de leurs associations dans l'écriture de l'histoire de la Résistance interroge sur la possibilité d'une histoire du très contemporain, sur les relations entre mémoire des individus – voire des groupes – et mémoire savante, et sur les risques que peut présenter une histoire rédigée sous l'œil attentif – la surveillance ? – des témoins.

Cette intervention sera consacrée aux « projets » et aux « méthodes » du CH2GM concernant l'histoire de la Résistance. Nous laisserons donc à d'autres le soin de traiter de la production éditoriale du Comité. Rappelons

1. Henri MICHEL, « Le Comité d'Histoire de la Deuxième Guerre mondiale » p. 1-17 dans *RH2GM* n° 124, octobre 1981.
2. Étant donné l'objet de ce colloque, nous nous concentrerons sur la Résistance intérieure française. Il importe toutefois de souligner que le CH2GM s'est également penché sur les autres résistances européennes, comme en témoignent son *Bulletin* interne et certains des dossiers publiés par la *Revue d'histoire de la Deuxième Guerre mondiale*.

aussi qu'il existe sur le sujet un maître livre rédigé par Laurent Douzou[3] entre les lignes – serrées – duquel il conviendra de se glisser. Notre étude débutera au moment de la création du CH2GM et se prolongera jusqu'aux années soixante au cours desquelles le Comité lança une dernière série d'initiatives importantes. Après avoir évoqué les tenants et aboutissants de la création du Comité, nous examinerons la place tenue par la Résistance dans ses projets et orientations méthodologiques d'origine. Dans un troisième temps, nous nous attarderons sur la nouvelle phase ouverte au milieu des années cinquante par le CH2GM concernant ses travaux sur la Résistance. Enfin, nous nous pencherons sur le tournant pris par le Comité au début des années soixante avec la mise en œuvre de la « chronologie de la Résistance clandestine » et le nouvel élan donné à la recherche[4].

Aux origines du CH2GM

Créé par décret le 17 décembre 1951, le Comité d'histoire de la Deuxième Guerre mondiale procédait de la fusion de la Commission d'histoire de l'occupation et de la libération de la France (CHOLF)[5] et du Comité d'histoire de la guerre[6]. L'objectif de cette fusion était de mettre de l'ordre dans l'activité foisonnante de l'un et l'autre organismes et, ce faisant, d'en améliorer le potentiel. Rattaché à la Présidence du Conseil, le CH2GM était chargé de « procéder à toutes recherches, études et publications relatives à la Deuxième Guerre mondiale » et devait prendre en charge « la publication de la *Revue d'histoire de la Deuxième Guerre mondiale*[7] » dont le premier numéro était paru en novembre 1950.

Organisme interministériel, le CH2GM rassemblait des représentants des onze ministères qui avaient existé pendant la guerre, des « services possédant des archives (Services historiques des Armées, Archives de France, Archives diplomatiques, Documentation française), des bibliothèques

3. Laurent DOUZOU, *La Résistance française : une histoire périlleuse*, Paris, Seuil, 2005.
4. Notre propos sera notamment fondé sur le dépouillement du *Bulletin* du Comité d'histoire de la guerre (CHG) puis du CH2GM, des *Cahiers d'histoire de la guerre* puis de la *Revue d'histoire de la Deuxième Guerre mondiale* (*RH2GM*), ainsi que sur les textes à caractère programmatique rédigés par certains des acteurs de cette aventure, tels par exemple Fernand Braudel, Arthur Calmette, Jean Cassou, Lucien Febvre, Marie Granet, Henri Michel, Édouard Perroy.
5. Créée par décision du Gouvernement provisoire de la République française (GPRF) en date du 20 octobre 1944 et rattachée au ministère de l'Éducation nationale afin, dans un premier temps, de rassembler et archiver le plus de documentation possible sur la France des années 1940-1945. Sur la création et le développement de la CHOLF, voir Laurent DOUZOU, *La Résistance française…*, *op. cit.*, p. 54-59.
6. Créé par un décret n° 45-1189 du 6 juin 1945, placé auprès de la présidence du GPRF et chargé de « coordonner les programmes des travaux entrepris dans les divers départements ministériels sur l'histoire de la Deuxième Guerre mondiale » – *Bulletin* du Comité d'histoire de la guerre n° 1, novembre 1948. Cité dans Laurent DOUZOU, *La Résistance française…*, *op. cit.*, p. 59.
7. *Bulletin* du CH2GM n° 1, janvier 1952, p. 1.

(Nationale et de Documentation internationale contemporaine)[8] ». Son comité de direction fut successivement présidé par Lucien Febvre et Maurice Baumont[9]. Pierre Renouvin[10], Georges Bourgin[11], Julien Cain[12] et Ernest Labrousse[13] étaient vice-présidents. Henri Michel, agrégé de l'Université, inspecteur d'académie et, peut-être surtout, ancien résistant, était secrétaire général. En d'autres termes, les personnalités chargées de piloter le nouvel organisme étaient de très haut niveau scientifique.

Il le fallait, car, comme le rappela Henri Michel quelque trente années plus tard, si « les divers ministères n'étaient guère empressés pour coopérer et ouvrir des dossiers en général pas très bien classés, et jugés souvent explosifs, (...) tous les spécialistes d'histoire contemporaine n'étaient pas emballés non plus par cette tentative d'histoire à chaud, convaincus pour la plupart de la nécessité du respect du sacro-saint "recul" (...) ; certains redoutaient même une tentative d'histoire officielle. Enfin et surtout, en principe, *toutes* les archives étaient fermées au Comité, qu'elles ne soient pas inventoriées ou qu'elles soient rendues inaccessibles par la loi interdisant toute communication pendant un délai de cinquante ans[14] ». S'il disposa longtemps de moyens réduits, le CH2GM bénéficia d'une liberté totale dans la définition de ses objectifs de recherche, la planification de son travail, le choix de ses collaborateurs et l'établissement de ses conclusions. En échange de quoi, il s'engagea à respecter un devoir de réserve. En pratique, il se limita à soutenir les publications qui, « par leur valeur scientifique, lui semblaient dignes d'intérêt[15] ».

Conçu par ses animateurs comme un cadre de rencontre, le Comité accueillit en son sein des historiens mais également des spécialistes d'autres disciplines et des administrateurs. Il se voulut « sourcier[16] », défricheur de champs inexplorés ou bien facilitateur, voire catalyseur. Comme le rapporta celui qui en fut l'âme pendant près de trois décennies, outre le fait que le Comité conservait les axes de travail de ses prédécesseurs, ses activités furent progressivement organisées autour de « *commissions de recherches*, composées de 30 à 40 personnes responsables, dans un cadre déterminé, de travaux que chacune menait à bien selon ses propres conceptions[17] ». Furent ainsi successivement formées huit commissions respectivement consacrées

8. Henri MICHEL, « Le Comité d'Histoire... », *op. cit.*, p. 1.
9. Nommé en décembre 1961 par arrêté du Premier ministre.
10. Membre de l'Institut.
11. Directeur honoraire des Archives de France.
12. Administrateur général de la Bibliothèque nationale.
13. Professeur à la Sorbonne.
14. Henri MICHEL, « Le Comité d'Histoire... », *op. cit.*, p. 2 et 3.
15. *Ibid.*, p. 4.
16. Henri MICHEL, « Une enquête sur la Résistance par la Commission d'histoire de l'occupation et de la libération de la France » p. 45-55 dans *Cahiers d'histoire de la guerre,* n° 2, octobre 1949, p. 52.
17. Henri MICHEL, « Le Comité d'Histoire... », *op. cit.*, p. 4.

à l'étude du système concentrationnaire nazi, de la captivité de guerre, de la Résistance, de l'histoire militaire, de l'histoire économique et sociale, de la collaboration, de l'Empire colonial, des groupements religieux.

Les recherches parisiennes furent relayées à travers la France et l'Union française par un réseau de correspondants départementaux, à raison d'un à trois par département. Ce réseau fut développé à partir de celui que la CHOLF avait conçu et mis en place afin de « retrouver en province comme à Paris les fils des expériences individuelles[18] ». Professeurs de faculté, de lycée et de collège, instituteurs, archivistes, bibliothécaires, érudits locaux et militaires retraités, ces correspondants se consacraient aussi bien à la recherche historique qu'à des travaux à caractère éducatif de tous ordres (expositions, conférences, diffusion de matériel d'enseignement, articles de presse, etc.)[19]. Ils participèrent à la collecte de documentation qu'après le CHG et la CHOLF, le CH2GM poursuivit contre vents et marées : documents en lien avec les administrations françaises et étrangères, témoignages, souvenirs et/ou papiers personnels. Pour faire le lien entre tous les organismes et toutes les personnes qui œuvraient directement ou indirectement avec le Comité – plusieurs centaines, selon Henri Michel, en 1979[20] – un *Bulletin* fut régulièrement publié[21] dont le 1er numéro parut en janvier 1952 et dont, aujourd'hui, le dépouillement dit beaucoup de la réalité des objets d'étude, méthodes et résultats du CH2GM.

L'histoire de la Résistance dans les débuts du CH2GM

À sa création, le Comité d'histoire de la Deuxième Guerre mondiale fut placé sous la présidence d'honneur de Georges Bidault[22], résistant de la première heure, fondateur du Bureau d'information et de presse de la Délégation générale de la France libre en France, et qui avait succédé à Jean Moulin à la présidence du Conseil national de la Résistance (CNR). Successeur de la Commission d'histoire de l'occupation et de la libération de la France et du Comité d'histoire de la guerre, le CH2GM en reprit les activités. Or, rappelons-le, la CHOLF avait eu notamment pour mission d'« enquêter sur les origines et l'action de la résistance à l'ennemi[23] ». En outre, en novembre 1950, le premier numéro de la *Revue d'histoire de la Deuxième Guerre mondiale* avait présenté un dossier intitulé « Aspects de la Résistance française[24] ». Composé de huit articles et d'un lexique, ce

18. Henri MICHEL, « Une enquête sur la Résistance… », *op. cit.*, p. 50.
19. Henri MICHEL, « Le Comité d'Histoire… », *op. cit.*, p. 4 et 5.
20. *Ibid.*, p. 8.
21. D'abord chaque mois puis cinq fois par an.
22. *Bulletin* du CH2GM, n° 1, janvier 1952, p. 2.
23. *Bulletin* de la CHOLF, n° 1, janvier 1948. Cité dans Laurent DOUZOU, *La Résistance française…*, *op. cit.*, p. 55.
24. *RH2GM*, n° 1, novembre 1950.

dossier, notons-le, avait aussi bien traité de la Résistance intérieure proprement dite[25] que de la répression allemande[26], de la France libre[27] ou de la situation de l'Alsace[28]. C'est donc tout naturellement que le CH2GM accorda d'emblée une relative importance au rassemblement de documentation sur la Résistance intérieure et à l'étude de cette dernière. Une Résistance qu'à cette époque, il concevait avec son secrétaire général comme une « lutte patriotique pour la libération de la patrie doublée d'une lutte pour la dignité de l'homme, contre le totalitarisme[29] ».

Le Comité reprit à son compte « l'enquête sur la Résistance » mise en œuvre par la CHOLF[30] mais en l'infléchissant nettement. Comme l'exposa Georges Bourgin dans une note reproduite dans le n° 2 du *Bulletin* du CH2GM, le « climat politique » avait tellement changé depuis la Libération et « l'altération – volontaire ou non – des souvenirs » découlant de ces changements était si marquée que « l'intérêt historique des témoignages faibli(ssai)t beaucoup, soit que le témoin répugn[ait] à dire tout ce qu'il sa[va]it, soit qu'il modifi[ait] ses jugements selon l'optique du moment ». Décision fut donc prise de faire porter l'effort « essentiellement[31] sur le rassemblement de documents encore en la possession des résistants : journaux, tracts, agendas, circulaires, rapports, journaux de marche, papiers des CDL et des CLL, cartes dressées par les agents des réseaux, etc. ». Par ailleurs, le versement des archives de la CHOLF aux Archives nationales rendant « difficile le travail nécessaire de confrontation et de recoupement des textes », il fut décidé de verser les papiers dorénavant recueillis aux archives départementales, éventuellement sous forme de dépôts privés[32]. La collecte d'archives administratives lancée par la CHOLF fut aussi poursuivie. Conformément au bilan provisoire établi en 1949 par Henri Michel, il fut également programmé de faire fructifier selon des méthodes scientifiques, et de façon collective, la documentation ainsi accumulée[33].

Mais le CH2GM marcha aussi sur les brisées de la CHOLF en poursuivant le développement du vaste réseau de correspondants départemen-

25. Georges BIDAULT, « Hommage à Jean Moulin » ; François BLOCH-LAINÉ, « Financement de la Résistance intérieure » ; Marie GRANET, « Dessin général des maquis ».
26. Général RIVET, « *Abwehr* et Gestapo en France ».
27. Pierre Denis RAUZAN, « Les finances de la France libre » ; Jean-Louis CRÉMIEUX-BRILHAC, « Les émissions françaises à la BBC ».
28. J. LIVET, « Le drame de l'Alsace ».
29. Propos d'Henri MICHEL dans son rapport général aux congrès de Liège et Milan, *European Resistance Movements, 1939-1945*, Oxford, Pergamon, 1960, p. 2, cités dans Laurent DOUZOU, *La Résistance française..., op. cit.*, p. 205.
30. Dès l'origine, rappelons-le, les équipes d'interviewers avaient comporté nombre d'anciens résistants.
31. Le recueil de témoignages ne fut pas complètement interrompu, mais se poursuivit sur un mode mineur. Au final, « plus de 2 000 témoignages de résistants » auraient été recueillis – Henri MICHEL, « Le Comité d'Histoire... », *op. cit.*, p. 7.
32. Georges BOURGIN, « Note importante », p. 7 dans *Bulletin* du CH2GM, n° 2, février 1952.
33. Henri MICHEL, « Une enquête sur la Résistance... », *op. cit.*, p. 55.

taux que celle-ci avait créé. Or, à cette époque, nombre de ces correspondants étaient d'anciens résistants au point qu'Henri Michel pourrait écrire, quelque trente années plus tard, qu'ils « constituaient à la fois une équipe, un ordre et une œuvre » : une « équipe », en raison du caractère collectif de leur activité, un « ordre, parce que tous avaient accepté de travailler dans l'observation de certaines contraintes, dont la première était la discrétion et le silence », une « œuvre enfin, parce que beaucoup de ces hommes et femmes de bonne volonté avaient été des combattants pour les libertés, des résistants et des déportés, et qu'ils ne séparaient pas la nécessaire objectivité de la défense de certaines valeurs[34] ».

Comme le montre la liste des auteurs du dossier « Aspects de la Résistance française » et la composition des équipes de correspondants, le Comité d'histoire de la Deuxième Guerre mondiale ne se contenta pas d'emboîter le pas à ses devanciers au plan des pratiques. Il prit également le relais au plan de la méthode. En d'autres termes, il posa à son tour qu'en dépit du petit nombre d'années qui s'étaient écoulées depuis la fin de la guerre, il était possible de commencer à écrire l'histoire de la Résistance et que cette écriture devait accorder une place privilégiée à la parole des acteurs et/ou témoins. C'est ce que Lucien Febvre réaffirma avec force dans l'avant-propos qu'il donna au livre publié en 1954 par Henri Michel et Boris Mirkine-Guetzévitch, *Les idées politiques et sociales de la Résistance*. Le président du comité de direction du CH2GM ouvrit son texte par une verte critique de :

> « Ceux qui vont disant, en toute bonne foi pour les uns, en toute grosse malice les autres : "Il est impossible en 1953, une dizaine d'années après les événements, d'écrire l'histoire de ces années brûlantes, 1940-1944 ; l'entreprendre, c'est se vouer à un échec certain ; où sont les documents secrets, où les esprits surhumainement critiques capables de s'élever assez haut pour ne point tomber à ras de terre dans le piège des vérités partisanes ? Attendons, attendons quarante ans ; alors, les acteurs de la tragédie étant morts, ou moribonds, les historiens pourront, toutes cendres refroidies, commencer à retirer sans se brûler les marrons tout cuits de la légende officielle"[35]. »

Et Lucien Febvre d'affirmer avec plus de force encore :

> « [...] Je dis que les hommes de ma génération qui a participé directement à la mêlée tragique d'entre 1940 et 1944 – (il serait plus juste de dire de 1938 à 1945) – ont non seulement le droit, mais le devoir, le devoir absolu, le devoir impérieux, de traduire leur vérité à eux. De donner leur version des événements[36]. »

34. Henri MICHEL, « Le Comité d'Histoire... », *op. cit.*, p. 5.
35. *Les idées politiques et sociales de la Résistance, documents clandestins, 1940-1944*, textes choisis et introductions par Henri MICHEL et Boris MIRKINE-GUETZÉVITCH, préface de Georges Bidault, avant-propos de Lucien Febvre, Paris, PUF, 1954, p. VII.
36. *Les idées politiques et sociales de la Résistance...*, *op. cit.*, p. XI.

Soulignons enfin que le CH2GM accorda son soutien au lancement par les Presses universitaires de France de la collection « Esprit de la Résistance[37] ». Le comité de patronage de cette collection était très majoritairement composé d'anciens résistants et de Français libres[38]. Le premier volume parut en 1954[39]. Les auteurs en seraient des acteurs mués en historiens. Sans nul doute, la Résistance intérieure et les résistants étaient donc présents dans les projets initiaux du CH2GM aussi bien que dans les méthodes de travail que celui-ci entendait mettre en œuvre.

L'inflexion de 1955-1956

Force est cependant de constater que cette présence fut dans un premier temps en apparence moins conséquente que ce que l'identité et les convictions des autorités tutélaires et de certains des responsables du comité auraient pu laisser supposer. Il fallut attendre avril 1958 pour que la *RH2GM* publie à nouveau un dossier consacré à la Résistance[40]. L'infléchissement de « l'enquête sur la Résistance » décidé début 1952 se traduisit par un net ralentissement du recueil de témoignages sans que celui-ci soit forcément compensé par une augmentation significative de la qualité des archives recueillies. Le dépouillement du *Bulletin* du CH2GM fait apparaître une collecte d'archives effectuée au gré des découvertes de gisement plus qu'en fonction d'un plan préétabli, une collecte par conséquent « tous azimuts », concernant aussi bien les organisations et activités de résistance que le régime de Vichy, les combats de 1940, les modalités d'occupation, les conditions de vie des Français, la répression mise en œuvre par les nazis ou par les services vichystes, ou encore la préparation puis les combats de la Libération.

Toutefois, au bout de quatre années, le CH2GM franchit une nouvelle étape en créant une commission de recherche spécifiquement dédiée à la Résistance. Dans le rapport qu'il présenta le 25 novembre 1955 devant le CH2GM réuni en séance plénière, Henri Michel constata que « l'abondance des rentrées de documents concernant la Résistance et les nombreuses propositions de versements » qui avaient été faites étaient « de nature à justifier la création d'une commission d'histoire la Résistance » pour laquelle le Comité d'action de la Résistance avait promis tout son appui[41]. Décision fut

37. *Bulletin* du CH2GM, n° 23, mars 1954.

38. MM. Alban-Vistel, Georges Altman, Paul Arrighi, général de Bénouville, Maxime Blocq-Mascart, Henri Frenay, André Marie, Louis Marin, Daniel Mayer, Gaston Monnerville, André Mutter, Alexandre Parodi, Paul-Boncour, André Philip, Christian Pineau, René Pleven, Rémy Roure, Maurice Schumann, Jacques Soustelle, Pierre-Henri Teitgen, Robert Verdier – *Bulletin* du CH2GM, n° 23, mars 1954, p. 2-3.

39. *Les idées politiques et sociales de la Résistance..., op. cit.*

40. Dossier « Sur la Résistance en zone nord », *RH2GM,* n° 30, avril 1958.

41. Rapport d'Henri MICHEL, p. 1-4 dans *Bulletin* du CH2GM, n° 38, décembre 1955, p. 3.

prise de créer une « Commission d'histoire de la Résistance » qui comprendrait, outre les membres du Bureau[42], un certain nombre de personnalités parmi lesquelles René Cassin, le général Cochet, Marie Granet ou encore Germaine Tillion. Le bureau du CH2GM reçut mission de compléter la nouvelle commission « avec des Résistants ». Libre de s'organiser comme elle le souhaitait, cette dernière devait faire porter ses travaux « sur la France libre, les Français libres dans le monde et tous les aspects de la Résistance intérieure[43] ».

Dès le début du printemps 1956, Lucie Aubrac, Marie-Madeleine Fourcade, Maxime Blocq-Mascart, Henri Frenay et Henri Ribière, en d'autres termes des personnalités éminentes issues de quelques-unes des plus importantes organisations de la Résistance intérieure, rejoignirent la nouvelle commission[44]. Le 23 avril, celle-ci fut officiellement constituée. Henri Michel rappela « le cadre dans lequel se dérouleraient [ses] travaux » et montra « en quoi elle différait de la CHOLF ». Daniel Mayer, président du Comité d'action de la Résistance (CAR) et nouvellement nommé au CH2GM[45] en prit la présidence. Maxime Blocq-Mascart, le général Koenig et Paul Vaucher en devinrent vice-présidents, tandis qu'Henri Michel se chargeait du secrétariat général[46]. Ainsi, des Résistants, et non des moindres, siégeraient au sein d'une commission dont la formation avait été appuyée par le CAR. En d'autres termes, les anciens résistants allaient jouer les premiers rôles au sein de la nouvelle instance.

Le cadre général des travaux de la commission d'histoire de la Résistance fut fixé par un Henri Michel soucieux de prévenir par avance d'éventuelles critiques. Après avoir rappelé qu'une importante documentation avait d'ores et déjà été collectée, notamment des collections de la presse clandestine et « près de 2000 dépositions d'acteurs de la Résistance », le secrétaire général de la commission nouvellement créée indiqua « qu'une grande partie de la documentation existante [étai]t encore à rassembler » : archives personnelles de résistants, documents accumulés par certaines administrations en France et à l'étranger, en particulier en Grande-Bretagne. Mais Henri Michel poursuivit en soulignant qu'à la différence de la CHOLF, c'était « moins dans le domaine des archives que dans celui des études[47] pouvant donner lieu ou non à des publications que la commission devra[it] s'engager ». Et le secrétaire général de justifier ce qui était devenu à ses yeux une urgence en des mots qui se passent de commentaires :

42. Membres de droit de toutes les commissions du CH2GM.
43. *Bulletin* du CH2GM, n° 38, décembre 1955, p. 4.
44. *Bulletin* du CH2GM, n° 42, avril 1956, p. 9.
45. Arrêté du 24 février 1956 du Président du Conseil – *Bulletin* du CH2GM, n° 41, mars 1946, p. 1.
46. *Bulletin* du CH2GM, n° 43, mai 1956, p. 3.
47. Souligné par Henri Michel.

« Les études doivent être entreprises dès maintenant sous peine de ne l'être jamais. Question d'optique d'abord et de compréhension intime des faits : ceux de nos contemporains qui n'ont pas eu "l'esprit résistant" ne comprennent rien à la Résistance : que sera-ce dans cinquante ans ? Question de pratique ensuite : la plupart des documents sont des hiéroglyphes – une forêt de sigles, de pseudonymes et de langage codifié ; les historiens à venir s'y perdront ou ne seront guère incités à s'y engager. »

Henri Michel ne se faisait aucune illusion sur le fait que l'absence d'« études sérieuses n'empêchera[it] pas, au contraire, la sortie d'ouvrages peu sérieux, toute la littérature d'aventure ». Il insistait néanmoins sur l'impérieuse nécessité de déterminer les études possibles[48], c'est-à-dire celles pour lesquelles la documentation rassemblée était à la fois « sérieuse » et « utilisable » et pour lesquelles on disposait de « chercheurs capables de la dépouiller ». Dans un second temps, il faudrait déterminer « les études à publier » en s'inspirant probablement du système anglais, id est en confiant ces travaux à des « historiens qualifiés ». Et de poursuivre en suggérant de « commencer par établir des monographies types de mouvements, réseaux, partis ou régions », voire de département, de « publier une bibliographie dans une grande revue scientifique » et de préparer un numéro spécial de la *RH2GM* consacré à la Résistance française. Il soulignait qu'à ses yeux, la commission d'histoire de la Résistance aurait moins besoin d'enquêteurs et de correspondants provinciaux que de « rédacteurs d'études historiques ». Il concluait en formulant le vœu qu'avec la commission d'histoire de la déportation, la commission d'histoire de la Résistance fasse aboutir le projet de « Musée de la Résistance et de la Déportation[49] ».

Le 6 juin, le programme fut précisé : aux « historiques en cours de rédaction sur Combat (par Mme Granet et H. Michel) et sur le parti socialiste clandestin (par M. Daniel Mayer) » pourraient s'ajouter « la Résistance en Eure-et-Loir par M(arcel) Baudot[50], la Résistance dans la région lyonnaise par M. Alban-Vistel, l'OCM par M. Calmette, les MUR par Mme Granet et M. H. Michel ». En outre, le général Koenig avait accepté de rédiger une « "Table des matières" de ce que pourrait être une histoire des Forces Françaises libres ». Un « historique des FTP et une analyse de la "Pensée militaire de la Résistance" » furent réservés. Pour leur part, le général Cochet et Germaine Tillion devaient étudier « les débuts de la Résistance en zone nord et en zone sud ». Un numéro spécial de la *RH2GM* fut mis en chantier qui serait consacré à des « aspects de la Résistance française » et pourrait traiter « d'un mouvement comme Franc-Tireur ou Défense de la France, d'un réseau de renseignements comme Alliance, de la presse clandestine,

48. Le « travail essentiel de la Commission ».
49. *Bulletin* du CH2GM, n° 44, juin 1956, p. 6-9.
50. Qui était un des membres de la Commission. L'étude fut finalement consacrée au département de l'Eure.

et d'un maquis comme le Vercors ». Un historique de l'ORA rédigé par le Service historique de l'armée devait être ajouté. Enfin, Daniel Mayer donna lecture d'une lettre de Louis Armand, PDG de la SNCF, promettant le concours de ses services pour le rassemblement des archives nécessaires à la rédaction d'une « histoire de la SNCF pendant la guerre, du type de l'histoire des PTT en cours de rédaction, et qui comprendrait un chapitre sur la Résistance-Fer[51] ». Fin 1957-début 1958, une « sous-commission de travail composée de Mmes Aubrac et Granet et de MM. Calmette, Villate et H. Michel » élabora des questionnaires destinés à être envoyés aux responsables et aux agents des réseaux et mouvements, aux maquisards et aux FFI[52] afin d'aider les enquêteurs[53] dans leurs recherches[54]. En effet, d'autres études historiques furent lancées. Dans l'ordre d'apparition, elles portèrent sur « La Résistance dans le Tarn-et-Garonne »[55], Défense de la France (Marie Granet)[56], les FFI (M. Villate)[57], Libération-Sud (Lucie Aubrac)[58], le Front national (Mme Wormser)[59], « La Résistance et les prisonniers de guerre » (M. d'Hoop)[60], les Comités départementaux de Libération (M. Vidalenc)[61], le maquis du Vercors (M. Rude)[62], les maquis du Massif central (colonel Pavelet)[63], les « Jeunes dans la Résistance » (René Hostache)[64], Franc-Tireur (Mme Altman)[65], les réseaux de la France combattante[66], la « Résistance intellectuelle[67] », CDLR (Marie Granet)[68], CDLL (Mme Altman)[69]. Une étude sur la France libre fut également programmée dont, après bien des avatars, il fut décidé qu'elle se concentrerait sur « les aspects politiques et sociaux du mouvement[70] ».

Si toutes ces études ne débouchèrent pas, elles attestent la nouvelle étape franchie par le CH2GM dans son approche de la Résistance, une Résistance entendue au sens large car tenant également compte de la France libre puis combattante, de façon minoritaire il est vrai. Par la variété des

51. *Bulletin* du CH2GM, n° 45, juillet-août 1956, p. 2-3.
52. *Bulletin* du CH2GM, n° 61, janvier 1958, p. 10.
53. Comprendre « les responsables des études ».
54. *Bulletin* du CH2GM, n° 62, février 1958 et n° 63, mars 1958.
55. *Bulletin* du CH2GM, n° 47, octobre 1956, p. 2-5.
56. *Bulletin* du CH2GM, n° 61, janvier 1958 p. 9-10.
57. *Bulletin* du CH2GM, n° 62, février 1958.
58. *Bulletin* du CH2GM, n° 63, mars 1958, p. 2-3.
59. *Op. cit.*, p. 3.
60. *Ibid.*, p. 4.
61. *Ibid.*, p. 5.
62. *Ibid.*, p. 5. Bulletin du CH2GM, n° 76, mai 1959, p. 5.
63. *Bulletin* du CH2GM, n° 63, mars 1958, p. 5.
64. *Op. cit.*, p. 5.
65. *Ibid.*, p. 5.
66. *Bulletin* du CH2GM, n° 76, mai 1959, p. 7.
67. *Op. cit.*, p. 7.
68. *Bulletin* du CH2GM, n° 90, août-septembre 1960, p. 1.
69. *Bulletin* du CH2GM, n° 104, décembre 1961, p. 4.
70. *Bulletin* du CH2GM, n° 81, novembre 1959, p. 1.

sujets envisagés, elles attestent également l'ambition du Comité. Elles montrent le souci qu'eut ce dernier de placer ses travaux sous le sceau de la science et de la méthode historiques. Elles montrent enfin que la primauté des témoins-acteurs, éventuellement transformés en historiens, n'était pas remise en cause. Présents et influents au sein du CH2GM en général, de la Commission d'histoire de la Résistance en particulier, ils en suivaient les activités avec attention et, le cas échéant, en supervisaient les études. Et ce, même si Henri Michel, pour ne citer que lui, était parfaitement conscient des difficultés, voire des « servitudes », liées au fait d'écrire ainsi sous le regard des acteurs[71]. Notons enfin que la *RH2GM* montra un intérêt croissant pour la Résistance. Sept années et demi et 29 numéros avaient été nécessaires pour que la revue consacre à nouveau un dossier à la Résistance. À tel point que, dans sa préface, Robert Fawtier crut bon de préciser que ce dossier se voulait « un geste rassurant à l'égard des anciens résistants, qui pou[v]aient croire parfois que leur action [étai]t considérée comme ayant été inutile et ne va[lai]t pas la peine d'être étudiée dans cette Revue[72] ». Les délais furent nettement raccourcis par la suite[73].

De la « chronologie de la Résistance clandestine » au nouvel élan de la recherche

Au tournant des années soixante, le Comité d'histoire de la Deuxième Guerre mondiale connut deux échecs sans pour autant que l'élan donné aux travaux consacrés à l'histoire de la Résistance s'en trouve brisé, bien au contraire. En premier lieu, le vieux[74] projet de créer à Paris un « musée de la Résistance et de la Déportation » sous l'égide du CH2GM[75] subit un coup d'arrêt définitif. Par décision du Conseil des ministres en date du 5 novembre 1958, la responsabilité de cette création fut transférée au ministre des anciens Combattants et l'implantation du musée prévue aux Invalides – et non dans l'immeuble récemment obtenu par le Comité[76]. Quelques tentatives eurent lieu pour tenter de rattraper l'affaire. Sans succès[77]. Par

71. Pour en juger, voir par exemple, Henri MICHEL, *Bibliographie critique de la Résistance*, Paris, Institut Pédagogique National, SEVPEN, 1964, p. 68.
72. Robert FAWTIER, « Préface », p. 1-4 dans *RH2GM*, n° 30, avril 1958, p. 1.
73. N° 35, juillet 1959, « Sur la Résistance française ». N° 47, juillet 1962, « Aspects de la Résistance française ». N° 49, janvier 1963, « Sur les maquis ». Article d'Henri Michel, « Livres sur la Résistance française » dans le n° 51, juillet 1963. N° 61, « Aspects de la Résistance française », etc. Nous renvoyons à la communication de Jacqueline Sainclivier et Dominique Veillon.
74. Évoqué pour la première fois en 1954. Voir *Bulletin* du CH2GM, n° 32, avril 1955.
75. Projet à l'origine duquel s'était trouvé le CH2GM, à la suite d'une exposition sur le même thème organisée en 1954 dans le cadre des cérémonies pour le dixième anniversaire de la Libération. « L'organisme envisagé était d'une structure complexe : à la fois Musée et centre d'études avec bibliothèque, photothèque, phonothèque, etc. » – *Bulletin* du CH2GM, n° 75, avril 1959, p. 2 et 3.
76. *Op. cit.*, p. 2 et 3.
77. Voir par exemple *Bulletin* du CH2GM, n° 74, mars 1959, p. 3.

ailleurs, le projet de transformer le CH2GM en un « Institut d'histoire de la Deuxième Guerre mondiale » ne déboucha pas. Constat avait été fait qu'en raison de l'œuvre accomplie et du programme à venir, « sans idée préconçue, par la force des choses, pour avoir entrepris des tâches que lui commandait sa nature », le Comité était devenu « un Institut de recherches doublé d'un centre de documentation et de publications ». D'où l'idée d'entériner cette mutation « en plein accord avec le Secrétariat général du Gouvernement et la direction du CNRS[78] ». À l'origine, cette transformation devait être liée à la création du musée de la Résistance et de la Déportation. Même si le dessaisissement du CH2GM de cette dernière mission ne remettait pas en cause, dans son principe, le projet de transformation du Comité, celui-ci fit long feu. Notons cependant qu'Henri Michel avait tracé pour lui, au printemps 1959, une intéressante feuille de route :

> « Est-ce à dire que le Comité d'histoire de la Deuxième Guerre mondiale doit disparaître ? Il ne le semble pas, du moins pour quelques années encore. Certes un partage d'attributions devra être effectué : le comité devrait conserver sa tâche propre de coordination. On peut très bien envisager que, déchargé de tout ce qui conduit à des publications qu'il n'est pas toujours indiqué de placer sous le signe de la Présidence du Conseil, il garde par contre la responsabilité des relations avec l'étranger et devienne un point de rencontres interministérielles plus fréquentes. Bien mieux, il n'est pas dit que l'heure ne soit pas venue, dans un certain nombre de ministères, de commencer, ou d'achever, des recherches sur la période de la guerre, dont l'intérêt pratique serait aussi grand que l'intérêt historique[79]. »

L'impulsion donnée aux travaux sur la Résistance ne fut pas pour autant affectée. Début 1959, le CH2GM se lança dans un nouveau projet d'envergure : l'élaboration d'une « chronologie de la Résistance ». Les faits dont l'importance dépassait le cadre départemental seraient tout d'abord recensés dans le cadre d'une « chronologie nationale ». Établie à Paris par une sous-commission de la commission d'histoire de la Résistance[80] celle-ci serait envoyée à tous les correspondants départementaux. Réunis à Paris le 3 janvier 1959, ces derniers reçurent mission de mettre au point une chronologie pour leur département. Des chronologies de région étaient également envisagées[81]. Ce projet faisait écho aux débats tenus à la conférence internationale organisée à Liège et Bruxelles du 13 au 16 septembre 1958 sur « L'histoire de la Résistance européenne », conférence au cours de laquelle avait été évoquée l'idée d'élaborer une « chronologie internationale de la Résistance[82] ». Deuxième d'une série de grandes enquêtes conduites

78. *Bulletin* du CH2GM, n° 76, mai 1959, p. 7.
79. *Op. cit.*, p. 8.
80. *Bulletin* du CH2GM, n° 74, mars 1959 et n° 76, mai 1959.
81. *Bulletin* du CH2GM, n° 74, mars 1959, p. 2.
82. *Bulletin* du CH2GM, n° 69, octobre 1958, p. 4.

par le CH2GM[83], l'établissement de cette chronologie fut précisément encadré :

> « Que doit contenir cette chronologie ? D'abord, évidemment, l'action (sabotages, attentats, parachutages, atterrissages, opérations du maquis, combats de la Libération). Pour chaque fait, il faudrait non seulement connaître la date exacte, mais aussi les acteurs, avec une courte narration. En second lieu, la répression de l'occupant doit être indiquée. Elle a soit désorganisé, soit sanctionné l'acte de résistance. Dans tous les cas, sa portée sur les esprits a été grande. En troisième lieu, une place doit être faite aux mouvements collectifs, manifestations et grèves. Enfin, il ne faut pas oublier l'administration de la Résistance, créations de services, nominations et changements de titulaires. Tout ce qui concerne le renseignement, l'évasion, la propagande sera très difficile à situer. La statistique, la carte peuvent utilement compléter la chronologie.
>
> Dans le classement des faits, il faudra tenir compte, non des années, mais des grandes phases de l'évolution de la Résistance : organisation, action, combat, unification, libération[84]. »

À l'été 1960, étant donné l'ampleur de la tâche, le CH2GM imposa des règles strictes afin d'uniformiser le travail. Ces règles passaient notamment par le recours à des fiches standard qui seraient libellées de façon uniforme[85]. Parallèlement, Henri Michel prit soin de préciser les tenants et aboutissants du projet dans un article pour la *Revue historique*. Il indiqua notamment que le but premier de l'entreprise était un « sec établissement de faits » alors que « les passions et les conflits » s'apaisaient peu à peu et « avant qu'il ne soit trop tard, par la disparition de la génération de la Résistance[86] ». En posant en préalable l'établissement de chronologies départementales, dont l'élaboration permettrait de « mesurer les variations d'implantation et d'intensité de la Résistance selon la géographie et le moment, de façon, ultérieurement, à permettre qu'en soient tracées la carte, ou la courbe », on parviendrait progressivement à « mieux connaître » et « caractériser » en France « le fait résistant[87] [88] ». Comme le souligne Laurent Douzou, « les maîtres d'œuvres de ce recensement ne virent manifestement pas que la redoutable question de la définition des faits et des actes de Résistance se profilait en amont de leur entreprise. Il en résulta que ce travail sans fin

83. Après une « Statistique de la déportation concentrationnaire » et avant des enquêtes sur la collaboration, le STO, les entreprises et la démographie – Henri MICHEL, « Le Comité d'Histoire... », *op. cit.*, p. 8-11.
84. *Bulletin* du CH2GM, n° 74, mars 1959, p. 2. Complétées et précisées, ces règles furent énoncées dans un numéro spécial « Chronologie de la Résistance » du *Bulletin* du CH2GM daté d'octobre 1959.
85. *Bulletin* du CH2GM, n° 90, août-septembre 1960, p. 4.
86. Henri MICHEL, « Pour une chronologie de la Résistance » p. 111-122 dans *Revue historique*, juillet-septembre 1960, p. 117.
87. Souligné par Henri Michel.
88. Numéro spécial « Chronologie de la Résistance » du *Bulletin* du CH2GM daté d'octobre 1959, p. 1.

et sans véritable cadre théorique prit graduellement une ampleur démesurée[89] ». Et ce, malgré les consignes régulièrement réitérées à l'intention des correspondants[90]. Quelque 150 000 fiches furent établies pour lesquelles il fallut « construire un meuble spécial[91] » mais qui s'avérèrent à peu près inutilisables faute d'une réflexion sur la notion de « fait résistant » et sur l'inscription de ce « fait » dans le vécu des combattants de l'ombre.

Dans le même temps, le CH2GM continuait à œuvrer pour que puissent être choisis des sujets de thèse sur la France des années noires, en dépit de la proximité de la période et de son caractère encore quelquefois brûlant, en dépit également, s'agissant de la Résistance, des difficultés spécifiques liées aux sources. Pour contourner le « veto de principe de la Sorbonne », le CH2GM choisit fin 1955 de s'appuyer sur le CNRS pour établir un « plan de travail[92] ». Si, dans un premier temps, les monographies furent prises en charge par des rédacteurs issus du Comité, et donc non universitaires, si, en 1963 encore, le nombre des travaux universitaires en cours sur la Résistance était encore réduit[93], peu à peu le mouvement s'amorça qui vit de jeunes chercheurs issus de l'Université rejoindre le CH2GM et/ou entreprendre des travaux portant sur l'histoire de la Résistance[94]. À tel point qu'Henri Michel put se féliciter fin 1973 qu'une « vingtaine » de correspondants aient commencé une thèse tandis que « trente-trois autres [étaie]nt entreprises par des étudiants[95] ». Parallèlement, des colloques nationaux et internationaux étaient organisés[96]. En d'autres termes, le temps de la recherche était bien venu sur une histoire contemporaine qui, selon les mots d'Henri Michel, avait « cessé d'être un domaine interdit[97] », et la relève se présentait qui la prendrait en charge. Notons enfin le souci constant manifesté par le CH2GM de développer une « œuvre éducative » : attention portée aux programmes d'enseignement[98], organisation d'expositions, établissement de cartes[99].

89. Laurent DOUZOU, *La Résistance française…*, *op. cit.*, p. 171.
90. Voir les n° spéciaux du *Bulletin* du CH2GM consacrés à la chronologie de la Résistance, novembre 1963 et juillet 1966.
91. Henri MICHEL, « Le Comité d'Histoire… », *op. cit.*, p. 9.
92. Définition des sujets de recherche et choix des chercheurs – *Bulletin* du CH2GM, n° 38, décembre 1955, p. 4.
93. *Bulletin* du CH2GM, n° 118, mars 1963, p. 3.
94. *Bulletin* du CH2GM, n° 128, février 1964, p. 7 et n° 150, février 1966, p. 9.
95. *Bulletin* du CH2GM, n° 209, janvier-février 1974, p. 3. Un tableau des « thèses en préparation » était présenté p. 28-32 de ce même *Bulletin*. Voir également Henri MICHEL, « Le Comité d'Histoire… », *op. cit.*, p. 13.
96. Henri MICHEL, « Le Comité d'Histoire… », *op. cit.*, p. 12-14. Voir aussi, par exemple, *Bulletin* du CH2GM, n° 48 (novembre 1956), n° 76 (mai 1959), n° 81 (novembre 1959), n° 104 (décembre 1961), n° 137 (décembre 1964), n° 209 (janvier-février 1974)…
97. *Bulletin* du CH2GM, n° 209, janvier-février 1974, p. 3.
98. Voir par exemple *Bulletin* du CH2GM, n° 63, mars 1958 ou n° 67, juillet 1958.
99. Henri MICHEL, « Le Comité d'Histoire… », *op. cit.*, p. 14-15.

Conclusion

Ainsi, le Comité d'histoire de la Deuxième Guerre mondiale fut constamment animé du souci de faire œuvre d'histoire – et pas seulement d'« histoire-mémoire » surveillée par les acteurs – à propos de la Résistance française sans rien laisser perdre de ce qui avait fait la spécificité, voire l'étrangeté, de l'expérience des ombres. En dépit de ses liens statutaires avec les pouvoirs publics, il trouva et conserva une juste distance vis-à-vis des autorités politiques successives. Au fil du temps et des initiatives, il parvint à mobiliser les anciens résistants et à canaliser leur action. Il suscita de nombreuses bonnes volontés. Peu à peu, il fit place aux universitaires et aux chercheurs au point de devenir un véritable vivier d'historiens du contemporain. Une période contemporaine, à dire vrai *très* contemporaine, dont, nous l'avons vu, il fit admettre qu'elle n'était pas un « domaine interdit » pour l'historien, à condition bien entendu de s'y aventurer avec prudence et méthode.

Au long des années, il arriva que d'aucuns s'émeuvent de la position hégémonique occupée par le CH2GM dans le champ des études sur la Résistance. De fait, les conditions de création de l'Institut d'histoire du temps présent (IHTP) et les missions assignées à ce dernier à la fin des années soixante-dix tinrent compte des enseignements qu'il était possible de tirer de l'exercice d'un tel magistère et, souvent, d'une aussi rude férule centralisatrice – de même qu'il pourrait être fructueux d'examiner aujourd'hui, après une activité de même durée, l'œuvre accomplie par l'IHTP. Force est cependant de constater qu'en presque trente années d'existence et de travail, le Comité d'histoire de la Deuxième Guerre mondiale a accumulé une très importante matière documentaire, ouvert des voies et proposé des problématiques. Autant de précieuses pépites pour les historiens d'aujourd'hui.

L'histoire de la Résistance dans le travail du Comité d'histoire de la Deuxième Guerre mondiale : la production éditoriale

Jacqueline SAINCLIVIER et Dominique VEILLON

Le Comité d'histoire de la Deuxième Guerre mondiale (CH2GM) a été fondé en 1950 et a existé pendant près de trente ans ; organisme sans précédent dans l'historiographie française, son originalité vient de son rattachement à la présidence du Conseil puis au Premier ministre et à la présence dans ses instances dirigeantes, dès l'origine, d'historiens mais aussi de juristes, de sociologues, d'économistes. Au sein de ce comité, aucun aspect de la Deuxième Guerre mondiale n'est oublié comme en témoigne rapidement la création de commissions thématiques. Celle sur la Résistance est fondée en 1955[1], mais au-delà des méthodes ce qui est le plus original et permet de mieux saisir le rôle du comité et la place de la résistance dans cette historiographie, c'est la production éditoriale : la *Revue d'histoire de la Deuxième Guerre mondiale* ainsi que les ouvrages de la collection « Esprit de la Résistance ».

La revue et la collection « Esprit de la Résistance » symbolisent l'activité éditoriale proche du Comité et initiée par Henri Michel ; les prémices avaient cependant été posées par les *Cahiers d'histoire de la guerre,* tout comme la Commission d'histoire de l'occupation et de la libération de la France (CHOLF) avait précédé le Comité.

1. Laurent DOUZOU, *La Résistance française : une histoire périlleuse,* Seuil, coll. « Points Histoire », 2005, p. 165.

La préhistoire du Comité

Avant que ne paraisse la *Revue d'histoire de la Deuxième Guerre mondiale*, quatre *Cahiers d'histoire de la guerre* sont édités. Deux organismes sont mentionnés sur la couverture : au revers, en premier lieu le Comité d'histoire de la guerre institué par le décret du 6 juin 1945, et, au dos de la couverture, est mentionné le second organisme : la CHOLF créée le 20 octobre 1944.

Le Comité d'histoire de la guerre a « pour mission de coordonner les programmes des travaux entrepris dans les divers départements ministériels sur l'histoire de la Deuxième Guerre mondiale », également de centraliser les informations dans les différents pays alliés. Son président est Lucien Febvre, assisté de Pierre Caron directeur honoraire des Archives de France et de Pierre Renouvin, membre de l'Institut, professeur à l'Université de Paris. Le secrétaire général est Henri Michel, agrégé de l'université. Les *Cahiers d'histoire la guerre* sont publiés par le Comité d'histoire de la guerre, sans périodicité fixe. Le premier numéro sort en janvier 1949 des presses de l'Imprimerie nationale. Dans l'avant-propos signé de Lucien Febvre ouvert à l'histoire immédiate, il est dit que le « Comité d'histoire de la guerre ne cherche pas la gloire », qu'il veut servir la vérité et aider les travailleurs à l'établir en renversant « le Babel du mensonge ». La CHOLF, elle, est rattachée au ministère de l'Éducation nationale (CNRS), le ministre en est le président avec comme vice-présidents : Gilberte Brossolette pour le Conseil national de la Résistance, Pierre Caron, Georges Lefebvre, professeur honoraire à l'université de Paris, Édouard Perroy, professeur à la faculté des lettres de Lille. La CHOLF marque aussitôt son territoire : elle se préoccupe de la collecte de documents sur la Résistance, souhaite reconstituer une collection de journaux clandestins, recueillir des tracts, etc. Voilà pourquoi elle travaille avec différentes associations de résistance (anciens des maquis, des réseaux, des FTPF), pratique une collecte orale auprès de divers acteurs de la résistance en vue de travaux collectifs et d'études ultérieures. La commission dispose d'enquêteurs privilégiés, de correspondants locaux agrégés ou de simples érudits qui mènent une enquête sur la Résistance, aidés par des comités départementaux composés de personnalités diverses et des représentants des principaux mouvements.

Les *Cahiers d'histoire de la guerre* reflètent bien ce double parrainage avec un décalage dans le temps puisque les deux premiers numéros (janvier et octobre 1949) concernent surtout la Résistance en France, tandis que le troisième numéro (février 1950) porte sur la résistance européenne. En effet, dans le premier numéro, on note la signature d'Henri Michel, Maurice Vaussard ou encore Maurice Baumont, une bibliographie des ouvrages parus en France « sur la guerre 1939-40 et l'armistice » signée

Félix Debyser, directeur de la Bibliothèque de documentation internationale contemporaine (BDIC), un travail de Mlle Mady, archiviste et conservateur en chef à propos du fonds d'archives sur la guerre conservé aux Archives nationales. Ce travail de collecte de documents est tout aussi sensible dans le second numéro et inclut non seulement la France métropolitaine mais aussi l'Afrique du nord. Henri Michel y signe un article intitulé : « Une enquête sur la Résistance par la CHOLF ». S'il déplore la difficulté d'avoir accès à des documents, il insiste sur les embûches que représente un travail sur la résistance. Il est intéressant de voir qu'il distingue d'emblée ce qu'il appelle « la véritable résistance », celle des débuts, « le moment émouvant où l'on voit une vieille démocratie, pour qui la liberté de parole et d'action paraissait liée au souffle même de la vie, adopter le genre d'existence secrète » de celle qui suit. Or, il ne reste aucune trace de cette période d'où la nécessité de se créer sa propre documentation. L'entreprise n'est pas facile ; la meilleure méthode conclut-il est de faire parler les gens ce que font les 90 enquêteurs recrutés.

Il faut attendre le numéro 3 consacré à la Résistance européenne (février 1950) pour que des articles de fond consacrés à différents pays apparaissent. La revue se partage en deux parties, la première examine la résistance dans divers pays européens, y compris la France. Dans un avant-propos signé de Lucien Febvre, il est mentionné que l'histoire n'est pas « définitive », qu'elle est une « science des changements ». « Nous avons décidé de passer outre aux scrupules de l'attentisme et de consacrer dès maintenant ce cahier à un survol rapide de la résistance telle qu'elle se manifeste spontanément dans les pays occupés dès 1941. » Dès le début, il est clairement indiqué qu'il est souhaitable de pratiquer une étude internationale du sujet, ce que conforte l'article d'Henri Michel intitulé : « Esquisse d'une évolution de la Résistance européenne ». Les autres articles viennent à l'appui de cette volonté éditoriale avec Léo Lejeune sur la résistance belge, P.D. Vollgraff pour la résistance en Hollande, G. Vaccarino sur le mouvement de libération nationale en Italie (1943-1945) et le Pr Vladimir Krajina pour la Tchécoslovaquie. Pour ce dernier pays, l'auteur indique en note de bas de page « qu'il a supprimé du texte des indications compte tenu des problèmes qui se passent en Tchécoslovaquie » car il y aurait probablement eu des conséquences lourdes à assumer. Enfin, ce numéro comprend des comptes rendus sur la Pologne pendant la guerre, et l'esquisse d'une bibliographie sur l'occupation et la résistance en Grèce, la résistance yougoslave par Mme A. Dumesnil (BDIC). En revanche, le dernier numéro de ces *Cahiers* ne concerne pas la résistance[2]. On peut dire que ces *Cahiers* ont répondu à un premier objectif à savoir rassembler ou signaler des docu-

2. Il porte sur les « Aspects de l'économie sous l'occupation ».

ments, mais ils vont au-delà, s'efforçant aussi à une analyse voire à une comparaison entre les résistances ; en revanche, à aucun moment il n'est question de la déportation.

Aucune explication ne figure sur l'arrêt brutal de la revue. Pénurie de ressources ? On se plaint beaucoup d'un manque de moyens[3]. Ce qui est sûr c'est qu'Henri Michel souhaite renforcer sa position quitte à évincer certains de ses partenaires tels Pierre Caron, Édouard Perroy[4]. Problèmes financiers et personnels se mêlent.

Le CH2GM et les caractéristiques de la nouvelle revue

Dès sa fondation en 1950, le Comité d'histoire de la Deuxième Guerre mondiale entend élargir son propos par rapport à la commission précédente ; reconnu par le pouvoir politique, il se veut indépendant, mais sa position facilite l'accès aux sources pour ses membres. La création, en novembre 1950, de la *Revue d'histoire de la Deuxième Guerre mondiale (RH2GM)* qui fait suite aux *Cahiers d'histoire de la guerre* entre dans le cadre d'une politique visant à faire connaître les documents concernant cette période mais aussi à commencer une analyse, une réflexion sur celle-ci.

Trimestrielle, la revue indique trois organismes qui la parrainent : le Comité d'histoire de la guerre[5], la Société d'histoire de la guerre et le CNRS. Dès ce premier numéro, le rédacteur en chef en est Henri Michel et la composition du comité de direction[6] montre comme précédemment que les historiens novateurs de l'époque s'engagent dans cette revue. La présidence confiée à Lucien Febvre, co-fondateur des *Annales*, rappelle opportunément que le moderniste qu'était Lucien Febvre avait comme Marc Bloch une position d'historien qui n'était pas timorée vis-à-vis des travaux sur le temps présent. D'autre part, si l'un et l'autre privilégiaient la longue durée, leurs propres recherches ne se désintéressaient pas du court terme ni du politique. Lucien Febvre resta président jusqu'à sa mort en 1956 et l'on apprend à cette occasion qu'il a eu l'idée du lancement de cette revue[7]. Les autres membres du comité de direction sont aussi des cautions à la fois de continuité et de renouveau historiographique ; Pierre Renouvin, lui-même ancien combattant et invalide de guerre, a très tôt voulu développer l'étude de la Grande Guerre tout en renouvelant après la Seconde Guerre mondiale

3. Avant-propos de Lucien FEBVRE dans *Cahiers d'histoire de la guerre,* n° 1, janvier 1949, p. 1.
4. Voir le texte de Paule RENÉ-BAZIN dans cet ouvrage.
5. Remplacé en janvier 1952 par le nom du Comité d'histoire de la Deuxième Guerre mondiale car la CHOLF et le Comité d'histoire de la guerre ont fusionné. Cf. Laurent DOUZOU, *op. cit.,* p. 61.
6. Le président est Lucien Febvre ; membres : Pierre Caron, Pierre Renouvin, Ernest Labrousse, Maurice Baumont. Plusieurs de ces noms figuraient parmi les cadres du Comité d'histoire de la Guerre.
7. Janvier 1957, encart annonçant son décès et donnant une brève biographie.

l'histoire des relations internationales[8]; Ernest Labrousse par ses travaux d'histoire économique et sociale contribue à donner de cette revue une image « d'histoire totale ». En 1952, entrent dans le comité de direction Paul Vaucher et Edmond Vermeil, respectivement spécialistes du Royaume-Uni et de l'Allemagne. Un an plus tard c'est au tour de Georges Bourgin et de Julien Cain, cette fois ce sont des administrateurs (en retraite à cette date) qui peuvent ouvrir des portes, faciliter des contacts, mais ce sont aussi des résistants; ils étaient respectivement directeur des archives de France et administrateur général de la Bibliothèque nationale. Quelques années plus tard, en 1967, le comité de direction est devenu logiquement un comité de rédaction présidé par Maurice Baumont. Sont toujours présents Julien Cain, Ernest Labrousse, Pierre Renouvin et Paul Vaucher[9]. Toutefois, sont entrés Georges Castellan, Jacques Droz, Jean-Baptiste Duroselle et René Rémond, c'est-à-dire une nouvelle génération née pendant ou après la Grande guerre. Dans cette nouvelle configuration, Henri Michel est le directeur de la publication et Jean-Marie d'Hoop le secrétaire de rédaction[10].

Le premier numéro se contente d'annoncer le nom du président du comité de patronage, à savoir Georges Bidault, le président du CNR, figure alors très respectée. Le comité de patronage est présenté au complet dans le numéro 2 de la revue (mars 1951); sa composition montre qu'il remplit deux fonctions: s'assurer la bienveillance des hauts fonctionnaires susceptibles de favoriser les recherches des historiens[11], s'assurer la caution de résistants connus (René Cassin, Rémy Roure) ainsi que celle de l'armée, du ministère de l'Éducation nationale (inspecteurs généraux, recteurs).

Par la suite, il y a peu de modifications. Elles surviennent lors de décès ou de changements de titulaires d'une fonction, tel Pierre Caron, mort en 1952 qui fut le premier président de la CHOLF. C'est en 1969 que l'on assiste à une refonte de ce comité en partie pour des raisons de génération mais l'on note toujours la volonté d'impliquer d'anciens résistants (Francis-Louis Closon, le général Cochet), des historiens reconnus (André Latreille, Fernand Braudel, Alfred Sauvy, etc.), des hommes politiques toujours actifs comme Léopold Senghor ou en retrait. Hubert Curien mentionné en janvier 1972 a disparu du comité de parrainage en 1975. Un nouveau comité de parrainage de 26 membres apparaît en 1975[12]. En octobre 1977,

8. Il signe d'ailleurs plusieurs articles dans la RH2GM, ainsi avec F. CADRAT, dans le n° 71, juillet 1968, sur les documents diplomatiques français (1932-1939).
9. Mort en avril 1967.
10. En fonction jusqu'en 1980.
11. Par exemple, G. Bourgin, directeur honoraire des archives de France et C. Brabant, directeur des archives de France; le secrétaire général de la commission consultative des dommages et réparations.
12. P. Arnoult, R. Aron, P. Aubé, J. Basdevant, F. Bloch-Lainé, F. Braudel, R. Cassin, F. Closon, g^al^ Cochet, g^al^ de Cossé-Brissac, M. Crouzet, J. Donnedieu de Vabres, A. François-Poncet, P. Jacquinot, G. Jacquet, L. Joxe, A. Latreille, G. Lebras, P. Monbeig, M.-E. Naegelen, L. Noël, A. Reussner, J. Roche, A. Sauvy, L. Senghor, E. Weill-Raynal.

le comité de parrainage se réduit à 18 membres avec l'arrivée d'Edmond Lisle, et de Jean Laloy[13]. Le comité de rédaction quant à lui reste quasiment inchangé[14]. À la mort de Julien Cain, on voit apparaître le nom de Jean Bouvier[15] (n° 97). En avril 1979 on note la présence d'Annie Dechaux aux côtés de Jean-Marie d'Hoop pour assurer le secrétariat de la revue. C'est sur la couverture du numéro de janvier 1980[16] que Guy Pedroncini apparaît comme rédacteur en chef de la revue, poste qui n'existait pas jusqu'alors.

Parallèlement à cette réorganisation de la revue, l'on assiste à la création de commissions spécifiques pour l'histoire de la Deuxième Guerre mondiale : commission d'histoire de la déportation présidée par Julien Cain, commission d'histoire de la captivité présidée par Fernand Braudel, commission d'histoire de la Résistance présidée par Daniel Mayer c'est-à-dire des hommes qui ont tous vécu ces situations. Peu à peu cette commission d'histoire de la Résistance s'est dotée d'enquêteurs parisiens et de correspondants départementaux venant du CHG. Elle comprend outre des délégués de tous les organismes et services qui ont à connaître de la résistance, des représentants des grandes associations de résistants. Son but est de préserver, rassembler, éclairer une documentation vaste et variée.

La Résistance et la revue

La Résistance apparaît dans la revue lors de numéros spéciaux, également dans les comptes rendus. De 1950 à 1980 (120 numéros), 17 portent sur la résistance (dont 10 sur la résistance française) ou comprennent des articles sur la résistance, plus d'une vingtaine présentent des comptes rendus d'ouvrage sur la résistance ; ajoutons que la période qui s'étend jusqu'en 1966 est plus nourrie en articles sur l'histoire de la résistance en général, de la résistance française en particulier puisque sur 64 numéros, 12 portent sur la résistance dont 7 sur la résistance française. À partir de 1967, la revue s'intéresse à de multiples aspects prenant en compte l'histoire de la guerre (USA, URSS[17]) et la résistance étrangère. On compte quelques numéros spéciaux sur la résistance française.

13. R. Aron, F. Bloch-Lainé, F. Braudel, R. Chabbal, F. Closon, g^{al} de Cossé Brissac, A. François Poncet, L. Joxe, J. Laloy, A. Latreille, E. Lisle, R. Mallet, M.-E. Naegelen, L. Noël, A. Sauvy, L. Senghor, E. Weill-Raynal.
14. Président : Maurice Baumont, Julien Cain, Georges Castellan, Jacques Droz, Jean-Baptiste Duroselle, Ernest Labrousse, René Rémond, Pierre Renouvin. Le directeur de la publication est Henri Michel.
15. Directeur fondateur de la publication : Henri Michel, comité de rédaction : Jean Bouvier, Georges Castellan, Jacques Droz, Jean-Baptiste Duroselle, Ernest Labrousse, René Rémond.
16. N° 117 et en juillet 1980, la fonction de rédacteur en chef se détache nettement de la composition du comité de rédaction.
17. Par exemple le numéro 68, octobre 1967, sur l'URSS en guerre.

Ces indications donnent l'image d'une revue qui entend bien prendre en compte la totalité de l'histoire de la guerre, puisque la résistance n'y occupe tous pays confondus que moins d'un cinquième ; c'est voulu par son fondateur et elle est la seule revue historique sur ce thème[18]. En effet, l'étude décennie par décennie des numéros spéciaux marque clairement la domination des numéros spéciaux sur l'étranger (de 36 à 47 % des numéros spéciaux), suivis des numéros sur la France (hors résistance) avec 31 à 48 % des numéros spéciaux, la résistance française est en dessous de 15 % des numéros spéciaux sauf pendant la décennie des années soixante où elle avoisine 31 %. Les articles isolés sont peu nombreux, en revanche, les comptes rendus d'ouvrages sur la Résistance française sont très réguliers. Les principaux contributeurs, outre Henri Michel, sont Marie Granet et Jean Vidalenc au cours des années cinquante. Avec les années soixante apparaissent les signatures de Michel de Boüard, Arthur Calmette, Marcel Baudot, Claude Lévy qui deviendra secrétaire général du CH2GM en 1977. C'est à partir du début des années soixante-dix que les correspondants sont de plus en plus mis à contribution : Gérard Bouladou, Mme Silvestre, Hélène Chaubin, Eugène Martres, Roger Bourderon. Enfin, la dernière décennie [années 1970] ne voit la publication que de deux numéros spéciaux sur la Résistance française, mais quatre numéros spéciaux sur des régions comprenant le plus souvent un article sur la résistance.

Que révèle la revue sur l'état de l'historiographie de la Résistance ?

Très symboliquement, le premier numéro de la revue (novembre 1950) est un numéro intitulé « Aspects de la Résistance française », ces premiers articles sont le plus souvent des témoignages et écrits de toute façon par des acteurs avec ou non une réflexion historique problématisée. Ce premier numéro comprend le discours de Georges Bidault prononcé à Béziers en 1946 en hommage à Jean Moulin. Les autres articles sont soit des témoignages sur « le financement de la Résistance intérieure[19] » ou sur « l'*Abwehr* et la *Gestapo* en France[20] », soit des analyses amorçant une réflexion historique que ce soit sur les maquis avec Marie Granet[21] ou sur les émissions de la BBC avec Jean-Louis Crémieux-Brilhac[22]. Marie Granet est alors présentée comme chargée de recherches de la CHOLF. Enfin, ce numéro comprend

18. Henri MICHEL, « Le Comité d'histoire de la Deuxième Guerre mondiale », *Revue historique*, janvier 1965, p. 137.
19. François BLOCH-LAINÉ, p. 6-19.
20. Gal RIVET, p. 28-49.
21. Marie GRANET, « Dessin général des maquis », p. 51-72.
22. « L'émission française à la BBC pendant la guerre », p. 73-95.

un précieux lexique de la résistance, d'une dizaine de pages, établi par Henri Michel et explicitant de nombreux sigles.

Dès ce premier numéro, cette revue d'histoire scientifique est confrontée à l'histoire du temps présent, au rôle et à l'importance à accorder aux témoignages. Les historiens qui s'engagent dans l'aventure, sont très conscients des questions méthodologiques, voire déontologiques qui se posent à eux mais aussi du problème majeur des sources ; et il ne s'agit pas ici des lois sur les archives, mais de la nécessité de trouver et de rassembler la documentation (écrite, mais aussi visuelle, sonore). Très vite, le CH2GM en voulant travailler sur la résistance a compris que la documentation classique des historiens était certes importante mais qu'il fallait aussi interroger les résistants, trop d'actions n'ayant pas laissé de trace.

Bien avant que l'on parle d'« histoire orale », que l'on s'interroge en France sur la validité pour un historien de travailler sur des sources orales – toutes questions que l'on voit surgir ou resurgir dans les années 1970-1990 –, l'historien de la Résistance *doit* « faire des entretiens », pratiquer l'enquête orale. Mais l'exploitation de ces sources dans une perspective de publication d'histoire scientifique n'a pas été immédiate ; Henri Michel[23] date ces premiers écrits dans la revue au numéro 30 (avril 1958). L'objectif fixé est d'ailleurs ambivalent ; il s'agit d'une part d'établir les faits, mais aussi que « la génération de la Résistance » donne sa version, retrace ses expériences, recherche une explication. Il est certain que ces historiens sont des hommes et des femmes de leur temps, mais ils ne sont pas les premiers à s'interroger sur une période qu'ils ont vécue et pendant laquelle ils ont été actifs ; ce fut le cas de la génération des historiens anciens combattants de 14-18 travaillant sur cette guerre. La nouveauté est sans doute qu'ils s'interrogent sur des faits dont les traces sont peu visibles dans les archives classiques, qu'ils s'interrogent sur des hommes et des femmes volontaires qui ont leur propre vision de leur action, de leurs objectifs et de ceux de leurs camarades, à plus forte raison lorsqu'il s'agit d'évoquer les actions et objectifs de camarades morts (fusillés ou déportés). Eux-mêmes, anciens résistants ou proches, ont ces mêmes interprétations. Malgré tout, les historiens de cette génération parce qu'ils étaient conscients de la double nécessité de rassembler des sources neuves et de confronter leur expérience à l'analyse historique rigoureuse, se sont efforcés de tenir un certain équilibre. En revanche, il est naturel que leurs interrogations, leur problématique soient celles de leur temps.

Excepté le premier numéro, l'histoire de la résistance française n'est pas abordée avant avril 1958[24]. Entre le premier et le trentième numéro, ce sont plus des aspects militaires ou de relations internationales qui sont abordés,

23. Henri MICHEL, *op. cit.*, p. 131-133.

24. Il porte sur la résistance en zone nord.

mais cette absence d'articles sur la résistance française pendant presque huit ans a dû sembler suffisamment inquiétante pour que le numéro d'avril 1958 sur la résistance en zone nord soit doté d'une préface signée de Robert Fawtier, lui-même déporté à Mauthausen. Dans cette préface le numéro est présenté comme « un témoignage » du travail accompli par le Comité et comme « un geste rassurant à l'égard des anciens résistants qui pourraient croire parfois que leur action est considérée comme ayant été inutile et ne vaut pas la peine d'être étudiée dans cette Revue » ; on peut imaginer qu'il y eut des réactions de membres du Comité ou extérieurs à celui-ci s'étonnant de l'absence de nouveaux articles après le premier numéro.

Dans le contexte de la guerre froide et d'une mémoire d'affrontement entre résistants communistes, gaullistes et plus largement non communistes, il fallait tenter d'établir une réflexion historique non sans avoir rappelé la différence entre résister en zone nord et en zone sud[25]. Les quatre articles de ce numéro sont le fait soit de témoins directs mais pouvant apporter une analyse scientifique, soit d'historiens de métier[26]. Germaine Tillion retrace le développement du réseau du musée de l'Homme en s'appuyant sur ses souvenirs et sur son expérience d'ethnologue pour « enquêter » ; elle s'interroge sur le mode de recrutement, sur l'opinion des Français en 1940-1941 par rapport aux résistants, le rôle des contacts, les imprudences, etc. Plus significatif pour l'historien d'aujourd'hui, elle considère que « les distinctions d'opinions étaient moins tranchées qu'on ne l'a dit, entre les gens qui ont participé à la Résistance et les autres ». Elle fait œuvre d'historien, montrant aussi que les questions qu'elle se pose en 1958, n'étaient pas les siennes pendant son activité de résistance. Henri Michel et Marie Granet qui signent chacun un article[27], présentent un journal clandestin, ses idées, mais aussi évoquent la construction progressive, tâtonnante, d'une résistance qui dans le cas de *Défense de la France* devient un mouvement de grande ampleur. En revanche, témoin direct également, le colonel Villate dans son article sur la bataille de Paris a une vision d'histoire militaire, compréhensible certes mais qui occulte les enjeux politiques en particulier au sein de la résistance parisienne. Il s'agit bien d'une histoire qui essaie d'établir les faits à partir de sources le plus souvent privées et certains auteurs commencent à problématiser cette histoire de la résistance.

Par la suite, jusqu'en 1966, on compte six numéros spéciaux, près d'un par an. En 1959, les trois articles sont le fait d'historiens de métier ou voulant faire œuvre d'historiens ; ainsi Marcel Baudot, commandant des FFI

25. Toutefois, les différentes formes d'occupation dans la zone nord ne sont pas soulignées et il n'est pas question de l'Alsace, ce qui est récurrent dans ces années-là.
26. Mais inévitablement témoins à cette époque, voire anciens résistants mais n'écrivant pas à ce titre.
27. Henri MICHEL, « Une feuille clandestine : "Arc" (octobre 1940-janvier 1941) », et Marie GRANET, « Défense de la France ».

dans l'Eure mais aussi inspecteur général des Archives, écrit son témoignage mais d'un œil d'historien et Arthur Calmette livre les premiers éléments de son futur ouvrage sur l'Organisation Civile et Militaire (OCM)[28]. Si les articles sont amenés à décrire l'action des réseaux et des mouvements du fait de la nécessité de reconstituer leur historique, en revanche, peu à peu une problématisation se fait jour liée certes aux interrogations du moment : interpénétration entre le politique et le militaire, mais pas ou peu d'allusion à la résistance communiste ; est-ce parce que la polémique est quasi constante sur celle-ci ? Dans son article sur la répression allemande en France, Michel de Boüard[29] précise son objectif : faire l'historique de cette répression, expliquer l'organigramme des instances de répression allemande mais il en montre aussi les limites et la nécessité d'aller plus loin (étude sociologique, psychologique, etc.). À cette date, cela fait vingt ans que l'essentiel du territoire français a été libéré, le travail des historiens commence à prendre le pas sur les témoignages purs. La même année, un numéro spécial entend marquer le vingtième anniversaire de la libération ; la rédaction de la revue a sollicité le général Koenig pour une préface et quatre correspondants du Comité[30] pour évoquer les maquis dans leur région. Dans sa préface, le général Koenig souligne l'impossibilité d'accéder aux archives publiques, le rôle des témoignages. Ses propos sont cependant contredits par certaines contributions de ce numéro qui utilisent des rapports de préfet ou sous-préfet, des notes de gendarmerie. Il revient sur les questions récurrentes concernant les maquis en proposant ses propres interprétations : utilité militaire des maquis par rapport à la répression subie par la population proche, l'absence dans le commandement militaire allié d'une véritable doctrine de la guérilla, la taille, l'armement des maquis, leur isolement relatif… Roger Leroux, traitant du maquis de Saint-Marcel en Bretagne, pose la question du maquis mobilisateur pour démontrer par cet exemple qu'il relève d'une méconnaissance des conditions dans lesquelles se trouvait la résistance et considère que la seule tactique viable est l'action de guérilla. Il évoque en conclusion le poids psychologique des combats de Saint-Marcel, thème qui aujourd'hui est repris par une analyse des représentations et des symboles de mémoire. Les auteurs, quelle que soit la région étudiée, évoquent la question de l'armement, le fait que les Alliés n'ont pas pu, su ou voulu anticiper les besoins des maquisards ; ils insistent aussi sur leur scepticisme quant à l'aide que pourraient apporter les maquis. Tous présentent la constitution des maquis comme liée à la nécessité de cacher les réfractaires, et, aucun n'évoque l'idée, répandue par la suite, qu'ils gonflent

28. Paru dans la collection « Esprit de la Résistance » en 1961.
29. Avril 1964, p. 63-90.
30. Roger Leroux pour le Morbihan, Maurice Lombard pour la Côte-d'Or, Gérard Bouladou pour l'Hérault, Pierre Clémendot pour la Meurthe-et-Moselle.

directement les effectifs résistants. Pierre Clémendot parle pour les premiers maquis de « maquis-refuges » pour abriter les réfractaires ; il les distingue des maquis de combat. Ces remarques sur l'origine des maquis, sur leur première fonction sont très actuelles et mettent en évidence que, déjà, il existe un décalage persistant entre les historiens et l'opinion générale sur ces questions.

Dans la seconde moitié des années soixante, on sent un frémissement qui se confirme à savoir que le temps de l'analyse historique commence à remplacer celui des seuls témoignages tandis que les problématiques s'affinent. En janvier 1966, le numéro spécial 61 « Aspects de la Résistance française », particulièrement riche, le démontre. Dans un article sur la Résistance chrétienne, « deux anciens clandestins, François Bédarida et Renée Bédarida dont l'un se trouve être en même temps un historien » reviennent sur la difficulté d'écrire sur la résistance. Leur travail se veut « une première ébauche passée au crible sévère de la critique historique et décantée par vingt ans de recul[31] », croisant plusieurs sources dont les *Cahiers du témoignage chrétien*. Les années 1940-1944 constituèrent une épreuve pour l'Église et une partie des catholiques lents à se mobiliser parce que séduits par l'idéologie pétainiste. La persécution des juifs et l'occupation de la zone sud fin 1942 entraînent un changement d'opinion qui se fait sentir au sein de la population. Dans ce même numéro, pour la première fois, la composition sociologique d'un réseau est analysée ; Françoise Leclère étudie celle du réseau Zéro France[32] à partir des dossiers remplis par les agents eux-mêmes. Elle met l'accent sur les différentes formes du recrutement dont le recrutement familial et aborde l'étude socio-professionnelle. Grâce aux rapports de l'OSS et du SOE, dont une copie a été confiée au Comité, Arthur Calmette revient sur la place et l'action des équipes *Jedburgh* dans la bataille de France. Le dernier article dû à Raymond Josse s'intéresse à l'École des cadres d'Uriage ; il s'appuie principalement sur les témoignages de Dunoyer de Segonzac et d'Hubert Beuve-Méry. L'auteur met en avant les deux tendances qui apparaissent face à la résistance, d'un côté les militaires opposés à toute collaboration avec l'Allemagne mais fidèles à Pétain, de l'autre, les civils qui font bloc contre Pétain. Il montre enfin que la dissolution de l'École en décembre 1942 ne marque pas la fin de son influence mais une dispersion des membres. Sur la vingtaine de comptes rendus qui accompagnent le numéro, douze concernent la résistance française et sont signés de Marcel Baudot. Trois ouvrages d'historiens portant sur la résistance française dominent ; ils traitent du mouvement Ceux de la Résistance

31. François et Renée BÉDARIDA, « Une résistance spirituelle : aux origines du "Témoignage chrétien" (1941-1942) », *Revue d'histoire de la Deuxième Guerre mondiale,* janvier 1966, n° 61, p. 5.
32. Françoise LECLÈRE, « La composition d'un réseau : "Zéro France" », *Revue d'histoire de la Deuxième Guerre mondiale,* janvier 1966, n° 61, p. 75-86.

(CDLR) par Marie Granet[33], de Jean Moulin et de la bibliographie de la Résistance par Henri Michel[34]. Marcel Baudot souligne le travail de recherche d'Henri Michel qui à partir des rapports et des lettres envoyés à Londres, des témoignages de ses camarades, s'efforce d'expliquer l'œuvre de Jean Moulin « avocat des deux résistances intérieure et extérieure », et qui dès 1966 insiste sur les différends opposant Henri Frenay à Jean Moulin et au général Delestraint. Une analyse plus complète porte sur la *Bibliographie critique de la Résistance* par Henri Michel[35], ouvrage salué par Marcel Baudot estimant qu'il était le « seul à pouvoir entreprendre cette tâche ». Les autres ouvrages recensés par Marcel Baudot, en dehors de celui de Maurice Kriegel-Valrimont sur le COMAC, sont liés au vingtième anniversaire de la Libération de Paris, marqué par la sortie d'un nombre impressionnant de volumes d'intérêt inégal[36] qui sont ici passés en revue. Dès cette époque, le phénomène de commémoration imprègne la société, le milieu éditorial et indirectement les historiens.

La création du Comité international d'histoire de la Deuxième Guerre mondiale voulue par Henri Michel[37] est mentionnée en 1967. En 1972, 27 pays[38] en font partie. Six ans plus tard en 1978, le Comité international regroupe 42 pays. « Les adhésions se font sous forme de comités nationaux » mais peuvent être individuelles ou passer par le biais d'Instituts spécialisés. Si les historiens des pays belligérants ont adhéré, des pays neutres comme la Suède, la Suisse, le Vatican et des pays indépendants comme l'Inde, la Malaisie ou la Corée l'ont également fait. Tout ceci n'est pas sans conséquence dans la façon de traiter l'histoire de la Résistance puisque la part des numéros spéciaux sur la résistance étrangère devient alors très importante, dépassant la résistance nationale. Henri Michel souligne que sans la participation des pays étrangers aucun article sur la résistance à l'étranger n'aurait pu être écrit, bien des numéros n'auraient pu paraître, respectivement les n° 68, « l'URSS en guerre », n° 70, « la Roumanie en guerre », n° 72, « la Bulgarie », n° 78, « la Pologne », n° 92, « l'Italie » où la résistance tient une place importante. De nombreux comptes rendus sur la résistance étrangère (slave, russe, italienne, polonaise…) sont faits par des spécialistes de ces pays (Bernard Michel pour la Tchécoslovaquie, J.-B. Neveux et Céline Gervais pour la Pologne, Max Gallo pour l'Italie). Le numéro 86 récapitule la série

33. Marie GRANET, *Ceux de la Résistance (1940-1944)*, éd. de Minuit, 1964, 375 p.
34. *Jean Moulin l'unificateur*, Hachette, 1964, 223 p.
35. Institut pédagogique national, 1964, 223 p.
36. Dominique LAPIERRE et Larry COLLINS, *Paris brûle-t-il (25 août 1944)*, Robert Laffont, 1964, *La Résistance par ceux qui l'ont faite*, Denoël, 1964.
37. La composition du bureau est la suivante. Président : Henri Michel, assisté de vices-présidents, M. Jiline, Marjanovic. Le secrétaire général est M. G. Rochat et le trésorier M. de Jong.
38. Autriche, Belgique, Bulgarie, Canada, Corée du Sud, Danemark, USA, Finlande, France, Grande-Bretagne, Hongrie, Inde, Israël, Italie, Japon, Norvège, Pays-Bas, Pologne, RDA, RFA, Suède, Tchécoslovaquie, Turquie, URSS, Yougoslavie.

de colloques internationaux organisés par le CH2GM: « l'occupation de l'Europe, les problèmes de la résistance européenne » à Karlovy Vary en 1964, « les problèmes de la résistance européenne » en 1965, « l'historiographie de la Deuxième Guerre mondiale » à Bucarest en 1973, « la Libération de la France » à Paris en 1974, et bien d'autres encore dont le thème n'est pas lié à la résistance. « Sans le comité international, de nombreux colloques n'auraient pu avoir lieu » explique Henri Michel dont le nom est mentionné sur la couverture de la revue en octobre 1971 en tant que président du Comité international.

En janvier 1970, le numéro 77 revêt une nouvelle couverture sans que l'esprit de la revue change. De nombreux comptes rendus sur la résistance étrangère communiste (slave, russe) accompagnent la plupart des numéros entre 1968 et 1974. Pendant ces sept années, les comptes rendus et surtout les articles de fond sur la résistance française sont rares (5 sur 112 articles). En octobre 1969, Jean-Marie d'Hoop signe un compte rendu du livre de Daniel Mayer sur *Les socialistes dans la résistance,* ouvrage d'un témoin majeur faisant œuvre d'historien. Le numéro 81 de janvier 1971 consacré à la France aborde un aspect jusque-là laissé dans l'ombre: celui de la Résistance française face aux problèmes de répression et d'épuration, dû à Marcel Baudot. Celui-ci revoit à la baisse les chiffres qui circulaient jusqu'alors. Dans le numéro 85 de janvier 1972, un compte rendu critique signé d'Henri Michel sur les *Discours et messages* du général de Gaulle souligne que la période londonienne est largement présente, mais pour mieux signaler que « dans la chronologie des faits de guerre qui est abordé, la résistance clandestine est à peu près absente » en dehors de Jean Moulin et du général Delestraint. Dès 1974, Henri Michel à propos des mémoires d'Henri Frenay[39] revient sur les désaccords entre la Résistance intérieure et extérieure et pose la question: la Résistance intérieure pouvait-elle vivre sans aide extérieure? Il insiste sur l'incompréhension de De Gaulle face aux mouvements. Dans le même numéro[40], Marcel Baudot donne un compte rendu élogieux du livre d'Henri Michel[41] sur la résistance européenne et sous le titre « nouveaux apports à la résistance française », passe en revue les derniers ouvrages parus: *La nuit sans ombre* d'Alban Vistel[42], *La résistance intellectuelle* de Jacques Debû-Bridel[43] ainsi que l'ouvrage d'André Tollet sur *La classe ouvrière dans la résistance française*[44] soulignant au passage l'importance du travail d'Alban Vistel. En juillet 1975, Claude Lévy qui signe pour la première fois en tant que secrétaire général adjoint du CH2GM

39. Henri FRENAY, *La nuit finira,* Laffont, 1973, 607 p.
40. N° 95.
41. *La guerre de l'ombre: la Résistance en Europe,* 1967, Grasset, 420 p.
42. *La nuit sans ombre: histoire des mouvements unis de résistance, leur rôle dans la libération du Sud-Est,* Fayard, 1970, 637 p.
43. Julliard, 1970, 263 p.
44. Éd. Sociales, 1970, 315 p.

donne un compte rendu détaillé du colloque sur *La Libération de la France, printemps 1944-fin 1945* qui s'est tenu à Paris à l'automne 1974. Au rythme des années, des signatures nouvelles apparaissent : ainsi en janvier 1976 Charles-Louis Foulon pour l'ouvrage de Jean-Louis Crémieux-Brilhac sur *Les voix de la Liberté*, ouvrage incontournable mis en chantier par le « chef du service de diffusion clandestine au Commissariat à l'Intérieur et secrétaire du Comité exécutif de propagande à Londres » et considéré comme un modèle du genre.

1972 marque un tournant puisque pour la première fois, le numéro 85 (janvier 1972) réserve une place importante aux travaux universitaires des correspondants départementaux qui abordent certains aspects de la Résistance française. L'un d'entre eux, Pierre Laborie qui prépare une thèse sur « l'opinion publique dans le Lot » analyse dans cet article « les partis politiques et la résistance dans le Lot ». Les difficultés inhérentes à l'étude de la résistance, l'ampleur du sujet le poussent ici à cantonner son étude à « l'action des partis politiques à l'intérieur de la résistance et aux problèmes de leurs rapports réciproques », « à l'orientation qu'ils ont donnée aux formes de lutte contre l'occupant ». Son travail étayé par des notes abondantes reste l'exemple d'une contribution scientifique par la critique des faits évoqués ou reconstitués. Un autre travail universitaire, celui de Roger Huguen s'intéresse à un réseau d'évasion : le réseau Shelburne. Son but est d'étudier ici comment naissait une ligne d'évasion, mais aussi son champ principal d'action, sa technique de fonctionnement, ainsi que les résultats obtenus. Gérard Combes s'attache à l'esprit public en Haute-Loire, signalant au passage l'importance des autorités et des communautés religieuses qui font de la Haute-Loire une citadelle catholique dévouée au maréchal. Le réveil commence avec le sort réservé aux juifs et Le Chambon sur Lignon. Quant à Joseph Girard, son étude descriptive porte sur l'organisation des opérations à caractère militaire des FFI de mars à août 1944. Elle foisonne de détails et se révèle utile grâce à la carte qui l'accompagne. Un autre numéro est consacré lui aussi à la résistance française : le n° 99, sous le titre « Aspects de la Résistance française », en juillet 1975, comporte là encore une série d'articles qui font date : l'un sur le « Comité Général d'études de la Résistance » que signe Diane de Bellescize[45] reconstitue avec minutie les différentes phases du CGE. Trois phases se sont succédé : la première, le Comité des experts autour de F. de Menthon, P. Bastid, R. Lacoste, A. Parodi ; la seconde en 1943 lorsque celui-ci devient le Comité général d'études ; la troisième à l'été 1943, quand se dessine le Comité national d'études. Jean-Louis Crémieux-Brilhac[46], résistant, signe un article sur « la Bataille des Glières et la guerre psychologique ». Des correspondants dépar-

45. Elle a soutenu sa thèse de droit sur ce sujet en 1974.
46. Qui est aussi à cette époque directeur de la Documentation française.

tementaux donnent une contribution sur un aspect de la résistance de leur département tels Michel Goubet pour la Haute-Garonne[47], Eugène Martres pour le Cantal[48] et Maurice Nicault pour l'Indre[49].

Après une approche nationale ou mondiale de la revue, la fin de la décennie 1970 voit la parution d'une série de numéros consacrés aux régions. Ainsi le numéro 105, octobre 1976 sur « La Lorraine pendant la guerre » comporte une préface de Pierre Barral sur la spécificité de la région et deux articles sur la résistance, par Jean-Louis Étienne et P. Gérard d'une part[50], R. Dodin d'autre part[51]. En 1978, grâce au travail des correspondants, le numéro 112, « Le Languedoc pendant la guerre » apporte des réponses aux interrogations que pose une étude régionale. « La région offre aux hommes qui participent à un drame national des possibilités à l'échelon régional... La guerre les frappe de plein fouet, puis les réalités de l'occupation puis la globalité d'une situation de combats menés par des non-réguliers qui mettent en place un régime nouveau » ; Gérard Bouladou apporte une première réponse avec les maquis de la région de Montpellier. Les numéros régionaux suivants sur « La Provence en guerre » en janvier 1979 et en janvier 1980 sur « La Bretagne en guerre » peaufinent ce tour de France (incomplet cependant). Tous ces numéros tentent de faire le point sur les connaissances historiques sur une région pendant la guerre ; c'était un souhait nettement exprimé par Henri Michel. Ils abordent la résistance de façon plus ou moins approfondie en fonction de l'état de la recherche. Ces numéros ont permis à ceux des correspondants qui étaient lancés dans une thèse ou venaient de l'achever, de faire connaître leurs travaux parfois en renouvelant profondément les thématiques.

Les ouvrages du Comité et l'historiographie de la Résistance

Certains des signataires de comptes rendus sont aussi des auteurs de la collection « Esprit de la Résistance » éditée par les PUF. Cette collection avait trois directeurs : Boris Mirkine-Guetzévitch[52], Daniel Mayer et Henri Michel ; elle publia dix-sept volumes de 1954 à 1968[53] selon un rythme d'un à deux volumes par an et une interruption de quatre ans entre 1963 et 1968. Les tout premiers ouvrages de cette collection ne concernent pas tous la résistance. Sur les neuf premiers volumes quatre restent marqués par ce qui a sans doute été ressenti le plus fortement dans la population :

47. « La résistance toulousaine, structures, objectifs (printemps-été 1944) ».
48. « La république de Mauriac (mai-août 1944) ».
49. « La capitulation de la colonne Elster ».
50. « Débuts et développements de la Résistance en Meurthe et Moselle (1940-1945) ».
51. « Les FFI en Lorraine ».
52. Doyen de la Faculté des Sciences Politiques à l'École Libre des Hautes Études qui travaille pour la Société d'Histoire de la guerre aux États-Unis.
53. Son comité de patronage comprend la plupart des membres du comité de patronage de la revue.

l'armistice, l'exode, Vichy et l'occupation ; un cinquième traite de l'opinion elle-même[54]. Quatre volumes abordent la résistance proprement dite : ses idées politiques et sociales, les résistants fusillés, un de ses plus importants mouvements (Combat), le CNR[55]. Les huit volumes suivant concernent tous la résistance directement ou indirectement : l'étude de mouvements[56], des idées de la résistance[57], d'organisations locales, militaires ou civiles[58] et, seulement en 1968, des catégories de résistants[59].

À partir de 1957, les historiens s'intéressent aux mouvements. Le premier ouvrage du genre est celui qu'Henri Michel a écrit en collaboration avec Marie Granet sur *Combat* (1957). L'étude, explique l'auteur, est une sorte de prototype, son originalité vient de l'apport de documents et du sondage fait pour déterminer la composition sociale du mouvement. Si Henri Michel explique que le livre s'arrête à la création des MUR (printemps 1943), où est à peine abordé l'épisode dramatique de Caluire auquel a été mêlé un membre de Combat, c'est aussitôt pour ajouter : « De toutes façons – et c'est une servitude de l'historien de la Résistance – cet épisode n'aurait pu être éclairci que partiellement ; il y a la chose jugée, et la chose jugée est intouchable[60]. » Quant à *Défense de la France* dû à Marie Granet, son activité telle qu'elle est relatée en 1960 consiste dans la rédaction et la diffusion du journal. Aucune réflexion sur les régions ni sur la composition sociale. Pour son étude sur *l'OCM* (1961), Arthur Calmette a disposé d'une documentation abondante dont des témoignages recueillis selon les méthodes de la Commission d'histoire de la Résistance auprès d'anciens résistants. Son livre comporte deux aspects qui correspondent à deux activités distinctes. L'une est la pensée politique exprimée dans les *Cahiers* clandestins, l'autre est l'action proprement dite du mouvement traversé par des drames dont des trahisons « presque impossibles à évoquer[61] ». La pensée politique de l'OCM est analysée à partir

54. André TRUCHET, *L'armistice et l'Afrique du nord*, 1955, 424 p ; Jean VIDALENC, *L'exode de mai-juin 1940,* 1957, 439 p. ; Général Gaston SCHMITT, *Les accords secrets franco-britanniques de novembre-décembre 1940. Histoire ou mystification*, 1957, 216 p. : Pierre ARNOULT *et alii*, *La France sous l'occupation,* 1959, 196 p. ; Marcel BAUDOT, *L'opinion publique sous l'occupation*, 1960, 268 p.

55. Henri MICHEL et Boris MIRKINE-GUETZÉVITCH, *Les Idées politiques et sociales de la Résistance, documents clandestins, 1940-1944,* 1954, 411 p. ; Michel BORWICZ, *Écrits des condamnés à mort sous l'occupation allemande (1939-1945)***,** 1954, 276 p. ; Marie GRANET et Henri MICHEL, *Combat, Histoire d'un mouvement de résistance de juillet 1940 à juillet 1943,* 1957, 330 p. ; René HOSTACHE, *Le Conseil national de la Résistance,* 1958, 498 p.

56. Marie GRANET, *Défense de la France. Histoire d'un mouvement de résistance (1940-1944),* 1960, 303 p. ; *Le journal Défense de la France*, Introduction et notes de Marie GRANET, 1961, 283 p. ; Arthur CALMETTE, *L'organisation civile et militaire,* 1961, 228 p.

57. Henri MICHEL, *Les courants de pensée de la Résistance,* 1962, 842 p.

58. Madeleine BAUDOIN, *Histoire des groupes francs (MUR) des Bouches-du-Rhône de septembre 1943 à la Libération*, 1962, 264 p. ; Henri Denis, *Le Comité parisien de la Libération*, 1963, 260 p.

59. Paul DURAND, *La SNCF pendant la guerre. Sa résistance à l'occupant,* 1968, 666 p. ; Daniel MAYER, *Les socialistes dans la résistance,* 1968, 247 p.

60. Voir Henri MICHEL, *Bibliographie critique de la Résistance,* Institut Pédagogique National, 1964, p. 68.

61. *Ibidem*, p. 74.

des *Cahiers*. Or, le premier paraît en juin 1942 et traite des réformes constitutionnelles et institutionnelles, mais la dernière partie intitulée « problème des minorités nationales », rédigée par Blocq-Mascart insiste sur l'antisémitisme qu'il attribue à une insuffisante assimilation et propose des mesures pour faciliter celle-ci (arrêter l'immigration juive et « éparpiller » les juifs pour éviter un phénomène de groupe) ; les réactions furent vives y compris à cette époque de la part d'autres membres de l'OCM et de la France libre[62]. Le témoignage défensif de Blocq-Mascart présenté en note enfonce le clou : « il suffisait avoir osé ne pas nier... le problème juif pour amener cette réaction (qui peut-être, à cette époque[63], se comprenait, étant donné les persécutions)[64]. » Signe des temps, en ce tout début des années soixante, l'auteur ne cherche pas à souligner l'ampleur des persécutions, ni le prix payé par les juifs. René Hostache pour sa part a consacré son étude en 1958 au Conseil national de la Résistance qu'il envisage davantage sous l'angle juridique que politique.

Le contenu des ouvrages montre un état de l'historiographie à savoir que les publications sont soit d'ordre documentaire, soit d'ordre de la description chronologique et idéologique, cherchant moins à expliquer, problématiser.

À partir de janvier 1975 (n° 97), en liaison avec l'anniversaire de la Libération, apparaît pour la première fois dans la revue la mention d'une collection sur la Libération de la France, chez Hachette dirigée Henri Michel. Trois titres sont analysés ici : *Libération de la Corse* par le général Gambiez[65], *Libération de Marseille* par Pierre Guiral[66], *Libération de l'Auvergne* par Henry Ingrand[67]. En dépit de règlements de compte internes à la résistance, mettant en cause certains ouvrages[68], la collection a publié une quinzaine de titres, essentiellement entre 1973 et 1975.

De ce rapide tour d'horizon que faut-il retenir ? Pour la revue, on est frappé de la part importante réservée à la résistance étrangère. À côté de cela, on relève des lacunes importantes : rien en dehors de certains comptes rendus d'ouvrages sur la résistance communiste, rien sur la résistance juive, ni sur celle des femmes. Par contre, un souci manifeste de l'avenir lorsque l'on regarde les enquêtes lancées par les secrétaires des différentes commissions, un effort certain pour rassembler des documents servant aux publications d'ouvrages et d'articles, une place importante réservée aux travaux des correspondants. À la fin des années soixante-dix, on assiste à une problématisation plus grande, déjà sensible au sein de la commission d'histoire de la Résistance.

62. *Ibidem*, p. 52-54.
63. C'est-à-dire pendant la guerre.
64. Note 2, p. 54.
65. Fernand GAMBIEZ, 1973, 318 p.
66. 1974, 220 p.
67. 1974, 201 p.
68. Principalement *Libération de l'Auvergne* et *Libération de Toulouse* de Pierre BERTAUX (voir la communication de Michel Goubet dans cet ouvrage).

Archives de France et Comité d'histoire de la Deuxième Guerre mondiale au prisme des archives de la Résistance

Paule RENÉ-BAZIN

Traiter de l'action et de l'influence des Archives de France sur le développement de l'histoire de la résistance se révèle une entreprise plus « périlleuse » qu'on pourrait le penser au départ si on n'avait lu auparavant l'ouvrage de Laurent Douzou sur la Résistance française. En effet, histoire d'institutions, histoire de personnes, histoire de générations s'entremêlent. En outre, il s'avère difficile d'utiliser les témoignages oraux, très riches mais souvent contradictoires et rarement corroborés par des archives papiers.

Le risque est grand de se noyer dans la petite histoire des rapports parfois très conflictuels entre les uns et les autres au lieu de discerner et de mesurer l'impact que ces relations ont eu ou non sur les recherches historiques, essentiellement dans les années qui ont suivi la fin de la guerre. Il aurait été tentant d'écrire un thriller au lieu d'une communication scientifique !

Outre les sources archivistiques et bibliographiques bien connues, cette étude s'appuie essentiellement sur le dépouillement de *La Gazette des archives*, nouvelle série, organe de l'association des archivistes français, qui débute en 1947, et sur les archives des Archives conservées aux Archives nationales et à la direction des archives de France : dossiers de carrière des principaux protagonistes ; circulaires ; correspondances entre les ministères de tutelle, la direction des archives, les Archives départementales ; témoignages oraux recueillis aux Archives nationales par Chantal de Tourtier-Bonazzi auprès de Pierre Cézard, son prédécesseur à la tête de la section contemporaine des Archives nationales, jeune archiviste en 1944 et acteur de la collecte et du traitement des archives et auprès de Marcel Baudot, inspecteur général des Archives, directeur des archives de l'Eure pendant la guerre, résistant de la première heure et actif collaborateur du Comité d'histoire de la Deuxième Guerre mondiale[1].

Deux remarques préalables :

– on peut isoler une période, un sujet mais, en l'occurrence, il est instructif de replacer l'étude dans la longue durée. Les décideurs de la guerre et de l'après-guerre étaient pour la plupart nés au XIXe siècle et avaient vécu la Première Guerre mondiale. Ils y font fréquemment référence et sont orientés par leur expérience antérieure. À l'autre bout de la chaîne, sans avoir été témoin des événements, j'ai bien connu beaucoup de ces acteurs qui m'ont accueillie dans les débuts de ma carrière, m'ont formée, influencée et m'ont souvent raconté « leur guerre » ;

– c'est sous l'influence de la Seconde Guerre mondiale et la nécessité de faire face à l'afflux des archives de Vichy que les conservateurs ont découvert l'importance des archives contemporaines et ont fait basculer l'archivistique du XXe siècle, en France comme dans les pays belligérants. Ceci apparaît très bien dans les réunions d'archivistes dont rend compte *La Gazette des archives* et dans les congrès internationaux d'archives réunis à l'initiative du Conseil international des archives créé à cette époque par les Archives de France. Les thèmes mis à l'étude en témoignent : comment traiter les masses ; la nécessité du tri et l'élaboration de critères à cet effet. Les archivistes ne sont plus seulement des historiens spécialisés mais ils deviennent des gestionnaires de documents et d'équipes passant de la réception passive des résidus à la collecte active et raisonnée des dossiers.

Trois périodes peuvent être identifiées. Pour être chronologiques, elles se chevauchent cependant :

1. au tout début, de 1944 à 1947, tous les protagonistes ont été guidés par la volonté d'agir ensemble et vite ;
2. de 1947 à 1951, ils poursuivent leur action mais à travers crises et conflits ;
3. à partir de 1951 et jusqu'à la création de l'Institut d'histoire du temps présent, ils coopèrent de manière constante mais minimale, parfois même dans un esprit de concurrence, au risque de nuire à la recherche.

Du côté des Archives, ces moments correspondent à des évolutions institutionnelles, marquées par quelques personnalités actrices de cette histoire.

La création et les débuts

Pour les archivistes, le sauvetage des archives fut une véritable obsession dont on retrouve l'expression dans les exposés et conférences de Pierre

1. Mes collègues des Archives nationales et de la direction des Archives de France ont largement facilité mes recherches, en particulier Claire Béchu, Christian Oppetit, Patricia Gillet et Bahidja Chérid. Je les en remercie vivement.

Cézard et Jacqueline Mady, successivement chefs de la section contemporaine des Archives nationales. Dans une conférence donnée à la Société de l'École des Chartes le 23 février 1950, sur le Sauvetage des archives contemporaines, Pierre Cézard raconte :

> « À la Libération et pendant l'hiver 1944-1945, malgré des efforts considérables, très peu d'archives entrèrent au palais Soubise. Les raisons de cet échec partiel ? L'attitude des alliés, la « foire d'empoigne » en matière d'archives : qui n'avait pas une défense à présenter, une candidature à appuyer, un délinquant à poursuivre, voire un intérêt à faire disparaître des pièces jugées compromettantes ? Des fonds entiers ont été de la sorte entièrement perdus. »

Il ajoute :

> « Deux organismes pourtant ont « limité les dégâts » : 1° La Commission d'Histoire de l'Occupation et de la Libération de la France ; 2° La sous-section contemporaine... Cette sous-section deviendra plus tard une section à part entière. La collaboration des Archives nationales et de la Commission d'Histoire de l'Occupation permet d'entreprendre une prospection systématique des ministères et de tenter de faire appliquer le décret de 1936[2]. »

Il faut se rappeler que, à cette époque, la direction des Archives de France, la direction des Bibliothèques et la direction des Enseignements supérieurs se trouvaient réunies au sein du ministère de l'Éducation nationale. L'inspection générale était encore commune. Un dossier très intéressant concernant la création et les débuts de la CHOLF puis du Comité se trouve d'ailleurs conservé dans la série F17 aux Archives nationales[3]. Il y saute aux yeux que les fondateurs de la CHOLF se connaissaient. Ils appartenaient à des milieux proches et collaboraient aux mêmes institutions, notamment au Comité des travaux historiques et scientifiques, placé auprès de la direction des bibliothèques, auprès duquel fut placée la CHOLF lors de sa création. Lucien Febvre, Pierre Caron, Julien Cain, Robert Fawtier s'y côtoyaient. Pierre Caron avait même été, dès 1898, à l'origine du *Répertoire bibliographique de l'histoire de France*, interrompu pendant la Deuxième Guerre mondiale, à l'origine de l'actuelle Bibliographie annuelle. Bibliothécaires comme archivistes étaient chartistes et formés surtout à l'histoire médiévale, spécialité d'Édouard Perroy, professeur à l'université de Lille dont il fut détaché pour être mis à la disposition de la CHOLF comme secrétaire général en mars 1945[4].

La paternité de la CHOLF semble revenir sans conteste à Pierre Caron[5]. Celui-ci, né en 1875, à Versailles, dans une famille de professeurs d'université, proche de Gaston Paris, diplômé de l'école des Chartes avec une

2. Compte rendu paru dans *La Gazette des archives*, nouvelle série, n° 9, janvier 1951.
3. Archives nationales, F 17 18016.
4. Arrêté du 15 mars 1945.
5. Archives nationales, dossier de Pierre Caron, AB IV C 32 9.

thèse sur Noël Béda, avait été pendant la grande guerre chargé des services concernant les réfugiés et rapatriés puis détaché pour cinq ans à partir de 1919 comme chef du service des victimes civiles de la guerre auprès du sous-secrétariat de l'Intérieur. De retour aux Archives nationales, devenu spécialiste de la Révolution française, il avait été affecté à la section moderne dont il devint le chef en 1934 avant d'être nommé directeur des Archives de France d'avril 1937 à mai 1941, date de sa mise à la retraite et surtout de son remplacement par Charles Samaran choisi par Jérôme Carcopino. En 1940, fort de son expérience, il avait organisé dès septembre un service de documentation sur les prisonniers de guerre, aux Archives nationales. Ce service qui fut transféré à Lyon en mars 1941 est à l'origine du service des archives des Anciens combattants[6]. Le 20 août 1944, Charles Samaran était remplacé par Georges Bourgin, homme de gauche comme Pierre Caron, inspecteur général et candidat malheureux à la direction, qui ne devait rester en poste que cinquante-cinq jours, période courte mais qui correspondit à une intense activité de récupération d'archives et en particulier à la création de la CHOLF[7]. Il avait été dès mai 1944, en tant qu'inspecteur général, délégué pour les archives militaires. Comme directeur, il proposa un arrêté au secrétaire général à l'Éducation nationale tendant à empêcher la disparition de pièces et de documents qui pouvaient « éclairer la justice sur les actes des Français ayant collaboré avec l'ennemi » ; à envoyer dans les ministères des archivistes pour classer les dossiers et papiers abandonnés par les agents ; à confier à l'archiviste du Puy-de-Dôme le soin de transférer les dossiers tant de Vichy que de Royat.

L'initiative de la création de la CHOLF revient donc à des fonctionnaires de l'Éducation nationale, archivistes, bibliothécaires, universitaires, soucieux d'histoire. Le rapport du 12 octobre 1944, préparé par Caron, est explicite :

> « Au début de septembre, s'est constitué à Paris, sur initiative privée et sous la présidence de Pierre Caron, directeur honoraire des Archives de France, un « comité d'histoire de la libération de Paris et de sa région », composé d'universitaires, d'archivistes et de publicistes... L'enquête ne semble pas pouvoir rester le fait, quels que soient le zèle et la compétence de ses membres, d'un comité ne tenant son mandat que de lui-même. Il convient que les pouvoirs publics le prennent en main. Le comité est prêt à disparaître en s'intégrant dans une commission officielle... Ce qu'il faut étudier, c'est la période 1939-1945. D'autre part, l'État ne saurait se désintéresser de l'établissement d'une version aussi complète et aussi fidèle que possible des événements si graves pour les destinées de la France qui se sont accomplis sur notre sol pendant ces cinq années... La « Commission d'histoire de l'occupation et de la libération de la France » – tel serait son

6. Actuellement bureau des victimes des conflits contemporains au sein du Service historique de la défense.
7. Archives nationales, AB IV C 25 8, dossier de Georges Bourgin.

nom – dans laquelle le comité offre de se fondre, comprendrait, à côté de techniciens qualifiés, des personnalités appartenant aux mouvements qui ont tiré le pays de l'abîme, et en vue d'assurer la liaison des efforts, des représentants des services qui détiennent ou recueillent des documents utiles pour elle. Organisant ses travaux de manière à bénéficier partout des concours utiles, elle coordonnerait les initiatives déjà prises ou qui vont l'être pour la constitution de dossiers régionaux ou locaux et la rédaction de « livres d'or » ou de « livres noirs ». Elle élaborerait et soumettrait au ministre des propositions de publications[8]. »

Suit une note de suggestions de la main de Pierre Caron. Il propose notamment la présidence par le ministre de l'éducation nationale. L'arrêté de création suit de peu ces propositions le 22 novembre 1944.

Pour avoir vécu personnellement les rapports concurrentiels entre ministères, je ne suis pas surprise de la création du Comité d'histoire de la guerre, décidée par décret du 6 juin 1945 auprès de la présidence du Conseil. Les buts sont les mêmes que ceux de la CHOLF mais, comme le dit l'exposé des motifs, « il faut tenir compte du fait que plusieurs ministères qui possèdent des services d'archives et de recherches historiques ont déjà commencé des études sur la même période et préparent des publications... » La concertation entre les différents partenaires s'étend sur six mois. Pierre Renouvin, dont on connaît le rôle notamment à la BDIC, et Pierre Caron « confèrent » à partir de janvier 1946 et l'arrêté du 7 mai 1946, nommant Lucien Febvre président et Pierre Renouvin vice-président, comporte cinq membres désignés par le gouvernement provisoire mais huit autres désignés par le ministre de l'Éducation nationale (les responsables de la CHOLF) et un représentant de chaque ministère (le plus souvent le responsable du service d'archives).

Les Archives de France participeront aux réunions du comité mais seront beaucoup plus investies dans les travaux de la CHOLF.

Du côté des Archives, quels sont les acteurs ?

À cette époque, les ressources de l'institution sont très modestes[9]. En 1947, le personnel scientifique de la direction se compose du directeur et de deux inspecteurs généraux. Les Archives nationales emploient trois conservateurs, six adjoints et vingt archivistes auxquels s'ajoutent six autres en service détaché soit un total de vingt-neuf chartistes. Il faut y ajouter un archiviste par département. Tous archivistes-paléographes, formés par l'enseignement à connotation positiviste de l'École des Chartes, ils sont avant tout soucieux de remplir leurs tâches habituelles. Peu ont été collaborateurs.

8. Archives nationales, F 17 18016.
9. Voir Paule RENÉ-BAZIN, « La politique des Archives de France à l'égard de l'histoire de Vichy », *Vingtième Siècle*, n° 102 (avril-juin 2009).

Quelques-uns se sont engagés dans la résistance : aux Archives nationales, Jacqueline Chaumié et Édith Thomas, mais cette dernière, chartiste résistante, n'entrera que plus tard aux Archives nationales. Marcel Baudot, directeur dans l'Eure, cite dans son témoignage oral une vingtaine de chartistes à son avis vraiment résistants dont onze archivistes départementaux. Le tout jeune Pierre Cézard, mobilisé pendant sa scolarité à l'École des Chartes, recruté aux Archives nationales en mai 1944, engagé au premier rang dans la collecte des archives à la Libération, avoue dans son témoignage « être resté chez lui du 17 au 29 août 1944 » car « il y avait danger. Il aurait été trop bête de se faire tuer[10] ». Pourtant, dans les jours qui suivent, il fait partie de la petite équipe envoyée au Majestic pour y récupérer les quelques archives abandonnées.

Il raconte aussi que la salle du public, installée dans l'hôtel de Soubise, accueillait de quinze à vingt lecteurs par jour. Elle fermait à 16 heures à cause du danger des lampes à huile et, après le bombardement du quartier le 26 août 1944, pour laisser les habitants du quartier se rendre sur les quarante-quatre tombes placées provisoirement dans la cour dite des marronniers.

Les archivistes participent à la CHOLF à plusieurs niveaux

Au sein de la haute administration à Paris : les directeurs honoraires, sauf Charles Samaran de retour à son poste après le bref passage de Georges Bourgin, figurent dans la liste des membres *ex officio*. Ils s'adjoignent les services de quatre jeunes collaborateurs en poste à la section moderne, dans la sous-section des archives contemporaines, désignés pour prendre en charge les archives de la période de guerre et servir le gouvernement, en particulier les cours de justice : à Paris, Jacqueline Mady, Pierre Cézard, Jacqueline Chaumié (résistante) ; en Allemagne, Michel François (résistant).

An niveau local, les archivistes départementaux, résistants ou non, vont être actifs, notamment dans le réseau de correspondants mis en place dans la seconde moitié de l'année 1946[11]. Par exemple, Charles Samaran adresse le 7 juillet 1947 une note à messieurs les archivistes en chef pour attirer à nouveau leur attention sur la CHOLF et sur « le devoir en ce qui vous concerne de participer de toutes vos forces à la tâche qu'elle a entreprise de constituer un stock d'archives concernant la période de 1940 à 1944 (ou 1945) ».

Il ajoute :

> « Quelques-uns d'entre vous ont accepté d'être les correspondants de cette commission dans leur département et je les en félicite. De toute façon,

10. Entretien de Pierre Cézard avec Chantal Bonazzi, Archives nationales, 2 AV 448-450.
11. Circulaire ministérielle du 18 octobre 1946, Archives nationales, F 17 18016.

> vous devez tous faire partie du comité départemental qui doit être formé sous l'égide du Préfet et de l'Inspecteur d'Académie ; si ce comité tardait à se constituer, vous devriez en provoquer la formation[12]. »

Dès la fin de 1944, Pierre Caron, par l'intermédiaire de Marcel Bouteron, lui aussi chartiste, inspecteur général honoraire des bibliothèques faisant fonction de directeur des Bibliothèques, en accord avec le cabinet du ministre de l'Éducation nationale, prend des mesures. Il élabore un programme de travail destiné à être présenté à l'examen de la commission ; il prend les premiers contacts avec les divers organismes ou services qui seront appelés à coopérer avec la commission. Dès octobre 1944, un crédit est demandé pour le « fonctionnement de la CHOLF : 500 000,00 francs pour des indemnités et rétributions diverses, des jetons de présence, des frais d'enquêtes et de correspondance ».

Si l'initiative est le fait de fonctionnaires, la participation des mouvements de résistance est sollicitée dès le 23 novembre par une lettre du ministre de l'Éducation nationale adressée aux présidents du Front national, du Conseil national de la Résistance et du Mouvement de Libération nationale. Pour leur part, les ministères de la Marine, de l'Intérieur, de la Justice, des Finances, des Colonies et de la Production industrielle sont sollicités par lettre du même jour et désignent leurs représentants. L'arrêté du 23 février 1945 nomme trois vice-présidents : Édith Thomas, archiviste-paléographe, Georges Bourgin, directeur honoraire des Archives de France, Georges Lefebvre, professeur à la faculté des Lettres de Paris. Celui du 28 avril 1945 le complète en nommant dix-sept membres.

La première séance a lieu le 28 décembre. Les réunions de la commission ont lieu au ministère de l'Éducation nationale dans l'hôtel du ministre.

Dès le 16 janvier 1945, le président de la commission présente le programme dans une note qu'il adresse au ministre. Il annonce en particulier l'envoi de huit circulaires et se prononce contre la création d'un réseau de comités locaux, préférant le choix « d'hommes, un correspondant ou une correspondante dont nous serons sûrs »[13].

La circulaire n° 1, lançant l'enquête, est datée du 11 février 1945.

À la lecture du programme, on voit déjà l'importance des correspondants, principal vecteur de la participation des archivistes. Dès le début, ils sont nombreux. Les arrêtés successifs qui attribuent des indemnités aux secrétaires des comités locaux montrent qu'ils forment plus du tiers du réseau (22 sur 58 en octobre 1947 par exemple). À cette date, nombreux sont encore les départements qui ne disposent ni d'un correspondant ni d'un comité local. Par exemple, lors d'un congrès interdépartemental des correspondants de l'ancienne région R 4, tenu à Toulouse le 6 novembre

12. Archives nationales, AB XXXI 1644, note de la DAF du 7 juillet 1947.
13. F 17 18016. Note transmise au cabinet.

1949, une grande partie des débats est consacrée aux archives, particulièrement aux rapports qu'entretiennent entre eux les correspondants et l'archiviste départemental, sans problème quand les deux ne font qu'un mais qui posent la grave question de la communication des documents récoltés par les correspondants et demandés par le préfet[14].

Une lettre d'Henri Michel au Président Caron, du 22 septembre 1947, rend compte de son travail. Elle est instructive sur le rôle des archivistes qui agissent différemment selon leur position dans le département et selon leur histoire personnelle. H. Michel a effectué une mission dans les départements du Vaucluse, des Bouches-du-Rhône, du Var, des Basses-Alpes et des Alpes-Maritimes.

> « M. Chobaut, archiviste du Vaucluse, est un fonctionnaire près de la retraite, érudit, cultivé et prudent. Il connaît bien le Vaucluse, car il en est originaire et il y est archiviste depuis 20 ans. Par ailleurs, s'il a adhéré à la Légion en 1940, ce fut pour en démissionner en 1941 ; sans avoir joué un grand rôle dans la résistance, il s'est comporté honorablement, acceptant par exemple de cacher des papiers aux archives[15]. »

Il a tenu un journal pendant la guerre; il a collecté des archives mais rencontre des difficultés pour obtenir des témoignages. Violaine Challéat précise qu'il se retire de la CHOLF en novembre 1949 laissant la place à un ancien instituteur, ancien chef de réseau et ancien chef départemental adjoint des MUR[16].

> « À Marseille, le préfet et l'archiviste s'étaient mépris sur la constitution du comité et redoutaient, à l'occasion de sa formation, une aggravation des luttes politiques locales déjà trop violentes à leur gré... L'archiviste, M. Villars avait réalisé un très gros travail : il a réussi à entrer en possession de la plus grande partie des archives de la préfecture régionale de 1940 à 1944. Il semble que la collection soit à peu près complète et que peu de dossiers aient disparu ; en tout cas, il y a là des documents d'un intérêt exceptionnel. Par contre, M. Villars, qui avoue avoir été un pétainiste convaincu, n'avait pas compris le sens de nos enquêtes sur la résistance. De toute façon, par manque de temps et par suite de son comportement, il ne peut pas être notre correspondant. Mais il aidera celui-ci et il nous enverra sous peu un relevé des très abondants dossiers qu'il a déjà inventoriés[17]. »

Un choix de départ semble avoir eu des conséquences sur l'élaboration des travaux d'histoire de la résistance. Dès 1944, il a en effet été décidé de créer deux sous-commissions. L'une consacrée à l'occupation, l'autre à la libération, c'est-à-dire à la résistance. La première sous-commission confiée plus particulièrement à Pierre Caron et donc aux Archives natio-

14. Direction des archives de France, AB XXI 1644.
15. Archives nationales, F 17 18016.
16. Violaine Challéat, « Témoigner du présent. Le journal de Hyacinthe Chobaut, 1939-1946. Étude critique et commentaire », thèse d'École des Chartes, 2003.
17. Archives nationales, F 17 18016.

nales, la seconde à Édouard Perroy et donc à l'Université et aux historiens : la première disposant d'archives abondantes qu'elle a charge de recueillir, inventorier et classer avant de procéder à un choix de documents à publier ; la seconde demandant à des historiens de créer des documents pour des historiens ; la première consacrée au travail d'archives et au maniement de l'écrit ; la seconde utilisant un matériel humain[18].

Dans les premières années tous travaillent conjointement. La collecte très délicate des archives des Comités départementaux de Libération (CDL) est un bon exemple de cette coopération qui s'est révélée plus ou moins fructueuse selon les départements. Marcel Baudot, qui unit les qualités de résistant et d'archiviste ne parvient pas à éviter la destruction des dossiers. Heureusement, membre lui-même du CDL, il verse aux Archives départementales qu'il dirige ses propres dossiers des procès-verbaux. Cette collaboration est à l'origine de la collecte de fonds dits privés donnés ou déposés par leurs détenteurs, source très importante pour l'histoire de la résistance.

L'évolution ultérieure des relations entre Pierre Caron et Henri Michel, puis entre les Archives de France et le Comité d'histoire de la Deuxième Guerre mondiale, a radicalisé cette séparation, empêché une saine critique des témoignages par la confrontation avec les documents et même en partie stérilisé pour longtemps certains fonds du gouvernement de Vichy malgré leur intérêt pour l'histoire de la résistance. Dans le numéro 5 de *La Gazette des archives*, de janvier 1948, Jean Waquet, archiviste d'Eure-et-Loir rend compte des résultats d'une enquête locale sur les archives issues de la guerre. Il les aborde sous quatre angles : l'économie de guerre ; les relations avec l'occupant ; les incidences dans le domaine des administrations financières ; les dommages aux personnes et aux biens. Il souligne l'intérêt que pourrait avoir pour l'histoire de la résistance, les archives du service du travail obligatoire (STO), les séquestres des biens israélites pendant l'occupation puis des collaborateurs après la libération, celles de la direction départementale des Anciens combattants et prisonniers qui contiennent de nombreuses informations sur les déportés et les FFI[19].

Quelques fruits de la coopération méritent particulièrement d'être signalés :

– la grande enquête lancée par la circulaire n° 1 de la CHOLF le 11 février 1945 pour « préparer, à l'usage des futurs narrateurs de l'histoire immédiatement contemporaine de la France, un ensemble de sources abondantes et contrôlées auxquelles ils pourront puiser » et pour « jeter sur les événements de la même période la lumière qui peut, dès maintenant être faite » ;

18. Odette MERLAT, « La CHOLF », dans *La Revue historique*, 197 (1946), p. 70-78.
19. Jean WAQUET, « Les archives des services administratifs issus de la guerre – une enquête locale », dans *La Gazette des archives,* nouvelle série, n° 5, janvier 1959.

– une publication importante de la CHOLF, avec le concours de la direction des Archives de France : *La délégation française auprès de la commission allemande d'armistice. Recueil de documents publiés par le gouvernement français* dont le premier tome est sorti dès 1947, en 4 volumes, publication due principalement à Pierre Cézard ;
– des inventaires. Pendant toute la période de collecte des documents, qui s'étend de 1944 aux années 1970, les archivistes ont considéré que « leur premier devoir était de recueillir ce qui pouvait subsister de l'administration militaire de l'occupant et du régime instauré sous leur protection[20] ». Mais, en participant aux travaux des cours de justice, ils ont obtenu aussi des versements de documents fondamentaux pour les travaux d'histoire de la résistance. Leurs austères et immenses travaux de classement et d'inventaire apportent une valeur ajoutée dont on n'a pas toujours suffisamment conscience. Les introductions – par exemple celles de Marie-Thérèse Chabord – sont de véritables publications scientifiques. L'introduction qu'elle donne à l'inventaire des fonds du Comité est plus connue sous la forme de l'article qu'elle en a tiré dans *La Gazette des archives*[21] ;
– des participations d'archivistes départementaux et municipaux apparaissent très régulièrement dans les *Cahiers d'histoire de la Guerre*, publication du Comité d'histoire de la guerre (4 numéros entre 1949 et 1950) et dans les comptes rendus des réunions de la CHOLF dans les années 1947-1950.

Le conflit

L'arrivée d'Henri Michel en 1946, succédant à Édouard Perroy comme secrétaire général de la CHOLF, amorce rapidement un tournant décisif. Professeur agrégé d'histoire au lycée de Toulon, soupçonné en 1940-1941 d'activités communistes en raison d'un voyage en URSS avant la Guerre, il s'affirme « membre de la Résistance[22] » en 1941. Il avait été nommé inspecteur d'académie à la libération à la demande du comité de libération et avec l'appui du préfet. Mais, dès 1946, il donne sa démission de ce poste en invoquant « sa santé ébranlée » et demande sa nomination à Paris. Il est alors affecté au lycée Henri IV où il est installé en novembre. Il est mis en fait à disposition de la CHOLF pour « exercer les fonctions de secrétaire

20. Pierre CÉZARD, « Vers la création d'une nouvelle section aux Archives nationales », dans *La Gazette des archives*, n° 2, 1947.
21. Marie-Thérèse CHABORD, « Le Comité d'histoire de la Deuxième Guerre mondiale », dans *La Gazette des archives*, n° 116, 1er trimestre 1982, p. 5-19.
22. Attestations faites en juin 1950 par Gaston Defferre, en qualité de responsable du réseau Brutus et par Frank Arnal qui, en sa qualité d'ex-président du comité départemental de libération du Var, témoigne qu'Henri Michel a été le fondateur dudit comité auquel il a appartenu de mai 1943 à la Libération.

général de la dite commission ». Cette mise à disposition sera renouvelée jusqu'à son détachement au CNRS[23].

Le témoignage de Pierre Cézard, recueilli aux Archives nationales, fait état de relations difficiles entre les partenaires. Selon lui – mais je n'ai pas pu vérifier ses dires car le dossier d'Henri Michel n'est pas conservé aux Archives départementales du Var et son dossier de carrière n'y fait pas allusion[24] – Caron, vieux et malade, (il allait mourir en janvier 1952) s'appuyait beaucoup sur sa collaboratrice, Jacqueline Mady, qui avait été nommée membre de la CHOLF[25]. Il fut satisfait de l'arrivée d'Henri Michel « venu à Paris pour trouver un point de chute ». En fait, le vieux directeur aurait « réchauffé un serpent dans son sein » et se serait vu éliminé par des procédés d'intimidation par celui qu'il avait accueilli avec soulagement et qui devint secrétaire général du Comité d'histoire de la Deuxième Guerre mondiale, créé par décret du 17 décembre 1951, sous la présidence de Lucien Febvre, à partir de la fusion entre la CHOLF et le Comité d'histoire de la guerre[26]. Les relations devinrent beaucoup plus difficiles. Pierre Cézard raconte comment, à la mort de Pierre Caron en janvier 1952, sa veuve le prévint par téléphone de l'absence d'Henri Michel, rue Guénégaud, pour lui permettre de venir en taxi prendre possession des archives de la CHOLF et les remettre aux Archives nationales contre la volonté d'Henri Michel. P. Cézard va même jusqu'à faire état de soupçons à l'encontre de Michel qui aurait fait disparaître des témoignages d'une grande violence verbale recueillis à chaud par Mme Merlat pour les remplacer plus tard par des textes d'un ton plus apaisé. Quelle que soit la véracité de ces propos, il est certain que les relations officielles entre la direction des Archives de France et le Comité furent plus distantes à partir du début des années cinquante.

Un article intitulé « Les Archives de la Deuxième Guerre mondiale », publié dans la revue dénommée *L'Éducation nationale* par J. Mady dans son numéro du 17 mai 1951, dont le texte reprenait des communications antérieures faites notamment au premier congrès des archivistes français auquel participait aussi Henri Michel qui y avait pour sa part présenté la CHOLF[27], et qui semble aujourd'hui bien anodin, mit le feu aux poudres. Il donna lieu à un échange de correspondance entre Lucien Febvre et Charles Braibant, à fleuret moucheté, mais d'une violence extrême.

---

23. Archives nationales, Centre des archives contemporaines, 19840325, article 381, dossier de carrière d'Henri Michel.
24. Archives nationales, Centre des archives contemporaines, dossier d'Henri Michel, 19840325, art. 38.
25. Archives nationales, dossier de Jacqueline Mady, arrêté du 2 décembre 1947 la nommant membre de la sous-commission d'histoire de l'occupation créée pour « assurer la continuité du travail ».
26. J.O. du 20 décembre 1951.
27. *La Gazette des archives,* nouvelle série, n° 6, juillet 1949.

Lucien Febvre « félicite chaudement [J. Mady] du remarquable tour de force qu'elle a dû réaliser... en passant totalement sous silence non seulement les activités mais l'existence même du comité et en bravant ainsi intrépidement les foudres de la cour de cassation qui... vient de déclarer que, sous la plume de l'historien, "l'omission volontaire est une faute de probité intellectuelle qui engage la responsabilité quasi délictuelle de celui-ci". Dans sa vive compassion pour la souffrance que Mlle Mady a la force d'âme de ne pas avouer – celle d'avoir pu siéger... dans la pénible compagnie de cadavres et de fantômes – il tient à la libérer de toutes obligations désormais aux séances de ce comité du néant[28] ».

Le directeur des Archives de France défend sa collaboratrice sur un ton humoristique mais menaçant :

> « ... Si Mlle Mady avait été nommée par arrêté interministériel membre du comité, il lui appartiendrait d'apprécier dans quelle mesure elle pourrait se pourvoir en Conseil d'État contre une décision injurieuse et arbitraire qui n'a sans doute aucun précédent dans l'histoire des comités et commissions de notre pays, du moins sous le régime républicain... Elle n'a siégé qu'à ma place... L'injure atteint donc le directeur des Archives de France[29]... »

Il conclut sa lettre en déclarant qu'il ne paraîtra plus aux séances du Comité. Jacqueline Mady, exclue, fit de même et c'est Marie-Thérèse Chabord, jeune archiviste, qui représenta désormais les Archives nationales aux réunions du Comité. Quand le rapporteur du budget de l'Éducation nationale à l'Assemblée nationale pour le projet de budget 1951 demande à la direction des Archives pourquoi ne pas lui rattacher la CHOLF et le Comité d'histoire de la guerre en fusionnant les deux comités, la direction répond que, n'ayant pas été consultée quand il s'est agi de créer ces instances, il est difficile et délicat de se prononcer. Elle accepterait néanmoins si tous les crédits nécessaires étaient transférés à son budget[30].

À dater de 1951 : une collaboration suivie mais distante

Bien évidemment et heureusement, les relations ne sont pas rompues mais le seul archiviste de rang élevé dont la participation est constante est Marcel Baudot, qui intervient autant comme ancien résistant que comme inspecteur général des Archives de France. Dans les groupes de travail portant sur les archives, les archivistes concernés sont actifs et les Bulletins font régulièrement état de leurs travaux. La direction adresse des circulaires aux Archives départementales, soit pour régler les relations entre elles et les correspondants du Comité, soit pour transmettre des textes interministé-

28. Lettre de Lucien Febvre à Jacqueline Mady, 31 mai 1951.
29. Lettre de Charles Braibant à Lucien Febvre, 5 juin 1951.
30. Archives nationales, ABXXXI 1644.

riels visant à la sauvegarde d'archives de l'époque de la Deuxième Guerre mondiale[31]. En pratique, les Archives nationales comme les Archives départementales sont toujours les partenaires naturels des administrations mais elles abandonnent le plus souvent au Comité les relations avec les résistants. Ceci explique peut-être les réticences qui, ces dernières années encore, retenaient certains liquidateurs de réseaux de faire confiance aux Archives départementales.

Peu à peu, le temps de la communication succède au temps de la collecte. En ce domaine, les membres du Comité ne sont pas traités comme les autres chercheurs. Les archives de la section du XXe siècle témoignent des conflits entre chercheurs, agréés ou non par le Comité, et la décision est prise de solliciter le plus souvent l'autorisation de l'administration versante. Les modalités de communications des archives aux correspondants du comité et à ceux qui les accompagnent sont fréquemment définies parce qu'elles sont souvent l'objet de litiges. Pendant une période qui s'étend de la fin de la guerre aux années 1970, l'embargo est total, sauf, dans les départements, pour les correspondants eux-mêmes en ce qui concerne les documents et témoignages récoltés par eux-mêmes. L'accord sur ce point est quasi général. Les seuls utilisateurs autorisés sont les magistrats, les policiers, les avocats, et les administrations en quête d'informations après les destructions massives de la guerre. L'accès aux fonds conservés aux Archives nationales est rigoureusement interdit aux particuliers, y compris les historiens jusqu'en 1979. La règle des cinquante ans en vigueur depuis le règlement des Archives départementales de 1921 s'applique rigoureusement[32]. Les relations tendues entre la section contemporaine et le comité ajoutées au fait que les archives du comité lui ont été restituées, font que ses membres ne bénéficient plus toujours d'un accès privilégié aux fonds pour leurs travaux. Sur ce point, Marcel Baudot est net : toute communication serait dangereuse. Henri Michel partage ce point de vue. Pour lui, les témoignages doivent rester secrets pendant cinquante ans comme l'engagement en a été pris[33]. En juillet 1951, Claude Bourdet et Jacques Debû-Bridel écrivent chacun pour leur part à Caron pour s'inquiéter de voir leurs témoignages utilisés au risque de réveiller certaines querelles. Communiquer serait un « abus de confiance ». Au même moment, René Cassin écrit sur ce sujet à Georges Bidault en sa qualité de membre du « comité d'histoire de la déportation et de l'occupation qui vient de fusionner avec le comité d'histoire de la guerre ». Seul, il plaide pour le respect de la mise en sommeil pendant

31. Direction des archives de France, *Recueil des lois et règlements relatifs aux archives*, 1958-1988. 2 vol., Paris, 1988. Direction des archives de France, AB XXXI 1644.
32. Repris dans la note AD 5421/3479 du 7 mars 1972.
33. *Cahiers d'histoire de la guerre*, n° 2, p. 47.

cinquante ans mais en suggérant que certains assouplissements puissent être éventuellement autorisés par les témoins.

Jusqu'à la suppression du comité, les correspondances relatives à la communication sont fréquentes entre la direction des archives de France et les directeurs d'archives départementales. Elles rappellent qu'en vertu d'un accord conclu en 1953 par le ministre de l'Éducation nationale, dont dépendaient les Archives de France, avec le président du Comité d'histoire de la Deuxième Guerre mondiale, les membres et les correspondants de ce comité peuvent obtenir librement communication des documents des archives départementales concernant la période de guerre et l'immédiat après-guerre (épuration, reconstruction). Des réserves suivent : la communication a lieu dans les locaux des archives départementales ; les photocopies ne sont pas de droit ; ces facilités ne s'appliquent pas à tel ou tel chercheur ordinaire, même muni d'une recommandation du comité. Les documents remis aux archives départementales par le comité restent librement communicables à toute personne mandatée par le président.

La loi du 3 janvier 1979 sur les archives rend ces mesures caduques. Sous la pression des usagers, la politique gouvernementale change alors et le nombre des recherches explose.

Mais, à cette date, le Comité d'histoire de la Deuxième Guerre mondiale a fait place à l'Institut d'histoire du temps présent. Ses archives sont dévolues aux Archives nationales en qualité d'archives émanant d'un organisme public. Elles y sont placées dans la série 72 AJ.

En conclusion, une interrogation et un souhait viennent à l'esprit.

Les relations, iréniques au début, puis parfois tendues entre la direction des Archives de France et le Comité d'histoire de la Deuxième Guerre mondiale ont-elles influencé la façon dont a été écrite l'histoire de la résistance ? On peut le penser, dans une certaine mesure. Elles l'ont fait en bien par les efforts conjugués de nos grands anciens pour rassembler à chaud les matériaux d'un moment dramatique de l'histoire de France dont ils émergeaient à peine et dans lequel ils avaient été impliqués ; en bien aussi par la volonté de faire prendre en compte par les plus hautes autorités de l'État la nécessité de constituer des fonds d'archives publiques et privées et des collections de témoignages, démarche étonnamment moderne qui a ouvert la voie à l'archivistique contemporaine et aussi probablement à un nouveau mode d'écriture de l'histoire ; en moins bien si l'on pense aux déperditions d'énergies et de documents dues aux petits côtés de nos prédécesseurs.

La coopération est désormais fructueuse et habituelle. La Fondation de la Résistance y contribue avec efficacité, notamment avec sa commission archives, lieu de concertation cordial entre les représentants des deux fondations, des Archives de France et du ministère de la Défense.

Deuxième partie

Courants historiographiques et approches épistémologiques

Acteurs et témoins dans l'écriture de l'histoire de la Résistance

Pierre LABORIE

Jusqu'au début des années 1980, qu'ils aient mené ou non leurs recherches dans le cadre du Comité d'histoire de la Deuxième Guerre mondiale (CH2GM), les historiens qui travaillaient sur la Résistance ont été confrontés en permanence à la question toujours reposée des rapports entre acteurs, témoins et historiens. Thème familier s'il en est, mais familiarité de surface, illusoire, qui laisse intacts les problèmes liés à son élasticité, à ses entrées multiples, à ses ramifications intriquées[1]. Sujet inépuisable sur lequel tous les historiens de la Résistance ont eu un jour à réfléchir, spécifiquement ou de manière indirecte. Dans le nombre, Laurent Douzou l'a fait récemment à sa façon, à travers les touches et les séquences, ingénieusement découpées, d'un montage d'horlogerie[2]. Si l'on suit à la trace son jeu de piste, tout y est posé, tout y est dit ou suggéré. Ce travail s'appuie sur ce qu'il a débusqué et remis en mémoire, il s'en inspire et lui doit énormément.

Il était cependant exclu de ressasser et de faire du « sous-Laurent Douzou », plus ou moins recyclé derrière une opération de camouflage. D'où le parti pris d'envisager les choses sous un angle à la fois restreint et décalé, en considérant les rapports entre acteurs et historiens moins pour eux-mêmes que comme un des miroirs d'une histoire singulière en construction. Au-delà de leur intérêt propre et des réflexions qu'ils inspirent, le choix a été fait de s'interroger en priorité sur leur dimension heuristique, de les analyser comme un des révélateurs des questionnements suscités et des

1. Autant de traits par ailleurs incompatibles avec les raccourcis d'un traitement en temps limité.
2. Laurent DOUZOU, *La Résistance française : une histoire périlleuse*, Points Histoire, Le Seuil, 2005.

problèmes posés par l'écriture de l'histoire de la Résistance, spécialement jusqu'aux années 1980.

Nous connaissons tous et nous citons souvent les interventions de Pascal Copeau au colloque de 1974 sur la Libération, en particulier celle où il parle de la « Cité clandestine de l'honneur », de cet édifice fragile qui, pour le reprendre, n'était qu'une faible toile d'araignée[3]. En reprochant alors aux historiens de n'en donner qu'une image glacée, il leur demandait de ne pas hésiter à tremper leurs plumes dans le sang. Passion contre froideur, chair humaine contre abstraction et concepts, reconstructions artificielles contre réalité : ces oppositions, maintes fois reprises[4], renvoient au face à face inusable entre acteurs et historiens. Ces mises en garde et ces mots gardent leur force, ils pèsent toujours lourd, mais leur portée était bien plus considérable dans les années 1970 où ils incitaient à penser que c'était là que se jouait l'essentiel. Ils n'exprimaient pourtant déjà, et ils n'expriment toujours, qu'une vision étriquée de l'histoire de la Résistance, une vision doublement restreinte. Elle ne renvoie qu'à une appréhension superficielle des rapports entre acteurs et historiens. Elle ne donne qu'une idée pauvre de l'importance et de la diversité des questions posées par le devenir de cette histoire.

Ces simples remarques indiquent une première manière d'aborder le sujet et elles en amènent d'autres, tout aussi basiques, sur lesquelles il faudra s'arrêter. Ce sera l'objet de la première partie du propos. Sans chercher à se saisir en entier d'une question gigogne aux emboîtements sans fin, trois grandes orientations annoncent l'effort d'élucidation qui sous-tend l'ensemble de la réflexion.

1. Tenter de désencombrer un peu un paysage passablement brouillé par des interrogations nouvelles et des improvisations obligées face à des situations alors inédites. Revenir pour cela, autour de rappels élémentaires, sur quelques préalables de méthode mais aussi sur des modes de fonctionnement culturels banals, susceptibles d'éclairer les conditions des rapports instaurés entre acteurs et historiens.

2. Amorcer ensuite un travail d'historicité avec deux grands objectifs : retracer les données caractéristiques des contextes culturels et des « régimes d'historicité » dans lesquels l'histoire de la Résistance tentait de se construire, au regard de ses questionnements spécifiques ; pointer les problèmes majeurs auxquels les historiens étaient alors confrontés dans leur pratique et à travers leurs rapports avec les acteurs, que ces problèmes soient manifestes, reconnus, ou seulement présents en filigrane.

---

3. *La libération de la France*, actes du colloque de Paris, 28-31 octobre 1974, CNRS, 1976. Cf. également Laurent DOUZOU, *supra*.

4. Voir par exemple, l'intervention de Jean-Pierre VERNANT en conclusion du colloque de décembre 1993 à Toulouse, *in* Jean-Marie GUILLON et Pierre LABORIE (dir.), *Mémoire et Histoire : la Résistance*, Toulouse, Privat, 1995.

3. Avec le recul, esquisser enfin un bilan sur l'intérêt ou la vacuité des questions abordées, soulevées ou pressenties au cours de cette période, en relation avec l'écriture de l'histoire de la Résistance. Sur ce qui en reste, sur leur pertinence et leur actualité, sur leur incidence dans d'éventuels déplacements épistémologiques.

Préalables et rappels basiques

1. Aussi grande qu'ait pu être et que soit leur importance, et contrairement à ce que pouvait laisser entendre l'évocation insistante de leur place centrale, surtout avant les années 1980, les rapports entre acteurs et historiens n'ont pas décidé à eux seuls de l'écriture de l'histoire de la Résistance. En revanche, ils ont permis de mettre au jour et de poser des questions essentielles, de portée beaucoup plus large. De plus, et là encore en se différenciant de la formulation habituelle, on doit souligner que la relation entre acteurs et historiens n'est pas binaire : sans parler des détours obligés par les réseaux où se nouaient les contacts, et de leurs effets induits, elle passe par un enchevêtrement de positions et de statuts, de part et d'autre. Elle peut ainsi concerner des acteurs jusque-là silencieux et sollicités par les historiens – avec des résultats inégaux –, des acteurs qui ont spontanément parlé de leur expérience et dont la parole a simplement été recueillie, ceux qui ont activement participé par leurs dépositions au récit de leur passé, ceux qui ont étroitement œuvré à sa mise en forme... De leur côté, les historiens qui ont tenté de restituer ce passé, d'en écrire l'histoire et de la transmettre peuvent également avoir été eux-mêmes acteurs et témoins, seulement témoins, ou ni l'un ni l'autre... L'imbrication des statuts, et sans doute des postures, comme leur évolution dans le temps, exigent des précautions de méthode dans le traitement de l'information obtenue. Toute analyse des rapports entre acteurs et témoins devrait passer par un travail indispensable de clarification sur les conditions dans lesquelles ils se décident, se créent, s'établissent et se modifient.

S'il ne reflète pas l'ensemble des problèmes posés par l'écriture de l'histoire de la Résistance, le rapport multiforme entre acteurs et historiens constitue cependant un des terrains où surgissent, se dévoilent, – où se devinent parfois – quelques-unes des grandes questions posées par les aspects singuliers de cette histoire. D'où l'orientation qui a été privilégiée ici, avec ses limites, en pleine conscience des effets de prisme et de leurs œillères[5].

2. Avant les années 1980, l'écart était grand entre la place tenue par les acteurs, par leur statut, leur parole, leur présence, par leur relation avec les

5. Observation qui pourrait être élargie à la thématique du colloque : penser que le CH2GM était le centre unique où s'élaborait l'histoire de la Résistance serait une erreur, même si c'est là que son ambition scientifique y était affirmée, même s'il y tenait un rôle majeur.

historiens, jugée alors comme fondamentale, incontournable, et la modestie de la réflexion sur les interrogations qu'elle suscitait. Alors qu'il s'agissait pour la majorité des historiens d'une préoccupation récurrente, insistante, le peu d'attention qui lui était accordée comme outil de travail les laissait le plus souvent désarmés. Pour des raisons qui restent à approfondir – liées sans doute à la fois aux limites d'une culture historienne traditionnelle alors dominante, au passé résistant d'un grand nombre de correspondants du Comité, et à la position centrale des acteurs dans le dispositif de recueil des informations – elle ne figurait pas dans les objectifs de travail prioritaires définis explicitement par le CH2GM. Si les affirmations de principe ne manquaient pas, les avancées concrètes étaient minces. Pas de règles de conduite établies, peu de conseils de méthode et de directions précises, hormis des consignes de bon sens. Des échanges épisodiques entre les chercheurs les plus jeunes permettaient de confronter expériences du terrain et lectures, mais ils servaient surtout à apprendre comment concilier déontologie et contraintes sans céder sur l'essentiel, comment esquiver les conduites à risque, comment obtenir des sources d'information présentées alors comme irremplaçables sans laisser au vestiaire tout esprit critique. Chacun, en ordre dispersé, dans des situations locales aux particularités difficilement transposables, tentait par ses propres moyens de déceler les pièges, de limiter l'improvisation et de dépasser le stade de l'apprenti bricoleur. Le manque d'approfondissement était d'autant plus ressenti qu'il y avait consensus général pour affirmer la nécessité d'entendre la parole des acteurs[6]. Aussi honorables soient-elles, parfois même inventives, les tentatives esquissées par plusieurs d'entre nous restaient tributaires des approches partielles qui les inspiraient et sur lesquelles elles se fondaient. À ma connaissance, en dehors d'emprunts approximatifs à la sociologie ou à l'anthropologie, et de quelques approches amorcées à l'IHTP sur « l'histoire orale » en 1980, il a fallu attendre les travaux de Philippe Joutard, ses premières publications et ses indications bibliographiques[7] pour prendre un peu de recul sur ces questions. Neuf ans plus tard, en 1992, quelques mois après la journée d'études consacrée à « L'histoire du temps présent[8] », le *Cahier* de l'IHTP dirigé par Danièle Voldman[9] offrait un premier élargissement des mises en perspective et essayait d'imposer l'usage de « sources orales de l'histoire » de préférence

6. Cf. Laurent DOUZOU, « Une histoire en chantier », in *La Résistance française...*, *op. cit.*, les positions d'Édouard Perroy, de Lucien Febvre et d'Henri Michel.

7. *La légende des Camisards. Une sensibilité au passé*, Gallimard, 1977. *Ces voix qui nous viennent du passé*, Hachette, 1983.

8. IHTP, *Écrire l'histoire du temps présent. En hommage à François Bédarida*, actes de la journée d'études du 14 mai 1992, CNRS Éditions, 1993.

9. *Cahier* n° 21, publié sous le titre « La bouche de la vérité ? » avec, parmi les contributeurs rassemblés par Danièle VOLDMAN, Karel BARTOSEK, Alain BELTRAN, Laurent DOUZOU, Robert FRANK, Denis PESCHANSKI, Michael POLLAK, Michel TREBITSCH, et Dominique VEILLON.

au terme d'histoire orale déclaré inadéquat[10]. Si on n'y trouvait pas d'étude spécifiquement consacrée aux usages du témoignage en histoire, la brochure proposait une vaste bibliographie de 360 ouvrages et articles.

3. Il faut ensuite souligner un facteur culturel peut-être un peu oublié aujourd'hui. Pendant ces décennies, où que ce soit, la Résistance n'était pas une relique momifiée et la penser comme un objet froid paraissait inimaginable. Sauf dans une frange minoritaire politiquement ciblée, sa légitimité n'était pas en question. Sans être servilement hagiographique, son histoire n'en était pas moins *militante* et il était quasi impensable d'en parler avec un détachement proclamé. Laurent Douzou rappelle[11] qu'en 1946, en préfaçant le témoignage d'Élisabeth Terrenoire, Geneviève de Gaulle exprimait l'impossibilité de décrire un jour avec le sang-froid des historiens cette résistance qui bouillonnait dans les veines et traduisait une passion. Il faut donc le redire – et on le verra plus loin avec l'attitude de Lucien Febvre –, dès le début a été posée avec une force particulière cette contradiction banale mais fondamentale aux yeux des acteurs entre le versant de la vie, de la souffrance, du sacrifice, et celui de la distance glacée. Il apparaissait inconcevable qu'une histoire de la Résistance n'articule pas dimension critique et adhésion à la cause de la Résistance, à son idéal proclamé, à la légitimité d'une lutte affirmée comme juste, insoupçonnable dans son principe. La remarque ne vaut pas que pour les chroniques et les récits des témoins. Les premiers travaux universitaires des historiens de ma génération font ouvertement état de convictions personnelles[12] et les critiques de ces mêmes travaux par Henri Michel s'accompagnent naturellement de jugements qui portent sur la dimension affective du rapport à la Résistance chez les auteurs concernés[13].

4. Aussi sincère et durement ressenti soit-il chez les acteurs, l'antagonisme rituel entre émotion et froideur n'en était pas moins instrumentalisé par certains. Il pouvait aussi servir à contourner ou à masquer d'autres divergences, non exprimées. Elles concernaient des représentations ancrées qui touchaient à des interrogations de fond sur les conditions dans lesquelles s'engageait et s'organisait la relation entre acteurs et historiens :

---

10. Signe des incertitudes du temps, malgré la date (1992), on continuait à trouver des références à « l'histoire orale » à l'intérieur de la brochure. Un colloque « Le mai 1968 des historiens », qui s'est tenu les 23 et 24 octobre 2008 au Collège de France, avec un conseil scientifique regroupant des noms d'historiens prestigieux, portait en sous-titre : « Entre identités narratives et histoire orale ».

11. *La Résistance française : une histoire périlleuse*, *op. cit.*

12. Trente ans après, déjà oublieux et un peu étonné, j'ai relu ce que j'écrivais en 1978 dans ma thèse de 3e cycle à ce sujet. Émotion et fidélité à la cause de la Résistance y étaient affirmées sans que le jury s'en émeuve, et sans que ces implications apparaissent incompatibles avec la revendication sincère d'une démarche critique de probité. *Résistants, Vichyssois et autres*, CNRS, 1980.

13. C'est le cas, par exemple, pour les recensions de la thèse de François Marcot ou de la mienne, par Henri MICHEL, dans la *Revue d'histoire de la Deuxième Guerre mondiale*.

quelle idée de l'Histoire et de ses fonctions chez les divers protagonistes ? Qu'est-ce qu'un historien, quel est son rôle et à quoi sert-il ? Quelle idée de la Résistance à faire valoir ou à préserver, de part et d'autre ?

Si je m'en tiens à l'expérience de la région de Toulouse, non généralisable, il est clair que la majorité des acteurs, ou du moins de ceux qui parlaient en leur nom, ne concevaient alors la tâche des historiens que comme un travail de vérification, sur le plan factuel, entre des versions différentes de tel ou tel fait, sous leur direction à la fois vigilante et amicale. En dernier ressort il leur appartenait de trancher en considérant, de bonne foi, que leur légitimité d'acteurs leur attribuait, de droit, la capacité de discerner et de décréter la vérité. Dans leur esprit, le rôle de l'historien était plus proche de la fonction du scribe écrivant sous la dictée des porteurs de vérité – forcément connue de ceux qui l'avaient vécue – que de celui du chercheur en train de passer ses sources au filtre du doute méthodique, de les croiser, et d'avancer patiemment vers des certitudes de niveau inégal[14]. Nous avons tous par ailleurs des provisions d'anecdotes montrant qu'un événement, même solidement reconstitué par un travail d'investigation scrupuleux, n'était pas pour autant accepté comme tel s'il heurtait la « vérité » déjà installée chez les acteurs, le plus souvent de bonne foi[15]. D'où, on le voit, des données complexes dans un dialogue qui, même quand il reposait sur une confiance partagée, n'était jamais simple, en dépit des apparences et d'une volonté commune de le faire aboutir.

5. Dans ce tour d'horizon, il faudrait pouvoir s'attarder sur les notions d'acteur et de témoin, pour tenter là encore de se dégager du flou ambiant. Le passage du statut d'acteur à celui de témoin ne se fait pas par hasard et des différences existent entre l'acteur non-témoin qui témoigne quand même, au sens fort, **pour l'histoire** par sa présence, par son seul vécu de l'expérience, et l'acteur devenu témoin qui déclare ce qu'il a fait ou vu, qui raconte, qui construit son récit, qui témoigne **sur une histoire**, souvent **sur son** histoire. Dans la relation avec l'historien, celui qui ne témoigne pas mais dont on sait qu'il a agi, qu'il a été un de ceux qui ont fait l'événement est à la fois le même acteur et un acteur différent de celui qui dit ce qu'il a fait ou vu faire, qui s'en réclame, pour lui ou par fidélité à ceux qui ne sont plus là pour parler. L'authenticité de l'expérience est la même chez les deux, mais

14. Je me permets de renvoyer à « Historiens sous haute surveillance », *Esprit*, janvier 1994. On y trouve une référence à la sorte d'imprimatur que le Comité regroupant les associations représentatives de résistants de la région R4 accordait ou non à des publications sur l'histoire de la Résistance régionale.

15. À un résistant du Lot qui affirmait catégoriquement, et publiquement, avoir formé un maquis et lutté contre les Allemands dès l'hiver 1941-1942, j'avais tenté de suggérer qu'il devait faire une erreur de date puisqu'il n'y avait pas de troupes allemandes dans la région avant novembre 1942. Il n'avait rien voulu admettre et comme j'essayais de le convaincre en lui disant que l'occupation de la zone sud était un fait indiscutable, établi et daté, il eut cette réponse : non monsieur, c'est une opinion !

la vérité du témoin peut modifier celle de l'acteur. Sollicité ou non, l'acte de témoigner n'est pas neutre et il suggère des questions en série sur ce qui peut l'expliquer : pourquoi ce silence ou ce besoin de le rompre ? Pourquoi lui et pas l'autre ? Pourquoi maintenant ? Pourquoi à moi ? Etc. Rappelons enfin que c'est souvent le temps qui transforme l'acteur en témoin, dans la prise de décision comme dans la teneur du discours, que l'épaisseur du temps pèse sur les processus de reconstruction et entraîne des modifications de postures chez l'acteur-témoin, consciemment ou non. D'où la nécessité pour l'historien de pouvoir reconstituer les phases de ces processus. Enfin, le décor change encore quand l'acteur-témoin devient historien, et se fait historien-témoin pour citer Jean-Louis Crémieux-Brilhac, qui crée ainsi une nouvelle catégorie. Il n'y a pas en effet de lien entre les deux fonctions : le témoin n'est pas *de facto* historien, l'historien n'a pas à être témoin et, dans l'idéal, on lui demande même l'inverse.

Contextes

La même tentative d'élucidation amène à resituer la question des rapports entre acteurs et historiens dans son double contexte, général et spécifique. Dans quel environnement culturel, et avec quelles conceptions dominantes de l'histoire en toile de fond, celle de la Résistance est-elle en train de tracer son chemin ? Dans quelle conjoncture historiographique est-elle en train de se construire, de se définir, et comment s'y situe la relation entre acteurs et historiens ? La toile de fond ne sera retracée qu'à gros traits et en faisant l'économie d'une chronologie fine qui serait pourtant indispensable : ainsi, entre autres conséquences immédiates, les chambardements de 1968 ont donné à la parole « enfin entendue » des « silencieux » et des « oubliés » une importance cruciale qui a fait pendant quelques années bon marché de tout esprit critique, même élémentaire.

Du côté des acteurs, tout en affirmant que rien n'était et ne serait possible sans leur présence, les positions n'ont pas été immédiatement et unanimement clarifiées sur la nécessité de parler. Laurent Douzou le rappelle, les points de vue divergent dans l'immédiat après-guerre et traduisent des hésitations, des scrupules et des craintes sur les usages qui seront faits de leurs évocations du passé. Beaucoup d'acteurs – et non des moindres – vont rester très longtemps silencieux[16]. Certains de ceux qui s'exprimeront plus tard, comme Charles d'Aragon, Jean Cassou ou Henri Frenay, ont été eux-mêmes partagés pendant des années entre la nécessité et la difficulté,

16. Le cas de Jean-Pierre VERNANT est un des plus significatifs. Cf. « Historiens sous haute surveillance », *Esprit*, *op. cit.*

ou même l'impossibilité de témoigner[17]. Dans ces trois exemples, et il serait intéressant de le voir pour un plus grand nombre, ce sont les circonstances du présent qui ont décidé du moment où ils ont jugé nécessaire de ne plus se taire sur le passé[18].

Du côté des historiens, en élargissant aux sciences sociales attachées à la lecture du passé proche, la question des témoins et des témoignages en histoire offre l'éventail à peu près complet de toutes les réponses possibles. On y trouve l'engouement et l'enthousiasme devant l'émotion de l'histoire « vraie » opposée à l'histoire froide, sèche et « surplombante » de la tradition universitaire, un mélange banal de désir d'invention, de curiosité motivée, d'angélisme, de zèle naïf et de rejets. Le débat ne s'est pas toujours déroulé dans un climat paisible et, en particulier, des sociologues ou anthropologues n'ont pas ménagé leurs sarcasmes à l'égard des historiens qui, selon eux, découvraient et exploitaient la mémoire des témoins après l'avoir méprisée. À titre anecdotique, on peut rappeler ce qu'on pouvait lire à leur sujet dans *Le Monde* des 12-13 novembre 1978, à propos de l'intérêt porté aux témoignages des soldats de la Grande Guerre :

> « Comme les vautours, ils attendent la mort du dernier des témoins, celui qui, cela va de soi, n'a rien vu, n'a rien appris et ne saurait rien dire. Ils attendent pour prendre la parole à la place des morts[19]. »

Si l'image de l'historien charognard relève du règlement de comptes pitoyable, il faut reconnaître la frilosité ambiante ou le caractère tranchant des positions affirmées par quelques grands noms de la corporation. À des titres très différents et dans la logique de démarches non comparables, celles de Pierre Goubert et de Jean Bouvier ont marqué en leur temps les esprits[20].

---

17. Claude BOURDET, dans *L'aventure incertaine*, Stock, 1975, tente d'expliquer pourquoi les acteurs « ont tant tardé à écrire ». Il dit « combien, pour la plupart d'entre nous, la rédaction de ces souvenirs a été une tâche moralement difficile ».
18. Jean CASSOU, en 1953, avec *La Mémoire courte*, Les Éditions de Minuit, et son fameux « il s'est passé quelque chose » où il crie son indignation face à un air du temps qui s'emploie à diffamer et à avilir la Résistance ; Henri FRENAY, avec *La nuit finira*, Robert Laffont, 1973, qui dit s'être décidé à parler à la suite d'un « concours de circonstances » et en particulier d'une réunion des anciens de *Combat* en 1971, la première depuis 1945 ; Charles D'ARAGON, avec *La Résistance sans héroïsme*, aux Éditions du Seuil, 1977, en réaction aux jugements simplistes répandus sur la Résistance, en particulier à la suite de son instrumentalisation par certains héritiers de la mouvance gauchiste de 1968.
19. Article de Claude GAIGNEBET qui s'adressait en ces termes aux anciens « Poilus » :
« ... Qu'ils parlent enfin. S'ils m'entendent, qu'ils m'écrivent. Nous irons les voir, les écouter, les enregistrer... Pas pour des droits d'auteur ou des cachets de production, mais pour transcrire mot à mot ce qu'ils nous diront. Pour les écouter avec des oreilles et des cœurs d'enfant. Avec amour et émerveillement ». Voir, Joseph Goy, « Néo-sociologie, histoire orale ou archives orales pour l'histoire ? Retour sur le climat autour d'une enquête », in *Montagnes, Méditerranée, Mémoire, Mélanges offerts à Philippe Joutard*, Musée dauphinois et Publications de l'université de Provence, Grenoble-Aix-en-Provence, 2002.
20. Celle de Jean BOUVIER, exprimée dans un contexte sensible entre tous, est restée dans la mémoire des chercheurs du début des années 1980 : « Le problème vrai est celui des relations et contaminations entre approches "objectives" et approches "subjectives" dans notre métier... Mais je dénie

Pour faire simple, on peut dire que l'essentiel de la relation entre acteurs et historiens était ramené à la question de la valeur du témoignage jugé sur sa fiabilité, au paradigme de la ressemblance, au problème du vrai et du faux et à ses impasses. Le pragmatisme aboutissait à une sorte de compromis sommaire. Il laissait entendre qu'il n'y avait pas grand-chose à attendre du témoin sur le plan factuel, mais que sa parole pouvait aider à restituer l'univers mental et la sensibilité collective d'une époque.

Pour ce qui touche au contexte historiographique spécifique à la Résistance, on retrouve globalement les mêmes flottements et les mêmes incertitudes d'une pensée hésitante, avec une lente évolution vers une prise de distance critique à l'égard des acteurs. L'affirmation de leur participation nécessaire à l'écriture de l'histoire avait été posée dès le début comme une obligation catégorique par Lucien Febvre :

> « Je dis que les hommes de la génération qui a participé directement à la mêlée tragique d'entre 1940 et 1944 (il serait plus juste de dire de 1938 à 1945) ont non seulement le droit, mais le devoir, le devoir absolu, le devoir impérieux de traduire leur vérité à eux. De donner leur version des événements[21]. »

Après avoir précisé que les historiens donneraient plus tard leur vision des choses, Lucien Febvre ajoutait en reprenant à son tour l'argument d'une légitimité autre, fondée sur la souffrance : « Mais notre version des événements a eu ses preuves vivantes. Elle est contresignée par des milliers de sacrifices. » Rien ne permet de mettre en doute les convictions et la sincérité d'un grand historien submergé, lui aussi, par l'émotion alors inhérente au souvenir de la Résistance. On peut toutefois suggérer, et ce n'est pas contradictoire, que le co-fondateur des *Annales* n'était pas non plus fâché de marquer ainsi sa différence avec la Sorbonne de Pierre Renouvin, allant jusqu'à appeler de ses vœux un nouveau John Norton Cru[22]. Comme on le sait, Pierre Renouvin s'était montré très critique à l'égard du travail de ce dernier et le témoignage comme source privilégiée de l'histoire n'était pas sa tasse de thé.

À l'affirmation répétée d'une participation indispensable des acteurs à l'écriture de leur expérience ne répondait qu'une vision floue de ce que pourrait être une histoire de la Résistance ainsi élaborée. Les justifications évoquées par les acteurs eux-mêmes n'étaient pas toujours convaincantes et

---

aussi aux acteurs et témoins de l'histoire passée (qu'ils essaient de me pardonner) la capacité de nous restituer avec exactitude leurs vérités de jadis. Je vais donc, pour les épargner, m'accabler moi-même à ce propos. » Voir Jean-Pierre AZÉMA, Antoine PROST, Jean-Pierre RIOUX (dir.), *Le Parti communiste des années sombres, 1938-1941*, Le Seuil, 1986, p. 306-307 (actes d'un colloque tenu en 1983 à l'ENS).

21. Avant-propos à Henri MICHEL et Boris MIRKINE-GUETZÉVITCH, *Les idées politiques et sociales de la Résistance. Documents clandestins, 1940-1944*, PUF, 1954.

22. Article de 1948 dans les *Annales ESC*, p. 51-68. Sur les positions de Lucien Febvre, lire Laurent DOUZOU, *La Résistance française…*, *op. cit.*, p. 142-159.

certaines apparaissent un peu minces[23]... Avec le recul, deux grands traits se dégagent de l'ensemble. Face aux risques d'affabulation, de dénaturation ou même de trahison, le refuge vers la recherche d'une solidité factuelle incontestable s'imposait comme la bonne réponse. Ce fut la voie privilégiée par le CH2GM, non sans des contradictions vite mises au jour, puisque c'est sur ce point que la fiabilité des acteurs-témoins était reconnue comme la plus vulnérable. En second lieu, les rapports entre acteurs et historiens semblent avoir été marqués par des intérêts communs liés à des contraintes réciproques, au-delà des réticences ou des préventions éventuelles : les historiens devaient en passer par la nécessité d'entretenir avec les acteurs des relations de proximité parce que les contacts par cercles élargis restaient un passage obligé pour leur travail d'investigation, parce qu'ils permettaient d'accéder à des sources réputées rares, problème majeur avant les années 1980 ; les acteurs sollicitaient les historiens parce qu'ils avaient besoin de la crédibilité et de la légitimité que leur regard extérieur pouvait apporter à une histoire de plus en plus pensée de manière défensive, sur fond de riposte indispensable à une mémoire attaquée et défigurée.

Tout au long des années, au milieu des tâtonnements et des situations de fait imposées par les conditions de la recherche, le CH2GM a lentement affiné sa vision des rapports avec les acteurs en naviguant entre prudence et tâtonnements, entre nécessité et distance. Sur la durée, la tendance à une approche critique a pris le dessus, loin des premières affirmations catégoriques de principe. Elle traduisait une conscience de plus en plus nette des risques d'instrumentalisation et des « plaidoyers *pro domo* » (expression favorite d'Henri Michel), des distorsions possibles entre l'authenticité de l'acteur et la vérité du témoin. L'évolution s'est faite lentement, à travers des nuances à déceler dans des déclarations balancées. Ainsi, en septembre 1958, à la Conférence de Liège, Henri Michel faisait référence aux « acteurs encore vivants, parfois puissants, souvent gênants » ayant « autant d'intérêt à brouiller les pistes à leur profit que l'historien d'appréhension à les éclaircir », tout en rappelant dans le même propos que « l'originalité du combat de la Résistance [était] telle que seuls ceux qui l'avaient pratiqué pouvaient convenablement le relater[24] ». Quelques mois plus tard, en janvier 1959, dans les consignes données aux correspondants pour l'établissement de la chronologie de la Résistance, « l'interrogatoire d'acteurs »

23. Dans la préface au livre de Paul et Suzanne SILVESTRE, *Chroniques des maquis de l'Isère, 1943-1944*, Édition des quatre seigneurs, 1978, (réédition aux Presses universitaires de Grenoble en 1995), le général Alain Le Ray justifie une fois de plus la place des témoignages pour éviter à l'histoire de la Résistance de tomber dans l'abstraction. Il approuve « le subjectivisme de bon aloi qui donne de l'élan au récit » et ne voit comme inconvénient majeur que la déception de ceux qui ne s'y retrouvent pas...

24. « Rapport général sur la Résistance européenne », Conférence de Liège, 14-17 septembre 1958, dactylographié. Les citations sont extraites des passages de l'intervention rapportés par Laurent DOUZOU in *La Résistance française...*, *op. cit.*, p. 163 et 306.

venait en sixième position des sources à consulter. On y demandait à la fois de ne pas associer directement les acteurs aux travaux, et de garder avec eux des rapports amicaux, « nécessaires et utiles ». Tout au long des *Bulletins* du CH2GM que j'ai pu consulter de 1958 à 1973 on retrouve les mêmes directives : enrichir la documentation disponible et pour cela avoir les meilleures relations possibles avec les acteurs tout en cultivant la plus grande prudence, faire preuve de discrétion, témoigner de considération tout en évitant l'omniprésence des acteurs. Si ces précautions témoignaient d'une part de suspicion qui semble s'être renforcée avec les années, elles laissaient de côté une réflexion d'ensemble sur les problèmes de méthode et leur influence dans l'histoire en train de se construire.

Pendant cette longue période, sur fond d'interrogations et de tentatives plus ou moins inventives, les historiens de la Résistance ont été confrontés à des problèmes aussi neufs que nombreux, sans en avoir toujours une conscience claire, sans en percevoir et mesurer toujours les effets sur leur pratique. Peu d'entre eux ont fait l'objet d'un travail d'élucidation avant les années 1980 et ce vide a eu une conséquence directe. La conscience floue de situations complexes insuffisamment clarifiées a donné un rôle majeur à l'importance des relations personnelles entre acteurs et historiens et cette proximité confiante a sans doute permis à plusieurs endroits, paradoxalement, d'avancer plus vite. Mais, évidemment, en soulevant des questions d'un autre ordre.

Sans pouvoir s'arrêter sur chacun d'entre eux on peut, pour mémoire, donner un rapide aperçu des principaux problèmes rencontrés :

– La question de la sélection des acteurs contactés et entendus, du tri effectué. Les choix ont été fortement influencés par le rôle supposé que ces femmes et ces hommes tenaient dans la Résistance, rôle souvent décrit par ceux-là mêmes qui orientaient ou facilitaient les rencontres, à travers des réseaux d'inter-connaissance plus ou moins opaques. L'appartenance à une chaîne de relations donnait une cohérence de fait au discours de chacun d'entre eux et constituait un élément fort d'identité, deux facteurs dont les conséquences n'ont peut-être pas été toujours mesurées à leur juste valeur.

– De multiples interrogations, toujours présentes, liées aux représentations réciproques de l'idée même de Résistance, de la conception de l'histoire en général et de celle à écrire sur les formes du combat clandestin. Pour des raisons qui rejoignent le besoin de défendre une cause qu'ils sentaient menacée, les acteurs s'enfermaient souvent dans le pointillisme, l'organisationnel, le quantitatif et les signes d'une efficacité militaire, en reliant ces priorités à la mission qui revenait selon eux aux historiens. Sans revenir sur les certitudes ancrées de la mémoire, la place et le sens à donner aux notions de légendaire et de mythe, indissociables de cette histoire, étaient et restent source de malentendus.

– Les effets à la fois positifs et pernicieux de l'importance prise par les relations personnelles, de tout ce qui se retrouve entraîné dans la dialectique de la proximité. La recherche de sources écrites réputées rarissimes (à tort…), dont on ne dira jamais assez combien elle était centrale avant les années 1980, rendait nécessaire l'instauration d'échanges et de liens de confiance avec les acteurs. La plupart de ceux qui approuvaient cette démarche en acceptaient l'esprit, mais certains pouvaient y venir pour des raisons parfois très éloignées de celles qui motivaient les historiens. Si, pour de jeunes chercheurs, l'expérience humaine a été d'une richesse incomparable, les choses devenaient plus compliquées face aux exigences du métier d'historien. Les problèmes coulent de source : comment concilier doute méthodique, indépendance d'esprit et dépendance de fait liée à la nature de liens personnels fondés sur un service rendu ? Les défaillances de l'esprit critique résultaient moins de complaisances ou de renoncements coupables que d'un usage sélectif du silence, prix tacitement convenu (mais jamais explicité) du rapport instauré[25] : le caractère privilégié de la relation une fois établi, le chemin était court entre l'intérêt porté à l'acteur et sa célébration, voire sa sacralisation[26]. Des questions devenaient taboues, impossibles à poser. Si elles l'étaient les ponts étaient coupés, définitivement, avec des conséquences en chaîne[27].

Des questionnements actuels

Ainsi, par le simple effet mécanique des situations parfois inédites auxquelles les historiens de la Résistance se trouvaient confrontés, mais sans toujours émerger avec la netteté qui est la leur aujourd'hui, des questions essentielles se trouvaient posées et ont été reposées ensuite, une fois identifiées et théorisées. On les retrouve dans les orientations qui définissent les travaux actuels sur la Résistance.

En dépit des limites liées au niveau modeste de la réflexion théorique, les problèmes des reconstructions et des usages de la mémoire ont été vite perçus. Omniprésentes, les problématiques de la mémoire ont accompagné et modelé le travail quotidien de l'historien. De façon pragmatique, l'impossibilité de réduire la relation entre acteur, témoin et historien à la traque du vrai et du faux s'est imposée à la conscience de ceux qui en avaient fait l'expérience. Ils ont compris qu'à elle seule elle menait droit dans le

25. Sur le silence des historiens, voir Gianni PERONA, « Le silence des sources et le silence de l'historien : y a-t-il des tabous en histoire ? », *in* Yves BEAUVOIS et Cécile BLONDEL (éd.), *Qu'est-ce qu'on ne sait pas en histoire ?*, Presses universitaires du Septentrion, Lille, 1998.

26. Parmi de nombreux exemples, la fascination exercée par Georges Guingouin, dans des milieux aux motivations radicalement différentes, mériterait une étude approfondie.

27. Certainement comme d'autres, j'ai pu l'observer après avoir décidé de poser des questions inopportunes sur le destin tragique de Jacques Chapou, l'officier FTP chargé de conduire la prise de la ville de Tulle les 7 et 8 juin 1944.

mur et que, sans rien céder sur le rétablissement de la véracité des faits, l'important pouvait être aussi ailleurs. Ils savent maintenant qu'il ne sert à rien de vouloir attendre du témoignage plus qu'il ne peut apporter, mais qu'il peut dire autrement des choses capitales, qu'il est un récit construit comme toutes les structures narratives, avec ses logiques et sa poétique, à traiter comme telles, comme un langage de médiation où interfèrent tout un ensemble de facteurs étrangers à ceux qui ne regardent que de l'extérieur : « c'est une autre langue et la traduction est difficile » prévenait Jean-Pierre Vernant en rappelant que la mémoire des résistants était une partie d'eux-mêmes, qu'ils « étaient fabriqués avec ça ».

La même expérience du terrain, des hommes et des croisements entre leur histoire et l'Histoire, a conduit progressivement à opérer des distinctions indispensables au travail d'intelligibilité et à prendre conscience de la nécessité d'inventer des outils mieux adaptés à la part de singularité que porte l'histoire de la Résistance :

– distinction entre l'authenticité de la parole et sa vérité, entre la vérité et le sens, en sachant que la portée du sens dans l'appropriation collective du passé peut compter bien plus qu'un travail méticuleux de rectification, aussi indispensable soit-il ;

– nécessité de sortir des catégories formatées et d'en proposer de nouvelles pour analyser le phénomène dans sa singularité, sans le dénaturer ;

– nécessité de parvenir à une approche conceptuelle de la notion de Résistance pour dénoncer les confusions grossières ou y échapper ;

– nécessité de donner une intelligibilité de l'événement qui passe par l'acceptation de sa complexité extrême, dans sa nature comme dans son processus ;

– nécessité enfin d'intégrer à l'entendement de la Résistance une dimension légendaire indissociable de son identité comme de son histoire, non réductible aux embellissements d'une fable mensongère, fondamentalement autre.

Si les problèmes qui se posent aujourd'hui à l'histoire de la Résistance n'ont plus que peu à voir avec les rapports entre acteurs et historiens, c'est dans le fonctionnement de cette relation que beaucoup d'entre eux ont commencé à se dessiner, en amenant les historiens à mener de pair construction du savoir et réflexion sur les outils de cette construction.

Il est évidemment impossible de tirer un trait sur un sujet dont les contours ne seront jamais arrêtés. S'il fallait néanmoins conclure, ce serait d'abord pour revenir sur l'écart entre la complexité des situations imposées par les conditions d'élaboration de l'histoire de la Résistance et les outils de travail qu'il fallait inventer, dans une grande part d'improvisation. Ce serait ensuite pour rappeler les pièges pas toujours maîtrisés d'une proximité obligée, et pour regretter que l'enfermement dans le factuel, là encore imposé par les circonstances, ait maintenu longtemps l'histoire de la Résistance à l'écart de l'effervescence intellectuelle qui, au même moment, traversait les sciences sociales. Il reste que ce qui subsiste de plus visible des travaux du CH2GM traduit mal les mutations culturelles qui se préparaient de façon souterraine et qui découlaient de la nécessité de faire face à des interrogations inhabituelles.

Les historiens qui ont appris leur métier dans ce contexte ont eu en effet la chance de se frotter durement à ses exigences, et de l'avoir fait dans un monde réel. Les traces n'étaient pas que des mots sur du papier, elles avaient l'intensité d'un regard et la force de conviction d'une voix. Pour en rester à la question de leur relation avec les acteurs, ils savent maintenant par expérience – et loin des lieux communs qui courent spécialement sur la Résistance – que si les affabulateurs ou les imposteurs existent, là comme ailleurs, il existe surtout des témoins faillibles. Tous, comme chacun de nous, ont de la neige dans la mémoire, pour reprendre Jorge Semprun, une *neige cruelle*, pour citer François Maspero[28]. Elle commande une attitude de compréhension[29] face à la dimension existentielle présente chez tous ceux qui se retrouvent à nouveau renvoyés et confrontés à leur passé. Mais compréhension ne signifie ni complaisance, ni absence de vigilance. Les dérives qui mènent à la sacralisation du témoin et de sa parole expriment sans doute la pire façon d'afficher des fidélités, en dépit de ce qui est affirmé. De surcroît, elles risquent de rendre certains épilogues encore plus douloureux.

---

28. Banalité archi-connue et que les usages sélectifs ou partisans de la mémoire s'emploient pourtant à faire oublier… Parmi une immense littérature, sur l'articulation entre la sincérité et la fragilité du souvenir des « années noires », la lecture de Claude Mauriac vaut avantageusement celles d'innombrables essais savants. Se référer plus spécialement à *Bergère ô tour Eiffel*, Grasset, 1985, huitième volume de l'œuvre intitulée *Le Temps immobile*, Grasset, 10 volumes, 1974-1988 (réédition en Livre de Poche).
29. Dans les deux sens du terme, entendement et écoute.

Des historiographies parallèles et concurrentes du Comité d'histoire de la Deuxième Guerre mondiale : l'*Histoire de la Résistance en France* d'Henri Noguères et *La Résistance* d'Alain Guérin

Bruno LEROUX

Les cinq tomes du résistant socialiste Henri Noguères, parus de 1967 à 1981 chez Laffont, et les cinq tomes du journaliste communiste Alain Guérin, parus de 1972 à 1976 au Livre-club Diderot, sont encore à ce jour les deux seules sommes sur la Résistance française jamais écrites par un seul auteur en plusieurs volumes. L'échelonnement respectif des dates de parution s'explique par le fait que le premier a travaillé presque seul pendant la majeure partie de son entreprise, alors que le second a bénéficié du soutien du PCF. Leur situation dans l'historiographie a déjà été globalement retracée[1]. On voudrait ici profiter de l'entrée récente des archives du « Noguères » aux Archives nationales[2] pour en décrire la genèse, éclairer le contenu et rappeler la réception, qui a subi une évolution intéressante à analyser. L'écho du « Guérin », considéré essentiellement comme un avatar de l'historiographie communiste, a été moindre chez les historiens ; on l'abordera surtout en tant qu'il répond à Noguères et par le biais d'une question commune aux deux ouvrages : comment interpréter ces initiatives concomitantes durant la période où, précisément, le Comité d'histoire de la Deuxième Guerre mondiale s'abstenait de toute synthèse sur la Résistance

1. Jean-Marie GUILLON « La Résistance, 50 ans et 2 000 titres après », *in* Jean-Marie GUILLON et Pierre LABORIE (dir.), *Mémoire et histoire : la Résistance*, Toulouse, Privat, 1995 ; Laurent DOUZOU, *La Résistance française : une histoire périlleuse,* Le Seuil, 2005.
2. Ce fonds (fonds HR, Archives nationales), contient des témoignages et documents recueillis par Noguères, des correspondances avec leurs détenteurs, avec les co-auteurs du livre, avec ses collaborateurs, des coupures de presse relative à la réception de l'œuvre. Tous les articles cités *infra* en proviennent.

pour se consacrer à l'établissement de la « chronologie de la Résistance » et à des monographies ?

La genèse de l'ouvrage de Noguères : des témoignages aux archives

En octobre 1962, Henri Noguères, journaliste et avocat de formation, devenu quelques mois auparavant directeur de collection chez Laffont, signe avec son éditeur un contrat pour une « histoire de la résistance intérieure française », avec comme co-auteurs Marcel Degliame-Fouché et Jean-Louis Vigier. Tous trois sont d'anciens résistants mais seul Noguères est déjà auteur d'ouvrages historiques. Il se révèle rapidement le principal artisan de cette entreprise, son coordonnateur et unique rédacteur[3]. Ses co-auteurs, Degliame et Vigier font surtout office de cautions et d'intermédiaires pour collecter des témoignages et des documents auprès des résistants. Cautions politiques (le socialiste Noguères est encadré par Degliame l'ex-communiste et Vigier, parlementaire gaulliste[4]), mais aussi par leurs titres de résistance. Si Noguères est un ancien chef régional des MUR, ses co-auteurs ont une légitimité symbolique encore supérieure[5] : Degliame est Compagnon de la Libération et Vigier un héros que sa tentative de suicide en 1944 a fait surnommer par le président René Coty le « Brossolette survivant[6] ». Tous deux lui servent aussi d'introducteurs auprès de certains milieux résistants – deux notamment, particulièrement hermétiques : les communistes pour Degliame[7], et les services spéciaux pour Vigier[8]. De fait, ce dernier s'assure du concours du colonel Paillole avant le démarrage du projet[9]. Vigier est par ailleurs à une position-clé comme secrétaire général de l'association Les Amitiés de la Résistance, qui réunit un grand nombre d'anciens chefs de mouvements, de réseaux et de responsables de la France libre[10].

L'ambition et les limites de l'ouvrage sont fixées dans l'avertissement du tome 1 :

---

3. Contrat du 10 octobre 1962 et avenants de janvier 1966 et avril 1967 (archives Robert Laffont). Les délais d'écriture s'expliquent largement parce qu'il devient secrétaire général de Flammarion de 1966 à 1976, puis se réinscrit au barreau.
4. Degliame a quitté le PCF en 1952, mais sans esclandre. Vigier, ex-député RPF rallié à Pinay, est sénateur Républicain indépendant.
5. Je remercie Laurent Douzou d'avoir attiré mon attention sur ce point.
6. En 1958, lors de la présentation de Vigier, nouveau président du conseil municipal de Paris, au ministre de l'Intérieur (cf. *Parisiens du 10ᵉ*, octobre 1967 et lettre de Vigier à Noguères du 25 octobre 1966, HR dossier correspondance avec Vigier-Passy-Hamon-Delrieu [cote provisoire]).
7. Militant communiste, il a résisté au sein de Combat, est devenu chef de l'Action immédiate des MUR et a accédé à des responsabilités nationales comme membre du COMAC en 1944.
8. Vigier a appartenu à des organisations liées à l'armée d'armistice, le Camouflage du Matériel puis le réseau Maurice.
9. HR 21 dossier Paillole, lettre de Paillole à Vigier, 9 août 1962.
10. Cf. n° spécial 2006 du *Lien*, organe des Amitiés.

> « En effet, d'une part, par le jeu même d'une règle que subissent, en France, tous les historiens, une masse importante de documents essentiels se trouve bloquée aux Archives nationales jusqu'à l'expiration du délai fatidique de cinquante ans, de telle sorte que moins d'un demi-siècle après une période historique quelconque, il n'est pas matériellement possible de l'évoquer avec la *certitude* de disposer de tous les matériaux existants. Mais d'autre part, attendre, pour entreprendre un tel travail, que soient écoulées ces cinquante années, c'eût été renoncer à ce que cette histoire fût non seulement écrite, mais encore discutée – et contrôlée par ceux qui l'ont vécue. Qu'il nous soit donc permis de penser que dans vingt-cinq ans, quand s'ouvriront les archives, les jeunes historiens qui se pencheront sur l'Histoire de la Résistance pourront considérer notre travail – et les réactions qu'il aura pu susciter –, comme une utile contribution à l'Histoire de la Résistance en France. Nous n'en demandons pas davantage[11]. »

Ceci pose trois questions : sur quelles sources Noguères a-t-il essayé de s'appuyer ? Qu'entend-il par « contrôle » des résistants ? Comment expliquer la concurrence de ce projet avec les travaux du Comité, patronnés et animés par des résistants ?

À côté de l'utilisation de monographies et mémoires déjà publiés, la collecte d'inédits de tous types est entreprise dès le début : des témoignages mais aussi des archives, dans une proportion qui se modifie cependant considérablement au fil de cette histoire chronologique de la Résistance. De 1962 jusqu'après la sortie du tome 1, les auteurs élargissent progressivement leur appel aux résistants : ils envoient un questionnaire à des noms sélectionnés[12], puis font paraître des communiqués dans *La Voix de la Résistance*, organe du Comité d'action de la Résistance[13], enfin invitent, *via* la grande presse, les lecteurs du tome 1 à réagir. C'est pendant cette phase que de nombreux témoignages oraux sont recueillis et transcrits grâce à une poignée de collaborateurs rémunérés, principalement Jacqueline Delrieu, membre de l'équipe de *La Voix de la Résistance*. À partir du tome 2, où Noguères annonce qu'il va désormais trier dans les sources recueillies[14], sa collecte évolue aussi : déclin rapide des témoignages oraux, tri dans les témoignages écrits reçus, afflux d'archives de plus en plus nombreuses. L'intégration des réactions de ses lecteurs s'est traduite par une édition revue et complétée des trois premiers tomes[15]. Seul le tome 1 est sensiblement augmenté, de près de 90 pages, avec une vingtaine de nouveaux témoignages et des rectificatifs importants concernant les réseaux polonais.

11. P. 15. Sauf mention contraire, les notes renvoient aux premières éditions : 1967 (t. 1, *juin 1940-juin 1941*), 1969 (t. 2, *juillet 1941-octobre 1942*), 1972 (t. 3, *novembre 1942-septembre 1943*), 1976 (t. 4, *octobre 1943-mai 1944*) et 1981 (t. 5, *juin 1944-mai 1945*).
12. Voir par exemple HR 6, dossier Bouley.
13. Fédération d'associations et d'amicales d'anciens résistants (hors celles de la mouvance communiste).
14. T. 2, éd. revue et complétée, 1981, p. 300.
15. Respectivement en 1982, 1981 et 1982.

Dans l'ouvrage, les témoignages inédits ou publiés l'emportent sur les archives dans les trois premiers tomes, tout en diminuant progressivement. Mais le rapport s'inverse dans le tome 4 ; et dans le 5, si la proportion redevient légèrement en faveur des témoignages, le poids de ceux-ci diminue relativement puisque l'historiographie savante est bien plus abondante. Or, ces tomes 4 et 5 totalisent presque la moitié du livre (1 500 pages sur 3 400)[16]. Cette évolution des sources n'est que partiellement reflétée dans l'appareil critique, car les témoignages inédits ou déjà publiés sont systématiquement pourvus de notes de référence, beaucoup moins les archives d'époque[17], et encore moins la bibliographie savante utilisée par l'auteur[18].

Peu orthodoxe, cet appareil critique est déjà l'indice que le contrôle évoqué dans la préface vise bien plus les témoins que les sources écrites et les historiens. La correspondance de Noguères avec Claude Bellanger sur la manifestation du 11 novembre 1940 le confirme : alors que celui-ci lui reproche de ne citer que deux témoignages contradictoires au lieu d'utiliser la synthèse de Raymond Josse dans la *Revue d'histoire de la Deuxième Guerre mondiale*, Noguères lui répond : « Il est bien exact que le recours aux témoignages individuels n'offre pas que des avantages. Encore faut-il noter que, s'agissant de la Résistance, même les ouvrages conçus dans un esprit de recherche universitaire ne partent pas d'une autre matière. » Et il justifie ainsi son choix de citer chaque témoignage utilisé : le risque d'erreur « existe tout autant lorsqu'il s'agit d'une synthèse – avec cette circonstance aggravante qu'il est moins aisé, pour le censeur, de déceler, s'il constate une erreur, à quel témoignage elle est imputable[19] ». Enfin, il reproche implicitement à la synthèse de Josse d'être prématurée : « Notre propos est justement, lorsqu'il y a désaccord, de faire entendre les différents points de vue[20]. »

En même temps que Josse, ce sont évidemment les auteurs du CH2GM en général qui sont visés. De fait, Marie Granet et Henri Michel, par exemple, ne donnent qu'exceptionnellement la parole aux 138 témoins qui alimentent leur étude sur *Combat*. Noguères se positionne donc par rapport à ces monographies, qui utilisent le même type de sources, et prétendent, elles aussi, se soumettre au contrôle des résistants[21]. Cette critique portant sur le choix d'écriture masque une concurrence plus fondamentale, apparue dès la préparation du livre. En effet, Henri Michel a refusé à Noguères

16. Nous avons vérifié le récapitulatif donné par Noguères de ses sources (t. 5, p. 857).
17. 92 et 43 archives citées sans note de référence dans les tomes 4 et 5 respectivement (contre 39 et 31 pourvues de renvois à des notes).
18. Dans le t. 1 surtout, Noguères utilise bien plus qu'il ne le dit *SOE in France* de FOOT (London, HMSO, 1966), *Combat* de Marie GRANET et Henri MICHEL (PUF, 1957), *Ceux de la Résistance* de GRANET (Éditions de Minuit, 1964), etc.
19. Lettre à C. Bellanger du 4 septembre 1967, (HR 13, dossier Groupe de la rue de Lille).
20. Lettre à C. Bellanger du 25 septembre 1967, *ibid.*
21. Cf. la préface de *Combat* (*ibid.*, p. 3) appelant aux « critiques, compléments et, nous l'espérons, amendements » des résistants.

l'utilisation des quelque 2 000 témoignages détenus par le Comité[22] ainsi que de ses archives, rappelant la règle des cinquante années applicables aux archives publiques pour le dissuader de se lancer dans une histoire globale de la Résistance et concluant : « Je suis bien persuadé, pour ma part, que je ne serai plus de ce monde quand paraîtra cette Histoire de la Résistance dont nous rassemblons les matériaux[23]. » Et Michel a tenté d'orienter son interlocuteur vers un simple recueil de nouveaux témoignages à finalité mi-mémorielle mi-sociologique[24] :

> « J'imagine mal le travail d'Henri Noguères sans nos sources, et cela nous ne pouvons le lui donner... À mon avis, il devrait publier quatre ou cinq cents pages de témoignages, quelque chose comme la "Vie et Mort des Français" [...] Noguères devrait prendre tantôt un chef, tantôt un exécutant de base[25]. »

On peut comprendre la méfiance de Michel vis-à-vis de la prétention à une « histoire » générale d'un ancien journaliste, historien autodidacte et n'ayant rien publié sur la Résistance. Mais tout en affirmant l'impossibilité présente de toute synthèse, il reproche tout de même à Noguères d'oublier qu'il en existe déjà une : son « Que Sais-Je[26] »...

Devant ce qui ne peut apparaître à Noguères que comme la revendication d'un monopole, la réplique de celui-ci est à plusieurs niveaux. Il ne dit mot des travaux du Comité dans sa préface et fait comprendre, dans ses interviews, que son allusion aux archives publiques inaccessibles vise aussi les témoignages du CH2GM[27]. Surtout, son écriture apparaît comme une manière de relever mieux que le Comité lui-même le défi assigné par Lucien Febvre à la collection « Esprit de la Résistance » : inciter les résistants à donner « leur version des événements[28] ». Si le contrôle réciproque des témoins qu'il espère favoriser par l'usage de la citation paraît inspiré des usages journalistiques (le droit de réponse[29]), le véritable enjeu historiographique réside bien dans sa volonté d'une histoire globale, qui le conduit à une collecte tous azimuts de témoignages tranchant avec les monographies ciblées du Comité. Car Henri Michel semble déjà à l'époque prendre son

22. Bien que Noguères ait naturellement prévu de demander l'autorisation des témoins.
23. HR 18, dossier Henri Michel, entretien H. Michel-Jean-François Luciani (un des collaborateurs de Noguères), au début de l'année 1964.
24. Du type du recueil *Tragédie de la Déportation*, co-édité par H. MICHEL et Olga WORMSER-MIGOT en 1954.
25. Entretien H. Michel-J.-F. Luciani, *op. cit.*
26. Entretien H. Michel-J.-F. Luciani, *op. cit.*
27. Cf. *Le Pèlerin du XXe*, 25 février 1973 : « une partie des documents **et des témoignages** est frappée par la règle des cinquante années. [...]. Si on laisse s'écouler ce délai de cinquante ans, il y aura alors très peu de survivants qui puissent exercer leur contrôle sur ce qui sera publié. » C'est nous qui soulignons.
28. Préface à *Les Idées politiques et sociales de la Résistance*, d'Henri MICHEL et Boris MIRKINE-GUETZÉVITCH, PUF, 1954.
29. Il y fait allusion dans une lettre à Louis La Bardonnie du 25 juin 1969 (HR 16 dossier La Bardonnie).

parti du fait que certaines organisations clandestines risquent de ne trouver ni historien ni même de mémorialiste[30]. De plus, les premières études lancées par le Comité laissent planer un doute sur l'utilité future de la campagne de témoignages de la Commission d'histoire d'occupation et de la libération de la France (CHOLF), puisque leurs auteurs reconnaissent avoir dû revoir les mêmes témoins et en rencontrer de nombreux autres[31]. À une époque où de nombreux anciens chefs de mouvements, réseaux, partis ou syndicats clandestins – et non des moindres – n'ont pas publié de souvenirs, Noguères peut donc considérer son entreprise comme nécessaire pour pallier les « trous » de la politique du Comité et faire sortir les témoins du bois.

L'ambition de Noguères tire aussi sa légitimité d'un arrière-plan propre au milieu résistant : l'acceptation par les résistants eux-mêmes, depuis la guerre, du contrôle de leurs pairs, lors des procédures d'homologation, de certains procès publics ou jurys d'honneur[32]. C'est ce consensus qui va lui permettre de solliciter les protagonistes d'affaires de trahison[33], ou de mettre en cause les Bureaux des Menées Antinationales dans le démantèlement de certains réseaux en zone sud à l'automne 1941[34]. Le contrôle s'exerce ici à plein : la parution des *Mémoires* du colonel Paillole (Laffont, 1975), en partie provoquée par ces accusations, fait réagir à leur tour les anciens du réseau F2 : ils envoient à Noguères le « rapport du commissaire principal Léonard » qu'il publie dans l'édition révisée du tome 2[35].

Ce dernier exemple montre que Noguères a fait évoluer les instruments du contrôle qu'il imaginait, au fur et à mesure qu'il accédait aux archives détenues par les résistants eux-mêmes et les utilisait. De fait, son ouvrage est un des premiers où se révèle leur importance, notamment, dans le tome 4, les archives de certains services de la résistance. De sorte que, rétrospectivement, la prédominance des témoignages dans les premiers tomes – outre la rareté réelle des sources écrites sur les tout débuts de la Résistance – paraît surtout significative de la difficulté, à l'époque, pour un historien quel qu'il soit de prendre d'emblée la mesure de ces gisements cachés. En tout cas, nul dogmatisme méthodologique chez lui : dans son étude des combats du Vercors qui retarde d'un an la sortie du tome 5, il décide de laisser totalement les témoignages de côté pour se livrer à une « étude

30. *Bibliographie critique de la Résistance*, Institut Pédagogique national, SEVPEN, 1964, p. 70, à propos de Valmy, Pantagruel, l'Armée des Volontaires, et d'un des mouvements représentés au CNR : Ceux de la Libération.
31. Voir les préfaces de GRANET et MICHEL, *Combat*, *op. cit*, et Calmette, *L'OCM*, PUF, 1961.
32. Certains anciens responsables résistants contactés par Noguères lui proposent d'ailleurs de contrôler les informations qu'il va récolter (HR 7, dossier Charaudeau ; HR 27, dossier Pottier).
33. En particulier René Hardy pour l'affaire de Caluire, longuement étudiée. Voir aussi HR 5, dossier Bingen ; HR16, dossier Robert Lion.
34. Une lettre-plaidoyer de Paillole est déjà publiée dans la première édition du tome 2 (1969).
35. T. 2, éd. revue et complétée, 1981, p. 691. Voir HR 21, dossier Paillole.

d'état-major[36] ». Et au terme de son entreprise, c'est toujours avec la même clause restrictive empreinte de méfiance qu'il les estime indispensables à l'historien de la Résistance : il faut qu'ils soient « publiés sous le contrôle de survivants[37] ».

Le fil directeur de Noguères : contrer l'historiographie gaulliste de la Résistance intérieure

Se présentant comme une chronique mensuelle, l'ouvrage de Noguères peut difficilement prétendre à être une synthèse. L'ambition de proposer une « histoire » et non un simple recueil de documents commentés[38] transparaît avant tout dans l'écriture même, qui ressemble souvent à un dossier d'avocat : la longueur des pièces produites est au service d'un fil directeur qui apparaît dans leur choix, leur disposition, les transitions et la conclusion de l'auteur. Bien qu'il justifie son plan chronologique par la volonté de traquer l'anachronisme[39], il lui arrive de citer des témoignages pour le moins flous dans leurs dates, et surtout de faire preuve d'un zèle à géométrie variable dans l'analyse critique des documents, dans la dénonciation de leur partialité et des arrière-pensées que celle-ci révèle.

Une constante apparaît clairement, si l'on examine les principaux enjeux historiographiques par lesquels Noguères, en 1967, résume son futur ouvrage alors prévu en quatre tomes :

> « Le premier fait le point sur la participation communiste à la Résistance en 1940, le second étudie le problème des attentats – fallait-il tuer les soldats occupants au risque de provoquer des représailles ? Le troisième tome montrera comment la Résistance s'est finalement soudée au gaullisme. Le dernier, enfin, étudiera les faits de la Libération et de l'épuration qui ont donné lieu à tant d'interprétations[40] ! »

Ces quatre thèmes sont abordés dans son livre de façon à prendre le contrepied de l'un ou l'autre des grands mémorialistes-historiographes de la France Libre : de Gaulle, Passy et Soustelle[41]. De Gaulle nommément pour le PCF en 1940 et les attentats de 1941[42], Passy puis Soustelle surtout pour la question de l'union, de Gaulle à nouveau pour la Libération. Cette opposition s'étend aussi à une multitude d'autres points qui concernent la vision de la Résistance intérieure par la France libre et la conception de

36. Lettre à Roland Beschmann-Lescot, 3 avril 1982 (HR 4, dossier Beschmann-Lescot).
37. *Bulletin* de l'IHTP, supplément n° 7, 1985, p. 5.
38. Degliame la rappelle dans sa postface au tome 5 (p. 881).
39. Cf. *Le Patriote Résistant*, n° 448, février 1977.
40. Interview par Jean PRASTEAU, *Le Figaro Littéraire*, 25 septembre-1er octobre 1967.
41. Soustelle, *Envers et contre tout* (Robert Laffont, 1947 et 1950) ; Passy, *Souvenirs* (Raoul Solar, 1947, 1948 ; Plon, 1951) ; de Gaulle, *Mémoires de Guerre* (Plon, 1954, 1956, 1959).
42. Cf. l'échange de lettres de Gaulle-Vercors en annexe du t. 1, le commentaire du discours à la BBC de de Gaulle le 23 octobre 1941 dans le t. 2.

l'action en métropole, points qu'il ne peut être question de détailler ici[43]. Sans être systématique et continue, elle constitue bien un fil directeur aux yeux même de l'auteur puisque le tome 5 se conclut par une critique du général de Larminat (pour avoir lancé les FFI inutilement à l'assaut des poches de l'Atlantique), brusquement élargie à une opposition binaire : « C'est finalement le débat qui n'a jamais cessé d'opposer ceux qui se sont fait "une certaine idée" de la Résistance à d'autres, qui ne s'en sont jamais fait la même idée[44]. »

Clin d'œil à la « certaine idée de la France » hissée par le général de Gaulle au seuil de ses *Mémoires de guerre*, l'allusion de Noguères justifie donc ses prises à partie des mémorialistes précités par une opposition déjà présente à l'époque entre deux visions de la Résistance, qui auraient séparé fondamentalement les Français libres et les résistants de l'intérieur. Avant de la détailler, il faut relever qu'il ne cache nullement d'autres enjeux, d'ordre politico-mémoriel, qui ont certainement pesé dans sa décision d'écrire son ouvrage. Militant politique, lui-même a quitté le PS en 1956, mais violemment hostile aux conditions du retour de de Gaulle[45], s'y est réinscrit en 1969 après un passage par le PSA (Parti socialiste autonome) puis le PSU (Parti socialiste unifié), et soutient ensuite l'union de la gauche[46]. Il ne cloisonne nullement son engagement et son œuvre, même s'il revendique l'autonomie de sa position d'historien[47]. Dans son livre, des allusions rappellent au lecteur ce qui le sépare politiquement de certains de ses camarades d'hier[48].

C'est qu'il entend répondre à la montée en puissance de la mémoire gaulliste de la Résistance – depuis la parution du dernier tome des *Mémoires de guerre* en 1959[49] jusqu'au 20e anniversaire de la Libération en 1964 (panthéonisation de Jean Moulin, sortie du livre *Paris brûle-t-il* adapté en film en 1966). Noguères se sent d'autant plus justifié de démonter les arrière-pensées politiques des mémorialistes de la France libre (notamment dans leurs jugements *a posteriori* sur certains résistants), que la vision qu'elles alimentent sert depuis 1958 à légitimer les forces politiques au pouvoir.

43. Exemples de cibles : dans le t. 3, Passy à propos de l'unification (querelle Frenay-Delestraint, le CNR) ou de ses jugements sur certains résistants ; de Gaulle pour son jugement sur Bouchinet-Serreulles ; dans le t. 4 : le BCRA pour ses fautes inavouées (p. 459, 540, 583, 641), ou pour ce que lui reprochent Bourgès-Maunoury et Bingen ; dans le t. 5 : Koenig sur son commandement, Soustelle sur le Vercors, Robert Aron comme inspirateur de « l'historiographie gaulliste » sur la prétendue volonté de prise du pouvoir du PCF à la Libération (p. 791).

44. T. 5, p. 853.

45. Il a quitté le journalisme « en raison de l'attitude de la quasi-totalité de la presse devant le *pronunciamento* du 13 mai [1958] » (lettre à Louis Knaff, 11 décembre 1967, HR 15, dossier L. Knaff).

46. Voir sa biographie dans Claude PENNETIER (dir.), *Dictionnaire biographique du mouvement ouvrier français* (édition sur CD-Rom), Éditions de l'Atelier, 1997.

47. Cf. *L'Humanité*, 23 juillet 1974 : il débat avec Jacques Duclos et Louis Vallon sur la continuité entre union de la Résistance et union de la gauche.

48. Sur Pierre Hervé t. 4, p. 334.

49. Sur l'écho considérable des *Mémoires de guerre*, voir Jean-Louis CRÉMIEUX-BRILHAC, « De Gaulle et la mort de Moulin », *in* J.-P. AZÉMA (dir.), *Jean Moulin face à l'histoire*, Flammarion, 2000, p. 208.

D'où sa dénonciation de l'anticommunisme de guerre froide des *Mémoires de guerre*[50], des règlements de comptes de Passy avec les socialistes qui l'ont poursuivi pour détournement de fonds après guerre[51], de l'hostilité du Soustelle de l'époque du RPF à l'égard des représentants des partis de la IVe République[52]. Les notes de bas de page explicitent parfois ces enjeux politico-mémoriels[53], qui par ailleurs sont souvent transparents pour bien des lecteurs résistants à l'époque[54].

Ces enjeux expliquent la rupture progressive avec Jean-Louis Vigier. Celui-ci marque d'abord son désaccord d'interprétation (sur l'attitude du PCF avant juin 1941, sur les attentats contre les Allemands) par deux postfaces au tome 1 et 2, en plaçant celles-ci sous l'égide du général de Gaulle « chef de la Résistance française ». Puis, avant la parution du tome 3, il décide de retirer son nom de l'ouvrage sans en dire publiquement le motif. En fait, il reproche à Noguères d'y critiquer systématiquement les mémoires du colonel Passy.

C'est dans leur correspondance que ces enjeux se révèlent. Noguères soutient que le désaccord affiché par Vigier sur l'attitude du PCF avant juin 1941 est dû à sa position d'élu gaulliste[55]. Vigier tente de répliquer sur le plan historiographique en demandant une contre-enquête auprès d'autres témoins communistes que ceux déjà interviewés. Mais Noguères lui fait remarquer que comme ceux-ci n'ont accepté de parler qu'après un accord passé entre les auteurs et Jacques Duclos, sa contre-enquête consisterait à « s'en remettre à l'arbitrage de transfuges du PC », ce que les auteurs se sont interdits de faire pour toute autre organisation[56]. Noguères sous-entend que la méthode adoptée pour le PC est similaire à ce qui a été décidé pour les militaires de l'armée d'armistice et les Français libres contactés par Vigier[57] ; il ne cache d'ailleurs pas son agacement devant la propension de Vigier à en référer au colonel Passy sur chacun de leurs désaccords[58]. Logiquement,

50. T. 1, p 438.
51. T. 3, éd. revue et complétée, 1982, p. 232.
52. T. 4, p. 583.
53. Cf. sur l'antisémitisme du 1er *Cahier* de l'OCM : la critique de son euphémisation par Passy est rapprochée de la phrase de de Gaulle en 1967 sur le « peuple sûr de lui et dominateur » (t. 2, note de la p. 652).
54. T. 3 : il critique le mépris de Passy à l'égard des partis, du chef militaire de Libé-Nord, des FTP (t. 3, éd. revue et complétée, 1982, p 174, 236-237, 244).
55. HR dossier de correspondance avec Vigier-Passy-Hamon-Delrieu (cote provisoire), lettre de Noguères à Vigier le 9 novembre 1966.
56. *Ibid.*, Lettre de Noguères à Vigier le 19 décembre 1966.
57. *Ibid.*, même lettre, à propos de Duclos : « Nous lui avions fait comprendre, fort aisément d'ailleurs, pourquoi nous ne pouvions accepter de soumettre notre manuscrit à une quelconque censure préalable. Pas plus du PC que des gaullistes plus ou moins inconditionnels du BCRA ou des pétainistes repentis de l'ORA. »
58. Exemples de cette propension : *ibid.*, lettres de Vigier à Noguères du 19 avril 1967 et du 13 janvier 1969.

Vigier jette l'éponge avant le tome 3 lorsque lui-même juge à la lecture du manuscrit que cette égalité de traitement est rompue par Noguères[59].

Noguères entend donc déconstruire une vision gaulliste de la résistance intérieure qu'il juge dévalorisante, nourrie de méconnaissance mais aussi d'arrière-pensées politiques. Il s'y tient d'autant plus qu'il soupçonne certains historiens du CH2GM ou patronnés par lui de se placer dans le sillage de la mémoire gaulliste[60]. Cette déconstruction nous donne déjà l'image inversée du tableau qu'il essaye de brosser : une résistance née indépendamment de de Gaulle puis interlocutrice à part égale de de Gaulle, se ralliant à lui par défaut au moment de la menace giraudiste, et enfin acteur principal de la Libération malgré l'impéritie de certains services de de Gaulle.

La Résistance intérieure selon Noguères

Noguères énonce dans une postface trois questions à traiter dans toute histoire de la Résistance :

> « D'abord, car cela a commencé ainsi, la diversité de la Résistance. Puis, se forgeant peu à peu dans ce brûlant creuset, son unité. Et enfin – même si certains ont parfois oublié que c'était sa véritable raison d'être – l'étendue et les limites de son efficacité[61]. »

A posteriori, il nous invite ainsi à relire son ouvrage à la lumière de cette triple thématique.

La diversité de la résistance intérieure structure effectivement le tome 1. Elle guide les choix de Noguères, car il ne prétend pas à l'exhaustivité et omet par exemple certains groupes pionniers de province. La mention d'une résistance des Juifs apparaît dans ce cadre, comme preuve de la diversité confessionnelle de la Résistance[62]. Mais c'est à la diversité politique et organisationnelle qu'il s'attache surtout[63] en marquant fortement qu'elle va d'un extrême à l'autre : des communistes aux cagoulards comme Dungler et aux militaires de l'armée d'armistice[64]. L'admission sans réserve des témoins du PCF proposés par Jacques Duclos peut alors s'expliquer à plusieurs niveaux : la nouveauté réelle des témoignages de ces familles opposées (communistes

59. *Ibid.*, lettres échangées de février à décembre 1971.

60. Cf. dans le t. 3 (éd. revue et complétée, 1982, p 247, 289 et 446), les piques à l'égard du *Jean Moulin l'unificateur* d'Henri Michel (1964) – auteur par ailleurs loué ; dans le t. 5, ses critiques des livres de Pierre BERTAUX (*Libération de Toulouse,* Hachette, 1973) et René HOSTACHE (*De Gaulle 1944,* Plon, 1978) comme continuateurs d'une « historiographie gaulliste » en symbiose avec Robert Aron (p. 582, 588 et 791-792).

61. T. 5, p. 856.

62. T. 1, p. 61-63.

63. T. 1 p. 53 (à propos des « Quatre-Vingt »), p 109 et suivantes (« tour de France » des pionniers).

64. T. 1, p 139-148 (le binôme réseau Alliance/OS communiste comme symbole de cette diversité).

et extrême-droite)[65], le fait qu'à l'abri de ce dispositif l'ancien « socialiste résistant » peut plus aisément affirmer la présence de sa propre famille politique à chaque chapitre[66]. Enfin, Noguères renforce ainsi la représentativité de cette Résistance pionnière, dont il veut montrer par ailleurs qu'elle se construit indépendamment de de Gaulle : l'attention portée aux réseaux ne dépendant pas de la France libre l'atteste. Elle se traduit notamment par l'utilisation extensive du livre de M. Foot sur le SOE.

L'unité est anticipée dès le tome 1, dans la façon de considérer les résistants anti-vichystes comme une avant-garde que rejoindront les « pétainistes récupérables[67] ». Elle devient déterminante dans l'écriture à partir de janvier 1942 : Noguères déclare qu'il va se concentrer désormais sur les organisations et non les individus. Il invoque la progression en effectifs et en structuration de la Résistance[68], tout en avouant un autre motif : se placer au niveau des questions traitées par la mission de Jean Moulin (qui commence), à savoir l'unification des organisations entre elles et avec la France libre. Ces questions organisationnelles sont primordiales dans son projet comme l'atteste son questionnaire envoyé aux témoins[69], le profil dominant de ceux-ci[70] et des archives qu'il utilise[71]. Son ouvrage constitue de fait une véritable encyclopédie des mouvements, réseaux, services unifiés de la Résistance, avec un index des organisations qui n'a d'équivalent à l'époque que dans la thèse d'Henri Michel sur *Les courants de pensée de la Résistance.*

Reste qu'entraîné par son tropisme anti-gaulliste, l'auteur s'attache moins à l'unification interne des organisations de résistance et aux tensions qui les parcourent qu'à l'unification entre ces organisations et la France libre (puis le CFLN), aux tensions qui relèvent de cet échelon, voire parfois à celles qui sont internes à la résistance extérieure. Dans le tome 4, sur les quatre principaux fonds d'archives inédits qu'il exploite (Service national maquis, Délégation de la Résistance à Londres, papiers du Délégué militaire régional et de zone Bourgès-Maunoury, papiers du DMR et responsable régional de la Section des atterrissages et parachutages Jacques Picard), les trois derniers au moins sont principalement utilisés pour illustrer le décalage entre les plans et instructions du CFLN et la réalité du terrain en métropole.

65. Saluée dans les comptes rendus de Marcel Baudot, Michèle Cotta, Édith Thomas, Pierre Villon... Édith Thomas rappelle qu'à sa connaissance, le PCF avait interdit à ses militants de témoigner devant la CHOLF (*La quinzaine littéraire*, 15 octobre 1967).
66. Cf. les mentions de discussions entre militants socialistes (p. 74, 114, 133-135) ; l'insistance sur la mission de Weil-Curiel s'explique sans doute en partie par son appartenance politique.
67. P. 209, 388-89.
68. T. 2, p. 299.
69. Qui demande ce qu'ils savent des créations de groupes clandestins, des « opérations de fusion », « noms de dirigeants régionaux, départementaux et locaux, de mouvements ou de branches verticales » (HR 6, dossier Bouley).
70. 104 chefs nationaux, régionaux ou départementaux, contre 68 responsables de niveaux inférieurs ou militants de base (cette catégorie décroissant à partir du tome 3).
71. Une infime proportion est d'intérêt local.

Le souci de **l'efficacité,** enfin, se manifeste par l'attention portée au rôle militaire de la Résistance[72], qui explique la part réservée à la dernière année de l'occupation : sur 3400 pages, 800 traitent des onze mois précédant le débarquement, 800 de l'été 44, avec un panorama de l'action dans les régions. L'efficacité constitue un élément récurrent de sa démonstration de l'opposition de conception entre la résistance intérieure et la France libre, au risque de simplifications redoutables – par exemple sur les premiers attentats communistes[73]. Elle correspond au profil du résistant Noguères, atypique dans sa propre famille politique par son accession à des responsabilités paramilitaires régionales à l'automne 1943.

Cette influence de l'itinéraire personnel de Noguères se révèle tellement forte qu'elle perturbe dans le tome 4 son tableau d'une résistance intérieure unie face à la France libre. Socialiste introduit dans les Mouvements Unis de Résistance pour y contrer l'influence de (supposés) « sous-marins » du PCF[74], son témoignage qui vise en particulier son co-auteur, Degliame, suscite des échanges violents entre eux. Il lui concède une postface rectificative dans le tome 5, mais réplique par une « post-postface ». Si le délabrement de l'union de la gauche a contribué à souffler sur ces braises du passé[75], c'est bien son propre travail qui les attisées[76], à un point singulier : interviewant Léo Hamon, Noguères évoque Degliame « qui à certain moment savait qu'il ne pouvait pas venir dans les six départements de la région sinon il risquait de se faire descendre par moi[77] »...

Où trouver la cohérence avec l'indulgence de Noguères pour le PC avant juin 1941 ? Peut-être justement dans une différence d'implication personnelle : il était prisonnier de guerre en Allemagne durant la première année d'occupation. Par contraste, son témoignage sur l'année 1944, outre qu'il a aussi pour fonction de justifier son propre itinéraire, s'appuie sur des archives personnelles (citées dans la post-postface) dont la seule présence peut modifier son rapport au passé.

72. Sur 175 témoins, 47 appartiennent à des réseaux, 38 à des organisations paramilitaires. Par comparaison, la quasi-absence de filières de sauvetage des juifs (2 témoins : Darcissac, Weil), semble due à ce penchant de Noguères pour les questions politico-militaires, qui sont aussi celles où se jouent les relations avec la France libre et le CFLN.
73. Aucune allusion aux réactions des mouvements, critique de de Gaulle sur la base de la querelle attentisme-action immédiate de 1943-1944.
74. Raison pour laquelle il devient chef régional de Franc-Tireur en R3 (région de Montpellier) sans avoir exercé aucune responsabilité dans ce mouvement. À l'été 44, il s'oppose violemment au directoire du MLN de zone sud (Copeau et Degliame), leur reprochant de favoriser le PC et le FN au détriment des socialistes.
75. Noguères rapproche d'ailleurs les deux périodes (t. 4 p. 352).
76. Dès qu'il travaille sur 1943, Noguères se dit renforcé dans l'hypothèse du noyautage communiste (lettre à Claude Bouchinet-Serreulles du 20 août 1970, HR 5, dossier Bouchinet-Serreulles). Il y a déjà fait allusion dans le t. 1 (p. 252).
77. HR 8, dossier Degliame, chemise « sous-marins », entretien Noguères-Hamon, s. d. Ce passage de l'entretien ne figure évidemment pas dans le livre.

S'offrant comme exemple de la présence irrépressible de l'acteur derrière l'historien, Noguères citera plus tard dans un colloque sa lettre finale à Degliame :

> « De même que tes copains et toi m'avez gâché le plaisir de la Libération, tu m'as gâché le plaisir que j'attendais à la pensée de terminer une œuvre dont il est permis de penser que, dans quelques années elle sera tout ce qui restera de moi[78]. »

Cet aveu se situe finalement dans la droite ligne de son entreprise, qui tente d'assumer ses multiples identités (historien, commentateur politique, témoin), par une écriture ouvertement polyphonique[79], les postfaces de ses co-auteurs ne venant finalement que renforcer l'impression qu'a le lecteur de se trouver devant un texte à multiples entrées. Elle correspond certainement à la nature profonde de celui qui se définit lui-même « selon les jours, journaliste, auteur dramatique, éditeur, juriste, historien[80] ».

La réception de l'*Histoire de la Résistance en France*

Les quatre premiers tomes de Noguères sont en général bien accueillis dans la grande presse, beaucoup moins par le CH2GM : alors que la revue avait rendu compte de deux de ses précédents livres, *Le suicide de la flotte de Toulon* et *Munich*, seul le tome 1 a droit à une recension par Marcel Baudot – et dans le *Bulletin* interne[81]. Il critique le sous-emploi par Noguères des publications du Comité et, comme d'autres historiens proches de celui-ci[82], dénie à cette chronique le nom d'« histoire ». Les témoignages inédits sont portés au crédit de l'auteur, les critiques sur le choix de certains témoins restant allusives ; le « contrôle » vient bien à l'époque des résistants – en l'occurrence, d'exclus du PCF comme Lecoeur, qui ironise sur la naïveté de Noguères devant des témoins communistes « en service commandé[83] ». Officieusement, Noguères reçoit cependant l'aide de plusieurs correspondants du CH2GM[84] et Marie Granet, un des piliers du Comité, le félicite ouvertement d'avoir tenté une synthèse[85], se désolidarisant ainsi d'Henri Michel[86].

78. *La libération dans le midi de la France*, Eché, 1986, p. 148. Voir HR 8 dossier Degliame, chemise correspondance tome 4, lettre à Marcel Degliame, s. d. [août ou septembre 1981].
79. Cf. les distinctions typographiques entre récit, citations, commentaires « politiques » de bas de page.
80. En deuxième de couverture de son livre.
81. *Bulletin* du comité d'histoire de la Deuxième Guerre mondiale, n° 178, décembre 1968.
82. Édith THOMAS (*Quinzaine littéraire*, 15 octobre 1967), Jean-Pierre RIOUX (*Nouvelles Littéraires*, 30 novembre 1967).
83. Auguste LECOEUR, *Le parti communiste français et la Résistance août 1939-juin 1941*, Plon, 1968, p. 34.
84. Cf. les correspondances de Noguères avec Corre, Gayot, Latapie, Nicault, Péré (fonds HR).
85. *Revue socialiste*, n° 210, février 1968 (sur le tome 1) et lettre à Noguères du 15 mars 1969 (HR 13, dossier Marie Granet).
86. Peut-être en partie par proximité politique : Michel a refusé son manuscrit sur *Ceux de la Résistance* pour cause de critiques virulentes à l'égard de diverses personnalités dont de Gaulle (*Bulletin* du CH2GM, n° spécial 1965, annexe).

La reconnaissance universitaire vient à Noguères avec le remplacement du Comité par l'Institut d'histoire du temps présent (IHTP). Le tome 5, où il s'adresse aux « historiens de la génération suivante[87] » et reconnaît ne pas avoir vraiment fait une « histoire » est recensé dans la *Revue d'histoire de la Deuxième Guerre mondiale* par Jacqueline Sainclivier, qui juge le pari tenu dans les limites que s'est fixées l'auteur[88]. Noguères présente son livre devant le « groupe de travail sur les années noires » de l'IHTP et figure parmi les six historiens de la table-ronde de 1983 sur Jean Moulin. Ce qui frappe dans le débat relatif à son ouvrage, c'est qu'il ne semble pas interrogé sur les archives qu'il a collectées, mais exclusivement sur les témoignages et sur sa position à l'égard de « l'histoire orale[89] ». Il est vrai que dans le sillage de l'*oral history* anglo-saxonne, l'IHTP naissant se veut le pionnier en France d'une histoire orale[90] que son directeur, François Bédarida, considère alors comme « un des nouveaux instruments de travail pour l'historien[91] ». L'intérêt de l'IHTP pour Noguères semble alors conditionné dans ces premières années par cette problématique[92].

Le statut du livre de Noguères décline à partir de la parution des deux premiers tomes de la biographie de Jean Moulin par Daniel Cordier (1989). Utilisant une masse d'archives inédites, celui-ci reconnaît à son prédécesseur le mérite d'avoir érigé « le mémorial de la Résistance[93] », renvoyant implicitement celui-ci du côté d'un récit fondé sur les témoignages des acteurs[94]. Dans la décennie suivante, des historiens de l'IHTP formalisent cette opposition : Cordier, qui privilégie les archives, périmerait l'entreprise de Noguères présentée comme « l'archétype [d'une] forme d'histoire construite essentiellement sur des dépositions orales[95] », « fondée essentiellement sur des témoignages[96] ». Ce point de vue passe à nouveau sous silence l'effort de Noguères pour utiliser des archives privées à une époque (avant la loi de 1979) où seuls les chercheurs du CH2GM pouvaient accéder aux archives publiques. Mais le transformer en hérault d'une « histoire

87. Dans la postface.
88. *Revue d'histoire de la Deuxième Guerre mondiale*, n° 131, juillet 1983, p. 118-119.
89. *Bulletin* de l'IHTP, supplément n° 7, 1985, p. 3-5.
90. Bilan de ces initiatives par J.-P. RIOUX in *Les cahiers de l'IHTP*, n° 4, juin 1987 p. 5.
91. F. BÉDARIDA, *in* CH2GM, *Histoire et temps présent. Journées d'études des correspondants départementaux 28 au 28 novembre 1980*, CNRS, s. d., p. 13.
92. F. Bédarida présente alors le CH2GM comme l'inventeur en France d'une histoire orale avant la lettre (*ibid.*, p. 13), alors qu'Henri Michel, dans son propre bilan, met plutôt en avant le tour de force d'avoir accédé à des archives légalement inaccessibles (*ibid.*, p. 6).
93. *L'inconnu du Panthéon*, tome 1, Robert Laffont, 1989, préface, p. 276.
94. D. Cordier semble considérer l'utilisation des témoignages par Noguères comme un « principe » de construction de son livre (cf. B. VERGEZ-CHAIGNON, « La « révolution » Cordier », *in* J.-P. AZÉMA [dir.], *Jean Moulin face à l'histoire*, Flammarion, 2000, p. 350). C'est confondre son écriture très particulière et ses sources, qui évoluent.
95. J.-P. AZÉMA et F. BÉDARIDA, « L'historisation de la Résistance », *Esprit*, n° 198, janvier 1994.
96. Éric CONAN et Henry ROUSSO *Vichy, un passé qui ne passe pas*, coll. Folio-Histoire, Gallimard, 1996, p. 316, note 2.

orale » désormais décriée contribue à gommer la tentation initiale qu'a eue l'IHTP d'occuper ce terrain.

Surtout, l'opposition supposée de méthode entre deux historiens autodidactes comme Noguères et Cordier occulte l'aspect décisif de leur inégalité d'accès aux sources. Noguères a dû inventer ses sources et adapter sa méthode à leur évolution. Celle de Daniel Cordier est née du caractère exceptionnel de ses « archives personnelles », central pour l'histoire de la Résistance au sommet. H. Michel signalait en 1970 que « tous les documents connus sur Jean Moulin sont encore en la possession de ses compagnons de combat[97] ». Il visait sans doute au premier chef Daniel Cordier qui, après avoir donné certains documents au CH2GM[98], était resté *de facto* le gardien des archives du secrétariat du Délégué général en France du général de Gaulle, jusqu'à ce que lui-même décide de les exploiter.

La vraie nature de l'opposition entre Noguères et Cordier, apparue dès la table-ronde de 1983[99], et poursuivie lors de la parution de la biographie de Jean Moulin[100], tournait bien autour de leurs positions d'acteur : le second a été perçu par le premier comme le continuateur de cette vision « Française libre » de la Résistance intérieure qu'il avait tenté de déconstruire – perception au reste pas totalement injustifiée, par-delà les considérables apports des travaux de Daniel Cordier[101]. La mort d'Henri Noguères en 1990 a interrompu leur dialogue.

La Résistance d'Alain Guérin, comme réponse à Noguères

Replacer la somme d'Alain Guérin dans l'historiographie communiste mériterait un article en soi[102]. Nous nous contenterons d'étudier ici en quoi son livre se positionne par rapport à celui de Noguères.

À son origine se trouve peut-être déjà la volonté du PCF de garder la main dans l'utilisation des témoignages de résistants communistes[103]. Mais l'ampleur de la bibliographie dépouillée, la présence de nombreux témoins non-communistes, l'iconographie exceptionnelle (dans un genre cultivé par

97. *Bulletin* du CH2GM, n° 186, p. 50.
98. *Bulletin* du CH2GM, n° 108, avril 1962.
99. *Jean Moulin et le CNR*, Éditions du CNRS, 1983, p. 35-37 (remarques de Noguères sur Cordier) ; pour une analyse de cette rencontre, voir Laurent DOUZOU, *La Résistance française : une histoire périlleuse*, *op. cit.*, p. 207-211.
100. Notamment autour du pétainisme d'Henri Frenay. D. CORDIER a publié les pièces de ce dossier dans le t. 3 de *L'inconnu du Panthéon*, Robert Laffont, 1992.
101. Voir les remarques de P. LABORIE dans « Historiens sous haute surveillance », *Esprit*, n° 178, janvier 1994.
102. Sur la périodisation de cette historiographie, cf. notamment Stéphane COURTOIS, « Le PCF. Histoire et mémoire », *Communisme*, n° 4, 1983.
103. Le *Debout Partisans* de Claude Angeli et Paul Gillet (Fayard, 1970) aurait déclenché la commande de l'ouvrage de Guérin par Gaston Plissonnier et Jean Jérôme, selon Roger Faligot et Rémi Kauffer (*Les Résistants*, Fayard, 1989, p. 446 note 2). Notons que les témoins communistes, chez Noguères, sont concentrés surtout dans les premiers tomes, avant la parution du tome 1 de Guérin en 1972.

le Livre-Club Diderot, éditeur lié au PCF) montrent que l'objectif est de produire un ouvrage de référence, qui, encore plus que Noguères, prétend dépasser l'audience des publications du CH2GM. Si le lectorat visé est d'abord communiste[104], les cautions résistantes des préfaciers sont plus larges : avec Henri Rol-Tanguy, Louis Saillant, Jacques Bounin, on trouve le gaulliste de gauche Jacques Debû-Bridel et surtout Marie-Madeleine Fourcade, présidente du Comité d'action de la Résistance. Le sous-titre « chronique illustrée » ne correspond pas à la structure dominante du livre, qui est thématique. Vu la volée de bois vert reçue par Noguères pour sa prétention à parer sa chronique mensuelle du nom d'« histoire », cette appellation semble destinée à désamorcer certaines critiques, tout comme la mention systématique, dans le texte même, de toutes les sources utilisées.

Un autre dispositif, singulier dans l'historiographie communiste, rappelle le précédent de Noguères : la postface, en forme de critique interne, de Robert Vollet, ancien chef de l'Armée Secrète et secrétaire général de l'Association nationale des anciens combattants de la Résistance (ANACR). Elle explique que de « perpétuelles modifications du plan » et des « retards » ont entraîné « l'impossibilité de traiter, dans les limites des cinq volumes, les combats pour la libération et "l'héritage de la Résistance" » mais en rend aussi responsables les « choix de l'auteur » et dénonce les lacunes du livre[105].

De fait, s'il semble que Guérin ait réclamé en vain un sixième tome[106], la forte structure thématique de son ouvrage révèle des choix très différents de ceux de Noguères : la Résistance intérieure de juin 1940 à mai 1945 ne couvre que les trois cinquièmes du livre, le reste étant consacré à ses adversaires : les régimes fascistes (depuis l'avènement de Mussolini) et Vichy, leurs organismes de répression, les collaborateurs français.

Ces choix relèvent d'abord, sans surprise, d'une volonté d'ériger le Parti communiste en acteur principal de la résistance intérieure et cible majeure de la répression qui frappe celle-ci. Consacrer tout le tome 1 (« Victoire du crime ») à l'avant-guerre et à la « drôle de guerre » permet de marquer fortement d'emblée la continuité entre antifascisme et résistance[107] et de relativiser le pacte germano-soviétique et ses conséquences sur le PCF[108].

104. Auquel Michel et Noguères sont signalés comme sympathisants de « l'idéologie sociale-démocrate » (t. 2, 1973, p. 224), Michel étant qualifié d'« historien officiel de la Deuxième Guerre mondiale » (t. 2, p. 118).

105. T. 5, 1976, p. 389. De fait, la réédition récente (Omnibus, 2000) est profondément remaniée.

106. D'après Jacques Varin (intervention orale au colloque le 18 mars 2008).

107. Préfacier du tome 1, Saillant oppose la CGT, qui s'était mise « en état de Résistance » à l'hitlérisme dès 1933 et les « bons patriotes [qui] ne se sentirent, eux, en état de résistance qu'après juin 1940, ou plus tard. Leur contribution à la Résistance, à la vérité, quoique plus tardive [*sic*!], conserve une valeur certaine » (p. VIII-IX).

108. La majeure partie de ce tome 1, consacrée à la montée des fascismes, disparaît dans la réédition de 2000.

Dans le tome 2 (« Une révolte très organisée »), qui traite de la naissance de la Résistance en 1940-1941, Guérin fait certes place à une résistance purement patriotique dont il retrace les antécédents historiques[109] ; mais l'enjeu de ce tome est d'opposer l'éparpillement des groupes non-communistes en métropole[110] à l'annonce de l'émergence de deux pôles, celui des gaullistes qui font allégeance au chef de la France libre, d'une part, et celui du PCF et ses organisations-relais d'autre part[111].

Ces deux pôles, personnifiés par de Gaulle à Londres et Thorez à Moscou, sont détaillés dans le tome 4 (« Le temps des malentendus »). De Gaulle se voit reconnaître le statut de personnalité incontournable, mais éminemment contradictoire dans son comportement[112] et aux moyens d'action limités. La moitié du tome est d'ailleurs consacrée à un troisième lieu, « Alger », qui permet de faire ressortir le peu des poids des FFL face à l'armée d'Afrique et l'obligation pour de Gaulle de recycler des vichystes comme le général Juin[113]. En métropole, de Gaulle et le BCRA n'ont pas beaucoup de prise sur la situation, puisqu'ils connaissent mal « la réalité populaire[114] ». Au contraire, Thorez, qui continue à jouer son rôle dirigeant depuis Moscou[115], et la direction du PCF en France permettent à leur parti d'être le principal pôle de regroupement en métropole en donnant au PCF les directives conformes à la conception léniniste de la liaison avec les masses, du cumul de la lutte armée avec l'action politique et du combat patriotique avec les actions revendicatives[116].

Dans le tome 5 (« Le combat total »), l'auteur brosse un tableau de la Résistance en métropole à la veille de la libération, qui tire les conséquences des postulats posés dans les tomes précédents. Du côté communiste, la justesse de la ligne ayant été définie, il consacre quelques développements aux moyens d'action : les sabotages et les attentats[117], beaucoup moins les manifestations et les grèves[118]. Il s'appesantit surtout sur la supériorité du PCF par rapport aux autres organisations clandestines en termes de sécurité, dans un tableau où n'émergent pour rivaliser avec lui que les professionnels

109. Cf. l'introduction (p. 4-57) : « L'exemple venait de loin ».

110. « Même les plus importants des mouvements resteront nettement plus faibles que les ensembles gaulliste et communiste » (t. 2, p. 326). Par contraste, sur la force du PCF voir aussi t. 2, p. 153 ; t. 4, 1975, p. 164, 186 (citations de Fauvet et Tiersky).

111. Dernier chapitre du tome 2.

112. T. 4, p. 45, 69-70, 77, 88, 108-109. Guérin rappelle l'hommage du PCF, lors du décès du Général, au de Gaulle de la guerre et de la Libération, (p. 95-96).

113. T. 4, p. 301-305. L'Afrique du Nord est le lieu où les classes possédantes manœuvrent pour retourner leur veste (p. 354, 358-369). L'enjeu du chapitre « Alger » est aussi de justifier l'attitude ambiguë du PCF entre de Gaulle et Giraud (p. 326-328).

114. T. 4, p. 85.

115. T. 4, p. 171-176 et 193-194.

116. Guérin se réfère ici explicitement à la conception exprimée dans l'ouvrage collectif de 1967, *Le PCF dans la Résistance* (t. 2, p. 395-396 et t. 4, p. 184, 187, 191-192).

117. P. 273-306.

118. P. 328-333.

du contre-espionnage de l'armée[119]. Du côté gaulliste, les réseaux de renseignement et d'action sont évoqués en quelques pages et considérés comme des instruments de contrôle politique pour de Gaulle, à l'efficacité d'ailleurs douteuse[120]. Les réseaux alliés, notamment britanniques (IS, SOE), qui ne pourraient pas entrer dans le cadre de cette démonstration, sont littéralement escamotés. Ils ne sont présents que dans la partie « mémorial » du livre: le tome 3, consacré aux victimes de la répression – celui, précisément, dont la préface a été confiée au chef d'un de ces réseaux alliés: Marie-Madeleine Fourcade. Leur absence partout ailleurs est une des différences les plus significatives entre Noguères et Guérin.

Le chapitre final « La victoire en chantant » consacre deux pages au STO et aux maquis, cinq à l'unification en métropole, huit à la Libération (centrées sur l'insurrection parisienne et la question de la trêve), six à la réfutation des accusations portées contre le PCF sur sa loyauté à l'égard du gouvernement provisoire, deux à son rôle décisif dans les réformes de l'après-Libération. Outre le saisissant contraste quantitatif avec Noguères (dont les tomes 4 et 5 traitent majoritairement de ces questions), cette accélération n'en révèle pas moins des partis pris, que signale Robert Vollet. En particulier, les maquis ne sont abordés que par un rappel de l'échec des grands maquis conçus par le BCRA, opposés à la tactique de la « goutte de mercure » théorisée par Tillon[121]. En fait, la présence des maquis mettrait à mal la théorie des deux pôles en donnant une place aux mouvements de résistance non-communistes que l'ouvrage leur refuse[122].

La place donnée à ces mouvements n'est en effet pas flatteuse, jusqu'à la conclusion finale qui relève le fait que la plupart des journaux issus de mouvements ou de réseaux, s'étant soumis « aux critères de rentabilité », n'ont guère jugé utile d'informer leurs lecteurs du désenchantement de certains résistants après la libération[123]. Cette dévalorisation se décèle en filigrane tout au long de l'ouvrage, à l'égard des mouvements *en tant qu'organisations*. Chez les moins importants, leur multiplicité et leur recrutement éclectique les rend soupçonnables d'être des lieux de « confusion » idéologique[124]. Chez les grands mouvements, leur faible structuration explique le rôle prépondérant de chefs qui ont tendance à se comporter comme des « grands féodaux », eux-mêmes pétris de contradictions[125]. D'où la propension de certains d'entre eux à freiner l'unité souhaitée par les deux pôles

119. T. 5, p. 166-272 (sur le PC p. 188-192; sur le contre-espionnage p. 247-265).
120. P. 306-328.
121. T. 5, p. 362 et 395 (postface de R. Vollet).
122. Dans la réédition de 2000 chez Omnibus, Guérin a rajouté 150 pages sur les maquis.
123. T. 5, p. 380.
124. T. 2, p. 317.
125. T. 2 p. 337 (Frenay), 338 (d'Astier), 341 (Viannay)

gaulliste et communiste. Le ton est donné dès les préfaces par Saillant[126], Debû-Bridel[127] et Bounin[128] dans leur évocation de Jean Moulin et du CNR, à propos de l'attitude de l'OCM, de Combat, voire des trois grands mouvements de zone sud.

Derrière ces organisations qui ne comptent guère en tant que telles, non plus que la SFIO dont les membres résistants se sont éparpillés dans les mouvements[129], Guérin réserve une meilleure place aux individus qui les composent. Au-delà de la présence d'individus de toute appartenance dans la Résistance, l'auteur précise son ancrage social : « la Résistance puisa l'essentiel de ses forces dans la classe ouvrière, la paysannerie pauvre, des cadres intellectuels ou techniques, des fonctionnaires, des militants sociaux issus de la petite bourgeoisie mais déjà engagés dans un combat politique ou syndical qui les faisait classer "à gauche"[130]. » Cette définition interclassiste figure dans le tome 2, paru en 1973, et n'est évidemment pas sans relation avec le contexte de l'époque : l'union de la gauche est alors à son sommet.

Cependant, la vision la plus extensive des résistants est ailleurs, dans le tome 3 (« Du côté des bourreaux ») dont les cinq chapitres (« le danger », « la torture », « la mort », « la trahison », « la geôle ») développent de façon diffuse une approche anthropologique de la Résistance. Guérin mêle à la description des méthodes des bourreaux une typologie des victimes et de leurs comportements face à ces bourreaux. Certes, ce tome est en partie un mémorial des victimes communistes, qui permet de faire se côtoyer résistants et otages[131], où la plus longue biographie est celle d'Eugen Fried, l'homme de la liaison entre l'Internationale Communiste et le PC avant guerre, tué à Bruxelles pendant la guerre[132]. C'est aussi une sorte d'exutoire permettant d'évoquer les résistants et les organisations non-communistes qui n'ont pas été élevés à la dignité d'acteurs collectifs majeurs dans les autres tomes, en les faisant entrer dans un mémorial des victimes de la répression[133].

Mais la présence de ce mémorial des « martyrs » au cœur d'un ouvrage sur la résistance a un sens : « de cette incessante confrontation des rêves les plus audacieusement novateurs à une réalité soudain devenue fantastiquement sordide et mutilante, oui on voit naître une certaine idée de la Résistance. Certes les sirops de la légende et les caprices de la postérité ont pu par moments estomper et presque voiler cette image. Mais au bout du

126. T. 1, p. X.
127. T. 2, p. XII.
128. T. 4, p. VIII.
129. T. 2, p. 226.
130. T. 2, p. 259-260.
131. T. 3, p. 88 et 107-127.
132. T. 3, 1973, p. 198-205.
133. Parmi les chefs de réseaux ou de mouvements : d'Estienne d'Orves, Cavaillès, Burgard, Scamaroni, Trotobas, Taillandier, Keller (de la source K), Robert Benoist, Wetterwald, Loustaunau-Lacau…

compte ils n'ont pu l'altérer[134]. » C'est la catégorie du *tragique* que Guérin convoque et qui, sous-jacente dans tout le volume, lui permet d'aborder sans fard des réalités communes à tous les résistants : la « peur au ventre[135] », par exemple. Bien plus, convoquant des études de médecins et de psychologues, Guérin ose ausculter les comportements des victimes sous la torture[136]. Et c'est cette approche qui le conduit, par endroits[137], à écorner la mythologie de « l'homme communiste », c'est-à-dire la spécificité supposée des communistes devant la répression : le résistant communiste qui nie sous la torture sans jamais parler[138], qui refuse le suicide parce qu'il prive le Parti d'un combattant[139], ou qui ne joue jamais avec la sécurité[140].

Cette ébauche de vision anthropologique apparaît aussi en d'autres endroits, par exemple au détour d'une réflexion sur les parachutages comme expérience vécue et pas seulement comme technique[141], preuve qu'elle correspond au profil personnel de l'auteur : d'une génération postérieure à la Résistance, poète autant que journaliste (son livre fait d'ailleurs une large place au monde de la littérature et de l'art), sa volonté de retrouver dans la Résistance une expérience singulière et un univers sensible co-existe avec l'approche plus classiquement politique dont il se fait le porte-parole.

En conclusion, la parution de ces deux sommes combine plusieurs logiques. Sur le plan des sources, la publication de témoignages inédits constitue d'abord une concurrence pour le CH2GM par l'occupation d'un terrain qu'il a semblé délaisser. Chez Noguères, elle est d'autant plus vive qu'elle s'accompagne d'une volonté de contribuer, comme le Comité, à jeter les bases d'une histoire future. De ce point de vue, les premiers tomes de son livre sont les précurseurs de la vague de mémoires publiés par de grands responsables de la Résistance intérieure dans les années 70 et l'ont peut-être facilitée : *L'aventure incertaine* de Claude Bourdet, qui les cite abondamment, aurait-il pu prétendre à cette ampleur de vues si le terrain n'avait pas été déblayé ? Cependant, dans ces années 70, les préoccupations s'homogénéisent : alors que les publications du Comité donnent davantage la parole aux témoins eux-mêmes – au prix de quelques tâtonnements et polémiques[142] – Noguères, pour sa part, découvre l'importance des archives privées encore aux mains de ses camarades et en use.

134. T. 3, p. 295.
135. T. 3 p. 31.
136. T. 3, p. 63-74.
137. Même si R. Vollet le met en doute dans sa postface.
138. T. 3, p 40-41.
139. T. 3, p 149-151.
140. T. 5, p 168, 186 et suivantes.
141. T. 5, p 316-318.
142. Cf. les monographies régionales de la collection « La libération de la France » chez Hachette et le grand colloque sur le même thème de 1974.

Une deuxième logique est à l'œuvre, d'ordre politico-mémorielle autant qu'historiographique, et liée à l'engagement des deux auteurs : c'est leur commune préoccupation de contrer la vision « gaulliste » de la résistance intérieure véhiculée par les historiographes de la France libre et que l'apogée de la mémoire gaulliste, après le retour au pouvoir de de Gaulle, a porté à son paroxysme. Elle explique leur volonté d'écrire une histoire globale, pour occuper, là encore, un terrain abandonné par le Comité et dépasser le statut confidentiel de ses publications. Les tensions internes dont les deux entreprises font l'objet montrent la difficulté, à l'époque, de produire un discours œcuménique sur la Résistance intérieure[143]. *A contrario*, la force de l'historiographie gaulliste apparaît évidemment dans son homogénéité, basée sur la personnalité historique du Général, mais aussi par l'utilisation d'archives propres qui l'ont dispensée d'avoir à inventer ses sources.

Troisième logique : celle par laquelle Noguères, l'ancien « socialiste résistant » et chef régional des Mouvements Unis de Résistance, et Guérin, porte-parole de l'historiographie communiste, s'opposent dans leur propre vision de la résistance intérieure. Le premier fait du développement et de l'unification de la Résistance organisée, dans la diversité de ses composantes (mouvements, réseaux, partis, syndicats), le cœur de son projet afin de la construire comme acteur autonome face à de Gaulle. Le second lui substitue un binôme où le chef de la France Libre d'une part, le PCF en métropole d'autre part, constituent les deux seuls pôles organisés, durables, et surtout à vocation unitaire, les autres organisations clandestines étant condamnées par leur particularisme ou leur caractère circonstanciel à n'être, au mieux que des acteurs secondaires, ou au pire des obstacles à l'unité. En revanche, leurs membres sont pris en compte par Guérin à travers une vision de la Résistance comme phénomène interclassiste, mais aussi une ébauche d'anthropologie diffuse « des » Résistants. Ainsi, alors que Noguères, par son accent mis sur l'année 1944 et les combats de la Libération représente, tout comme le Comité au même moment, le premier pic d'une histoire politico-militaire de la Résistance, Guérin laisse transparaître, derrière la rigidité d'une vision très idéologique, une autre histoire possible, qui n'aura droit de cité que dans les décennies suivantes.

143. Voir à ce sujet Laurent Douzou, *La Résistance : une histoire périlleuse*, *op. cit.*

Regard décentré sur l'histoire de la Résistance en France

Jean-Marie GUILLON

C'est sans doute l'une des spécificités de la production historiographique sur la France des années quarante en général et sur la Résistance en particulier que la place qu'y tient de manière continue, mais sous des modalités différentes, la « périphérie » régionale. Cette particularité singularise ce champ au sein d'une historiographie contemporaine qui reflète l'organisation même du pays et reste, pour la période la plus proche, particulièrement centraliste ou, si l'on veut, jacobine. Cette historiographie, en histoire politique en particulier, est formatée dans un rapport très inégal entre un centre et une périphérie dont les logiques propres sont négligées. Que l'on songe, par exemple, à l'absence des cultures politiques régionales, dans les tableaux qui se veulent synthétiques sur les cultures politiques en France[1] ou aux grandes lacunes de l'historiographie en matière d'institutions ou de politiques locales, à commencer par les conseils généraux ou les politiques municipales. En réfléchissant aux modalités d'une histoire comparée, Heinz-Gerhard Haupt pointe la tendance à n'envisager le local en France que par rapport au niveau national, à la différence de la tradition anglo-saxonne qui se livre plus volontiers à des comparaisons entre régions ou entre villes[2]. Dans ce cadre, le cas de la France des années quarante est donc particulier et, en son sein, celui de la Résistance encore plus. Les

1. Je pense notamment aux ouvrages – tout à fait importants – publiés dans la collection « L'Univers historique » au Seuil : *Pour une histoire politique* (sous la direction de R. RÉMOND, 1988), *Pour une histoire culturelle* (sous la direction de J.-P. RIOUX et J.-F. SIRINELLI, 1998), *Les cultures politiques en France* (sous la direction de S. BERSTEIN, 1999), mais on pourrait faire ce constat pour beaucoup d'autres études générales.

2. H.-G. HAUPT, « La lente émergence d'une histoire comparée », *in* Jean BOUTIER et Dominique JULIA (dir.), *Passés recomposés. Champs et chantiers de l'histoire*, Paris, Autrement, 1995, p. 198.

publications de divers ordres, – témoignages, récits, études –, émanant de la province et relevant d'une approche régionale ou locale y tiennent une place considérable jusqu'à aujourd'hui, place qui n'est pas seulement d'ordre quantitatif, mais qui tient aussi, peut-être surtout, à son importance dans la construction du savoir historien sur la Résistance.

Cette particularité n'est pas sans rapport avec le Comité d'histoire de la Deuxième Guerre mondiale (CH2GM), avec sa structure et ses choix, puisqu'il a joué un rôle majeur dans l'élaboration d'une approche historique de la période. Partie prenante de ce regard décentré, cette contribution essaiera de mettre en relief cette particularité et de rappeler les fondements de cette historiographie, qui, même si elle a donné à la périphérie une place centrale, ne nous semble pas périphérique pour autant.

D'une Résistance fondamentalement « fédéraliste »...

En fait, cette historiographie reflète, dans sa construction, la réalité éclatée de la France des années quarante. Si la présence régionale y tient une telle place, c'est précisément par suite de l'émiettement du pays en zones aux statuts divers, qu'aucun pouvoir ne contrôle vraiment dans leur globalité. C'est d'ailleurs pourquoi l'expression « la France de Vichy » peut, selon ses emplois, se révéler fallacieuse lorsqu'elle suppose un « centre » qui est, en fait, relatif, surtout si, comme de nombreux épigones de Robert Paxton, on mésestime le rôle et le poids de l'occupant, voire la diversité des situations d'occupation. Dans le contexte du moment, Vichy n'est pas plus que Paris « le » centre, mais un centre contesté par d'autres et dont l'influence réelle se réduit au fil des mois. Paris n'a plus la position privilégiée, sinon hégémonique, qui était la sienne, avant la guerre. Cet état de choses est très clair en ce qui concerne la Résistance. Celle-ci, dans son extraordinaire diversité (de rythme, de formes, d'enracinement social, d'ancrages politiques), naît dans la dispersion, à partir des villes, et surtout des métropoles régionales autour desquelles elle finit par se structurer, en quelque sorte, « naturellement ». C'est pourquoi la structure de cette Résistance est consubstantiellement « fédéraliste ». Ce fédéralisme renvoie par analogie à l'insurrection qui, en 1793, a canalisé la révolte d'une partie de la province contre la dictature du Comité de salut public. L'une des différences entre les deux moments tient à la question du centre. Il y en a un, excessif, contesté, en 1793, il n'y en a plus en 1940-1944, ou, plus exactement, il y en a plusieurs contre lesquels se porte la révolte résistante, elle-même émiettée et dépendant de plusieurs « centres » régionaux, outre Londres et Alger. Mais les résistants, pas plus que les « fédéralistes » de jadis, n'envisageaient un éclatement de la France. La comparaison vaut surtout pour marquer la place des régions, des villes de province, dans l'histoire de l'une et l'autre de ces révoltes, encore que le fédéralisme de la Résistance puisse renvoyer à l'occasion à une certaine filiation proudhonienne ou au communalisme.

Dans la construction de la Résistance organisée, deux niveaux de réalité sont très vite fondamentaux, le local, réalité de base, et le régional, réalité de commandement. Pour ce dernier échelon nié depuis la Révolution, considéré avec suspicion par les républicains de tradition, la Résistance joue un rôle de révélateur. Elle fait ressurgir une réalité politique forte, tellement forte d'ailleurs que les commissaires régionaux de la République, après les chefs des directoires régionaux clandestins, lui donneront une consistance en termes de pouvoir. Profitons de ce constat d'évidence pour répéter que l'organisation régionale que la Résistance adopte très vite, dès sa naissance en fait, n'est pas un décalque des régions vichystes, mais qu'elle est directement issue du rôle dominant que jouent les villes-centres et leur aire d'influence dans sa mise en place. Cette promotion de l'échelon régional est l'une des ruptures importantes de la Libération.

Par ailleurs, dans une représentation globale et dynamique du développement institutionnel de la Résistance organisée (non communiste), on peut analyser son évolution spatiale comme une reconquête du centre, ou la reconstruction d'un centre, à partir de la périphérie. Dans ce processus, on sait que les mouvements de zone Sud et la Délégation jouent un rôle essentiel. Ces mouvements naissent, entre autres lieux, sur les bords de la Méditerranée entre Montpellier et Nice, avec, comme point central, Marseille, puis ils installent leurs états-majors à Lyon où Jean Moulin vient les rejoindre, avant de « remonter » installer les institutions clandestines centrales à Paris en 1943, après l'Occupation totale du pays, avec notamment la création du CNR, celle du comité central des mouvements de Résistance et la fusion de divers mouvements dans le MLN. En somme, la Résistance instituée effectue le chemin inverse de l'exode, que beaucoup de ceux qui en sont devenus les chefs ont suivi en 1940. La Résistance s'intègre dans une sorte de mouvement de flux et de reflux qui est, à mon sens, l'une de ses grandes « respirations[3] ».

Cependant, ce recentrement, politique, institutionnel (des institutions de la clandestinité) est, dans un même temps, fragilisé par un autre processus, centrifuge, avec la diffusion des maquis, la multiplication des réseaux, la « décentralisation » (départementale, celle-ci) de la Résistance avec ses comités de libération, et, plus encore, avec la fragmentation du pays par suite des difficultés de communication. Comme il a été souvent écrit, et à juste titre, la France de la Libération est atomisée en entités territoriales plus ou moins

3. Je me permets de renvoyer sur ce point à ma contribution « Jean Moulin et la Résistance de zone Sud », *Histoire et Défense. Les cahiers de Montpellier,* hors série 2001, « Jean Moulin enfant du Languedoc et de la Provence », actes du colloque du 22 mai 1999, p. 33-51.

autocentrées[4]. Et c'est bien à cette reconquête des régions que le pouvoir central, réinvesti par la Résistance, restauré avec le Gouvernement provisoire de la République française et son chef, doit se consacrer en septembre 1944, alors que, dans le Sud-Est, autour des Comités départementaux de libération (CDL), un mouvement vraiment « fédéraliste » paraît se dessiner.

Ainsi donc, entre 1940 et 1944, aux divers moments de son histoire, le fait périphérique est essentiel dans la structuration de la Résistance. C'est de là que viennent les principales inflexions. Il y a donc une certaine logique à ce que la construction de l'histoire de cette Résistance soit marquée par cette réalité.

… à une mise en récit « girondine »

Laurent Douzou a bien montré[5] que l'histoire de la Résistance commence à s'élaborer avant même la Libération. Mais dès celle-ci accomplie, fleurissent quantité de récits locaux dans la presse, sous forme de brochures et, rapidement, d'ouvrages. Nous ne retracerons pas ici les étapes suivies par l'écriture de cette histoire, marquée par une production considérable. Cette étude a été faite sur un plan général. Cependant, en dépit de ces travaux, la représentation dominante, pour ne pas dire la vulgate, a tendance à considérer, dans une représentation, pour le coup, tout à fait classiquement jacobine, que cette production peut être englobée toute entière sous la rubrique de « mémoires » de la Résistance, homogènes et nationales, la communiste et la gaulliste. Or, cette représentation est trop schématique pour satisfaire. Elle surévalue le poids de la « mémoire » gaulliste en confondant, notamment, le discours politique et le récit historique. Surtout, elle oublie les autres « mémoires », certainement moins cohérentes et plus diverses dans leurs expressions. Elle méconnaît celle des mouvements, qui, s'ils se sont ralliés à la France libre, s'ils sont devenus gaullistes pendant la guerre et s'ils s'opposent aux communistes, avec les gaullistes, après guerre, portent une « mémoire » spécifique. Elle néglige celle, toute militaire, des combats de la Libération. Elle ignore, a fortiori, les « mémoires » régionales ou locales, qui peuvent avoir leurs propres références et suivent, le plus souvent, leur propre rythme.

Or, dans la production historiographique, qui est d'emblée alimentée par les récits (des combats de la libération, des maquis, des tragédies, etc.) et par les témoignages, s'élabore un véritable genre littéraire – le récit de Résistance –, avec ses codes, ses modèles, ses références (alors que, paradoxalement, la Résistance nourrit peu de fictions). Cette production, pléthorique – difficile à appréhender car, aux ouvrages, devrait s'ajouter

4. Voir P. BUTON et J.-M. GUILLON (dir.), *Les pouvoirs en France à la Libération*, Paris, Belin, 1994.
5. *La Résistance, une histoire périlleuse. Essai d'historiographie*, Paris, Le Seuil, Points Histoire, 2005.

l'ensemble des autres textes diffusés – mériterait de trouver ses analystes. Il est à remarquer qu'elle n'a donné lieu à aucune réflexion générale, ni sur le moment, ni après, à peine a-t-elle suscité quelques descriptions, comme celles que l'on trouve dans les bibliographies d'Henri Michel, sur lesquelles on reviendra, mais dont on remarquera qu'elles émanent d'un autre venu de cette périphérie régionale. Or le matériau ainsi collecté est d'une richesse considérable, tant en histoire factuelle, qu'en histoire culturelle – celle des représentations par exemple – ou sociale. Ajoutons que ce type de productions ne s'est jamais vraiment tari et marque à la fois la première étape de l'élaboration historiographico-mémorielle, mais aussi une sorte de sous-ensemble historiographique dont l'importance, jusqu'à nos jours, ne doit pas être sous-estimé, tant du point de vue de la mémoire que de l'histoire.

Cette production ne répond à aucune impulsion « politique » nationale. Elle est d'abord d'initiative locale, souvent politique ou associative, et elle va très largement le rester. Par la suite, le CH2GM va l'encourager dans une certaine mesure, ou la conforter en intégrant certains auteurs (et acteurs) parmi ses correspondants départementaux et en suscitant des témoignages, qui, les uns et les autres, vont alimenter jusqu'aux années soixante-dix une partie de ce flux de publications.

Entre le centre et ses marges, le Comité d'histoire de la Deuxième Guerre mondiale

Cependant cette production historique met du temps à être pleinement intégrée par le CH2GM. Il est vrai – et ceci pour couper court là encore à une représentation fausse d'un CH2GM qui aurait privilégié l'histoire de la Résistance (sous-entendu : le légendaire résistant, l'histoire flatteuse de la France héroïque, en négligeant la face sombre) –, que l'on est frappé en listant ses publications par la place assez réduite que la Résistance y tient. En fait, de sa création à la fin des années 1970, la *Revue d'histoire de la Deuxième Guerre mondiale* (*RH2GM*) ne lui consacre que 7 numéros sur près de 80[6]. Comment, par ailleurs, ne pas noter la longue absence de travaux d'histoire régionale, ce qui est en complète discordance avec le travail effectué par le réseau des correspondants départementaux dans le même temps ?

Le seul numéro de la *RH2GM* consacré à une résistance territorialisée est celui d'avril 1958 qui porte sur la zone occupée. Dans la préface, Henri Michel tient à rassurer les « anciens résistants, qui pourraient croire parfois que leur action est considérée comme ayant été inutile et ne vaut pas la

6. Le premier numéro consacré à la Résistance date d'avril 1958 (voir ci après), les suivants sont le n° 35 juillet 1959 « Sur la Résistance française » et le n° 47 juillet 1962 « Aspects de la Résistance française ».

peine d'être étudiée dans cette Revue[7] ». Il entend ici témoigner du travail du Comité et, en même temps, en insistant sur l'article fondamental de Germaine Tillion sur les débuts de la Résistance en zone nord, montrer le type de travaux qui mérite à ses yeux d'être publié. Pour faire taire les critiques, il renvoie aussi aux volumes de la collection « Esprit de la Résistance » qu'il dirige. On remarquera cependant que le seul ouvrage qu'elle publie sur la Résistance en province est celui de Madeleine Baudoin[8], qui relève autant du témoignage que de l'analyse historienne, bien qu'il s'agisse à l'origine d'une thèse d'université[9]. Cette collection avait pour vocation la publication de travaux universitaires, mais l'Université (qui, à cette époque, sur le plan des thèses, se réduit pratiquement à la seule Sorbonne) considère qu'il est trop tôt pour traiter de cette question. De là, la quasi-absence de thèses d'histoire, notamment régionale, sur le sujet[10]. Les grandes revues d'histoire du moment – *Revue historique*, *Revue d'histoire moderne et contemporaine*, *Le mouvement social*, etc. – reflètent aussi ce désintérêt (ou cette méfiance) pour la période de la guerre, comme pour l'histoire régionale très contemporaine. Cette remarque vaut tout autant pour les principales revues d'histoire régionale, dont la prudence a toujours été de mise en matière d'histoire proche. À notre connaissance, la première de ces revues à avoir consacré un numéro aux années de guerre est la *Revue du Nord* en 1969[11]. *Provence Historique* n'y viendra qu'à la fin des années 1970 et les *Annales du Midi* seulement en 1992, grâce à Pierre Laborie.

À noter cependant que, même si elle ne consacre aucun article aux années quarante, la *Revue historique* fait une place aux activités du CH2GM[12]. Henri Michel y intervient à trois reprises, en 1959 pour présenter la « chro-

7. *RH2GM* n° 30, avril 1958 « Sur la Résistance en zone nord », préface, p. 1.
8. M. Baudoin, *Histoire des Groupes Francs (M.U.R.) des Bouches-du-Rhône de septembre 1943 à la Libération*, Paris, PUF, coll. « Esprit de la Résistance », 1962.
9. Soutenue à la faculté des lettres de Caen en février 1959. H. Michel en rend compte dans le n° 39 de la *RH2GM*, juillet 1960. Il en profite pour « féliciter la Faculté des Lettres de Caen d'avoir rompu délibérément avec une tradition en la matière périmée, et souhaiter que d'autres doyens suivent l'exemple donné par M. de Bouard », qui a dirigé le travail. La « tradition périmée », c'est celle qui prévaut en Sorbonne en Histoire, rétive à l'utilisation des témoignages et à l'enquête orale (qui fondent le travail de M. Baudoin, comme il vient de le signaler). H. Michel avait déjà critiqué publiquement cette « tradition » dans son rapport général à la 1re conférence internationale de Liège en septembre 1958 (*European Resistance Movements 1939-1945*, Londres, Pergamon Press, 1960, p. 51).
10. À l'exception du DES de Robert Fareng sur l'Ariège, que le doyen Godechot avait accepté de patronner dès 1946 (il débouchera sur une thèse soutenue en 1984) et d'un autre DES sur la Résistance dans les Côtes-du-Nord peu après (par M. Ancelin). La thèse de René Hostache sur *Le CNR et les institutions de la Résistance* (qui donne lieu à publication dans la collection « Esprit de la Résistance » en 1958) est une thèse de Droit. Fareng et Hostache – un Aixois – ont participé à la Résistance, tout comme H. Michel qui devra attendre 1962 pour pouvoir soutenir la première thèse d'État en histoire de la Résistance (elle donnera lieu au volume sur *Les Courants de pensée de la Résistance* dans la même collection en 1963).
11. N° 203.
12. Au cours du colloque, Antoine Prost nous a fait remarquer que le « patron » de la revue n'était autre que Pierre Renouvin, dont nous disions, par ailleurs, les réticences qu'il avait à faire travailler sur cette période et à utiliser les témoignages, aux dires d'H. Michel.

nologie de la Résistance » qu'il vient de lancer, en 1965 pour évoquer le travail du Comité (dans le cadre des présentations de centres de recherches que fait régulièrement la revue) et en 1971, pour apporter un complément à sa bibliographie de la Résistance[13].

On peut donc faire les constats suivants, durant cette longue période qui s'étend de la Libération aux années 1960 : tout d'abord, l'histoire de la France dans la guerre en général, de la Résistance en particulier, se fait dans une sorte de ghetto par rapport aux courants historiographiques du moment et aux recherches universitaires. En ce qui concerne l'histoire de la Résistance, il y a là une sorte de « mystère » qui tourne en particulier autour de Lucien Febvre et de la place qu'il assigne à cette histoire. Plus largement, tout se passe comme si les universitaires, de Febvre à Renouvin, considéraient – pour la défendre ou pour s'en méfier – qu'elle relevait naturellement davantage de la mémoire civique que du champ historique. Le décrochage va s'accentuer au fil des années et devenir particulièrement sensible à partir du moment où émerge la « nouvelle histoire ». Ensuite, témoignages et récits forment le socle d'une historiographie très largement régionalisée de la Résistance ou de la Libération, qui se développe de façon autonome, mais de plus en plus en liaison avec le CH2GM et ses représentants locaux (qui ont parfois été recrutés parmi les acteurs de cette histoire). Il n'en reste pas moins qu'il s'agit d'« histoires », plus que d'histoire et, même lorsque les premiers historiques quelque peu distanciés sont publiés, ils restent souvent refermés sur le petit territoire local.

Par ailleurs, au sein du CH2GM, il existe un écart entre le travail de terrain des correspondants (collecte de témoignages, contacts avec les associations et les institutions, participation à des activités commémoratives, enquêtes, etc.) et les activités « centrales » du comité[14]. Les premiers débouchés tangibles des enquêtes départementales, ce sont, à partir des années soixante, les cartes dites « de l'action » et « de la souffrance » qui entendent représenter, la première, les actions de la Résistance, l'autre, les lieux de la répression (avec chiffrage). Ce type de travail, bien que précieux, repose sur une base méthodologique fragile et selon une conception des « faits » très réductrice. Le travail des chercheurs est envisagé comme une sorte de puzzle dont ces « faits » seraient les pièces qui devraient permettre de reconstituer un tableau « à peu près exact » des événements[15]. L'illustration et, il faut bien le dire, les errements de cette méthode sont fournis par la « chronologie de la Résistance », lancée en 1959, à laquelle tous les corres-

13. T. CCXXIV, juillet-septembre 1960, « Pour une chronologie de la Résistance », p. 111-122, t. CCXXXIII, janvier-mars 1965, « Le Comité d'Histoire de la Deuxième Guerre mondiale », p. 127-138, et n° 498, avril-juin 1971, « Histoire de la Résistance française » p. 483-498.

14. À noter qu'H. Michel se consacre exclusivement aux activités « centrales » du Comité et n'encourage pas spécialement le travail sur la Résistance en Provence, dont, pourtant, il avait été l'un des acteurs.

15. H. MICHEL, *Bibliographie…*, *op. cit.*, p. 7.

pondants vont se consacrer en collectant le maximum de ces faits tant dans les archives que dans les témoignages, en les datant plus ou moins précisément, en rédigeant des milliers de fiches de couleurs différentes selon la nature de l'action recensée. Ce travail aboutira à une impasse à cause de cette manière d'envisager la Résistance, des interprétations très variables d'un lieu à un autre qui sont données à la notion de « faits de Résistance », de la nature des sources disponibles ou mobilisées par des correspondants qui, au demeurant, n'ont pas tous les mêmes compétences, le même esprit critique ou la même expérience. D'où un énorme fichier resté heureusement inutilisé, car inutilisable[16].

Autrement dit, autour du CH2GM, l'histoire de la Résistance qui se fait, tant à la base, dans les départements, qu'au centre, n'est pas irriguée par les nouveaux courants historiographiques. Elle reste sur des problématiques et des méthodes datées. Mais, en même temps, elle fait preuve d'audace et, si l'on veut de modernité, en prônant le travail collectif, le recours aux témoignages de façon systématique et en n'hésitant pas à se colleter avec une histoire « chaude », conflictuelle, perçue dans le monde de la recherche avec réticence. La présentation du Comité que fait Henri Michel dans la *Revue historique* en 1965 est très claire. L'essentiel du texte porte sur les activités « centrales » du Comité, mais il considère cependant que « l'enquête sur la Résistance est peut-être la partie la plus neuve » de son œuvre[17]. Cette enquête orale, qui a porté sur « au moins 2000 témoins » de toutes conditions, a été « entreprise depuis 15 ans », « dans toute la France – il le souligne – par une centaine d'enquêteurs tant parisiens que provinciaux », dont « l'originalité est qu'ils aient coopéré selon des méthodes identiques, en équipe » sous sa direction[18].

Le cadre de ce travail est national, mais, dans sa réalisation, c'est d'une histoire d'« en bas » dont il s'agit. Le travail de documentation ainsi fourni par les correspondants est inappréciable, par-delà les limites des méthodes d'enquête, notamment orale, utilisées[19]. De nombreuses tentatives de synthèse locale, outre les cartes, en sont issues et la fréquente modestie de leur dimension et de leurs ambitions ne doit pas cacher qu'il s'agit souvent des premiers essais de véritable travail d'histoire. Les correspondants jouent aussi un rôle important dans la diffusion des connaissances et la mise en

16. C'est évidemment quelque chose qu'H. Michel n'admettra pas. Voir le bilan du Comité qu'il donne à la *RH2GM* n° 124, 1981, où il regrette que ce fichier ne soit pas informatisé (p. 9).
17. « Le Comité d'Histoire... », *op. cit.*, p. 131.
18. *Ibid.*, p. 132.
19. L'article de 1965 est significatif de conceptions qui n'ont pas bougé et qui paraissent aujourd'hui sans doute plus obsolètes qu'elles pouvaient paraître alors : la collecte de documentation est comparée à un puzzle, l'enquête orale vise à établir « un microcosme exact » de la Résistance, et les contemporains « à condition qu'ils aient été aussi des acteurs ou des témoins bien placés, peuvent seuls, en premier lieu... relater » les divers aspects d'une période aussi originale car « "le recul" risque de déformer la vue, au lieu de la corriger » (*op. cit.*, p. 131, 132 et 138).

place d'une histoire locale de la Résistance, échappant à un cadre national contraignant (car méconnu ou mal maîtrisé). Ils constituent de plus un vivier de chercheurs dont les travaux commencent à porter leurs fruits universitaires dans la deuxième moitié des années soixante.

L'émergence d'une histoire régionalisée

L'inflexion se marque d'abord dans un changement sensible dans le recrutement des chercheurs, mais il faut attendre leurs premières publications pour qu'elle se révèle avec vigueur.

C'est pourquoi les années soixante, sur le plan de l'historiographie régionale, paraissent se situer dans la continuité. Les seuls numéros de la *RH2GM* faisant quelque place à la Résistance d'« en bas » sont ceux de 1963 et 1964 sur les maquis[20], mais, même sur cette question, Henri Michel fait un constat de lacunes dans les analyses historiographiques qu'il donne, tant en 1964 qu'en 1971. Il remarque dans la *Bibliographie critique de la Résistance* de 1964 que le centre du pouvoir clandestin est mieux connu que la province, alors que « la Résistance ne peut être saisie dans toute sa variété que par des études d'histoire régionale et locale[21] ». La plupart des publications qu'il a recensées ne concernent que les maquis (Alpes, avec le Vercors comme abcès de fixation polémique, Massif central, Ouest), la Libération (Normandie, Corse), ou les souffrances causées par l'Occupation (Alsace et « zones interdites » en particulier). L'histoire des combats et des drames continue de dominer. Seuls quelques départements donnent lieu à des travaux plus généraux, notamment l'Eure avec l'étude pionnière de Marcel Baudot[22].

Certes, le Catalan Henri Noguères, dans sa chronique[23], a commencé à faire une large place aux régions et à dresser, par là, un tableau extrêmement diversifié des situations, mais, en s'appuyant principalement sur les témoignages, il se place dans la continuité d'une histoire-mémoire qui a pris son envolée à la Libération et dont le CH2GM a su partiellement se défaire. C'est ce que, dans son bilan historiographique de 1971, reproche Henri Michel à ce « récit très minuté… fondé sur des témoignages recueillis aujourd'hui, confrontés parfois à des publications antérieures, mais rarement critiqués[24] ». En 1971, il revient en effet sur la question pour regretter à nouveau la rareté des études régionales sérieuses. Même

20. *RH2GM* n° 49, janvier 1963 et n° 55, juillet 1964, « Les maquis dans la libération de la France ».
21. Paris, Institut pédagogique national, 1964, p. 136. Cette bibliographie a été précédée d'un premier tour d'horizon portant sur les maquis dans le numéro 49 de la *RH2GM* cité ci-dessus.
22. *L'opinion publique sous l'occupation*, Paris, PUF, coll. « Esprit de la Résistance », 1960.
23. *Histoire de la Résistance française*, Paris, Robert Laffont, 5 volumes publiés entre 1967 et 1976.
24. « Histoire de la Résistance française », *Revue historique* n° 498, avril-juin 1971, p. 489.

si le panorama s'est enrichi, les lacunes qu'il relève restent considérables[25]. Ce complément bibliographique entend d'ailleurs susciter ou faciliter « des monographies (de région ou de groupement) indispensables en l'état de la recherche actuelle[26] ». Cet encouragement à entreprendre des travaux d'histoire universitaire en régions, Henri Michel et le CH2GM le donnent aux correspondants qui se lancent dans une validation académique de leur recherche. Il cite d'ailleurs les premiers de ces travaux, celui de Gérard Bouladou sur l'Hérault, soutenu en 1965[27], et ceux de Jean-Louis Panicacci et de Joseph Girard sur les Alpes-Maritimes[28]. Cette évolution est permise par le renouvellement de la première vague des correspondants, celle qui avait été recrutée au lendemain de la guerre et qui était composée d'anciens résistants, appartenant souvent au monde enseignant et, notamment, à celui des instituteurs.

Ce renouvellement s'effectue à partir de la deuxième moitié des années soixante avec le recrutement d'enseignants du secondaire, mieux formés à la discipline historique, mais nés pendant ou après la guerre. Il s'accélère évidemment dans la décennie suivante, ce qui prouve qu'Henri Michel, en dépit de ses préventions de départ, sait ouvrir le comité à une génération dont, lui et ses pairs – Lucien Febvre –, s'inquiétaient de la manière dont elle aborderait la période en général et la Résistance en particulier. La préface qu'Henri Michel donne en 1985 à *La Résistance dans le Jura* est très révélatrice. Cet ouvrage illustre le passage du relais entre les deux générations de correspondants puisqu'il est signé par François Marcot et Angèle Baud. Celle-ci a vécu la guerre et est issue d'une famille de résistants. Son jeune collègue, dont Henri Michel ne manque pas de relever que la famille a elle aussi participé à la Résistance, appartient à la génération d'après, celle « qui a suivi la guerre, celle qui a toujours tendance à observer et à juger, d'un œil critique, le comportement de ses aînés », écrit Henri Michel et il poursuit ainsi : « Le regard qu'il porte sur les événements n'est pas plus froid pour autant [...], mais il a pris avec eux plus de distance ; ne les ayant pas vécus, il peut plus aisément faire le départ dans la complexité touffue de la période, de ce qui est effectivement ressenti, avec ce que l'intelligence discerne comme étant, objectivement, important[29]. » Cette remarque ne relève pas seulement de la sympathie qu'il éprouve pour le jeune historien. Elle traduit une inflexion certaine par rapport aux préventions que nous

25. *Ibid.*, p. 496 et suiv.

26. *Ibid.*, note 1, p. 483.

27. G. Bouladou, thèse de 3e cycle *Contribution à l'histoire de la Résistance dans l'Hérault*, Montpellier, 1965 et thèse d'État en cours sur *Les maquis du Massif central méridional 1943-1944*, qui sera soutenue à Montpellier en 1974.

28. J.-L. Panicacci, *Nice de l'occupation italienne à la fin de la guerre, 11 novembre 1942-1er septembre 1945*, thèse de 3e cycle, Nice, 1970 et J. Girard, *La Résistance des Alpes-Maritimes*, thèse 3e cycle, Nice, 1973.

29. *La Résistance dans le Jura*, Besançon, Cêtre, 1985, p. 8.

avions relevées, même si le regard critique de cette génération qui est passée par 1968 l'inquiète sans doute un peu. Il prend acte en particulier de la meilleure formation de ces historiens, qui, par conséquent, pourront mieux discerner l'essentiel de l'accessoire. Sans doute les travaux que cette génération d'historiens a commencé à livrer l'ont-ils convaincu, d'autant qu'ils démontrent la justesse et le succès du combat qu'il a mené pour que l'Université s'ouvre aux études sur cette période.

En effet, lorsqu'il écrit cette préface, voici dix ans que les recherches régionales sur la Résistance, entreprises sous l'égide du CH2GM, donnent lieu à des publications qui vont au-delà des résultats d'enquête bruts publiés par le *Bulletin* du Comité, même si celui-ci reste cependant le principal débouché de ces travaux. C'est alors que la *RH2GM* devient l'un des relais de cet investissement, en publiant, depuis 1972, des articles rédigés par des correspondants[30]. À partir de 1977, une série de numéros porte spécifiquement sur une région. Commencée avec la Lorraine et le Languedoc « pendant la guerre[31] », elle se prolonge jusqu'en 1984 avec le n° 135 « Collaboration et Résistance dans le Nord-Pas-de-Calais », après avoir abordé la Provence, la Bretagne, la Bourgogne, la région lyonnaise, les Alpes et le Midi toulousain. Parallèlement, le CH2GM lance, à l'occasion du trentième anniversaire de la Libération, une collection chez Hachette, « La libération de la France », qui régionalise la Libération, – ce qui marque un changement notable –, et qui mêle témoignages d'acteurs majeurs et travaux d'historiens, dont plusieurs correspondants[32].

Il est vrai que ces années soixante-dix (ou, plutôt, post-68) sont des années de bouillonnement en divers domaines, politiques et idéologiques, culturels et médiatiques, qui rejaillissent sur les représentations et l'historiographie de la période et de la Résistance. La vogue est à l'histoire d'« en bas », aux sources orales et aux témoignages. Elle est aussi au local et, débat sur la décentralisation aidant, au régional. Elle connaît un intérêt renouvelé et socialement partagé pour l'histoire de la guerre, de l'Occupation, et, plus encore, pour celle de Vichy. Ces tendances incitent des éditeurs périphériques à créer des collections d'histoire locale, histoire de régions ou de villes (Privat à Toulouse notamment). Certaines sont centrées sur la période de la guerre. Ouest-France commence en 1979 sa série sur « Les villes sous l'Occupation » avec Rennes. Le groupe bruxellois SODIM a lancé peu avant, en 1977, une collection départementale où la place de la

30. Le premier est le n° 85, janvier 1972, « Aspects de la Résistance française » avec des articles départementaux sur l'opinion (G. Combes), les FFI (J. Girard), un réseau (R. Huguen), et les partis politiques (P. Laborie).
31. N° 105, 1977 et n° 112, 1978.
32. Collection « La libération de la France », où l'on note plusieurs correspondants parmi les auteurs, dont R. Bourderon (Languedoc méditerranéen), É. Dejonghe et D. Laurent (Nord et Pas-de-Calais), Y. Durand et R. Vivier (Pays de Loire).

photographie est prépondérante. Dans la même optique, Horvath diffuse, entre autres séries départementales, une collection « La vie quotidienne sous l'Occupation », qui est, elle aussi, largement illustrée et qui comptera 31 titres en 1990. Dans ces collections, le médiocre côtoie le meilleur, qui est le plus souvent le fait de correspondants départementaux du Comité. Chez Horvath, la série est ouverte en 1983 par Yves Durand et le Loiret, et poursuivie, avec, entre autres, Roger Picard (Vienne), Michel Roche (Aube), Michel Chaumet (Deux-Sèvres), Jacqueline Sainclivier (Ille-et-Vilaine), Armand Cosson (Gard).

Parallèlement, l'histoire de la Résistance est en mouvement. Elle bénéficie d'un sursaut mémoriel remarquable. Bien que la collection « Esprit de la Résistance » se soit achevée en 1968 avec le tableau de Daniel Mayer sur les socialistes[33], ces années sont marquées par l'édition des mémoires d'acteurs de premier plan (Marie-Madeleine Fourcade, Claude Bourdet, Charles d'Aragon, Henri Frenay, Paul Paillole[34], etc.), qui, souvent, soulignent l'aspect « périphérique » de tout ou partie de leur aventure : Bourdet pour ses débuts sur la Côte d'Azur, d'Aragon qui pérégrine de la région lyonnaise au Tarn et qui s'interroge, sous l'influence du régionalisme renaissant, sur les ancrages culturels régionaux de la Résistance, Alban Vistel qui fait véritablement œuvre d'historien de la Résistance en R1 en même temps que de témoin[35], etc. Mais ces « grands » témoins ne doivent pas masquer la parution de souvenirs d'acteurs un peu moins connus, mais dont l'intérêt n'est pas moindre pour comprendre la Résistance en tant que phénomène global, et qui, parfois, vont au-delà de l'histoire-récit (ainsi Henri Cordesse en Lozère)[36]. Par ailleurs, c'est le début d'un investissement universitaire d'envergure avec la soutenance ou la publication d'une série de travaux ou de thèses (qui ont souvent été précédées de mémoires de maîtrise) qui amorcent l'entrée de l'histoire de la Résistance dans le champ de la recherche reconnue.

Dans presque tous les cas, le rôle du CH2GM a été déterminant. Certains de ces travaux prolongent les premières études de mouvements clandestins faites dans le cadre de la collection « Esprit de la Résistance » (Franc-Tireur, Témoignage chrétien, etc.) ou renouvellent l'analyse des courants politiques (le parti communiste, les socialistes), tandis que d'autres,

---

33. *Les socialistes dans la Résistance*, Paris, PUF, 1968.

34. M.-M. FOURCADE, *L'Arche de Noé*, Paris, Fayard, 1968 ; H. FRENAY, *La nuit finira. Mémoires de Résistance 1940-1945*, Paris, Robert Laffont, 1973 ; C. BOURDET, *L'aventure incertaine*, Paris, Stock, 1975 ; P. PAILLOLE, *Services spéciaux (1935-1945)*, Paris, Robert Laffont, 1975 ; C. D'ARAGON, *La Résistance sans héroïsme*, Paris, Le Seuil, 1977.

35. *La nuit sans ombre*, Paris, Fayard, 1970.

36. H. CORDESSE, instituteur, résistant et préfet de la Libération, a été le correspondant départemental du CH2GM. Il fait paraître en 1974, une *Histoire de la Résistance en Lozère* (Montpellier, 298 p.), et, en 1977, une histoire de la Libération 1944-1945 (Montpellier, 241 p.), qui vont au-delà du témoignage. Mais nous pourrions citer nombre d'autres exemples de ce type.

qui ne sont pas les moindres s'enracinent profondément dans des lieux et des milieux particuliers, notamment régionaux. Alors qu'Yves Durand fait paraître son remarquable *Vichy 1940-1944*, qui est la première étude du régime largement fondée sur une expérience d'histoire locale (celle qu'il a acquise en travaillant sur le Loiret[37]), Charles-Louis Foulon soutient sa thèse sur les commissaires régionaux de la République, qui attire l'attention sur un pouvoir régional bien oublié[38]. Quand Harry Roderick Kedward se penche sur la naissance de la Résistance en zone sud[39] et que John Sweets étudie les MUR, Jacqueline Sainclivier, Monique Luirard, Pierre Laborie analysent, la première, la Résistance en Haute-Bretagne, la deuxième, l'évolution de la région stéphanoise, et le troisième, les comportements dans le Lot[40]. Au même moment, les colloques sur les Églises et les chrétiens pendant la guerre ouvrent la voie à l'étude de la Résistance que l'on désignera plus tard comme « de sauvetage » en commençant par s'intéresser à deux régions, le Nord et la région lyonnaise, avant de se conclure par une perspective nationale[41].

Nouvelles problématiques. Sortir de la France « sous » Vichy

Le grand changement vient, comme on l'a dit, de l'entrée en lice d'une autre génération d'historiens, ouverts aux problématiques historiques neuves, les mentalités et les représentations, l'anthropologie ou la sociologie historiques, les sources orales, l'analyse sociale ou culturelle du politique. Maîtrisant parfois des outils et des méthodes de pointe grâce à l'informatique, sensibles au croisement des temporalités, ils entendent faire sortir cette histoire de son ghetto et ne se reconnaissent plus forcément dans les enquêtes du CH2GM, qui se trouvent en déphasage tant avec l'histoire en marche qu'avec les interrogations publiques du moment, alors que les « années noires » reviennent dans les préoccupations premières de la

37. Paris, Bordas connaissance, 1972.
38. *Le pouvoir en province à la Libération*, Paris, A. Colin et Presses de la FNSP, 1975.
39. H. R. KEDWARD, *Resistance in Vichy France*, 1978, Oxford University Press, (trad. française *Naissance de la Résistance dans la France de Vichy*, Paris, Champ Vallon, 1989). J. SWEETS, *The Politics of Resistance in France 1940-1944 : a History of the « Mouvements unis de la Résistance »*, Northern Illinois University Press. L'un et l'autre prolongeront leurs travaux avec toujours un très grand retard de la traduction française : *In Search of the Maquis : Rural Resistance in Southern France 1942-1944*, Clarendon Press, 1993 (trad. *À la recherche du maquis*, Paris, Éditions du Cerf, 1999) et *Choices in Vichy France : the French under Nazi Occupation*, Oxford University Press, 1986 (traduit en français dix ans après : *Clermont-Ferrand à l'heure allemande*, Paris, Plon).
40. Soutenue en 1978, la thèse de J. SAINCLIVIER sera publiée en 1993 sous le titre *La résistance en Ille-et-Vilaine 1940-1944* (Rennes, Presses universitaires de Rennes). Celles de M. LUIRARD et de P. LABORIE sont vite éditées (*La région stéphanoise dans la guerre et dans la paix 1936-1951*, Le Puy, Centre d'études foréziennes, 1980, et *Résistants, vichyssois et autres. L'évolution de l'opinion et des comportements dans le Lot de 1939 à 1945*, Paris, Éd. du CNRS, *1980*).
41. Les colloques ont eu lieu à Grenoble (1976), Lille (1977), Lyon (1978). Ils sont publiés dans le *Revue du Nord* en 1978 et par les Presses universitaires de Lyon en 1982.

mémoire collective et des polémiques médiatiques. Ils n'en restent pas moins fidèles à une institution qui leur a donné la possibilité de travailler en leur ouvrant des archives fermées au public[42] et qui leur a permis de confronter leur travail à d'autres.

La plupart d'entre eux vont participer à la mue du Comité et à la création du nouvel Institut d'histoire du temps présent (IHTP) en 1980, d'autant plus volontiers que celui-ci entend bien, non seulement conserver, mais encore développer le réseau des correspondants et tenir compte de la diversité des situations régionales. Plus ouvert aux débats du moment, scientifiques et sociaux, l'IHTP conserve le système des enquêtes étendues à tout le pays, que viennent conclure une série de grandes rencontres, nationales ou internationales, mêlant historiens et témoins, et faisant en général une place aux « variables régionales », y compris sur des sujets comme « le Parti communiste des années troubles (1938-1941) », qui pouvait, à tort, paraître se passer de ce questionnement[43]. Cette approche, qui sera poursuivie jusque dans la décennie 1990[44], est relayée par des initiatives complémentaires ou parallèles prises dans le cadre universitaire, notamment autour du 40e anniversaire de la Libération[45].

Entre 1980 et 1990, de nombreux ouvrages ou de nouveaux travaux universitaires viennent en quelque sorte parachever l'œuvre commencée avec le CH2GM en matière d'histoire de la Résistance. La diversité de ses expressions est approfondie, par des publications qui portent tant sur des catégories particulières (étrangers, juifs, femmes en particulier) que sur des régions (Bretagne, Sud-Ouest, Franche-Comté, Provence, Massif central, etc.). Tous ces travaux n'échappent pas à une conception militante de l'histoire, surtout lorsqu'il s'agit de groupes qui se projettent comme « oubliés » et qui ont une cause à défendre. Mais les réflexions sur la mémoire collective, dans lesquelles l'IHTP est profondément engagé, aident à prendre les distances nécessaires à un travail qui relève désormais de l'histoire-problème. Du ou des centres, des organisations et de leurs chefs, du factuel et de l'organisationnel, l'étude de la Résistance glisse davantage vers la société, les groupes et leurs cultures, les itinéraires, les comportements. D'une conception essentialiste ou idéologique, son étude passe à la compréhension d'un

42. C'est pourquoi, pour eux, la loi de 1979 ne sera pas un progrès, mais une régression, puisque la façon dont elle est appliquée leur ferme des archives jusque-là accessibles sans entraves.

43. J.-M. GUILLON, « Variables régionales, unité du parti », *in* J.-P. RIOUX, A. PROST, J.-P. AZÉMA, *Les communistes français de Munich à Châteaubriant (1938-1941)*, Paris, Presses de la FNSP, 1987 (actes du colloque d'octobre 1983).

44. Avec les enquêtes sur la mémoire des Français (1985), les pouvoirs à la Libération (1989), les entreprises, la vie quotidienne, etc. Voir *Les Cahiers de l'IHTP* pour avoir un aperçu de ce travail ou ses résultats.

45. Rencontres régionales comme celle de Toulouse (*La Libération dans le Midi de la France,* 6-7 juin 1985) ou nationales : colloque « La libération de la France », Saint-Denis, oct. 1984, université Paris VIII, publié dans les *Cahiers d'histoire de l'Institut de recherches marxistes* n° 34 et 35, 1988.

processus, affine l'analyse des enracinements sociaux, bref on s'interroge sur les débuts, sur les motivations, sur les formes de la contestation, sur la définition de la Résistance et ses limites, sur sa construction territoriale ou sociale, sur ses clivages internes, sur son discours et son légendaire.

Mais ce mouvement de fond est masqué par les débats publics d'une époque marquée par ce qu'Henry Rousso diagnostique comme le « syndrome de Vichy », puis son obsession, ou par les « retours » de mémoire. Ces enjeux mobilisent une grande partie des énergies. Le résultat est, entre autres, de progresser dans la connaissance de « Vichy » et de ses mécanismes[46]. Une partie de ceux qui participent à ce travail ont pour point commun d'avoir commencé leurs recherches dans un cadre territorial, sans se spécialiser sur tel ou tel domaine, en appréhendant une société sous presque toutes ses facettes, dans sa diversité, dans ses mouvements comme dans ses « traditions ». Participer à une meilleure connaissance des France de ou sous Vichy et sous les occupants – car c'est à cela que l'on a abouti –, ne leur masque pas d'autres réalités du moment. N'ayant pas à traiter d'un seul aspect d'un problème, ils ne cherchent pas à trouver – voire à prouver – ce qui seulement servirait à étayer une thèse en isolant des éléments de leur contexte. Au contraire. D'où le sentiment d'une mutilation de cette histoire qui, en répondant à des injonctions diverses, en vient à relativiser désobéissances, oppositions, dissidences, révoltes, bref un ensemble de processus d'où émerge la France contre Vichy et l'Occupant. Que l'initiative de lancer le chantier de « La Résistance et les Français », aboutissant aux colloques qui allaient se dérouler entre 1993 et 1997 et au *Dictionnaire historique de la Résistance*, soit venue d'historiens de la périphérie, issus à l'origine du CH2GM, rejoints bientôt par l'IHTP[47], ne relève donc pas tout à fait du hasard.

46. Voir, entre autres, J. P. AZÉMA, F. BÉDARIDA *et alii* (dir.) *Vichy et les Français*, Paris, Fayard, 1991, ouvrage issu d'un colloque qui était l'aboutissement de ce travail en réponse à l'antienne médiatique sur la prétendue incapacité des historiens français à traiter de Vichy ; P. LABORIE, *L'opinion française sous Vichy*, Paris, Le Seuil, 1990, ou D. PESCHANSKI, *Vichy 1940-1944. Contrôle et exclusion*, Bruxelles, Complexe, 1997.
47. Alors dirigé par R. Frank. L. Douzou, D. Peschanski et D. Veillon en particulier ont participé d'emblée à une initiative qui rencontrait diverses réticences.

Le Comité d'histoire de la Deuxième Guerre mondiale et l'Université (1944-1978)

François ROUQUET

Évoquer les relations entre le Comité d'histoire de la Deuxième Guerre mondiale (CH2GM) et l'Université pose différentes questions ou conduit à des remarques tant sur l'histoire des liens qui se créèrent entre ces deux institutions que sur la nature même de ce que l'on a appelé « l'Université », le statut et le rôle que jouèrent les universitaires dans l'étude de cette guerre. Et peut-être aussi, des enjeux dans cette mise en perspective faite soixante ans plus tard. L'Université telle que l'on peut l'entendre représente à la fois la structure, la hiérarchie administrative, les enseignants en poste, les thésards mais aussi les structures parallèles (CNAM, ENS, CNRS) ou supérieure comme l'Institut dont dépendaient certains membres qui collaborèrent au CH2GM. Si l'on cerne assez facilement les critères qui prévalurent dans les désignations des membres de la Commission d'histoire de l'occupation et de la libération de la France (CHOLF), du Comité d'histoire de la guerre (CHG) ou, plus tard, du Comité d'histoire de la Deuxième Guerre mondiale (CH2GM), on n'en connaît pas pour autant le détail fin au sein des instances ministérielles chargées, dans les premiers temps, d'en choisir les attributaires. Il en va de même de la couleur politique des membres dont on ne sait exactement dans quelle mesure elle put être déterminante. On pourrait ajouter que la répartition géographique laisse l'exclusive aux universitaires parisiens et, qu'excepté Henri Michel qui ne conquiert ses galons universitaires qu'en 1961, on trouve un seul spécialiste d'histoire contemporaine, durant les années pionnières[1]. Il n'est par ailleurs

1. Cf. le tableau en p. 148-151. Seul Pierre Renouvin y figure dès 1945, puis Maurice Baumont à partir de 1951. Afin de ne pas alourdir démesurément cette étude, les limites chronologiques ont été fixées à 1978-1979, période correspondant à la création de l'IHTP.

pas toujours facile de reconnaître les universitaires, et ce d'autant moins que les décrets qui donnèrent naissance aux deux instances antérieures au CH2GM semblent n'avoir jamais été publiés ni au *Journal Officiel* ni au *Bulletin Officiel de l'Éducation nationale*[2]. Les éléments qui suivent, notamment les noms des universitaires impliqués dans le CH2GM et ses instances antérieures, sont donc produits de déductions à partir du croisement des sources disponibles[3].

Le climat fut parfois conflictuel entre institutions, notamment au cours de la période 1978-1980, où le CH2GM et l'Institut d'histoire du temps présent (IHTP) qui devait le remplacer, cohabitèrent[4]. Mais l'intérêt de la question des relations entre organismes chargés de l'histoire de la Résistance ne vaut qu'en ce qu'elle permet de considérer comment furent insufflés et coordonnés les premiers travaux sur la guerre, puisque le projet initial de la CHOLF et du CHG englobait la guerre dans son ensemble.

Je ne rappellerai pas ici dans le détail les modalités de constitution du CH2GM déjà décrites et analysées par Laurent Douzou dans l'ouvrage qu'il a consacré à l'historiographie de la Résistance[5]. Le fait marquant qui peut illustrer la relation entre cette première instance antérieure au Comité d'histoire de la Deuxième Guerre mondiale, qui lui succéda, et l'Université fut, comme le remarque l'auteur, que d'entrée de jeu, « les plus hautes autorités de l'État et les sommités de l'Université française du milieu du XXe siècle se donnèrent la main pour encadrer une démarche à leurs yeux manifestement capitale[6] ». Encore pourrait-on relativiser le rôle réel de ces sommités universitaires en les imaginant, dans un premier temps, simple caution scientifique d'un comité Théodule. Ce ne fut pas le cas quoique les premières séances de travaux aient été très espacées. Les premiers tenants de la Commission puis du Comité s'impliquèrent malgré tout autant que faire se pouvait dans cette besogne[7]. Dès 1944, le Gouvernement provisoire de la République française (GPRF), convaincu que l'histoire du Second Conflit mondial d'une façon générale, et de la Résistance en particulier, doit être immédiatement entreprise, crée deux structures : l'une, la Commission

2. Cf. Th. CHABORD, « Le Comité d'histoire de la Deuxième Guerre mondiale et ses archives », *La Gazette des archives*, n° 116, 1er trimestre 1982, p. 5-19.

3. *Bulletin* du CH2GM, *Revue d'histoire de la Deuxième Guerre mondiale (RH2GM)* et procès-verbaux des séances de travail du CHG (AN. 72 AJ 675/676/677), papiers Henri Michel (72AJ 1937), courriers du Comité (72AJ 632).

4. Cf. Laurent DOUZOU, *La Résistance française : une histoire périlleuse*, Paris, Le Seuil, coll. Points « L'histoire en débats », 2005, p. 197-202.

5. *Ibid.*

6. *Ibid.*, p. 54.

7. Laurent DOUZOU cite une lettre de Lucien Febvre du 16 mai 1952 adressée à Henri Berr où l'auteur se plaint du surcroît de travail que lui procure « l'écrasant Comité d'histoire de la Guerre mondiale » tout en refusant de laisser cette tâche « à des pétainistes ». *Ibid.*, p. 62.

d'histoire de l'occupation et de la libération de la France (CHOLF)[8], dès octobre 1944, l'autre, le Comité d'histoire de la guerre (CHG), organisme interministériel rattaché à la présidence du Conseil, le 6 juin 1945. Il est défini comme un organisme de coordination des travaux sur la guerre. On y trouve Camille Bloch de l'Institut, Paul Vaucher, Lucien Febvre, Ernest Labrousse pour ne citer que ceux-là (cf. le tableau en annexe).

Ces deux organismes fusionnèrent en décembre 1951, date à laquelle fut créé le Comité d'histoire de la Deuxième Guerre mondiale (CH2GM). Un premier arrêté du 22 novembre du ministère de l'Éducation nationale institue cette commission auprès du Comité des travaux historiques dépendant de la Bibliothèque nationale et nomme 37 membres. Un second, le 23 décembre nomme 7 nouveaux membres, puis le 23 février 1945, encore 12, soit 54 au total. L'éminent médiéviste, professeur à la Sorbonne, Édouard Perroy, est placé en détachement auprès de la commission[9]. En décembre 1956, Lucien Febvre, décédé, est remplacé par Maurice Baumont de l'Institut. 1977 voit l'entrée d'autres universitaires, comme Jean Bouvier[10], René Rémond[11], François Bédarida[12], Jacques Bariéty[13], François-Georges Dreyfus[14] et Jean-Marie Mayeur[15]. En 1978 est créé l'IHTP, laboratoire propre du CNRS dont François Bédarida devient le directeur avec un comité de direction présidé par René Rémond et constitué de membres nommés par le CNRS et de représentants de l'administration. Les deux organismes coexistèrent dans les mêmes locaux, mais avec des budgets séparés, jusqu'en 1980.

---

8. Créée le 20 octobre 1944 par le GPRF, organisme d'exécution, dépendant du ministre de l'Éducation nationale rattaché aux bibliothèques. Cf. « Le Comité d'histoire de la Deuxième Guerre mondiale et ses archives », un article d'Édouard PERROY sur la CHOLF dans la *Revue de synthèse* t. XVI, Introduction à l'histoire de la guerre 1939-1945, p. 14-19.
9. Arrêté du 15 mars 1945.
10. (1920-1987), boursier, communiste à 16 ans au moment du Front populaire, Jean Bouvier débuta au CNRS et finit sa carrière à la Sorbonne. Disciple de Labrousse, marqué par le marxisme et spécialiste d'histoire économique, il fut le chantre d'une histoire totale intégrant l'économique au social et le politique au culturel.
11. (1918-2007), catholique, assistant de Pierre Renouvin après la guerre, il fut directeur de recherche à la Fondation nationale des sciences politiques dont il devint le président en 1981, professeur à l'IEP de Paris, et académicien où il succéda à François Furet. Ses travaux, une trentaine d'ouvrages dont le plus connu, *La droite en France de 1815 à nos jours*, firent de lui l'une des grandes figures du renouveau de l'histoire politique.
12. (1926-2001), résistant, catholique, spécialiste reconnu de la Grande-Bretagne au XIXe et XXe siècle, il dirigea l'IHTP jusqu'en 1990 et contribua largement au développement des problématiques neuves sur le rôle social de l'historien.
13. Spécialiste des relations internationales contemporaines, Jacques Bariéty fut professeur à Metz et à Strasbourg puis professeur émérite à la Sorbonne.
14. Spécialiste de l'Allemagne contemporaine, très marqué à droite (membre du club de l'Horloge dans les années 70-80, militant royaliste), ses travaux sur Vichy et la résistance tentant de réhabiliter la thèse du « double jeu » entre Pétain et de Gaulle furent l'objet de contestations hors du commun.
15. Né en 1933, spécialiste d'histoire religieuse, ses travaux portent sur la démocratie chrétienne le catholicisme social et l'histoire politique.

Avant de revenir aux relations entre le CH2GM et l'Université, il nous faut rappeler un élément de contexte déterminant dans la constitution de la structure initiale, CHOLF et CHG, organismes d'État qui ne dépendaient pas de l'Université tout en ayant besoin des compétences universitaires de renom. Mais au même moment, l'Université était confrontée comme le reste du pays à la question de l'épuration qui, au sortir de la guerre, revêtait une importance toute particulière dans un climat de suspicion. La création de ces deux structures nouvelles chargées de l'histoire de la guerre et de l'occupation imposait de choisir des hommes dont le passé était irréprochable aux yeux des autorités issues de la Résistance.

Le contexte de l'épuration universitaire

Rappelons que les instances régionales réalisèrent pour l'essentiel leur tâche entre l'automne 1944 et l'été 1945 et que les dossiers suffisamment étayés par des témoignages jugés valides accompagnés d'un avis furent soumis au Comité supérieur d'enquête (CSE) chargé pour chaque cas, de proposer au ministre la sanction administrative qui lui semblait la plus adaptée. Le Comité académique d'enquête (CAE) de Paris par exemple, mais cela n'était pas le cas dans toutes les académies, était pourvu d'une sous-commission à l'enseignement supérieur présidée par le directeur de l'École normale supérieure (Pauphilet). Elle était composée de deux représentants de chaque faculté (Droit, Lettres, Sciences, Médecine et Pharmacie), soit un total de onze membres. Mais Paris avait en outre cette particularité d'être doté d'une double instance : y siégeait le CSE ainsi que le Conseil académique d'enquête, chargé des dossiers de l'académie parisienne. L'entente entre ces deux instances fut pour le moins difficile, le CSE révisant quasi systématiquement les propositions émises par le CAE. L'épuration, comme tout processus judiciaire fut également un lieu de pouvoir où chacun, acteurs ou institution, était jaloux de ses prérogatives et tentait à l'occasion d'imposer ainsi sa propre légitimité. Quiconque a connu les arguties des commissions universitaires en temps de paix pour l'attribution d'un poste peut aisément imaginer la palette des attitudes des uns et des autres, qui plus est dans un processus de jugement : défiance, rancœur, jalousie parfois, jeu d'influence entre collègues, mais aussi solidarité, tolérance caractéristique du milieu universitaire, etc.

Au plus haut niveau l'épuration touche quatre ministres anciens universitaires dont trois sont déférés en Haute Cour de justice : Albert Rivaud, Jacques Chevalier, Jérôme Carcopino. Deux d'entre eux obtinrent un non-lieu, tandis que Jacques Chevalier fut condamné à une peine de vingt ans de travaux forcés et à la confiscation de la moitié de ses biens. Condamné en mars 1946, il bénéficia un an plus tard d'une mesure de libération conditionnelle.

Cent quarante des 1 500 fonctionnaires enseignants du supérieur furent l'objet d'une instruction administrative, et eurent donc un dossier d'épuration portant leur nom, qui fut étudié par le Conseil supérieur d'enquête. On trouve parmi eux des professeurs, des maîtres de conférences, des assistants, quelques chefs de travaux, des agrégés de médecine ou de droit. On compte environ 10 % des professeurs touchés, et 8,5 % des 473 assistants et chefs de travaux. Au total, les universités de province où l'on compte en moyenne 12,5 % de dossiers constitués paraissent avoir été plus sévères qu'à Paris, où une trentaine de cas furent étudiés par le CAE sur les 635 enseignants de faculté, soit environ 5 %. 77 révocations furent prononcées à l'encontre des enseignants du supérieur, dont huit recteurs auxquelles s'ajoutent des sanctions de second ordre, blâme, rétrogradations, déplacement, etc.

Il est cependant remarquable que seuls quelques juristes se soient trouvés inquiétés alors que d'autres disciplines, moins sollicitées par le régime, fournissent des effectifs plus conséquents. Parmi ceux dont on connaît l'origine, on constate par exemple qu'autant de professeurs de droit sont inquiétés que de chercheurs du Museum d'histoire naturelle de Paris (5) ; une trentaine de professeurs de médecine dont 14 à Montpellier (haut lieu de l'enseignement médical depuis Rabelais), une vingtaine en sciences, une quinzaine d'enseignants de lettres, 9 recteurs, un assistant au Collège de France, etc. Il va de soi que le contenu des dossiers personnels est ici déterminant pour apprécier la diversité des cheminements individuels.

Si l'épuration universitaire ne concerne en valeur absolue que peu d'individus, il n'en reste pas moins que les enseignants du supérieur inquiétés furent bien plus nombreux que dans l'enseignement primaire ou secondaire[16]. Cette dimension est d'autant plus importante que certaines affaires résonnèrent parfois longtemps dans le monde des sciences (Mauriac, Dumézil, Mauss, etc.) ou dans le cadre de la Sorbonne[17]. Ces éléments de contexte expliquent donc le choix de ne faire appel qu'à des universitaires de renom au-dessus de tout soupçon de pétainisme ou de collaboration. Penser les relations entre CH2GM et université pose la question de savoir ce que sont les universitaires d'après-guerre. Plusieurs lignes de partage peuvent être discernées : l'épuration, l'orientation politique, l'omniprésence parisienne, l'importance du nom… Une condition exclusive propre à tout membre de la CHOLF était d'avoir fait partie de la résistance ou d'avoir été déporté, bref d'offrir un profil sans faille. C'est-à-dire des garanties à la

16. La moyenne des sanctions prises au ministère de l'Éducation nationale s'établit, tous personnels confondus à 15 pour mille. Même si les effectifs ne sont pas comparables, cette proportion à l'université est malgré tout environ 6 fois supérieure. Au total, l'Université peut-être considérée comme sévèrement touchée, puisqu'on y constate la même proportion d'épurés que dans la police ou la magistrature qui furent les ministères les plus épurés.

17. Où le Front national universitaire avait établi une liste d'une douzaine d'enseignants à épurer dès 1943.

fois scientifiques et politiques à un moment où l'épuration n'est pas encore achevée et où les passions demeurent vives.

Les premiers universitaires de la CHOLF et du CHG : acteurs-témoins et historiens-caution

Les universitaires les plus prestigieux intégrèrent le bureau du Comité d'histoire de la guerre (CHG) lors de sa création le 6 juin 1945, comme l'attestent les noms qui suivent.

Pierre Renouvin (1893-1974), ancien combattant de la Première Guerre, mutilé au Chemin des Dames, fut professeur d'histoire des relations internationales à la Sorbonne, membre de l'Académie des sciences morales et politiques en 1946 et président de la Fondation nationale des sciences politiques de 1959 à 1971, pour ne citer que quelques-uns de ses titres. Pierre Renouvin, connu et respecté de tous, omniprésent dans toutes les sphères de décision de l'Université et du CNRS était une figure incontestée du monde universitaire.

Ernest Labrousse (1895-1988), moderniste, venu de l'économie politique à l'histoire en passant par le droit – il est avocat – a un parcours original. Il est militant socialiste très actif, journaliste à *L'Humanité*, socialiste dès 1916, il rejoint le Parti communiste après le congrès de Tours et retourne à la SFIO en 1925. Proche des *Annales* mais surtout de Marc Bloch, il est directeur d'études à la IVe section de l'École pratique des hautes études en 1938[18].

Lucien Febvre, ancien combattant et professeur à Strasbourg en 1919, fondateur des *Annales* avec Marc Bloch, membre du Collège de France en 1933 puis de l'Académie des sciences morales et politiques, publia durant la Seconde Guerre mondiale ses ouvrages les plus connus[19].

Robert Fawtier (1885-1966), médiéviste, résistant, revenu d'une longue et pénible déportation à Mauthausen, entre 1942 et 1945, fut nommé directeur de recherche au CNRS et professeur à la Sorbonne. Il prit une part essentielle à la création en 1948 à Copenhague du Conseil international de la philosophie et des sciences humaines dont il fut le premier secrétaire général et devint membre de l'Académie des inscriptions et belles-lettres.

Édouard Perroy (1901-1974), médiéviste, professeur à l'université de Lille à partir de 1934, puis à la Sorbonne de 1950 à 1971, fut vice-président des Mouvements unis de Résistance (MUR) sous le nom de « Besson » et présida le comité départemental de libération (CDL) de la Loire.

---

18. Après la guerre, il succède à Marc Bloch à la Sorbonne et occupe alors la chaire d'histoire économique et sociale. Labrousse publie en 1944 son ouvrage le plus célèbre, la *Crise de l'économie française à la fin de l'Ancien Régime et au début de la Révolution*.

19. *Le problème de l'incroyance au XVIe siècle ; La religion de Rabelais* (1942), *Origène et des Périers ou l'énigme du Cymbalum Mundi* (1942) ; *Autour de l'Heptaméron : amour sacré, amour profane* (1944).

Jean-Rémy Palanque (1898-1998), professeur d'histoire ancienne à Aix-en-Provence puis à Montpellier à partir de 1940, vint en aide à un historien allemand, Ernst Stein, antinazi réfugié qu'il cacha dans le Midi avant de le faire passer en Suisse en 1942.

Georges Lefebvre (1874-1959), d'origine modeste, boursier, proche de Jules Guesde puis de Jean Jaurès, adhère à la SFIO en 1905, enseigne durant 25 ans en lycée et soutient sa thèse sur les paysans du Nord pendant la Révolution française en 1924. Il est ensuite nommé avec l'appui de Marc Bloch et Lucien Febvre à Strasbourg puis à la Sorbonne en 1935. Au moment de la constitution du Comité, il a 71 ans.

Font aussi partie du Comité Paul Vaucher, moderniste à la Sorbonne et Camille Bloch de l'Institut.

La présence des universitaires dans la CHOLF et le CHG, on le voit, paraît répondre à des critères associant un incontestable rayonnement scientifique, caution de cette institution nouvelle chargée de l'histoire de la guerre, et un passé politique en accord avec les buts de la nouvelle institution. Outre leur incontestable compétence dans leur discipline, ces premiers historiens à la fois acteurs et témoins ne se posaient-ils pas d'entrée de jeu comme les gardiens du temple du souvenir résistant ? La nature des activités de la CHOLF et du CHG, puis du CH2GM montre que les historiens universitaires sont avant tout la caution scientifique de cette mémoire résistante qu'ils vont servir en en recensant les matériaux et en en remobilisant les forces vives.

Les débuts de l'histoire immédiate

Dans un premier temps, les travaux du comité sont avant tout centrés sur les archives, leur repérage, les contacts avec les instances étrangères équivalentes, sur les publications ou projets de publication d'inventaire, bref sur la confection des outils de recherche pour une histoire future. Cette première phase requérait avant tout, outre un comité scientifique irréprochable, le travail de terrain de toutes les bonnes volontés qu'elles émanent ou non de l'université. Archivistes, bibliothécaires, enseignants du second degré, retraités, et quelques rares universitaires commencèrent ainsi le repérage et surtout le travail de collection des sources orales. La lecture des procès-verbaux des séances du Comité montre ce souci constant de légitimité et de méthode[20]. C'est dans cette même perspective que sont créées

20. « [...] Il apparaît essentiel à M. Febvre de se renseigner d'abord sur l'activité des différents organismes qui s'occupent déjà des problèmes relatifs à la guerre [...] ; M. Renouvin souligne ensuite que les publications éventuelles des différents ministères doivent être irréprochables au point de vue méthode pour ne pas s'exposer à la critique ("vous savez qu'à l'étranger elles seront examinées avec un esprit critique certain, et peut-être un esprit de [*souligné*] critique") ; [...] M. Camille Bloch demande si pour remonter aux causes, le Comité ne devra pas partir de 1919 et utiliser les travaux

différentes commissions (des archives, des bibliothèques et de la bibliographie, des programmes, des relations extérieures)[21]. D'autres commissions existèrent, dont il n'est pas toujours aisé d'établir les liens de rattachement, qui furent présidées ou animées par des universitaires ou des historiens de renom. Sur les 9 commissions d'histoire (déportation, résistance, captivité, militaire, économique et sociale ; instruction, jeunesse, arts et lettres ; propagande et collaboration ; Extrême-Orient ; religieuse), 8 furent présidées par des professeurs d'université, du Collège de France ou membres de l'Institut.

Si la lecture des procès-verbaux des séances du Comité, souvent très lisses, ne montre guère d'opposition au sein du comité, elle permet d'en déceler les facteurs d'unification. Ainsi, les instances étrangères et leurs initiatives sont l'objet d'une attention toute particulière. La réunion du CHG du 12 février 1948 s'attarde assez longuement sur différents projets étrangers (commission de Nuremberg, projet américain d'inventaire d'archives de la guerre en 37 volumes, projet allemand, anglais). Exemple d'une possible concurrence institutionnelle au plan international, une discussion entre membres du CHG, en mars 1950, à propos de la conférence d'Amsterdam, initiative hollandaise qui dispose de gros moyens et dont le CHG paraît se défier tandis que les Américains y sont très favorables[22]. On pressent que dès l'origine, les institutions cherchent à se placer au plan international et peut-être aussi à jouer un rôle au sein du Comité international des sciences historiques reconstitué après-guerre, au Congrès international de Paris qui eut lieu la même année.

La question de la participation des vaincus est également débattue :

> « Si le programme était strictement limité à la documentation : énumération des archives, bibliographie, méthodes et publications », expliquait Lucien Febvre, « un historien allemand, à titre d'observateur, à condition qu'il soit connu non seulement pour sa compétence d'historien, mais aussi par son éloignement bien attesté du nazisme, pourrait être admis à la conférence. De même avec moins de réserve, un historien autrichien et des Italiens, s'ils en formaient le désir, à condition qu'on ne nous envoie pas des fascistes notoires et non repentis et qui pourraient créer des incidents[23]. »

---

faits par la BDIC. M. Febvre insiste sur la nécessité de se borner d'abord à un travail d'inventaire. » AN 72 AJ 675, procès-verbal, réunion du CHG du 1er juillet 1946.

21. Rappelons qu'en dehors de la CHOLF, chargée de la préservation de documents, des témoignages et de la publication de « textes importants », sont constituées très tôt trois autres commissions : la Commission consultative des dommages et réparations, anciennement « Commission du coût de l'occupation », dont le rôle est d'évaluer les pertes liées à la guerre ; le Comité du Livre Noir des crimes de guerre, créé en septembre 1947 et « chargé d'arrêter le plan d'un certain nombre d'ouvrages qui dresseront le bilan des crimes de guerre commis par l'ennemi contre les biens, les personnes et les institutions ; enfin, la Commission parlementaire d'enquête sur les événements de 1933 à 1945, qui se propose de rechercher les responsabilités de la défaite et de la collaboration et désigne des rapporteurs spécifiques pour les questions politique, militaire, diplomatique et économique.
22. Procès-verbal, réunion du CHG, 4 mars 1950.
23. *Ibid.*, p. 26.

À partir de 1952, on trouve le nom de six autres universitaires (Fernand Braudel compris). Michel de Boüard (1909-1989), chartiste, est nommé professeur d'histoire à l'université de Caen en 1940 après avoir été membre de l'École de Rome dans les années trente. Son entrée au sein du Comité est justifiée par son statut de résistant, de membre du Parti communiste (entre 1942 et 1960) et de déporté à Mauthausen[24]. Apparaissent également ceux de Georges Livet, universitaire strasbourgeois, qui dirigea avec Francis Rapp une *Histoire de Strasbourg des origines à nos jours* et Wolf[25], chargé de cours en 1955 à l'université de Toulouse[26].

Henri Fréville (1905-1997), professeur agrégé d'histoire au lycée Chateaubriand à Rennes en 1932, enseigna ensuite, de 1949 à 1971, l'histoire moderne à l'université de Rennes où il créa l'Institut armoricain de recherches historiques[27]. Edmond Vermeil, germaniste strasbourgeois, qualifié par Enrique Leon[28] de « calviniste et libéral », professeur à Strasbourg, puis à la Sorbonne et à l'Institut d'études politiques, est un ancien combattant mais aussi un antifasciste, qui avait participé au Comité de vigilance des intellectuels après le 6 février 1934. Il est l'auteur de différents ouvrages qui tendent à inscrire le nazisme dans la longue durée[29]. Il est inutile de

24. Grand promoteur de l'archéologie appliquée à l'époque médiévale, période délaissée à l'époque par les archéologues, ce notamment en utilisant la méthode stratigraphique, il contribue à la reconstruction de la ville de Caen et y dirige les fouilles de son château entre 1949 et 1966. L'investigation des sites « non-monumentaux », c'est-à-dire ceux dont aucun vestige ne dépasse du sol, développée par Michel de Boüard est fondatrice d'une nouvelle forme d'archéologie très utile dans la connaissance de l'homme médiéval et de son habitat. Ses travaux contribuèrent largement au développement dans les années soixante-dix de l'archéologie préventive permettant de préserver les sites lors de grands travaux. Il fonde également le musée du château de Caen.

25. Dont le prénom n'apparaît pas dans le bulletin du CHG.

26. D'une manière générale, lorsque les informations manquent, c'est que le nom n'apparaît ni dans l'ouvrage *Dictionnaire biographique des historiens français et francophones* de Christian Amalvi (Paris, La Boutique de l'Histoire, 2004) ni dans les recherches menées sur internet, excepté les traces de la production éditoriale des intéressés. D'où l'absence d'information dans le cas, rare, comme celui de Wolf, chargé de cours et en début de carrière. Georges Livet, médiéviste, est également l'auteur de *L'université de Strasbourg de la Révolution française à la guerre de 1870* (Presses universitaires de Strasbourg, 1965) et dirigea avec R. Mounier, une *Histoire générale de l'Europe* en 3 tomes aux PUF.

27. Il entama une carrière politique comme maire de Rennes de 1953 à 1977 sous l'étiquette MRP, député d'Ille-et-Vilaine (entre 1958 et 1968) et sénateur de 1970 à 1977. Outre sa thèse sur *L'Intendance de Bretagne (1689-1790). Essai sur l'histoire d'une intendance en Pays d'États au XVIIIe siècle,* Henri Fréville est l'auteur de différents ouvrages d'histoire sur la Seconde Guerre mondiale, notamment *La presse bretonne dans la tourmente 1940-1946* (Plon, 1979) et *Archives secrètes de Bretagne* (éd. Ouest-France, 1985).

28. « Le nazisme: controverses et interprétations », texte de la conférence sur http://www.phdn.org, 2001.

29. *L'Allemagne du Congrès de Vienne à la Révolution hitlérienne (1815-1933)*, Paris, Éditions de Cluny, 1934; *Doctrinaires de la Révolution allemande 1918-1938*, Paris, Sorlot, 1939 (recueil de monographies sur les théoriciens de la Révolution conservatrice et du nazisme) et *L'Allemagne. Essai d'explication*, Paris, Gallimard, 1940, réimprimé en 1945 (vaste synthèse embrassant dix siècles d'histoire allemande). Pour Edmond Vermeil, écrit Enrique Leon, « ce qui mène à Adolf Hitler débute avec Luther. Celui-ci, distinguant très nettement la liberté intérieure et la soumission extérieure, justifie l'autorité souveraine illimitée et le strict respect des devoirs de sa condition, en particulier celui d'obéissance. Il y a donc une continuité dans l'histoire allemande autour des valeurs autoritaires, hiérarchiques, militaristes et expansionnistes qu'incarne au XIXe siècle l'État prussien. Approche un

présenter Fernand Braudel (1902-1985)[30]. Rappelons seulement qu'il est en 1937 directeur d'études à l'École pratique des hautes études (section de philosophie de l'histoire). Prisonnier en Allemagne en 1940-1945, il passe sa thèse en 1947 et dirige *Les Annales* de 1946 à 1968. C'est au titre de sa longue captivité qu'il est sollicité pour présider la commission d'histoire de la captivité. Enfin, Maurice Baumont (1892-1981), ancien combattant, blessé et prisonnier au cours du premier conflit, et spécialiste de l'industrie allemande, devient expert auprès des services diplomatiques durant l'entre-deux-guerres puis chef de service au secrétariat de la SDN. Professeur au CNAM, ses nombreux travaux sur l'Allemagne comme son expérience du monde diplomatique font de lui un expert reconnu[31]. Il préside le CH2GM à la suite du décès de Lucien Febvre en 1956 et devient membre de l'Académie des sciences morales et politiques en 1957. Les années soixante voient l'entrée au Comité de Jean Fourastié, François Bédarida, alors maître-assistant, Jacques Droz, René Rémond, Pierre Guiral, Alfred Sauvy, Pierre Vilar.

C'est aussi à cette époque qu'Henri Michel, précurseur de l'histoire immédiate, va, après avoir publié plusieurs ouvrages[32], soutenir sa thèse sur *Les Courants de pensée de la Résistance* (1962). Laurent Douzou a montré comment ce qu'il appelle « la digue sorbonnarde » tentait de s'opposer à des sujets de thèses relatifs à la période[33]. Ce qui suit montre peut-être l'écart qui pouvait exister entre un « grand universitaire » et un « franc-tireur » dans l'étude d'un sujet émergent, encore chargé du poids du présent, où la ligne de partage paraît dessinée autant par la position scientifique que par la posture idéologique. Dans son « Rapport au Doyen », le 9 avril 1962, Pierre Renouvin ne ménage pas ses critiques à l'encontre du thésard Henri Michel : « [...] Le titre ("les courants de pensée dans la Résistance") ne répond pas exactement au contenu [...], la définition de la Résistance même est incertaine [...], la conception générale est quelque peu surprenante » (critique de la séparation communiste/socialiste – ou non, et de la non prise en compte des autres tendances) [...] « L'auteur tend donc à

peu simpliste – et ce n'est pas la pire ! – qui épaule la politique de rééducation que mettent en place les vainqueurs ». *Ibid.*

30. Soulignons toutefois que les portes de l'Université restèrent pour lui closes. Professeur d'histoire de la philosophie moderne au Collège de France entre 1949-1972, il est directeur d'études de la VIe section (Sciences économiques et sociales) de l'École pratique des hautes études entre 1956 et 1972. Il fut également fondateur de l'Association internationale d'histoire économique et administrateur de la Maison des sciences de l'Homme en 1962.

31. Notamment *L'Allemagne, lendemains de guerre et de révolution,* A. Colin, 1922 ou sa thèse de géographie qui porte sur la grosse industrie allemande, le charbon et la lignite.

32. *Quatre années dures*, 1945 (roman) ; *Histoire de la Résistance (1940-1944)*, 1950 ; *Tragédie de la déportation,* 1954 (recueil de documents, avec Olgar Wormser-Migot) ; *Les idées politiques et sociales de la Résistance*, 1954 (recueil de documents, avec Boris Mirkine-Guetzévitch) ; *Combat*, 1957 (avec Marie Granet), *Les Mouvements clandestins en Europe (1938-1945)*, 1961.

33. Cf. Laurent DOUZOU, *La Résistance française...*, *op. cit.*, p. 164-165.

montrer que seuls les deux partis auxquels il consacre son étude ont eu un rôle. Telle paraît être d'ailleurs sa conviction intime, puisqu'il n'hésite pas à affirmer que [*citant Henri Michel*] "la droite dans son immense majorité, a été vichyste. Lorsqu'elle a adhéré à la Résistance, c'est sous la forme du giraudisme" ». L'intéressé n'est évidemment pas d'accord avec cette lecture. Dans une note à l'attention de Maurice Baumont, Henri Michel reprend point par point les critiques de Renouvin dont il raille la lecture qui ne lui semble pas avoir été « détaillée ». Il achève sa note par la phrase suivante : « Je borne là ces remarques, qu'il me serait facile de multiplier[34]. » Ces quelques lignes augurent-elles d'une rivalité ou de rapports tendus entre le secrétaire général du CH2GM et le professeur de la Sorbonne membre de l'Institut ? Son investissement pionnier dans l'histoire de la Résistance et sa compétence sur le sujet, compétence reconnue par son entrée au CNRS en 1966 comme directeur de recherche, faisaient-ils de Henri Michel un trublion dans le bel ordonnancement du système universitaire ?

Le tournant des années soixante-dix

Si les structures sont présidées par des universitaires de renom, les travaux universitaires sur le thème de la guerre ne vont émerger que lentement. Proximité des événements, passions idéologiques encore vives, douleurs des contentieux locaux, prudence des directeurs de mémoires et de thèse face à ce sujet d'histoire immédiate, accès aux archives, etc., sont sans doute autant d'éléments qui freinèrent le décollage de travaux neufs. C'est seulement au début de l'année 1968 que l'on sent frémir la montée des travaux universitaires soit entrepris par les correspondants départementaux – véritable cheville ouvrière du comité, qui recueillent depuis la fin de la guerre toutes les traces (documents, sources orales) ou qui mettent en œuvre les premières enquêtes sur l'histoire de la Résistance – soit par des étudiants de maîtrise ou en thèse. Lors de la réunion des correspondants départementaux de la commission d'histoire de la Résistance, du 11 janvier 1968, Henri Michel « rappelle avec quelle prudence les correspondants doivent agir s'ils veulent publier leurs travaux. Les conditions locales sont souvent telles que les publications touchant au rôle d'un parti politique ou d'un individu peuvent réveiller des passions qu'on croyait endormies. Les travaux universitaires offrent par rapport aux autres publications une triple garantie : un maximum de sérieux au départ, un minimum de retentissement à l'arrivée, un temps assez long de préparation ». Un argument qui conjugue non sans humour la vertu des travaux universitaires, en ces temps où le sujet peut être encore sulfureux. Autrement dit, les universitaires offraient l'avantage

34. AN 72 AJ 1937. Archives Henri Michel. Cette source m'a été aimablement indiquée par Bruno Leroux que je remercie.

d'effectuer un travail sérieux qui ne risquait guère de faire de vague compte tenu de leur diffusion confidentielle. À la fin de la séance, après avoir insisté sur « la discrétion nécessaire aux auteurs de travaux universitaires, discrétion voulue par le caractère même des documents mis à leur disposition, Henri Michel en conclusion souligne l'aide qui doit être apportée par les correspondants dans toute la mesure du possible aux travaux universitaires[35] ». Signe d'un réel décollage, à partir du printemps 1971, il est fait mention dans une rubrique spéciale des travaux émanant de l'Université[36]. À la lecture du *Bulletin*, l'année 1971 est l'année charnière où tout bascule : dans le numéro de mai-juin, « H. Michel constate avec joie que depuis quelque temps les étudiants s'intéressent de plus en plus à cette période grâce à la compréhension des nouveaux professeurs d'histoire contemporaine. [...] un bon exemple (de la coopération correspondant-étudiants) est celui de MM. Vivier et Bohbot dans l'Indre et Loire[37] ». L'été de cette même année, on peut lire qu'il y a de plus en plus de demandes de nouveaux sujets : « Henri Michel rappelle qu'il [...] faut agir avec la plus grande prudence et écarter systématiquement les journalistes et les curieux[38]. » La rubrique des ouvrages reçus commence à s'enorgueillir de travaux achevés. Dans le *Bulletin* de mars avril 1972, on peut lire : « ouvrages reçus à la bibliothèque du Comité : J. Sainclivier, *Le Front national et les FTP d'Ille-et-Vilaine (1940-1944),* mémoire de maîtrise de l'université de Rennes, donné par l'auteur. » Dès lors, la production se développe au-delà de toute espérance. Cette même année, sur 17 correspondants départementaux du Sud-Ouest, 6 ont entamé une thèse d'État ou de troisième cycle[39], pour un total de 53 entreprises en France à l'été 1973[40].

Le maillage des correspondants départementaux impliqua donc dans un second temps seulement les universitaires. Les premiers correspondants qui étaient issus « de la Résistance », condition *sine qua non*, des archives et des bibliothèques, de l'enseignement primaire ou secondaire, enseignants ou inspecteurs d'académie ou généraux, recensèrent les actions et interrogèrent

35. *Bulletin* du CH2GM, n° 174, juin 1968.
36. Dans le numéro 192 du Bulletin (mars-avril 1971), sont mentionnés les travaux de BOHBOT, *La Touraine sous l'Occupation* (sous la direction de Vigier), GOUNAND, *Dijon sous l'Occupation* (sous la direction de Suratteau), Monique LUIRARD, *La révolution nationale dans la Loire* (sous la direction de Sorlin), COMBES, *Le sentiment public d'opposition en Haute-Loire* (sous la direction de LATREILLE).
37. *Ibid.*, mai-juin 1971, n° 193, p. 13
38. *Ibid.*, n° 194 juillet-août 1971, p. 5.
39. *Ibid.*, n° 205 mai-juin 1973.
40. *Ibid.*, n° 206 juillet-août 1973 : « de nombreuses thèses sont en cours : M. Bouladou (Hérault), Bourderon (Gard), Beauquier (Bouches-du-Rhône), Larrieu (Pyrénées-Orientales), Chaubin (Corse), Girard (Alpes-Maritimes). Plus deux thèses en préparation : Mme Eychenne sur les passages à travers les Pyrénées et celle de M. Desquenne sur le mur de l'Atlantique » (p. 5).

les témoins; les correspondants de la génération suivante se lancèrent ensuite dans des travaux universitaires dès lors qu'ils y furent encouragés[41].

Conclusion : l'ordre du discours

Dès 1964, Henri Michel répertoriait 1 200 publications. C'est cette même année que la *Bibliographie annuelle de l'histoire de France* intégrait les articles sur la Seconde Guerre mondiale au nom de l'objectivité historique que censaient cautionner 20 années de distance. Au total, Laurent Douzou compte, entre 1964 et 2001, 37 % des 11 600 publications consacrées à la période 1939-1945 qui sont centrées sur la Résistance intérieure ou la France libre[42].

Les universitaires furent présents dans le CH2GM et dans ses structures antérieures en fonction de leur position dominante dans le monde intellectuel qui offrait une caution scientifique indispensable aux comités. Nous avons vu que la plupart des sous-commissions furent présidées par des membres de l'université. Le second critère était de n'intégrer que des hommes (il n'y a qu'une femme, Odette Merlat, chargée de recherche au CNRS) au-dessus de tout soupçon du point de vue politique. D'où la présence d'universitaires ayant un passé de résistant, de prisonnier ou de déporté. On retrouve d'ailleurs ce même souci dans les commissions d'épuration de l'Université. C'est ce qui explique le peu de spécialistes d'histoire contemporaine dans les premiers temps puisqu'il s'agissait avant tout de trouver des noms qui se portent caution du nouvel organisme extérieur aux structures habituelles de la recherche. Le rôle des universitaires au sein de la CHOLF et du CHG fut tout d'abord de coordonner le travail de repérage et de recensement des sources et des organismes étrangers attelés à la même tâche. On sent dans les procès-verbaux des séances de travail une attention soutenue à ce qui se fait ailleurs et par moment des rapports de concurrence avec les structures étrangères comme le montre l'exemple de la conférence des Pays-Bas.

L'émergence d'un sujet neuf appelle également quelques remarques : la situation de l'université pendant et après l'épuration, ce sujet naissant qui invitait à renouveler les méthodes de recherche et d'une manière générale, le

41. Dans le n° 124 de 1981, Henri Michel rédige un article intitulé « Le comité d'histoire de la Deuxième Guerre mondiale » dans lequel il cite un certain nombre de correspondants parmi les premiers à avoir rédigé une thèse : « M. Vadon (Ardennes), Rousseau (Nord), Neigert (Moselle), Dodin (Vosges), Martres (Cantal), Girard et Panicacci (Alpes-Maritimes), Guillon (Var), Beauquier (Bouches-du-Rhône), Bouladou (Hérault), Goubet (Haute-garonne), Laborie (Lot), Bécamp (Bordeaux), Racaut et Picard (Poitiers), Laurens (Ariège), Eychenne (Haute-Garonne), Huguen (Côtes-du-Nord), Sainclivier (Ille-et-Vilaine), Rabouin (Indre), Durand (Loiret), Martinet (Nièvre), Chaubin (Corse), Foulon, Marcot (Doubs), Gounand (Côtes d'Or), Duverlie (Somme)… À Paris, Mme Veillon (sur le *Franc-Tireur)* et Mme de Bellescize (sur le *Comité général d'études*) » (p. 13).

42. Laurent DOUZOU, *La Résistance française…*, *op. cit.*, p. 13.

paradigme universitaire au sortir de la guerre ne pouvaient guère que privilégier avant tout la collection et la préservation des archives. D'autant que la tâche était lourde puisqu'elle englobait tous les aspects de la Seconde Guerre mondiale. Le travail de collecte des sources orales fut réalisé par des archivistes, des bibliothécaires, des enseignants, des bonnes volontés diverses, mais ne fut pas encadré par des universitaires (si l'on excepte Édouard Perroy, détaché auprès du CHG).

L'activité d'organisation menée par Henri Michel au sein du comité « déborda » d'une certaine façon l'influence que pouvaient avoir les universitaires sur ce chantier émergent de l'histoire de la Résistance. On peut penser que cette démarche devait être considérée comme de seconde importance par le monde universitaire. Les échanges parfois vifs que le secrétaire du Comité eut avec son directeur de thèse montrent le tour que pouvaient prendre les relations entre les uns et les autres. D'autant que l'arrière-plan idéologique y est omniprésent et que, comme toujours, les enjeux du présent s'avèrent déterminants dans la lecture des événements.

Le travail d'enseignants du second degré concrétisant ces recherches initiales par des travaux universitaires, maîtrises puis thèses, n'apparaît guère avant le tournant des années 70, date où le sujet « décolle », bénéficiant du renouveau historiographique et des questionnements mémoriels marqués par les travaux de Robert Paxton ou le film *Le chagrin et la pitié.*

Il en va là comme pour d'autres sujets. Il ne s'est au fond pas passé autre chose dans l'université face à l'étude de la Résistance que face à d'autres sujets émergents. Le cinéma est par exemple significatif du temps d'adaptation qui fut nécessaire avant qu'il ne soit considéré – l'est-il encore pleinement aujourd'hui ? – comme un véritable objet de recherche. Souvenons-nous que l'entrée du cinéma dans *Les Annales,* un article de Marc Ferro de quatre pages et demie, date de 1968, c'est-à-dire 73 ans après l'invention des frères Lumière[43]. Encore fallut-il une bonne dizaine d'années pour que, passé l'âge des travaux pionniers en histoire (Ferro, Sorlin), les sujets cinématographiques commencent à devenir sujets de maîtrises voire de thèses. On pourrait en dire tout autant de l'histoire des femmes ou du genre, de l'opinion, des représentations ou encore, pour la période qui nous intéresse, des femmes tondues, sujets qui furent longtemps considérés comme des angles morts réputés sans intérêt ou intraitables. Ramené à la pesanteur des années d'après-guerre, il n'est pas sûr que l'Université des années cinquante ait été plus timorée que celle d'aujourd'hui. Quelle que soit l'époque, la légitimité des approches ou ce que Michel Foucault appelait « l'ordre du discours » évoluent lentement. Lorsqu'il prononçait, en 1970, sa leçon inaugurale au Collège de France, intitulée précisément « L'ordre du discours[44] »,

43. « Société du vingtième siècle et histoire cinématographique », *Annales ESC,* 23e année, n° 3, 1968.
44. À la chaire d'histoire des systèmes de pensée, le 2 décembre 1970.

Michel Foucault évoquait l'intérêt de « traiter non pas des représentations qu'il peut y avoir derrière le discours, mais des discours comme des séries régulières et distinctes d'événements… »

C'est à cela que nous songeons tous après tout ce qui a pu être dit et surtout écrit à propos de la Résistance et de la guerre, et après tout ce qui a été et va encore être dit au cours de ce colloque. Des séries régulières et distinctes d'événements… n'est-ce pas la seule vraie question qui subsiste aujourd'hui ?

Universitaires membres de la Commission d'histoire de l'occupation et de la libération de la France, du Comité d'histoire de la Guerre et du Comité d'histoire de la Deuxième Guerre mondiale d'après le dépouillement des bulletins de ces organismes.

Nom, Prénom	Université	Statut	Discipline	Date d'entrée à la CHOLF, au CHG ou au CH2GM	Informations complémentaires
Fawtier Robert (1885-1966)	Sorbonne & CNRS	professeur	histoire médiévale	1945	vice-président de la commission d'histoire de la Déportation
Febvre Lucien (1878-1956)	Sorbonne, Collège de France	professeur	histoire moderne	1945	président du CHG, décédé en 1956
Labrousse Ernest (1895-1988)	Sorbonne	professeur	hist. moderne/avocat	1945	
Michel Henri (1907-1986)	CNRS (1966)	agrégé de l'Univ. (1945)	histoire contemporaine	1945	
Perroy Edouard (1901-1974)	Sorbonne	professeur	histoire médiévale	1945	détaché auprès de la CHOLF
Renouvin Pierre (1893-1974)	Sorbonne, Institut	professeur	histoire contemporaine	1945	président de la commission d'histoire militaire
Vaucher Paul (1887-1966)	Sorbonne	professeur	histoire moderne	1945	président de la commision d'histoire de la Résistance
Bloch Camille (1865-1949)	Institut	membre ASMP	histoire moderne	1945	
Palanque Jean-Rémy (1898-1988)	Aix en Provence	professeur	histoire ancienne	1945	
Merlat-Guitard Odette	CNRS (1955)	chercheuse	histoire contemporaine	1945	

Lefebvre Georges (1874-1959)	Sorbonne	professeur	histoire moderne	1946	
Baumont Maurice (1892-1981)	CNAM/Sorbonne	professeur	géo. indust./hist. contemp.	1951	président du CH2GM
de Bouard Michel (1909-198)	Caen	professeur	histoire médiévale	1952	PCF, déporté à Mauthausen
Freville Henri (1905-1997)	Rennes	professeur	histoire mod./contemp.	1952	dir. de cab. de Victor Le Gorgeu (commissaire de la République en Bretagne)
Livet Georges	Stasbourg	professeur	histoire	1952	
Vermeil Edmond	Sorbonne	professeur	études germaniques	1952	
Braudel Fernand (1902-1985)	Collège de France	professeur	histoire moderne	1954	président de la commission d'histoire de la captivité
Wolf (1913-201)	Toulouse	chargé de cours	histoire médiévale	1955	
Fourastié Jean (1907-1990)	CNAM	professeur	économie	1960	président de la commission d'histoire économique et sociale
Auguin	Rennes	professeur honoraire		1961	
Carbonell	Toulouse	assistant		1962	assistant du doyen Godechot
Bédarida François (1926-2001)	Sorbonne	maître-assistant	histoire contemporaine	1964	
Droz Jacques (1909-1998)	Sorbonne	professeur	histoire contemporaine	1964	
Rémond René	Sorbonne (Institut)	professeur	histoire contemporaine	1964	
Guiral Pierre (1909-1996)	Aix en Provence (1955)	maître de conférences	histoire moderne	1967	

Sauvy Alfred (1898-1990)	Paris	directeur INED	démographie/économie	1967	
Vilar Pierre (1906-2003)	Sorbonne	professeur	histoire moderne	1967	démissionnaire en 1972
Laborie Pierre	Toulouse	en thèse	histoire contemporaine	1968	
Aron Raymond (1905-1983)	Institut	membre ASMP	philosophie/sociologie	1970	
L'Huillier Fernand	Strasbourg	professeur	histoire contemporaine	1970	
Veillon Dominique	Paris		histoire contemporaine	1970	
Cointet Michèle		thèse	histoire contemporaine	1972	
Dejonghe Etienne	Lille 3	maître-assistant	histoire contemporaine	1972	
Foulon Charles-Louis	Paris		histoire contemporaine	1972	
Gounand Pierre	Dijon	agrégé de l'Univ.	histoire contemporaine	1972	
Hostache René (1925-2000)				1972	
Marcot François	Doubs	agrégatif	histoire contemporaine	1972	
Martel André	Montpellier	professeur		1972	remplace Vilar
Agulhon Maurice	Sorbonne	professeur	histoire contemporaine	1973	
Bouvier Jean (1920-1987)	Sorbonne	professeur	histoire moderne	1973	remplace Fourastié
Bariéty Jacques	Strasbourg	professeur	histoire contemporaine	1977	
Dreyfus François-Georges	IEP Strasbourg	professeur dir IEP	histoire contemporaine	1977	
Mayeur Jean-Marie			histoire contemporaine	1978	président de la commission d'histoire religieuse

Duroselle Jean-Baptiste (1917-1994)	Sorbonne et Institut	professeur	histoire contemporaine	1979	président du CH2GM
Ageron Charles-Robert	Tours	professeur	histoire contemporaine	1979	président de la Commission d'histoire de l'Empire français
Bastid Paul	Institut	membre ASMP	Droit/député/ministre	avant 1970	président de la CHIPJAL et président de la CHPC
Rebillon	Rennes	professeur	histoire moderne	date inconnue	
Durand Yves				date inconnue	

Sigles : ASMP : Académie des sciences morales et politiques ; CHIPJAL : commission d'histoire de l'instruction publique, de la jeunesse et des arts et lettres ; CHPC : commission d'histoire de la propagande et de la collaboration ; CNAM : Conservatoire national des arts et métiers ; IEP : Institut d'études politiques ; INED : Institut national d'études démographiques.

Troisième partie

L'élaboration de l'histoire de la Résistance dans les régions

Le travail des correspondants de la Commission d'histoire de l'occupation et de la libération de la France et du Comité d'histoire de la Deuxième Guerre mondiale

Laurent DOUZOU

L'originalité la plus saillante du Comité d'histoire de la Deuxième Guerre mondiale (CH2GM) fut probablement le réseau de correspondants départementaux sur lequel il prit résolument appui tout au long de son existence et qui survécut à sa disparition[1]. La création de ce réseau fut précoce et concomitante de celle de la Commission d'histoire de l'occupation et de la libération de la France (CHOLF). Mise sur pied dès 1945[2], l'entreprise, qui n'avait pas de précédent, fut pilotée par le secrétariat général assuré par le médiéviste Édouard Perroy, alors professeur à la faculté des lettres de Lille, puis par Henri Michel, agrégé d'histoire et géographie, inspecteur d'académie, tous deux résistants. Le moins qu'on puisse dire est que l'affaire fut menée tambour battant puisque le premier numéro du bulletin de la CHOLF, en janvier 1948, publiait une liste de 78 correspondants couvrant déjà 72 départements. À cette date, 15 départements n'avaient pas de correspondant[3] et des pourparlers étaient engagés avec diverses personnalités pour cinq d'entre eux[4]. Lorsqu'en décembre 1951 se constitua le CH2GM, c'est

1. Le réseau fut, comme on verra, maintenu par l'Institut d'histoire du temps présent qui succéda au CH2GM.
2. On se reportera sur ce point au texte de Paule René-Bazin dans ce volume qui fournit des éléments à ce jour inconnus.
3. Hautes-Alpes, Aube, Cantal, Côte-d'Or, Dordogne, Landes, Lot, Lot-et-Garonne, Lozère, Mayenne, Moselle, Hautes-Pyrénées, Tarn, Haute-Vienne, Yonne.
4. Les Hautes-Alpes, la Moselle, le Tarn, la Haute-Vienne et l'Yonne.

Henri Michel qui eut la haute main sur le réseau des correspondants dont il prit toujours grand soin, conscient à la fois de l'originalité et des potentialités de cette structure.

Qui étaient les correspondants et combien ont-ils été ?

Les bulletins de la CHOLF, puis du CH2GM, entre 1948 et 1978, sont une source de premier ordre pour déterminer le nombre et le profil des correspondants[5]. Dans la mesure où ces bulletins internes sont destinés « à resserrer les liens entre le secrétariat général et les correspondants départementaux[6] », ils annoncent les nominations, les départs ou les défections des correspondants. Ils dressent aussi de temps à autre des listes de correspondants.

Leur dépouillement a permis de répertorier 556 correspondants pour les trente années qui courent de 1948 à 1978[7]. Dans certains départements, il y aura eu 10 correspondants (Dordogne, Lot, Nord, Bas-Rhin, Tarn) et même jusqu'à 12 en Ille-et-Vilaine et dans le Rhône, 13 dans le Doubs. L'inverse est également vrai, la Haute-Marne n'en ayant compté qu'un mais il est vrai que le cas est unique. La moyenne par département s'élève à 6 correspondants sur trente ans. Si l'on observe une forte rotation, en raison principalement des mutations des uns et des autres, un examen attentif fait tout de même apparaître une colonne vertébrale assez solide avec des correspondants en place de longues années.

Le bulletin précisant la profession de 407 de ces 556 correspondants, on peut, pour l'ensemble de la période, constater que l'enseignement secondaire s'y taille la part du lion avec 201 représentants, soit 49,3 % (35,1 % pour les professeurs de lycée qui sont 143, 14,2 % pour les professeurs de collège qui sont 58), les 14 universitaires représentant, quant à eux, 3,4 % du total. Viennent ensuite les 82 enseignants du primaire avec 20,1 %. Tous corps confondus, l'enseignement fournit donc 72,8 % des correspondants. Les archivistes sont 76 et représentent 18,6 % de l'ensemble. En 1949, dans 25 départements, le correspondant est l'archiviste départemental[8]. L'ossature des correspondants est donc constituée des archivistes et d'enseignants puisqu'ils représentent 91,4 % de l'ensemble : c'est là une caractéristique qui vaut pour l'ensemble de la période et qui s'explique

5. Le *Bulletin* du Comité d'histoire de la Deuxième Guerre mondiale, dont le premier numéro est daté de janvier 1952, fait suite au numéro 21 du *Bulletin* de la Commission d'histoire de l'occupation et de la libération de la France (juin 1951) et au numéro 12 du *Bulletin* du Comité d'histoire de la guerre (décembre 1951).

6. N° 1, janvier 1948, p. 1. Texte d'ouverture d'Henri Michel.

7. 565 en incluant l'Outre-Mer. On en trouvera une liste, probablement non exhaustive mais assez complète, classée par département en annexe de cet ouvrage. Cette liste a été établie à partir du dépouillement des bulletins des différents comités de 1948 à 1978.

8. *Bulletin* de la CHOLF, numéro spécial, octobre 1949, intervention d'Henri Michel, p. 3.

par les compétences et la position professionnelles des intéressés d'une part, par le mode de recrutement des correspondants qui obéit à une forte logique institutionnelle d'autre part[9]. Les 8,6 % restants sont émiettés avec 7 officiers, 6 fonctionnaires des anciens combattants, 5 magistrats, 5 ecclésiastiques, 3 médecins, 2 préfets, 2 journalistes, 2 commissaires de police, 1 ingénieur, 1 directeur d'imprimerie, etc. À dire vrai, pour ces 8,6 %, la profession compte moins que leur situation personnelle : dans nombre de cas, une mention « ex-déporté », « ancien résistant », « frère de déporté », etc. explique manifestement leur implication dans le Comité.

Sur les 556 correspondants, on compte 69 femmes, soit 12,4 %, dont certaines (Mme Appleton dans l'Ain, Mme Silvestre dans l'Isère[10]) sont des piliers de l'activité du Comité. On recense également cinq couples de correspondants : M. et Mme Mercier dans le Doubs à dater de 1970 ; M. et Mme Plateaux dans l'Indre à dater de 1960 ; M. et Mme Silvestre (elle à partir de 1963, lui à partir de 1974) dans l'Isère ; M. et Mme Pioger dans la Sarthe à dater de 1959 ; M. et Mme Fabre, professeurs, nommés tous deux en 1974 dans le Tarn. Nous avons également repéré deux cas où des fils ou filles ont succédé à leur correspondant de père. Dans l'Aude, en 1961, André Vidal succède à son père Aubert Vidal qui était correspondant depuis trois ans[11]. Dans les Hautes-Pyrénées, Mme Rey, « fille du très regretté M. Maumus[12] », devient correspondante en 1975.

Marginaux, ces recrutements singuliers attestent tout de même une forme de fidélité à l'œuvre au sein du Comité en même temps peut-être que la difficulté de trouver des correspondants fiables et durables. De fait, le réseau dut constamment être remis sur le métier et il fallut attendre le mois de mars 1963 pour qu'Henri Michel proclame que le Comité disposait de correspondants dans tous les départements sauf un[13].

Mais la caractéristique la plus forte des correspondants, au moins jusqu'au début des années 1970, c'est d'avoir été partie prenante des événements dont ils ont à traiter. Mieux, quand le Comité diversifie ses activités, en créant une commission de la déportation, une commission de la captivité, il se tourne vers d'ex-déportés, d'ex-prisonniers de guerre. Quelques exemples parmi d'autres. En juin 1949, Mme Appleton signale qu'elle travaille avec « un jeune enquêteur adjoint extrêmement actif » qui « est un instituteur déporté[14] ». Dans les Alpes-Maritimes, Mlle Maron,

9. Ainsi on trouve dans le *Bulletin* de la CHOLF, numéro 4, septembre 1948, p. 3, la notation suivante : « Le ministre de l'Éducation Nationale a envoyé une circulaire aux Inspecteurs d'Académie des départements dans lesquels la commission n'a encore ni comité ni correspondant : Aube, Côte-d'Or, Landes, Lot, Lot-et-Garonne, Hautes-Pyrénées. »

10. Se reporter à propos de Suzanne Silvestre au texte d'Olivier Vallade dans ce volume.

11. *Bulletin* du Comité d'histoire de la Deuxième Guerre mondiale, n° 100, juillet 1961, p. 3.

12. *Bulletin* du Comité d'histoire de la Deuxième Guerre mondiale, n° 218, novembre-décembre 1975.

13. *Bulletin* du Comité d'histoire de la Deuxième Guerre mondiale, n° 118, mars 1963.

14. *Bulletin* de la CHOLF, numéro spécial, octobre 1949, p. 12.

recrutée en 1959, est présentée en sa qualité de professeur au lycée de jeunes filles mais aussi en tant que fille de déportée. Dans l'Ariège, Saint-Alary, recruté en 1953, est directeur d'école honoraire mais aussi « ex-déporté ». Dans le Cantal, on ne sait rien de Payrasse, recruté en 1953, si ce n'est qu'il est membre du bureau des déportés et internés politiques à Aurillac. En Charente-Maritime, en 1959, est nommé un tandem composé de Thibaudeau, « ex-chef départemental de la Résistance », et de Mme Bouchet, institutrice, « internée, veuve de déporté ». En Dordogne, Severin Blanc, directeur d'école honoraire, nommé en 1952, est un ancien déporté. En 1970, quand décède Armand Jaboeuf, correspondant depuis deux ans, on apprend qu'il était aussi « président des anciens FFI du Doubs ». Dans l'Hérault, Tixador, nommé en 1957, est ex-déporté. Dans la Manche, Colin, principal de collège honoraire, nommé en 1952, est « père de déportés non revenus ». En 1956, est recruté dans le Pas-de-Calais, Mauriange, professeur agrégé au collège technique de Boulogne, « ex P[risonnier de] G[uerre] évadé ». Même statut d'agrégé et d'ex P.G. évadé pour Moret-Bailly, correspondant en 1957 dans la Sarthe. Dans le Puy-de-Dôme, Marcel Paul, instituteur et correspondant dès 1948, est un ancien déporté. Dans l'Yonne, Vauthier, professeur aux cours par correspondance à Joigny, nommé en 1950, est ancien déporté à Orianenbourg. Quand il démissionne en 1956 pour raisons de santé, c'est un ex-déporté, Regnard, qui lui succède. Ces mentions attirent l'attention sur un fait que la présentation succincte des correspondants, telle qu'elle est conçue dans les bulletins internes, gomme. Ainsi, Charles Sadron, correspondant dans l'Indre dès l'origine, est un résistant déporté et nulle mention n'en est jamais faite. Si on scrutait de près chaque département, nul doute qu'on vérifierait cette règle – dont on ne trouve mention qu'incidemment – qui est que le correspondant se devait d'avoir été partie prenante des combats qu'il contribuait à éclairer. Lorsqu'il traçait le portrait-robot du correspondant en 1949, Henri Michel notait significativement : « De multiples qualités étaient exigées de lui : avoir milité dans la Résistance, bien sûr[15]... »

Cette exigence ne cessa d'être première qu'à partir du moment où intervint une relève générationnelle doublée d'une ferme volonté d'asseoir la nomination des correspondants sur une compétence historienne, gage d'études de caractère scientifique. Ce changement se dessina assez tôt, par exemple avec la désignation de Suzanne Silvestre dans l'Isère en 1963 ; il se confirma et s'amplifia ensuite avec les nominations d'Yves Durand en 1967 dans le Loiret, de Pierre Laborie et Michel Goubet en 1968 respectivement dans le Lot et en Haute-Garonne, d'Hélène Chaubin en 1971 en Corse, de Jacqueline Sainclivier en 1973 en Ille-et-Vilaine, de François Marcot

15. Henri MICHEL, « Une enquête sur la Résistance par la Commission d'histoire de l'occupation et de la libération de la France », *Cahiers d'histoire de la guerre*, n° 2, 1949, p. 51.

dans le Doubs en 1974, de Jean-Marie Guillon dans le Var en 1975 ou encore de Christian Bougeard dans les Côtes-du-Nord en 1976. Au même moment, on vit apparaître dans les bulletins mention de la disparition de correspondants souvent en poste depuis 20 ans[16].

C'est dire que le profil des correspondants a sensiblement évolué au cours des quelque trente ans d'activité déployée par le Comité. Ce qui renvoie aux questions du statut des correspondants et au travail qu'ils ont eu à accomplir.

Des correspondants initialement très encadrés

La première phase, au cours de laquelle il fallut essuyer les plâtres, c'est-à-dire concevoir le travail à effectuer, mit au point des procédures en tâtonnant. Au cœur de ce travail, le correspondant s'appuyait sur un Comité départemental souvent constitué très tôt: dès juillet 1945 dans la Loire-Inférieure, dès 1948 dans l'Allier, les Alpes-Maritimes, les Bouches-du-Rhône, l'Indre-et-Loire, la Manche, la Moselle, le Rhône, le Var, etc. La fonction de ce comité départemental était originellement d'aider le correspondant en faisant office de Comité de patronage en lui donnant accès à tous les mouvements et réseaux. Il était souvent placé sous la présidence des autorités du département, préfets et inspecteurs d'académie. Il donnait à l'action de la CHOLF, puis du CH2GM une sorte de label officiel mais Henri Michel, dès 1948, conseillait de ne pas le transformer en « organe de travail[17] ».

Au reste, il n'y eut pas un type unique de comité départemental. Si beaucoup obéirent à une logique institutionnelle et officielle, il y en eut aussi qui visèrent à l'efficacité. Par exemple, le Comité constitué dès juillet 1945 dans la Loire-Inférieure

> « a toujours tenu ses séances chaque deuxième jeudi du mois de 17 h à 19 h 30 à la bibliothèque municipale. À chaque séance, 3 ou 4 personnes ont été invitées à venir déposer ou plutôt converser, et une sténo a pris l'essentiel des déclarations de ceux répondant à l'invitation, c'est-à-dire en moyenne 1 ou 2 personnes par séance. Plusieurs d'entre elles nous ont ensuite donné des comptes rendus plus détaillés.
>
> Le Comité a gagné en confiance en déclarant plusieurs fois que les dossiers ainsi constitués, matériaux futurs de l'Histoire, seront mis pour le moment au secret à l'abri des indiscrétions. Il a fait comprendre qu'il s'agissait de constituer des lots d'archives pour la période actuelle, semblables

---

16. Cf. *Bulletin* du Comité d'histoire de la Deuxième Guerre mondiale, n° 177, novembre 1968, p. 1, avec l'éloge de l'abbé Guillaume, historien de la Résistance en Sologne, dans le Loiret, un des premiers correspondants du Comité; n° 178, décembre 1968, p. 2, avec l'éloge de Cros, correspondant pour la Dordogne; n° 180, mars-avril 1969, annonçant les décès de Beaussier de l'Ardèche et Beau de l'Eure.
17. *Bulletin* de la CHOLF, n° 1, janvier 1948.

> à ceux qui existent à la Bibliothèque, salle des manuscrits, et aux Archives Départementales, pour les périodes précédentes, et qui serviront aux historiens de demain.
>
> Il a fait connaître son entreprise aux principales mairies du département : St-Nazaire, Pornic, Châteaubriant, Ancenis, Paimboeuf, La Baule. Souvent ses membres ont senti qu'il leur faudrait nous déplacer et aller enquêter sur place près des personnes signalées, auxquelles on avait écrit, mais sans recevoir de réponse. Le temps et les moyens ont manqué jusqu'ici. Aussi bien, malgré les résultats obtenus, la tâche est loin d'être achevée[18]. »

De même, en Charente, celui qui se constitua en janvier 1949 comprenait « non des personnalités, mais seulement des correspondants locaux[19] ». Cette notation attire l'attention sur un fait important : dans plusieurs départements, le correspondant ne travailla pas seul. En Seine-et-Oise, le correspondant, inspecteur primaire honoraire, trouva « parmi ses instituteurs, des correspondants cantonaux qui rassembl[ai]ent les documents et rédige[ai]nt des études[20] ». Dans l'Indre, Charles Sadron était secondé en 1948 par un professeur à l'école normale d'instituteurs, un professeur au lycée de garçons de Châteauroux et un instituteur retraité[21]. Dans la Loire, à côté du Comité présidé par l'inspecteur d'académie en 1948, fut créé « un sous-comité pour Roanne » qu'un ancien sous-préfet était chargé de monter[22]. Il est fait mention, dès 1948, de 7 correspondants locaux dans la Meuse « recrutés dans le personnel universitaire[23] » comme dans la Moselle où « des correspondants locaux [étaien]t recrutés pour les grosses bourgades et les principaux cantons[24] ». Le bulletin n° 4 de la CHOLF se faisait l'écho en septembre 1948 d'initiatives allant dans le sens d'un travail collégial : « Dans les Deux-Sèvres, M. Pineau, qui est inspecteur primaire, a trouvé parmi ses instituteurs, des correspondants cantonaux qui rassemblent les documents et rédigent des études. La méthode, utilisée aussi par M. Guignepain en Seine-et-Oise, paraît donner d'excellents résultats pourvu que soit évité le risque de fractionnement exagéré de l'enquête. »

En Haute-Saône, des correspondants locaux étaient également mentionnés en 1949 tout comme dans le Lot où il était « décidé de constituer des comités locaux dans les principales bourgades du département[25] ». Dans la Haute-Saône, en février 1949, « des responsables ont été désignés pour 7 localités[26] ». Dans les Deux-Sèvres, en mai 1949, 30 « correspondants

---

18. *Bulletin* de la CHOLF, n° 1, janvier 1948.
19. *Bulletin* de la CHOLF, n° 6, janvier 1949.
20. *Bulletin* de la CHOLF, n° 4, septembre 1948.
21. *Bulletin* de la CHOLF, n° 4, septembre 1948.
22. *Bulletin* de la CHOLF, n° 6, janvier 1949.
23. *Bulletin* de la CHOLF, n° 4, septembre 1948, p. 3.
24. *Bulletin* de la CHOLF, n° 6, janvier 1949.
25. *Bulletin* de la CHOLF, n° 6, janvier 1949.
26. *Bulletin* de la CHOLF, n° 7, mars 1949.

cantonaux [27] » étaient à la tâche. En 1950, le correspondant du Finistère recruta « comme enquêteur un instituteur, ancien chef d'arrondissement FFI[28] ». On trouve dans le bulletin les termes de « noyau actif » ou de « comité restreint » pour désigner ces équipes à l'ouvrage, parallèlement aux Comités départementaux. Il y a donc bien eu, au moins dans les premières années, des réseaux de petits comités locaux et de correspondants cantonaux.

Les Comités départementaux étaient eux-mêmes à géométrie variable et éminemment différents d'un département à un autre. Le numéro spécial du bulletin de la CHOLF, paru en octobre 1949, est, à cet égard, éclairant. On y trouve un résumé du congrès des correspondants tenu à Paris le 21 juin 1949. 64 départements métropolitains et l'Algérie y étaient représentés. Sous la présidence de Pierre Renouvin, il donna lieu à des échanges qui permettent de voir les correspondants à l'œuvre. Henri Michel le disait lui-même dans son propos liminaire : « C'est ce que vous avez fait que nous voulons connaître[29]. » S'il rappelait que les inspecteurs d'académie et les préfets avaient été priés par leurs autorités de tutelle d'aider les correspondants[30], il précisait : « il ne faut pas que nous prenions figure de commission officielle. Nous ne sommes pas là pour écrire l'Histoire officielle. Il faut simplement que les pouvoirs publics se mettent à notre disposition, comprennent que la tâche entreprise par nous n'est pas sans utilité[31]. » Les correspondants demandant quel était précisément leur statut, Henri Michel répondait : « Vous êtes officiels. Les préfets et les Inspecteurs d'Académie ont reçu des Directives. Ils vous doivent leur aide. Ce qu'il ne faut pas, c'est qu'eux-mêmes entreprennent de vous en donner[32]. » Pierre Renouvin, faisant la synthèse des interventions des correspondants, constatait que trois cas se dessinaient :

> « Dans un premier cas, le comité départemental est réel et effectif. Dans le second cas, il s'agit d'un comité "mixte". Il y a un comité de patronage qui n'a qu'un rôle de représentation, assorti d'un comité de travail qui, lui seul, est efficace. Puis, en troisième lieu, il y a le cas, rare je l'espère, mais qui s'est présenté tout à l'heure, où il a été impossible de former un comité quelconque, où, en somme, toute l'activité repose sur le correspondant. Évidemment, c'est une question de circonstances locales. Nous ne pouvons pas poser une règle générale[33]. »

Graduellement, les comités départementaux s'effacèrent et les correspondants développèrent leur travail en prenant appui sur les autorités du dépar-

27. *Bulletin* de la CHOLF, n° 4, septembre 1948.
28. *Bulletin* de la CHOLF, n° 16, octobre 1950.
29. *Bulletin* de la CHOLF, numéro spécial, octobre 1949, p. 1.
30. Cf. la note adressée par le ministre de l'Intérieur aux préfets reproduite dans le *Bulletin* du Comité d'histoire de la Deuxième Guerre mondiale, n° 4, avril 1952, p. 9.
31. *Bulletin* de la CHOLF, numéro spécial, octobre 1949, p. 2.
32. *Bulletin* de la CHOLF, numéro spécial, octobre 1949, p. 7.
33. *Bulletin* de la CHOLF, numéro spécial, octobre 1949, p. 13-14.

tement tout en ayant une réelle latitude d'action. Reste que ces comités départementaux jouèrent un grand rôle dans la mise en œuvre effective du réseau des correspondants grâce à l'aide que les préfectures leur prêtèrent, aux subventions qu'accordèrent les conseils généraux et les municipalités. Un tableau d'honneur des départements et des villes fut d'ailleurs périodiquement publié qui annonçait les subventions accordées et stigmatisait l'avarice de certaines institutions : « Peu généreux, le Conseil Général du Rhône a limité sa subvention à 5 000 francs[34]. »

Le statut des correspondants ne fut néanmoins jamais vraiment une question réglée. Lors d'une réunion de nouveaux correspondants à Paris, le 6 octobre 1960, Henri Michel leur tenait ce langage qui montre assez bien la complexité de leur statut et de leur travail : « M. Michel rappelle les étapes de l'élaboration de la chronologie de la Résistance, et insiste sur la discrétion et la prudence nécessaires à des recherches délicates. Nommé avec l'agrément du Préfet, le correspondant doit demeurer en relations constantes et confiantes avec le fonctionnaire, de préférence du bureau du cabinet, désigné pour travailler avec lui[35]. »

C'est en 1949 probablement qu'Henri Michel exposa le mieux ce qui faisait la force et la faiblesse des instances nées depuis la Libération :

> « Notre organisme s'est constitué par petits morceaux. Évidemment, sa composition ne peut être qu'empirique, car il ne peut être question de trouver des règles et des méthodes valables pour tous les cas. Chaque département a sa structure propre. Il faut "coller" à la réalité ; mais la Commission Centrale est là, pour faire connaître, aux uns et aux autres, ce que les uns et les autres ont fait et pour tirer un enseignement de l'ensemble des indications qui nous arrivent fragmentairement de tous les départements[36]. »

Quel travail les correspondants firent-ils ?

En 1948, Henri Michel définissait les objectifs ainsi : « Le travail de la Commission est en somme triple : enquêter sur les origines et l'action de la résistance à l'ennemi ; assurer la préservation des documents intéressant la vie de la France de 1940 à 1945 ; procéder à des publications susceptibles d'aider les historiens dans leurs recherches. »

En 1949, à la faveur du premier congrès des correspondants, il précisait la marche à suivre : d'abord entretenir des relations étroites et fécondes avec les correspondants et mettre sur pied une organisation régionale ; ensuite dresser une carte des maquis, établir une chronologie de la résistance afin

34. *Bulletin* du Comité d'histoire de la Deuxième Guerre mondiale de 1952 à 1980, n° 1, janvier 1952.
35. *Bulletin* du Comité d'histoire de la Deuxième Guerre mondiale, n° 92, novembre 1960, p. 5.
36. *Bulletin* de la CHOLF, numéro spécial, octobre 1949, p. 2.

d'arriver à un tableau d'ensemble de la résistance; enfin mettre au point une chronologie de la libération.

Ce que les bulletins disent peu, c'est l'importance extrême attachée dans ce travail, au cours des premières années, à la collecte de témoignages. Le 24 février 1949, une émission diffusée à la radio et qui réunissait Georges Bourgin, Albert Kammerer, Édith Thomas, Adrien Dansette et Henri Michel, faisait le point sur le travail de la CHOLF. Henri Michel y déclarait ceci:

> « La Commission d'histoire de l'occupation et de la libération de la France a pensé qu'il ne fallait pas attendre pour recueillir le plus possible de témoignages. Et pour des raisons diverses. La première, c'est que les gens disparaissent et leur témoignage avec eux. La deuxième, c'est que les souvenirs s'estompent, volontairement et involontairement. Et enfin, il y a tout de même des courants de pensée et d'intérêt. Il ne faut pas attendre que toutes les questions qui concernent la Résistance soient malheureusement obscurcies par d'autres événements qui absorbent l'attention du public. C'est pourquoi nous nous sommes engagés dans une très vaste enquête qui nous a permis de toucher près d'un millier de témoins. Nous la continuons, nous la continuons à Paris, nous la continuons en province, nous l'abordons à l'étranger auprès des groupes de Français qui ont œuvré dans les mouvements de la France libre. Cette enquête, nous avons pu la conduire et recueillir beaucoup de témoignages parce que nous avons fait vœu de silence. M. l'ambassadeur Kammerer a parlé de l'embarras des témoins à qui on demandait de confier des souvenirs qui parfois après pouvaient se retourner contre eux. Eh bien, nous nous sommes engagés à ne rien publier[37]. »

Le statut des témoignages collectés par les soins et à l'initiative des correspondants n'allait pas de soi. Henri Michel le disait nettement en 1949:

> « Il existe au fond deux catégories de documents. Ceux qui viennent des administrations et qui sont du ressort de l'archiviste, entièrement; vous pouvez seulement aider l'archiviste à accélérer un peu le départ des documents de l'administration vers le dépôt des archives. Mais c'est évidemment l'affaire de l'archiviste, ensuite, de les faire rentrer aux Archives et de les classer.
>
> En second lieu, il y a les documents et surtout les témoignages que vous recueillez de la part des résistants; ceux-là sont beaucoup plus délicats, parce que ce sont des déclarations faites par une personne qui met en cause d'autres personnes, et, il faut éviter à tout prix, pour que vous puissiez continuer à travailler dans la paix, que ces déclarations soient divulguées. Si vous disposez de quelqu'un de confiance, chez vous, c'est très bien, mais ce qu'il faut surtout, c'est que vous soyez le seul à connaître ce qui a été dit dans ces déclarations... je dirai même que, dans la plupart des cas, il ne faut pas les montrer au Comité. Vous pouvez donc momentanément être amené à ne pas les montrer à l'Archiviste[38]. »

37. BNF, INA, notice: PDC12-1840 (4), Histoire de l'Occupation et de la Libération (enregistrement sonore): émission diffusée le 24 février 1949, Tribune de Paris, 18'37".

38. *Bulletin* de la CHOLF, numéro spécial, octobre 1949, intervention d'Henri Michel, p. 4.

À une époque où plus d'un correspondant sur quatre était archiviste de métier, l'éventualité pour le correspondant de garder par-devers lui le témoignage recueilli sans le montrer à l'archiviste ne manque pas de sel. Il dit surtout le grand écart que représentait la pratique innovante de la constitution de fonds de sources orales.

Quoi qu'il en soit, si la CHOLF et le CH2GM improvisèrent par la force des choses, ses responsables tentèrent graduellement de donner une relative homogénéité et cohérence à leur entreprise. Pour la collecte de témoignages comme pour tous les aspects du travail à accomplir, les relations avec les correspondants furent intenses et constantes. Nombre d'entre eux se rendaient fréquemment à Paris, le bulletin se faisant l'écho de leurs visites. Surtout, des réunions régionales furent mises sur pied avec une belle régularité dès 1949[39], pour ne plus cesser ensuite[40]. Et la collecte de témoignages de résistants se poursuivit sans désemparer. Des questionnaires furent adressés aux maires de chaque département. Très complets, ils n'en comportaient pas moins des lacunes, comme en fait foi ce paragraphe publié dans le bulletin n° 8 de la CHOLF en mai 1949 : « À noter l'oubli, dans le questionnaire rédigé à l'intention des maires, d'une rubrique concernant, parmi les faits de résistance "l'aide apportée aux persécutés raciaux". Peut-être, dans certains départements, sera-t-il encore possible de l'ajouter au questionnaire ? »

Au tout début, des Comités eurent une activité d'animation pédagogique en poussant à la réalisation d'études sur la période de l'Occupation. Réunie à Colmar en décembre 1951, la commission du Haut-Rhin attribua ainsi « des prix aux auteurs des meilleurs mémoires sur la vie des communes du département sous l'occupation[41] ».

Par ailleurs, dans un premier temps, les comités entendirent des acteurs de la période. Par exemple, en 1948, dans le Var, le comité tint des réunions mensuelles à Toulon, dans le local à disposition du commandant FFI ; des acteurs de la résistance furent appelés pour être entendus au cours de ces réunions. En 1949, dans l'Ain, Mme Appleton et M. Morin tenaient, tous les jeudis, une permanence aux archives départementales, où étaient convoqués résistants et personnalités diverses qu'il était intéressant d'entendre[42]. De telles auditions n'étaient pas sans risques comme Jean Bouvier, professeur au lycée du Parc à Lyon et correspondant du Rhône, le signalait après « l'interrogatoire d'un membre important de la Légion », faisant valoir

39. En 1949 : à Marseille, Montpellier, Toulouse, Bordeaux.
40. En 1950 : à Lyon, Dijon, Limoges, Moulins, Strasbourg, Paris, Lille, Évreux, Rennes. En 1959, de semblables réunions ont lieu à Rennes, Marseille, Toulouse, Besançon, Paris. En 1960, à Caen, Angers, Lille, Dijon, Strasbourg, Bordeaux, Montpellier, Limoges, Lyon, Nancy, Paris. De telles réunions eurent lieu pendant toute la durée d'existence du Comité.
41. *Bulletin* du Comité d'histoire de la Deuxième Guerre mondiale, n° 1, janvier 1952, p. 12.
42. *Bulletin* de la CHOLF, n° 7, mars 1949, p. 4.

que beaucoup de prudence s'imposait « pour ne pas transformer l'enquête sur la résistance en une tribune qui risquerait de devenir vite assez singulière[43] ».

Quoi qu'il en soit, l'enquête sur la Résistance atteignit ses limites au moment où le Comité d'histoire de la Deuxième Guerre mondiale voyait le jour. Outre que l'on avait recueilli nombre de témoignages, l'enquête devenait extrêmement difficile dans cette période où la guerre froide faisait rage. Mettre fin à la collecte de témoignages oraux tout en continuant à engranger les documents encore en possession des résistants, telle était la ligne définie par Henri Michel[44].

Parallèlement, le comité directeur du Comité d'histoire de la Deuxième Guerre mondiale prit, en novembre 1953, la décision d'aider l'impression d'ouvrages valables, émanant de correspondants, sur la période de la guerre « dont la rédaction aurait été orientée par lui ou lui aurait été soumise[45] ». De telles publications virent effectivement le jour. C'était important en raison du « veto de principe de la Sorbonne à tout sujet de thèse portant sur des faits vieux de moins de 20 ans[46] ». Fin 1955, sur la suggestion de Julien Cain, le comité directeur réuni en séance plénière décida donc de dresser « une liste de sujets pouvant être traités, avec le nom de chercheurs capables », ce plan de travail étant intégré « dans le plan général de 5 ans qu'établit le CNRS[47] ».

Graduellement, le CH2GM se dota de commissions distinctes dédiées à des thèmes précis :
– déportation et captivité (avec élaboration d'une statistique de la déportation « par les soins des dévoués correspondants départementaux et en dépit de difficultés toujours renaissantes [...] pour une trentaine de départements ; elle est en bonne voie dans une vingtaine d'autres[48] ») ;
– captivité de guerre ;
– histoire de la Résistance (constituée en avril 1956[49] : « À la différence de la Commission d'histoire de l'occupation et de la libération de la France, c'est moins dans le domaine des archives, que dans celui des <u>études</u>, pouvant donner lieu ou non à des publications, que la Commission devra s'engager. Les études doivent être entreprises dès maintenant sous peine de ne l'être jamais. Question d'optique d'abord et de compréhension intime des faits : ceux de nos contemporains qui n'ont pas eu "l'esprit résistant" ne compren-

43. *Bulletin* de la CHOLF, n° 3, mai 1948, p. 3.
44. *Bulletin* du Comité d'histoire de la Deuxième Guerre mondiale, n° 2, février 1952, p. 7.
45. *Bulletin* du Comité d'histoire de la Deuxième Guerre mondiale, n° 19, novembre 1953, p. 1.
46. *Bulletin* du Comité d'histoire de la Deuxième Guerre mondiale, n° 38, décembre 1955, p. 4.
47. *Bulletin* du Comité d'histoire de la Deuxième Guerre mondiale, n° 38, décembre 1955, p. 4.
48. *Bulletin* du Comité d'histoire de la Deuxième Guerre mondiale, n° 54, mai 1957, rapport d'Henri Michel, p. 2.
49. *Bulletin* du Comité d'histoire de la Deuxième Guerre mondiale, n° 43, mai 1956, p. 2.

nent rien à la Résistance : que sera-ce dans cinquante ans ? Question de pratique ensuite : la plupart des documents sont des hiéroglyphes – une forêt de sigles, de pseudonymes et de langage codifié ; les historiens à venir s'y perdront ou ne seront guère incités à s'y engager. Il ne faut pas laisser toute la documentation existante sur la Résistance s'endormir du sommeil de la terre. En conclusion et pour terminer sur les moyens d'action nécessaires à cette Commission, à la différence, par exemple, des Commissions de la Déportation ou de la captivité de guerre, ses aînées, la Commission que nous constituons aura moins besoin d'enquêteurs et de correspondants provinciaux – il lui en faudra tout de même – que de rédacteurs d'études historiques, celles-ci étant devenues possibles dans bien des cas et devant être rapidement menées à bonne fin sous peine de ne l'être jamais[50]. ») ;
– histoire économique et sociale ;
– histoire de l'Instruction publique, de la jeunesse et des Arts et Lettres ;
– histoire militaire[51].

En octobre 1958, Henri Michel proposait, devant la commission d'histoire de la Résistance, « le recrutement de quelques correspondants départementaux pour essayer d'établir une chronologie départementale de la Résistance et il suggér[ait] de demander à M. Regnard de l'Yonne de préparer un prototype, sa statistique de la déportation étant un modèle du genre[52] ». En janvier 1959, lors d'une réunion des correspondants départementaux à Paris[53], Henri Michel dessinait le cadre du nouveau travail qu'il leur proposait : l'élaboration d'une chronologie de la Résistance[54].

Pour autant, la collecte de témoignages ne cessa pas. La commission lyonnaise recueillit, au cours de l'année 1958, 9 témoignages de résistants et 5 de déportés[55].

L'inflexion des tâches et des perspectives des correspondants

Le réseau des correspondants était hétérogène. En 1957, Henri Michel, traitant de la statistique, le reconnaissait en des termes choisis, évoquant « les difficultés que pose le recrutement des correspondants : les qualités intellectuelles, la situation personnelle, l'entregent, le dévouement, sont souvent difficiles à réunir en une seule personne. Certains travaillent très

50. *Bulletin* du Comité d'histoire de la Deuxième Guerre mondiale, n° 44, juin 1956, p. 8-9.
51. *Bulletin* du Comité d'histoire de la Deuxième Guerre mondiale, n° 86, avril 1960, p. 1.
52. *Bulletin* du Comité d'histoire de la Deuxième Guerre mondiale, n° 71, décembre 1958, p. 4.
53. Cette même année 1959, une autre réunion, regroupant quelque trente correspondants départementaux, est organisée à Paris le 9 mai. Cf. *Bulletin* du Comité d'histoire de la Deuxième Guerre mondiale, n° 77, juin 1959.
54. *Bulletin* du Comité d'histoire de la Deuxième Guerre mondiale, n° 74, mars 1959, p. 2. Voir également le numéro spécial du *Bulletin* du Comité d'histoire de la Deuxième Guerre mondiale, « Chronologie de la Résistance », octobre 1959.
55. *Bulletin* du Comité d'histoire de la Deuxième Guerre mondiale, n° 73, février 1959.

bien, d'autres ont moins de chances, se heurtant à l'indifférence ou à l'inertie des services[56] ».

En outre, le statut de correspondant n'était pas sans poser question. Lors d'une réunion entre le secrétariat général et les correspondants en 1949, M. Lecour, correspondant du Rhône, posait tout à trac la question : « Pouvez-vous envoyer aux Préfets un ordre de verser aux Archives[57] ? » Henri Michel lui répondait en des termes qui disaient bien la complexité de la tâche des correspondants et la marge de manœuvre que chacun d'entre eux avait :

> « Il est certain que les papiers dont le caractère délicat est évident, ne vous seront donnés que si vous savez vous y prendre officieusement, sans cela, ils risquent de disparaître. Il doit se produire une combinaison de la voie officielle et de la voie officieuse. Votre tâche de correspondant consiste à faire jouer vos relations personnelles au maximum afin d'obtenir "par la bande" ce que vous ne pouvez obtenir de front[58]. »

La solution au problème épineux que posaient des correspondants bien intentionnés mais aux compétences parfois limitées passait par un renouvellement de la cohorte qu'ils formaient. On a dit déjà que cette relève devint effective à dater du milieu des années 1960 pour s'intensifier ensuite. À dire vrai, la question était indissociable de celle de la possibilité d'études universitaires en bonne et due forme portant sur la période de la guerre, vingt ans après seulement, et par là même de la possibilité d'envisager une thèse et une carrière universitaire sur ce champ. Pour lever le veto sorbonnard, officiellement diagnostiqué en 1955, Henri Michel organisa en 1966 une réunion de professeurs d'histoire contemporaine où fut « élaboré un plan de la recherche universitaire, car la nouvelle génération d'enseignants est très favorable à ces recherches. Nous devons donc faciliter les relations des chercheurs avec les correspondants, qui restent juges des conditions de travail à envisager, notre rôle étant de coordonner et donner l'impulsion. De toutes façons, il ne faut pas décourager les bonnes volontés[59] ». Significativement, c'est à une réunion de correspondants du Nord-Est tenue le 17 novembre 1966 à Paris qu'il se fit l'écho de cette rencontre et des directions qui y avaient été décidées. Un an plus tard, le 16 novembre 1967, à la faveur d'une autre réunion de correspondants départementaux à Paris, Henri Michel revenait à la charge et précisait son propos et ses motivations :

> « [...] si le rôle du Comité est de donner l'impulsion à la recherche, il en résulte qu'il doit aider les chercheurs français ou étrangers. Jusqu'à présent on ne faisait pas de travaux d'histoire contemporaine en France

56. *Bulletin* du Comité d'histoire de la Deuxième Guerre mondiale, n° 50, janvier 1957, p. 3.
57. *Bulletin* de la CHOLF, numéro spécial, octobre 1949, p. 8.
58. *Bulletin* de la CHOLF, numéro spécial, octobre 1949, p. 8.
59. *Bulletin* du Comité d'histoire de la Deuxième Guerre mondiale, n° 161, mars 1967, p. 7.

> (en partie à cause de l'interdiction d'accès aux archives). Toute l'histoire de la France contemporaine risquait d'être faite par des historiens étrangers. Heureusement un état d'esprit nouveau se manifeste et la recherche universitaire s'oriente maintenant vers ces problèmes. De nombreuses thèses de doctorat ou de 3e cycle sont en cours. Des échanges de vues ont lieu fréquemment avec les professeurs de facultés pour l'examen de sujets possibles. Cela peut intéresser certains correspondants qui envisagent des travaux personnels[60]. »

Lors d'une réunion de la commission d'histoire de la Résistance, le 8 décembre 1969, à Paris, le même Henri Michel se réjouissait « de ce que la nouvelle génération d'historiens accepte de diriger des travaux sur cette période. Évidemment il faut agir avec prudence et veiller à ce qu'on n'entreprennent [*sic*] pas des travaux sur des sujets trop "épineux", susceptibles de soulever des polémiques désagréables. Quelques-uns de nos correspondants, en plus des chercheurs que la Commission vient d'entendre, entreprennent des travaux universitaires principalement[61] ». Et il citait les travaux en cours de Bourderon sur les mines d'Alès, Combes sur l'état public d'opposition dans la Haute-Loire, Durand sur l'opinion publique dans le Loiret de 1936 à 1946, Lombard sur les maquis de Bourgogne, Huguen sur le réseau Shelburn dans les Côtes-du-Nord, Gounand sur la ville de Dijon sous l'occupation allemande, Girard sur la résistance dans les Alpes-Maritimes, Laborie sur la résistance dans le Lot.

Dans un bulletin spécial publié en avril 1970 relatant la réunion plénière du Comité, se trouvait une liste des thèses de doctorat en préparation avec les noms des directeurs. Étaient cités Droz, Rémond, Vigier, Louis Girard, Guiral, Godechot, Suratteau, Bouvier, Latreille, Laurent, Martel, Barral, Nouschi, L'Huillier, Sorlin[62]. En octobre 1972, dans une réunion tenue à Saint-Dié, Henri Michel faisait état de 46 thèses entreprises à cette date en France sur le thème de la Résistance et la période de la guerre[63].

Les 28 et 29 mai 1976, se tenait au Centre international d'études pédagogiques de Sèvres un colloque permettant, « pour la première fois depuis la fondation du Comité, à tous les correspondants de se rencontrer[64] ». Le bulletin précisait que des universitaires et des inspecteurs généraux avaient accepté d'y participer. Revenant, lors d'une réunion plénière du Comité en mars 1977, sur cette rencontre où 120 correspondants étaient effectivement présents, Henri Michel disait des 157 correspondants départementaux alors en place qu'ils en constituaient « la véritable ossature[65] ». Soulignant leur rôle déterminant dans les enquêtes en cours, il en annonçait deux nouvelles

60. *Bulletin* du Comité d'histoire de la Deuxième Guerre mondiale, n° 173, mai 1968, p. 8.
61. *Bulletin* du Comité d'histoire de la Deuxième Guerre mondiale, n° 186, mars-avril 1970, p. 8.
62. *Bulletin* du Comité d'histoire de la Deuxième Guerre mondiale, n° spécial, avril 1970.
63. *Bulletin* du Comité d'histoire de la Deuxième Guerre mondiale, n° 203, janvier-février 1973.
64. *Bulletin* du Comité d'histoire de la Deuxième Guerre mondiale, n° 220, mars-avril 1976, p. 1.
65. *Bulletin* du Comité d'histoire de la Deuxième Guerre mondiale, n° 226, mai-juin-juillet 1977, p. 2.

sur les problèmes démographiques et sur les entreprises. Alors que 95 thèses, dont 27 émanant de correspondants, étaient en cours et 27 achevées[66], les correspondants mêlaient dans leurs rangs une génération d'anciens, parfois présents depuis la CHOLF, et une génération de professeurs du second degré, trop jeunes pour avoir pu prendre part aux combats de la guerre ou nés après la Libération, dont quelques-uns avaient des visées universitaires.

Lorsque fut annoncée la disparition du Comité au profit d'un centre d'histoire contemporaine du CNRS dans un délai de deux ans[67], François Bédarida, entré au Comité en 1963[68], nommé directeur de ce nouvel organisme dénommé Institut d'histoire du temps présent[69], prit soin d'évoquer tout de suite « le problème des correspondants départementaux » qu'il souhaitait réunir en 1979 pour les mettre au courant des objectifs de l'Institut d'histoire du temps présent et pour leur faire des propositions. Comme René Rémond, il estimait que « le réseau de correspondants ne [devait] pas être dilapidé. M. Bédarida [était] incité à assister aux réunions de correspondants et de commissions[70] ». C'est ce que fit François Bédarida avec assiduité et en se montrant attentif à donner toute leur place aux correspondants. En dépit des tensions qui accompagnèrent le passage du témoin entre le Comité et l'Institut nouvellement créé, cette attention vigilante prêtée au réseau des correspondants dit bien que cet héritage-là était probablement le fleuron de l'activité de l'édifice patiemment monté en plus de trente années d'un travail de bénédictin.

En dépit d'imperfections inhérentes à son caractère très novateur, la démarche aura été, tout bien pesé, féconde en promouvant une histoire fondée sur une connaissance intime du terrain d'une part, en établissant graduellement la légitimité de ce qu'on n'appelait pas encore l'histoire du temps présent d'autre part. Loin d'être centralisatrice, quand bien même certaines des formulations d'Henri Michel peuvent le donner à penser[71], l'histoire qu'enfanta le CH2GM plaça correspondants et acteurs de base de la période au cœur de ses problématiques. Les travaux entrepris vers la fin des années 1970 par la nouvelle génération de correspondants se fondèrent ainsi sur une approche régionale qui permit ensuite d'élaborer

66. *Bulletin* du Comité d'histoire de la Deuxième Guerre mondiale, n° 223, novembre-décembre 1976, p. 2.

67. *Bulletin* du Comité d'histoire de la Deuxième Guerre mondiale, n° 231, mai-juin-juillet 1978.

68. *Bulletin* du Comité d'histoire de la Deuxième Guerre mondiale, n° 126, décembre 1963, p. 4.

69. *Bulletin* du Comité d'histoire de la Deuxième Guerre mondiale, n° 233, novembre-décembre 1978, p. 2-3. C'est par arrêté du CNRS en date du 1er septembre 1978 que l'Institut d'histoire du temps présent fut créé dont la direction fut confiée à François Bédarida.

70. *Bulletin* du Comité d'histoire de la Deuxième Guerre mondiale, n° 233, novembre-décembre 1978, p. 3.

71. « Les recherches décidées à Paris se développaient également en Province grâce à la structure originale qu'était le réseau des *correspondants départementaux* du Comité. », Henri MICHEL, « Le Comité d'Histoire de la Deuxième Guerre mondiale », p. 1-17, *Revue d'histoire de la Deuxième Guerre mondiale*, n° 124, octobre 1981, p. 3. C'est nous qui soulignons.

des problématiques allant très au-delà de ce qu'on attend généralement de monographies. L'autre apport du réseau développé par le CH2GM eut trait aux archives et à l'accès aux archives. Chargés de la collecte d'archives, en liaison étroite avec les archivistes départementaux (quand ils ne coiffaient pas les deux casquettes de correspondant et d'archiviste...), les correspondants furent graduellement conduits à privilégier l'aspect scientifique de leur travail. Cette donnée eut également des effets non négligeables sur la façon dont les archivistes concevaient l'exercice de leur métier. Bien avant la loi du 3 janvier 1979, les correspondants eurent ainsi accès à des archives qui auraient dû normalement rester hermétiquement closes. Outre que cela permit de lancer et de faire fructifier des recherches, cette imprégnation archivistique contribua à garantir l'aspect scientifique – de plus en plus marqué au fil des ans – du travail du Comité. À distance, on retient plutôt d'ordinaire que les correspondants qui entreprirent, parallèlement aux tâches qu'ils effectuaient ès qualité, des recherches, le firent, pour reprendre les termes de Pierre Laborie dans ce même volume, « en ordre dispersé » et sans orientations méthodologiques fermes. Ce constat n'est pas niable. Il reste qu'il faut porter au crédit d'un réseau enfanté dès la Libération le fait d'avoir innové, d'avoir démontré chemin faisant qu'il valait la peine de se confronter à l'histoire du très contemporain et rendu envisageables des recherches, écloses pour la plupart après la disparition du CH2GM, qui n'ont pas peu contribué à renouveler l'historiographie de la période de l'Occupation. Ce n'est pas là un mince résultat.

Alban Vistel et l'écriture de l'histoire de la Résistance

Cécile VAST

En septembre 2004, lors des célébrations du soixantième anniversaire de la libération de Lyon, un entrefilet du quotidien *20 minutes* revenait sur l'évocation circonspecte de la figure d'Alban Vistel. Il serait « passé entre les gouttes de la mémoire. Son rôle dans la libération de Lyon fut pourtant considérable. Historique, même. Comme un méchant paradoxe, son nom n'inspire plus aujourd'hui que le respect des exégètes[1] ». Ce sentiment d'un souvenir vite estompé, que n'entretiendrait plus qu'un petit cercle d'initiés, reflète assez bien ce qu'on pourrait nommer un certain *déficit de notoriété*. Très souvent mentionné par ses contemporains, régulièrement cité par les historiens de la Résistance, Alban Vistel est paradoxalement resté peu étudié. À la différence des ouvrages de Jean Cassou, Charles d'Aragon, Henri Frenay, Jacques Lusseyran ou d'autres encore, *Héritage spirituel de la Résistance* (1955) et *La nuit sans ombre* (1970) n'ont pas fait l'objet de réédition. Leur auteur disparaît presque dans l'anonymat en 1994.

Alban Vistel fut pourtant l'initiateur en 1940 d'un groupe clandestin dans la région Rhône-Alpes (« La reconquête »), responsable de « Libération-Sud » à Vienne en 1941-1942, membre du directoire régional des Mouvements unis de résistance en 1943, avant d'en devenir le chef régional début 1944 puis chef régional FFI de la région de Lyon (R1) à l'été 1944. Avec le commissaire de la République Yves Farge, il fut l'un des principaux acteurs de la libération de Lyon début septembre 1944. Il faudra s'interroger sur les raisons d'une discrétion qui puise autant dans la modestie de son caractère que dans les espoirs déçus de l'immédiat après-Libération. Ajoutons qu'elle tient aussi au choix d'une vie lyonnaise retirée des réseaux

1. Fabrice ARFI, « Vistel, victime de la mémoire sélective », *20 minutes*, 3 septembre 2004.

parisiens et à une fidélité sans faille à une certaine idée de la Résistance. Cette dernière, ouvertement ambitieuse, se nourrit d'un parcours riche et diversifié qui tisse inlassablement un lien étroit entre action et responsabilité. Attaché à ce qu'il désigne souvent comme la « vertu d'intransigeance[2] » Alban Vistel ne sépare pas cette action d'une forte exigence morale. Pour lui, l'expérience de la Résistance – dont il a connu de 1940 à 1944 chaque étape et chaque transformation – est vécue et construite à la fois sur le mode de l'engagement et sur celui de la pensée. Il ne dissocie pas l'engagement dans l'action de la pensée sur l'action. Acteur et organisateur de premier plan, il en est aussi une sorte de moraliste. Très tôt dans la clandestinité puis après guerre, Vistel ne cesse de développer et d'approfondir une écriture de la Résistance singulière. Ses textes clandestins – correspondance, circulaires et directives, articles et éditoriaux de *La Marseillaise* – comme ses essais de l'après guerre – « Fondements spirituels de la Résistance[3] », *Héritage spirituel de la Résistance* et *La nuit sans ombre* – cherchent, avec lyrisme ou par l'appropriation réflexive, à donner sens à cette expérience.

Sans doute parce qu'elle fait appel à des notions éloignées des critères politiques, militaires ou institutionnels habituellement utilisés pour appréhender la Résistance, l'œuvre d'Alban Vistel, bien que reconnue par ses pairs (acteurs et historiens-résistants), est restée en retrait des historiographies. L'anecdote est révélatrice ; alors qu'il était membre du Comité de patronage de la collection « Esprit de la Résistance[4] », il a publié son premier essai en 1955 à compte d'auteur dans sa propre maison d'édition, Lug[5]. Aussi, en se gardant de tout esprit justicier, et sans entrer dans le détail de la vie et de l'action résistante d'Alban Vistel, le propos qui suit voudrait tenter de retrouver une part de sa réflexion sur la Résistance. Dans un premier temps, il s'agira de retracer quelques-uns de ses engagements en insistant sur les moments qui structurent sa vision de la Résistance. Il faudra aussi éclairer dans leurs contextes respectifs les divers registres d'une écriture consubstantielle au phénomène, conçue originellement comme action, comme témoignage, comme « Verbe », et dont le statut ne cesse d'évoluer. L'écriture finit par fixer les grandes lignes d'une pensée originale, dont la *modernité* et les apports conceptuels demeurent opératoires.

2. « La Résistance a été une première conquête de la vertu d'intransigeance, d'autres lui sont promises », « La vertu d'intransigeance » *in La Marseillaise*, juillet 1944. « Dans cette ville [Lyon] essentiellement réactionnaire, la bataille commence, tant pis pour les vieux liens, il faudra pratiquer de nouveau la vertu d'intransigeance », lettre à Anne Heurgon-Desjardins, le 5 décembre 1957, Fonds du Centre culturel international de Cerisy (CCIC), archives de l'Institut Mémoire de l'Édition contemporaine (IMEC).
3. Article essentiel sur lequel nous reviendrons, il est publié en octobre 1952 dans la revue *Esprit*, n° 10.
4. Collection des Presses universitaires de France dirigée par Henri Michel, également secrétaire général du Comité d'histoire de la Deuxième Guerre mondiale.
5. Diminutif de *Lugdunum*-Lyon, la maison d'édition Lug éditait essentiellement des bandes dessinées.

Parcours et écritures

Trois temps forts ont progressivement façonné cette pensée de la Résistance : la période de la clandestinité ; l'immédiat après-Libération et ses désillusions – en particulier celle provoquée par l'échec de la fusion lyonnaise du Front National (FN) et du Mouvement de libération nationale (MLN) ; enfin à partir des années 1950, les interrogations sur l'actualité et l'héritage de la Résistance accompagnent un processus d'historicisation. Chaque moment possède sa propre écriture – lyrisme inspiré par l'action, réflexion conceptuelle de l'essai, reconstitution historique –, et Vistel adopte successivement une posture de résistant, de moraliste et d'historien.

La clandestinité

En 1940 Vistel a trente-cinq ans. Il est ingénieur dans une usine de tannerie à Pont-Évêque, près de Vienne dans l'Isère. Sans vouloir construire *a posteriori* une cohérence linéaire à ses différents engagements, une certaine continuité relie la période des années 1930 à son parcours résistant. Attaché aux valeurs du christianisme, sensible aux idées socialistes, il participe aux bouleversements politiques tout en poursuivant une activité intellectuelle marquée par le personnalisme naissant. « La certitude s'enracinait que le personnalisme ne pouvait être que résistant et la Résistance, personnaliste[6] », écrira-t-il quelques années plus tard. Correspondant de la revue *Esprit* en Amérique latine, il vit cinq ans au Pérou et au Chili[7], où on le retrouve partisan de l'éphémère « République socialiste du Chili[8] ». De retour en France il fait un temps l'expérience du chômage, devient directeur d'usine à Chevreuse, dans la banlieue parisienne, adhère au Front populaire, s'inscrit à la CGT et publie un ouvrage consacré à l'Amérique latine, *Regards sur le monde indo-latin*. De ces années formatrices, soulignons d'ores et déjà l'imbrication étroite entre son action politique et une vision du monde à laquelle le personnalisme n'est pas étranger.

À la déclaration de guerre Vistel, bien que de santé fragile, refuse d'être réformé et commande un fort dans les Alpes au-dessus de Grenoble. Après la défaite il justifie dans un de ses tout premiers tracts clandestins sa vision d'une « guerre juste[9] » : « La guerre ? Pourquoi ? Justification de l'entrée en

6. *La nuit sans ombre*, Fayard, 1970.
7. Voir le « récit de vie » (10 août 1969, Lyon) publié par H. R. KEDWARD dans *Naissance de la Résistance dans la France de Vichy. Idées et motivations*, Champ-Vallon, 1989, p. 268-271.
8. En juin 1932, dans un contexte de crise économique et sociale, un coup d'État met en place dans ce pays un gouvernement du type front populaire qui ne dure que douze jours. Voir Marie-Claude CHAPUT, « Espagne, Chili : spécificités des fronts populaires ? » *in* Xavier VIGNA, Jean VIGREUX et Serge WOLIKOW (dir.), *Le pain, la paix, la liberté. Expériences et territoires du Front Populaire*, La Dispute-Éditions sociales, 2006, p. 293-309.
9. « Elle m'est apparue comme une guerre juste » confie-t-il à H. R Kedward en 1969, *op. cit.*

guerre. Pour la France, une juste guerre[10] ». Il hésite un temps sur les intentions du maréchal Pétain puis bascule très vite dans la clandestinité. En octobre 1940 il crée à Vienne un petit mouvement, « La Reconquête », qu'il organise un peu comme le mouvement de Libération nationale de Frenay, en « noyaux », « cohortes » et « légions[11] ». Par l'entremise d'Emmanuel Mounier, Vistel prend contact avec André Philip fin 1941 ; ce dernier lui suggère de fondre son groupe dans le mouvement « Libération-Sud », dont il devient le responsable à Vienne. Arrêté en décembre 1942, jugé, il est incarcéré jusqu'en septembre 1943 à la prison Saint-Paul de Lyon. Un groupe franc de « Libération-Sud » le fait s'évader grâce à une fausse levée d'écrou. Il gravit alors tous les échelons de la direction du mouvement puis des Mouvements unis de résistance (MUR). Responsable de Libération-Sud pour le Rhône entre septembre et novembre 1943 il est désigné comme adjoint d'Alfred Malleret, le chef régional MUR de R1. En janvier 1944 il remplace ce dernier à la direction régionale jusqu'à la Libération. Atteint d'une pneumonie, c'est Marc Bloch, alors représentant de Franc-Tireur au directoire régional de R1, qui assure son intérim quelques jours en février 1944[12]. Le 16 juillet 1944 Alban Vistel est nommé chef régional FFI en remplacement d'Albert Chambonnet qui vient d'être arrêté[13]. Cas unique, il cumule alors les responsabilités civiles et militaires.

Son cheminement dans la Résistance est jalonné d'expériences diverses qui lui apportent une vision d'ensemble et finissent par structurer une réflexion originale sur la singularité du phénomène. La précocité et la longévité de son parcours, les longs mois passés en prison, les charges innombrables de l'été 1944, les incertitudes et les fragilités de l'après 6 juin, les combats et les drames de la Libération (Ain, Vercors, Lyon) inspirent une écriture de la Résistance pensée comme action et indissociable de son engagement. Dans son article publié en 1952, « Fondements spirituels de la Résistance », puis dans *La nuit sans ombre*, Alban Vistel revient sur la place essentielle qu'il accorde au « Verbe » :

> « Et même, dans les commencements, il n'y eut pas d'autres [armes] que la parole, le Verbe. Qu'il fût chuchoté ou écrit, du seul Verbe allait naître l'acte[14]. »

10. *La nuit sans ombre, op. cit.*, p. 33.
11. « Le Mouvement est fortement hiérarchisé. Cinq membres sont pourvus d'un chef. Les six membres forment ainsi un « noyau ». Cinq « noyaux » forment une « cohorte » sous l'autorité d'un chef de cohorte. Cinq cohortes forment une légion. Chaque légion porte un chiffre, elle est sous l'autorité d'un chef de légion. Chaque région géographique est dirigée par un délégué général assisté d'un secrétaire général. Délégués et secrétaires généraux n'auront de contacts qu'avec les chefs de légion et de cohorte. Ceux-ci, seulement avec les chefs de noyaux », Texte fondateur de la Reconquête, 24 novembre 1940, cité dans *La nuit sans ombre, op. cit.*, p. 35.
12. Marc Bloch sera arrêté quelques semaines plus tard en mars 1944.
13. Albert Chambonnet sera exécuté par les Allemands place Bellecour à Lyon en juillet 1944.
14. « Fondements spirituels de la Résistance », *Esprit*, 1952, p. 489. « À l'origine, le langage » est le titre de la troisième partie de *La nuit sans ombre*.

De fait, dès l'automne 1940 il cherche à s'approprier la Résistance à travers de nombreux écrits, aux fonctions et au style parfois différents. Parmi ces textes, mentionnons les premiers tracts, quasi confidentiels, du temps de « La Reconquête », une lettre de prison adressée en janvier 1943 à Yvon Morandat, les directives, circulaires et rapports de la direction régionale, les éditoriaux du journal clandestin *La Marseillaise* rédigés à partir de mai 1944. Le lyrisme imprègne cette écriture résistante et invente ainsi un langage spécifique. « Chaque temps exige un langage, celui-ci pouvait être entendu[15] », analyse Vistel en 1970. Cette langue donne sens à l'expérience, elle en exprime à la fois le témoignage – « Nous croyons, du fond de nos catacombes, avoir acquis le droit de témoigner et notre témoignage est celui de tout notre peuple » écrit-il à Yvon Morandat en janvier 1943[16] – et le légendaire – « La Résistance va franchir le cap merveilleux où l'Histoire se transfigure en légende et la légende en symbole[17] ».

Le « reflux » ou le temps des désillusions

Pour dire l'amertume et les désillusions des années de l'après-Libération Vistel évoque l'idée d'un « reflux[18] ». Son désenchantement n'est pas isolé. Dans la décennie qui suit la fin de la guerre d'autres acteurs, revenus à la vie ordinaire, écrivent pour regretter le « processus de dégradation » de l'image de la Résistance décrit par Pierre Laborie[19]. Les facteurs sont multiples, état de grâce très bref, entrechoc du rêve et du réel à l'automne 1944, dégradation du climat moral, épuration, querelles politiciennes, dénigrement de la Résistance par les milieux de la droite vichyste. Les circonstances exacerbent souvent les sentiments. L'échec de l'expérience unitaire du MLN lyonnais au printemps 1945 en est une illustration.

Président du CDL du Rhône à la Libération, responsable de la section lyonnaise du Mouvement de libération nationale, Vistel souhaite prolonger l'idéal unitaire forgé dans la clandestinité. Partisan de l'unité avec le Front national, il provoque une dissidence avec la tendance majoritaire du MLN national qui rejette l'idée d'une fusion. Deux motions s'opposent en effet au congrès national du mouvement réuni à Paris du 23 au 28 janvier 1945. La première, défendue par Pierre Hervé est favorable à la fusion et recueille 119 voix, la seconde, portée par André Malraux, l'emporte avec 250 voix[20].

15. *La nuit sans ombre, op. cit.*, p. 43.
16. Archives nationales, An 3 AG 2 BCRA, Liasse 378, dossier « Libération Sud ». Lettre de A. P. Vistel adressée à André Philip et Léon [Yvon] Morandat, 22 janvier 1943, Prison Saint-Paul.
17. *La Marseillaise*, 14 juillet 1944.
18. *Héritage spirituel de la Résistance, op. cit.*, p. 91.
19. Pierre LABORIE, « Opinion et représentations : la Libération et la construction de l'image de la Résistance » in *Les Français des années troubles. De la guerre d'Espagne à la Libération*, Seuil, 2003, p. 245-267.
20. Voir Olivier WIEVIORKA, *Une certaine idée de la Résistance. Défense de la France (1940-1949)*, Seuil, 1995, p. 389. On trouve parmi les partisans de la tendance majoritaire, outre Jacques Baumel,

Passant outre cette décision le Comité exécutif régional du MLN de Lyon choisit au contraire l'union avec le FN et rédige une « Charte d'unité MLN-FN[21] ». Adoptée en avril 1945 elle s'appuie sur le programme du CNR, se réclame de l'esprit d'union hérité de la clandestinité et prévoit la formation d'un Mouvement uni de la renaissance française (MURF). Un meeting commun au Front national et au MLN régional, organisé à Lyon le 7 avril 1945, entérine l'accord. Sur fond de campagne électorale (élections municipales puis élections législatives à l'Assemblée constituante), une crise éclate alors au printemps 1945 entre la tendance majoritaire du MLN et le projet de fusion FN-MLN de la région lyonnaise, soutenu par la tendance minoritaire. La question de la « discipline de la région lyonnaise » est inscrite à l'ordre du jour de trois réunions successives du comité directeur (12 avril, 17 mai et 7 juin). Le 12 avril un projet de motion qui prévoit ni plus ni moins l'exclusion de Vistel est soumis au vote :

> « Le CD plénier du MLN [...] constate les manquements à ces engagements et à cette discipline qui se sont produits dans la région lyonnaise [...] décide [...] l'exclusion des citoyens Alban et Platane[22]. »

Il est finalement rejeté. Une motion d'exclusion est à nouveau présentée par Jacques Baumel au cours de la réunion du 17 mai 1945. Elle est retirée au profit de celle proposée par André Philip. Adressant un « blâme et un dernier avertissement aux camarades Alban et à son groupe[23] » elle est adoptée par 22 voix pour, 16 contre (dont celle d'André Malraux[24]) et 5 abstentions. La décision ne freine nullement l'élan unitaire lyonnais. Le congrès départemental du MLN réuni à Lyon deux jours après approuve définitivement, à l'issue d'un vote – 52 voix pour, 31 contre –, la charte d'unité FN-MLN. L'ambiance est particulièrement électrique. Jacques Baumel, envoyé comme représentant et observateur par le MLN national, prend la parole pour défendre la ligne majoritaire. Le secrétaire de séance en rend compte dans des termes qui donnent une idée assez précise de la violence des échanges :

> « Alors, le secrétaire général Baumel, avec un sourire satisfait et déplacé, donne lecture d'une décision du Comité directeur adressant un blâme au

Henri Frenay, Max Juvenal, Antoine Avinin, Jean-Pierre Levy, André Malraux ou André Philip. La tendance minoritaire est, quant à elle, représentée par Pierre Hervé, Marcel Degliame, Emmanuel d'Astier, Pascal Copeau ou Maurice Kriegel-Valrimont, tous plus ou moins réputés compagnons de route du PCF.

21. « Charte d'unité FN-MLN dans le département du Rhône », avril 1945, Archives du Centre d'histoire de la résistance et de la déportation de Lyon.
22. Procès verbal du Comité directeur plénier du MLN, 12 avril 1945, Fonds Jacques Baumel, Fondation Charles de Gaulle. *Platane* est le pseudonyme de M. Farbmann.
23. Procès-verbal du Comité directeur du MLN, Paris, 17 mai 1945, Fonds Jacques Baumel, Fondation Charles de Gaulle.
24. Alban Vistel cite André Malraux dans ses éditoriaux de *La Marseillaise*.

comité exécutif régional [...] ordonne aux adversaires de l'unité de quitter la salle. Il prend ainsi seul la grave responsabilité de la scission [...][25]. »

Le 26 mai 1945, Alban Vistel adresse une lettre aux adhérents régionaux du MLN. Usant d'une rhétorique antifasciste, il y dénonce « l'anticommunisme périmé et dangereux » du MLN national, s'inquiète aussi du devenir et de l'usage politique de la Résistance :

> « Très vite, les éléments issus vraiment de la Résistance et, quoiqu'appartenant à toutes les classes sociales, résolument anti-capitalistes, sont noyés sous le flot des éléments petits-bourgeois et réactionnaires, voire même néo-fascistes, qui cherchent et qui chercheront dans l'avenir à se parer du prestige de la Résistance pour recommencer une aventure PSF ou similaire[26]. »

Épilogue de cette crise, la réunion le 7 juin du comité directeur du MLN consomme la rupture. Jacques Baumel, après avoir fait le récit du dernier congrès départemental du Rhône, propose une nouvelle motion d'exclusion. Elle considère « que malgré des avertissements réitérés le groupe Alban a organisé dans le Rhône la fusion fractionnelle MLN-FN » et « que le groupe Alban, par ces agissements, s'est mis lui-même en dehors du MLN[27] ». Alban Vistel est exclu du MLN par 23 voix pour[28], 9 contre[29] et les abstentions de Claude Bourdet, Yvon Morandat et Albert Bayet[30].

Au delà des querelles de personnes, de postures ou de vocabulaire – « fusion fractionnelle » *versus* « anti-communisme périmé et dangereux » – cette crise révèle de profondes divergences sur le devenir de la Résistance. Deux conceptions se déchirent ; l'une, plus « réaliste », méfiante à l'égard du parti communiste, veut inscrire la Résistance dans le jeu politique ; l'autre, plus « idéaliste », voudrait dépasser ce cadre étroit et maintenir l'unité de la Résistance. S'il interprète en partie son exclusion comme l'expression de l'anticommunisme de certains membres du MLN[31], Alban Vistel accuse surtout l'abandon de l'unité issue de la Résistance :

25. Congrès départemental du MLN, Lyon, le 19 mai 1945, archives du Centre d'histoire de la résistance et de la déportation de Lyon.
26. Lettre adressée aux adhérents du MLN, Alban Vistel, 26 mai 1945, archives du Centre d'histoire de la résistance et de la déportation de Lyon.
27. Procès-verbal du CD du MLN, Paris, 7 juin 1945, Fonds Jacques Baumel, Fondation Charles de Gaulle.
28. Parmi lesquelles *Claudius*-Petit, Avinin, Baumel, Frenay, Juvénal, Ferrat, Lévy, Philip.
29. Copeau, Hervé, Degliame-*Fouché*, Malleret, d'Astier, *Valrimont*.
30. Sur cet épisode voir Fernand RUDE, *Libération de Lyon et de sa région*, Hachette, 1974, p. 248-253.
31. « Les dirigeants du MLN "majoritaires" qui s'étaient refusés à l'union de la Résistance lors du Congrès National, ont pris la responsabilité de la diviser irrémédiablement. De longue date nous connaissions leur volonté, elle vient de s'exprimer sans détours, il s'agit pour eux d'unir l'Organisation Civile et Militaire, Libération-Nord, une partie du MLN auxquels s'adjoindraient le Parti Socialiste et la Jeune République. Exclusive contre le Front National, le Parti Communiste ; singulier oubli des grandes Centrales Syndicales, du Parti Radical. Politique haineuse de bloc, oubli des échecs passés nés de nos divisions, rejet de l'expérience féconde de la Résistance. Un groupement qui se réclame de la Résistance et qui en exclut le puissant Front National, commet une escroquerie ; un

> « C'est la voie facile, écrit-il en juin 1945 aux militants du MLN lyonnais, mais l'avenir dira si ce n'est pas le commencement d'une trahison de l'idéal de la Résistance. [...] Ce serait perdre ainsi tout l'acquis moral de la Résistance et s'engager dans une aventure dont seuls profiteront les puissances d'argent et le fascisme[32]. »

Conçu avec des partenaires rompus de longue date aux calculs politiques parfois intéressés, le projet unitaire de Vistel a pu pêcher par naïveté. Gardons-nous cependant de juger *a posteriori* une expérience politique vouée à l'échec. Sa détermination à mener à bien la fusion du MLN avec le Front national ne peut pas se comprendre sans tenir compte de la volonté de faire vivre l'idéal unitaire de la Résistance[33]. Néanmoins, le sentiment d'une trahison, d'une Résistance dévoyée, est bien là et cette crise du printemps 1945 met en lumière les difficultés à concilier prolongement politique et survivance morale.

À cette première désillusion s'ajoutent, dans la décennie qui suit, les tentatives de dénigrement de la Résistance par l'extrême-droite et la droite vichyste qui exploitent les ressentiments de l'épuration. En septembre 1949, dans un article publié par *Le Progrès de Lyon*, Alban Vistel dénonce ce climat de suspicion généralisée, par ailleurs exacerbé par le contexte de la Guerre froide.

> « Voici qu'on voudrait toucher à l'héritage douloureux dont nous sommes responsables, voici qu'on prodigue le mensonge, qu'on imprime la calomnie et que, parfois, on persécute ceux qui jouèrent leurs biens, leurs familles, leurs vies dans un "volontariat" qui perpétue l'honneur d'une nation. Eh bien ! Réunis ce jour, nous affirmons que nous ne toucherons pas à cet héritage parce qu'il est pour nous l'essentiel et que, au-delà de la fraternité encore récente du drame, s'affirme la conscience que nous ne nous sommes pas trompés. Quels que soient les remous de la politique mondiale, quelles que soient les amertumes, les dégradations que les hommes et le temps infligent à l'œuvre de la Résistance de 1939 à 1944. Il n'y avait pas d'autre chemin possible. Alors que les traîtres, les lâches d'hier ne viennent pas prendre prétexte des échecs ou des menaces qui obscurcissent encore la vie pour s'ériger en juges, et (ils en caressent l'espérance), en accusateurs ! Que ceux qui furent égarés, puis victimes de condamnations injustes aient leurs procès révisés, c'est notre souhait. Nous sommes au-dessus de la haine et de la vengeance, mais nous disons qu'un coup d'éponge général constituerait une injustice qui ne manquerait pas d'engendrer le désordre.

groupement qui se prétend anti-fasciste et révolutionnaire, et en exclut le Parti Communiste, tente une opération mauvaise que nul verbalisme ne rendra bonne. L'anti-communisme est une faute politique et un crime contre la Nation », Message d'Alban Vistel aux militants des Mouvements unis de Résistance et du Corps-Franc de la Libération, 14 juillet 1945, Archives du Centre d'histoire de la résistance et de la déportation de Lyon.

32. Lettre d'Alban Vistel aux adhérents départementaux du MLN, Lyon, juin 1945, archives du Centre d'histoire de la résistance et de la déportation de Lyon.
33. Sur cet idéal unitaire voir en particulier l'analyse de Jean-Marie GUILLON, « La Libération du Var : Résistance et nouveaux pouvoirs », *Les cahiers de l'IHTP*, n° 5, juin 1990, p. 15.

> [...] Nous n'avons pas couvert et ne couvrirons jamais des actes crapuleux commis sous le nom de la Résistance par une fausse Résistance, mais ceci, mes camarades, nous rendra d'autant plus résolus à couvrir et à défendre nos subordonnés et nos soldats qui accomplissent leur devoir[34]. »

Comme au temps de la clandestinité l'écriture vient sublimer l'expérience. Elle est une réponse au discrédit, aux usages politiciens et au détournement de l'héritage de la Résistance.

> « Tout ce qui après la Libération, analyse Vistel en 1955, continua d'utiliser le nom de Résistance n'avait qu'une parenté fort lointaine avec ce qu'elle fut vraiment. L'opinion qui la juge d'après le spectacle de cette utilisation commet la même erreur et la même injustice que si elle jugeait la Révolution française d'après le Directoire, la Troisième République d'après la panique de 40[35]. »

De 1945 à 1955, à travers deux textes majeurs – article « Fondements spirituels de la Résistance » paru dans *Esprit* en 1952, enrichi et republié en 1955 dans *Héritage spirituel de la Résistance*[36] – Alban Vistel cherche à se réapproprier une Résistance dénigrée, à en retrouver le sens premier, la « réalité profonde[37] ». Sa démarche ressemble à celle de Jean Cassou[38], Jean Paulhan[39], Albert Camus[40], ou François Mauriac[41] qui publient alors des écrits analogues. Dans l'esprit, elle rejoint aussi l'entreprise historienne du Comité d'histoire de la Deuxième Guerre mondiale portée par Henri Michel[42].

La Résistance : passé et présent

L'engagement politique de Vistel ne s'arrête pas avec la fin de la guerre ; proche du député socialiste Daniel Mayer, membre d'un groupe de pensée mendésiste[43], fidèle au général de Gaulle – en dépit de doutes sur son entourage – il souhaite mener le « combat du Gaullisme de Gauche[44] ».

34. *Le Progrès*, « Anniversaire de la Libération de Lyon », 5 septembre 1949.
35. *Héritage spirituel de la Résistance, op. cit*, p. 62.
36. L'article *d'Esprit* possède un style plus simple et plus épuré que celui du livre publié en 1955. Dans ce livre Vistel a repris l'intégralité du premier article et y a ajouté une réflexion sur les problèmes du temps présent : Guerre Froide, bombe atomique, etc.
37. *Héritage spirituel de la Résistance, op. cit.*, p. 62.
38. *La mémoire courte*, Éditions de Minuit, 1953.
39. *Lettre aux directeurs de la Résistance*, Éditions de Minuit, 1952.
40. *Camus à Combat. Éditoriaux et articles d'Albert Camus. 1944-1947*, Gallimard, 2002 et *Actuelles. Chroniques, 1944-1948*, Gallimard, 1950.
41. *La Paix des cimes. Chroniques. 1948-1955*, Bertillat, 1999.
42. Jean-Marie Guillon a suggéré cette comparaison Alban Vistel/Henri Michel au cours des débats du colloque.
43. « Il faut tout faire pour aider Mendès. Il donne un magnifique exemple de courage et il faudrait corriger tous ces chiens qui aboient au fascisme » écrit-il dans une lettre de 1957. Correspondances annuelles avec Anne Heurgon-Desjardins, 1957, 1958, Fonds du Centre Culturel International de Cerisy, IMEC.
44. *Ibid.*, 1958.

On retrouve au cœur d'une réflexion toujours aussi étroitement liée à son action politique la question de l'héritage de la Résistance. Deux approches se mêlent en effet : l'une s'interroge sur le rôle de la Résistance dans les problèmes du présent, en particulier celui de la décolonisation – quel message l'expérience de la Résistance peut-elle leur apporter ? Quel éclairage et quelles solutions ? – ; la seconde aboutit dans les deux décennies suivantes à une conceptualisation progressive, originale et cohérente de l'événement. Tantôt sous la forme de l'essai d'un moraliste, tantôt par la reconstitution historique, elle commence en 1952 avec un article donné à la revue *Esprit* et s'achève en 1970 par la publication d'une histoire des Mouvements unis dans le Sud-Est, *La nuit sans ombre*. Bien qu'ils soient publiés en marge du Comité d'histoire de la Deuxième Guerre mondiale, les écrits d'Alban Vistel ne restent pas totalement isolés d'une historiographie alors dominante. Ainsi, de concert avec Henri Michel et Daniel Mayer, piliers du CH2GM, il organise en juillet 1955 au Centre culturel international de Cerisy-la-Salle une rencontre sur « La Résistance a-t-elle encore un rôle à jouer[45] ? » Prenant acte de l'échec politique de la Résistance, la problématique conçue par Daniel Mayer propose de discuter de l'actualité de la Résistance dans le contexte des guerres coloniales et d'une IVe République affaiblie.

> « La Résistance a-t-elle encore un rôle à jouer ? Plus exactement l'esprit qui animait tous les Français résistants, sans distinction de partis politiques ou de convictions religieuses, a-t-il survécu ? Peut-il aider au regroupement de ceux qui désireraient voir renouveler nos institutions, nos mœurs politiques, transformer notre régime économique et social ? Pour résoudre ces questions encore faut-il préciser ce qu'a été la Résistance, sur le triple plan militaire, politique, administratif. C'est à ces multiples interrogations que devront répondre, sans orgueil les résistants, et sans regret ni sans remords ceux qui ne le furent pas[46]. »

À partir de ce débat sur le rôle et l'héritage, le questionnement finit par porter sur les critères utilisés pour comprendre un phénomène désormais historiquement daté. L'objectif vise à établir un bilan ainsi qu'une définition de la Résistance. De ces échanges entre Daniel Mayer, Henri Michel et Alban Vistel émergent des lectures croisées du phénomène, dont les interrogations et les apories sont toujours présentes. Quelques pistes de travail se dégagent qu'accompagne une réflexion sur leur validité et leurs limites. Ainsi il y est question de ne pas enfermer la Résistance dans une vision strictement militaire :

45. Rencontre « La Résistance a-t-elle encore un rôle à jouer ? », 17-23 juillet 1955, organisée par Daniel Mayer et Henri Michel, avec la participation organisatrice en amont d'Alban Vistel, Fonds du Centre Culturel International de Cerisy, CRS 3.8, Archives de l'IMEC. Outre Vistel, Henri Michel et Daniel Mayer, figurent parmi les participants André Chamson ou Marie Granet. Les actes n'ont jamais été publiés.
46. Daniel Mayer, texte préparatoire aux rencontres, Fonds du CCIC.

« Quelle est la part de la Résistance dans la libération du pays », se demande Daniel Mayer, « quelle a été la pensée politique de la Résistance ? Alban Vistel écrit que la Résistance ne voulait pas seulement la libération du pays, mais voulait être la libération de l'homme[47]. »

De même, le seul critère de l'efficacité militaire ne suffit pas à rendre compte de sa dimension morale. Un dialogue s'engage sur ce problème. Alban Vistel et Henri Michel partagent la même conception de l'événement, de son appréhension, de sa singularité et de sa survivance :

> Alban Vistel. — « Efficacité militaire : à l'origine, il n'y a pas eu d'abord une armée ; l'armée est un aboutissement. Avant l'armée, il y a la propagande. [...] Si la Résistance n'avait pas été là, l'Amérique aurait bombardé la France jusqu'à néant ; la France aurait eu plus de destructions. Ceci ne s'est pas produit ; il y eut en effet fort peu de destructions, et là s'affirme l'efficacité militaire de la Résistance. Je pense que la R. a un rôle à jouer dans la mesure où les hommes qui y participèrent demeurent fidèles à ce qui les a animés et tentent de demeurer à la hauteur de ce qu'ils furent. [...] La Résistance a encore un rôle à jouer dans la mesure où ses hommes resteront à la hauteur où ils furent jadis. Elle a un rôle à jouer en surmontant la pure anecdote historique[48]. »

> Henri Michel. — « Le problème à étudier se poserait dans ces termes : il y a eu une résistance militaire, mais la résistance a été autre chose : une politique ; elle a pensé à ce que devrait être la France. En quoi a consisté cette pensée de la Résistance ? [...] La véritable transformation apportée par la Résistance [...] c'est celle apportée par les hommes qui ont participé à la Résistance, transformation difficile à comprendre, créé encore par dessus les groupes, les partis, une grande complicité entre ceux qui l'ont éprouvé ensemble, si bien que peut-être, cette transformation est plus mystique que politique. Ce sont des principes sur lesquels une action nécessaire ultérieure pourrait s'engager. Il convient de dégager ce qui a été l'esprit de la résistance. Il faut dégager ce qu'il paraît impossible de recommencer dans une situation nouvelle. Il est impensable d'imaginer que le même rassemblement d'hommes sera obligatoirement le même devant des tâches nouvelles ; il n'en reste pas moins qu'il y avait des principes qui ont conditionné le choix des résistants, et s'il n'y a pas une politique de la résistance à mesurer, à connaître, il y a un état d'esprit qui peut être celui d'un rassemblement dont les membres et les activités peuvent varier[49]. »

Ainsi, de la clandestinité à l'après-guerre, le parcours politique et l'écriture mêlés ont peu à peu modelé une idée de la Résistance et conceptualisé le phénomène. L'historicisation de l'événement proposée par Alban Vistel tente à la fois de dire ce qui relève de l'expérience humaine, de définir la singularité et les valeurs qui la portent.

47. Daniel Mayer, conférence du 18 juillet 1955, Introduction au colloque. Fonds du CCIC.
48. Alban Vistel, conférence du 18 juillet 1955, *ibidem*.
49. Henri MICHEL, *ibidem*.

Une idée de la Résistance : les apports conceptuels

De l'Occupation jusqu'à ses derniers textes, quelques grandes idées s'imposent et structurent la pensée de Vistel sur la Résistance. Elles apportent à la connaissance des clés de lecture encore largement opératoires, et on retrouve des traces de sa réflexion et des concepts avancés dans des travaux historiques plus récents. Henri Michel l'avait remarqué à propos de la thèse de Pierre Laborie, *Résistants, Vichyssois et autres* parue en 1980 :

> « Pierre Laborie ne cache pas que sa réflexion le conduit à la louange de la Résistance : "Elle affirme la prééminence de l'intelligence dans un désert de médiocrité... elle a permis à des citoyens humiliés de retrouver la dignité perdue", Alban Vistel n'aurait pas dit mieux[50]. »

Avec constance, trois grandes questions parcourent sur le long terme ses principaux écrits, « Fondements spirituels de la Résistance », *Héritage spirituel de la Résistance* et *La nuit sans ombre*. La Résistance a d'abord permis une réappropriation de valeurs dénaturées voire niées par l'occupant et par Vichy, en leur redonnant sens et contenu. Sa singularité nécessite, pour la comprendre, d'inventer des critères et des concepts nouveaux. Enfin, sous-jacent, se pose le problème de l'héritage. Phénomène historiquement daté, la Résistance peut-elle survivre à un contexte autre que celui dans lequel elle s'est construite ?

La Résistance a retrouvé et réinventé des manières d'être, des vertus et des valeurs

L'attention portée au langage et aux catégories propres à la Résistance constitue sans doute l'un des fondements de la pensée conceptuelle de Vistel. Dès 1952, conscient de l'éloignement progressif et de l'étrangeté d'un événement pourtant objectivement proche, Alban Vistel tente de reconstituer les idées et les mots alors inventés ou réinventés. Selon lui l'expérience de la Résistance a réactivé des valeurs endormies par l'habitude, ou qui pouvaient sembler désuètes et dépassées. Elle a aussi reconquis quelques principes détournés de leur signification première par le régime de Vichy et par l'Allemagne nazie. Il rappelle à propos des termes *honneur* et *patrie* : « Là [dans la Résistance] les mots furent décapés de l'usure, de l'oxydation des jours où ces valeurs n'évoquent rien d'autre que de belles formules de langage et d'écriture[51]. » Au-delà des mots, il insiste également sur l'*authenticité* ou la *pureté* des valeurs redécouvertes dans la clandestinité : « Il s'ensuivit la découverte progressive de valeurs vraiment authentiques, une

50. Henri MICHEL, « Une étude d'opinion », compte rendu de : Pierre LABORIE, *Résistants, Vichyssois et autres. L'évolution de l'opinion et des comportements dans le Lot de 1939 à 1944*, Toulouse, Éditions du CNRS, 1980, 395 p., in *Revue d'histoire de la Seconde Guerre mondiale*, n° 123, juillet 1981, p. 97.

51. *Héritage spirituel de la Résistance*, *op. cit.*, p. 140.

transformation, un renouvellement de tout l'être et, dans le pire dépouillement, un exhaussement vers la pureté[52]. » Parmi celles-ci l'intransigeance, le patriotisme, la volonté et la lucidité, la solitude et la fraternité, le futur incarné, modèlent peu à peu une manière d'être spécifique.

Objet d'un éditorial de *La Marseillaise* de juillet 1944, la « vertu d'intransigeance » caractérise plus spécifiquement et de manière constante les engagements de Vistel et l'idée qu'il se fait de la Résistance. L'expression dit à la fois le rejet du renoncement et de l'abandon, le refus du compromis et du calcul politique, l'intégrité, l'exigence et la responsabilité morales.

Pour Vistel, analyser la Résistance dans les années 1950 c'est aussi revenir au sens originel d'un patriotisme qui va bien au-delà de l'exaltation martiale de la nation et qui s'apparente davantage à une mystique. Le patriotisme résistant est d'abord celui d'une France occupée; il traduit l'attachement à une idée de la patrie – « âme collective et permanente », « une imprégnation mystérieuse[53] » –, prolongée par la Résistance et inspirée par une lecture du passé qui emprunte autant à Jules Michelet, à Ernest Renan, à Charles Péguy qu'à André Malraux:

> « Une connaissance intuitive, voire même instinctive en est donnée à l'homme le plus simple de ce pays de France, car il est l'aboutissement humain d'une tradition, d'une histoire, d'un effort de près de dix siècles, depuis les étonnants visages de porches romans[54]... »

Comme « l'examen de conscience d'un Français » accompli par Marc Bloch dans *L'étrange défaite*, pour Vistel la Résistance suppose un retour sur soi, une lucidité: « Le volontariat de la Résistance fut donc le résultat d'un humiliant examen de conscience[55]. » Surmonter la défaite c'est d'abord l'analyser; la Résistance est aussi une réponse à l'humiliation et à la trahison. Née du refus de l'inéluctable elle témoigne d'un futur ouvert sur l'inconnu, l'indéterminé et l'imprévisible:

> « Le désastre de 40 ne semblait-il pas accomplir la prophétie? Alors il apparaît bien que la Résistance fut aussi un refus victorieux de tout déterminisme historique, un refus victorieux de toute fatalité d'anéantissement[56]. »

La Résistance « fut essentiellement un dynamisme, un douloureux effort d'approfondissement, une volonté de conquête de l'avenir[57] ». Enfin, proche de la pensée de Malraux, auquel il se réfère souvent, Alban Vistel fait de la fraternité l'une des expériences fondatrices de la Résistance: « L'univers de

52. « Fondements spirituels de la Résistance », *op. cit.*, p. 490.
53. *Héritage spirituel de la Résistance, op. cit.*, p. 69.
54. *Ibid.*, p. 68.
55. « Fondements spirituels de la Résistance », *op. cit.*, p. 485.
56. *Héritage spirituel de la Résistance, op. cit.*, p. 89.
57. « Fondements spirituels de la Résistance », *op. cit.*, p. 480.

la Résistance Intérieure fut d'abord un univers de solitude puis de fraternité, enfin d'exhaussement de la personne[58]. »

Définir la Résistance comme un phénomène singulier qui échappe aux schémas traditionnels d'explication

L'idée de l'invention est essentielle à la compréhension de la Résistance. « Toute explication utilitariste est à exclure, comme toute explication idéaliste à la manière de Hegel. » Pour Vistel il est nécessaire d'inventer des outils conceptuels autres que ceux habituellement empruntés aux traditionnelles philosophies de l'histoire. La singularité de l'événement est irréductible aussi bien au principe de la lutte des classes qu'à une explication strictement politique, dans le sens classique du terme.

> « Le fait Résistance est donc absolument rebelle à l'analyse marxiste, comme à toute analyse qui se référerait uniquement à son contenu épisodique, comme à toute tentative d'accaparement ou de dénigrement[59]. »

De même le phénomène ne peut pas se réduire à la seule question factuelle de son efficacité militaire :

> « C'est parce qu'elle fut d'abord une construction aux fondements d'ordre spirituel que cette Résistance mérite de retenir l'attention des historiens futurs. Dans le conflit à l'échelle planétaire des armées et des peuples, préciser son efficacité militaire n'est pas de notre compétence [...]. Même si l'efficacité militaire de la Résistance eût été négligeable, il demeurerait d'elle une leçon qui ne sera jamais épuisée[60]. »

À côté de l'approche politique, militaire et organisationnelle de la Résistance, alors prédominante dans les années 1950 et 1960, les questionnements suggérés ici permettent de réintégrer le fait moral comme un élément constitutif de son identité. Ils frappent par leur modernité. Pour Vistel comprendre l'événement, c'est aussi tenir compte de ce qui constitue sa singularité. La Résistance a été à la fois un témoignage – « nous avons porté témoignage[61] » – et l'expression d'un humanisme, d'une éthique – « La Résistance est la recherche d'un humanisme ; dans la mesure où elle continue cette recherche elle a encore un rôle à jouer[62] ». Elle mène une guerre autre : « La Résistance va au-delà de la guerre parce qu'elle est le refus des compromis qui abaissent l'homme[63]. »

58. *Ibid.*, p. 486.
59. *Ibid.*, p. 491-492.
60. *Ibid.*, p. 492.
61. *Héritage spirituel de la Résistance, op. cit.*, p. 2-3. Voir aussi la lettre adressée à Yvon Morandat.
62. Alban Vistel, conférence du 18 juillet 1955, rencontre « La Résistance a-t-elle encore un rôle à jouer », *op. cit.*
63. *La Marseillaise*, juillet 1944.

L'héritage de la Résistance

Autre constante de la pensée d'Alban Vistel, la question de l'héritage de la Résistance porte essentiellement sur la nature et les formes qu'il pourrait revêtir. Cette réflexion sur le prolongement possible de la Résistance s'inscrit en continuité avec une conception de l'événement qui se confond d'abord avec une idée du futur. Pour Vistel la Résistance est antinomique du passé, elle n'existe que dans un rapport au futur. De même son héritage ne peut se penser que dans la perspective d'un devenir, d'une transformation, et non dans un repli nostalgique sur le passé : « il faut que nous soyons capable de surmonter notre propre passé[64]. » Fidélité à l'expérience et à ses valeurs spirituelles, l'héritage répond également au constat de l'échec politique de la Résistance, échec auquel elle survit sur le plan moral et éthique. Aussi, avec optimisme et confiance, Vistel est convaincu que « si la Résistance fut vraiment, elle survit et survivra sous d'autres avatars. Ce que sa pensée et son action recèlent de valeurs sera cet héritage qui méritera d'être recueilli[65] ».

Moraliste comme Camus, Mauriac, Malraux ou Cassou, Vistel a aussi dialogué avec les historiens de son temps, Daniel Mayer et Henri Michel en particulier. Son écriture de l'histoire de la Résistance concilie ces deux dimensions et apporte ainsi des clés de lecture toujours probantes.

Quelques réponses

Pour conclure, quelques hypothèses devraient aider à comprendre pourquoi, malgré un intérêt manifeste des contemporains de Vistel pour ses travaux – ainsi d'Henri Michel –, ses écrits sont demeurés en marge de l'historiographie dominante sur la Résistance. Il faut certainement d'abord revenir aux premiers temps de la Libération. Il est fort possible que l'épisode du MLN lyonnais et l'échec de l'expérience unitaire au printemps 1945 l'aient écarté des cercles gaullistes du MLN. Presque soixante ans après les faits, le mépris dédaigneux avec lequel Jacques Baumel évoque Alban Vistel dans ses souvenirs atteste encore de la violence du conflit politique[66]. On peut aussi retrouver l'origine de cet effacement dans les premiers témoignages sur la libération de Lyon publiés à partir de 1945. Yves Farge, par exemple, commissaire de la République à Lyon – et sans que ses motivations soient forcément identiques à celles de Jacques Baumel –, ne mentionne quasiment pas dans son livre la participation de Vistel à la libération de la

64. Alban Vistel, conférence du 18 juillet 1955, *op. cit.*
65. *Héritage spirituel de la Résistance, op. cit.*, p. 62.
66. Voir dans ses Mémoires, les termes peu amènes avec lesquels Jacques Baumel fait allusion, au détour d'une phrase assassine au « (faux) colonel Alban-Vistel » in *Résister. Histoire secrète des années d'Occupation*, Albin Michel, 1999, p. 424. L'anticommunisme de Baumel et du RPF ont probablement influencé cette appréciation.

ville[67], encore moins à l'organisation de la région R1. Ce choix contribue à figer la toute première mémoire de la période et rejette ainsi dans l'oubli les hommes dont on tait, plus ou moins volontairement, le nom. Un autre facteur n'est sans doute pas négligeable dans un pays jacobin et très centralisé ; Alban Vistel a toujours vécu à Lyon. Il ne participe pas aux réseaux parisiens et le fait qu'il publie son premier livre à compte d'auteur dans sa propre maison d'édition est révélateur. Sa discrétion et sa modestie ont certainement aussi pesé dans cet « isolement volontaire » qu'il décrit ainsi dans une lettre adressée à Emmanuel d'Astier en 1957 :

> « Mon cher Bernard. Je n'ai pas oublié ta préférence pour ce prénom, d'autre part il vient faciliter ma tâche. Voici tantôt douze ans que nous ne nous sommes rencontrés. De mon isolement volontaire, j'ai suivi ton action[68]... »

Il faudrait enfin ajouter sa pratique indéfectible de la « vertu d'intransigeance », fidèle en cela à l'esprit de la Résistance, dont il dénonce sans cesse le dévoiement. On peut imaginer que son refus du calcul politique, son rejet viscéral du compromis moral et éthique ont pu lui valoir sinon la jalousie, du moins quelque hostilité.

67. Voir Yves FARGE, *Rebelles, soldats et citoyens. Carnet d'un commissaire de la République*, Grasset, 1946.
68. Lettre à Emmanuel d'Astier, 28 juin 1957, Archives de l'IMEC.

Les associations d'anciens résistants et l'écriture de l'Histoire : Glières, une historiographie sous tutelle ?

Gil EMPRIN

Glières, au même titre que Vercors, est un nom qui claque au vent de l'histoire. Il renvoie à la fois à un événement, le premier affrontement militaire direct entre la Résistance et l'occupant allemand sur le territoire métropolitain, à un symbole, celui de l'unité dans la diversité de cette Résistance, et à une légende, celle d'une bataille homérique conduite sous le mot d'ordre « vivre libre ou mourir ».

Si les envolées lyriques de Maurice Schumann sur Radio-Londres avaient construit la dimension historique et mythique de Glières pendant les événements eux-mêmes, avec des expressions comme « ramener Bir Hakeim en France », ce sont des acteurs, à travers l'Association des rescapés des Glières qui ont pris en charge à la fois l'histoire des événements écrite « à chaud » et la construction et l'expression de la mémoire.

En effet, *Glières, première bataille de la Résistance, Haute-Savoie, 31 janvier-26 mars 1944*, est le titre du premier ouvrage paru en 1946, écrit par des acteurs de la bataille, et édité par l'Association des rescapés des Glières. L'association, née aux heures mêmes de la libération de la Haute-Savoie, le 22 septembre 1944, a inscrit dans ses statuts ses raisons d'exister : « Le regroupement des Rescapés, le maintien de l'Esprit du plateau, la défense de ses membres, [...] le maintien du culte des camarades tombés pour la France aux Glières... » En cela elle se fixait des missions typiques des associations de mémoire, c'est-à-dire des missions qui relèvent de la double fidélité à un groupe par une action d'entraide sociale, et à un vécu tragique et glorieux par sa valorisation publique, par l'organisation du souvenir. Mais si les premières actions publiques relèvent bien de la mémoire, par le regroupement et l'identification des corps, la construction de la nécropole de Morette, la protection officielle du site, une autre relève clairement d'une volonté d'écrire l'histoire, avec le recueil de témoignages et l'écriture par des acteurs de la bataille du premier livre qui paraît en avril 1946.

Mais si l'initiative première était locale, la mémoire de Glières a été fortement fixée à l'échelle nationale, avec la visite du général de Gaulle, chef du gouvernement provisoire, en novembre 1944, et le discours d'André Malraux en 1973 lors de l'inauguration du monument de Giglioli. L'initiative récente du président de la République Nicolas Sarkozy de faire de Glières un rendez-vous mémoriel personnel, renforce cette dimension même si elle en complique l'interprétation.

L'objet de cette communication sera d'interroger le rôle et l'influence de l'Association sur l'historiographie de Glières et son évolution, et de cerner les rapports entre pouvoirs publics, acteurs et historiens dans la gestion de la mémoire.

L'historiographie des Glières et ses formes narratives

Un livre fondateur

La forte présence des rescapés de Glières dans les institutions départementales et les pouvoirs locaux à la Libération est un des signes de l'importance de l'événement et des hommes de Glières. L'association, née dans les semaines qui ont suivi l'auto-libération du département, est en quelque sorte institutionnelle, a pignon sur rue à Annecy, édite un bulletin de liaison, *Messages* et a un salarié, Julien Helfgott. Il sera le maître d'ouvrage du livre, collectant des témoignages à chaud en sténo, et des documents directs, notamment photographiques, Pierre Golliet en étant lui le rédacteur.

Universitaire, il affiche dans la préface une ambition et des scrupules d'historien :

> « Cet album prétend donc être un livre d'histoire […] Toutes les précautions ont été prises pour que chaque affirmation soit moralement certaine : ce fut un travail plus difficile qu'on ne l'imaginerait au premier abord, malgré la proximité des événements… »

Mais Pierre Golliet montre aussi une belle lucidité sur la construction de la mémoire et du mythe, et en tire des précautions méthodologiques : « Hâtons-nous de fixer les faits et les attitudes avant que leur force de symbole ne les ait élargis jusqu'à leur faire illustrer la vérité de toute vraie résistance. Bientôt il sera trop tard. L'épopée du maquis des Glières aura émergé de la trame ordinaire de l'Histoire ; elle s'étirera vers les hauteurs et se transfigurera en légende. On ne pourra plus en réajuster les traits. »

Mais derrière le souci d'établir les faits, les auteurs proposent également la première interprétation historique, et poursuivent la construction du mythe comme l'indique le titre même de la préface, « le sens de Glières » :

> « Une cause placée si haut méritait l'unanimité ; elle l'obtint... Mais surtout une soixantaine de FTP savoyards rejoignirent sur le plateau les hommes de l'Armée Secrète et demandèrent à combattre pour la cause commune sous les chefs qu'on leur donnerait. Glières fut ainsi une image synthétique de la France, parce que ce fut une œuvre d'unité. »

Ce discours unanimiste visait à prévenir d'éventuelles polémiques, mais aussi à faire de Glières un maquis emblématique : « Le sens de Glières, conclut Pierre Golliet, c'est d'avoir donné une définitive manière d'être à la figure du maquisard idéal, tenace, obstiné, épris de liberté et de sacrifice. » Plus encore, « l'esprit de Glières, c'était la mystique de la libération en vue d'une France fraternelle qui serait comme une vaste extension de la communauté du Plateau ».

Que peut-on dire du contenu, plus de soixante ans et quelques dizaines de livres plus tard ?

Le livre apparaît en fait essentiel, fondateur, maintes fois utilisé, pour ne pas dire pillé. Les faits décrits ont été établis et confirmés dans leur grande majorité, les documents originaux, notamment les photos de M. Périllat, ont été souvent réutilisés dans d'autres publications. Derrière le style dont le lyrisme s'explique évidemment par les circonstances, on découvre une écriture remarquable, une construction cohérente et des analyses fortes et lucides que l'on peut un peu abruptement résumer ainsi : les maquisards sont montés pour se protéger de l'État de siège décrété par Vichy et recevoir des armes. Là-haut, ils se sont sentis en sécurité, forts, armés, reconnus, pour une mission et un sens qui les dépassaient (Maurice Schumann à Radio-Londres...). À la fin tragique d'un combat disproportionné on doit observer le culte des morts, des héros et du sacrifice (Tom Morel, le capitaine Anjot...), et donner du sens à ces sacrifices.

Ces cultes sont dans l'air du temps de 1945, et Pierre Golliet, le catholique et Louis Jourdan, le militaire, signataires du livre avec Julien Helfgott participent évidemment de cette atmosphère qui prévaut au plus haut sommet de l'État, à travers les visites du général de Gaulle dans les principaux lieux de lutte du pays. Il se rend d'ailleurs dès le 4 novembre 1944 au cimetière de Morette qui va devenir nécropole nationale, autour de laquelle s'organisent encore aujourd'hui les cérémonies commémoratives.

Des controverses finalement peu durables

Glières est donc un livre d'histoire-mémoire, dont on peut regretter toutefois le caractère trop local. Les circonstances du recueil des témoignages l'expliquent : au moment où ils ont été recueillis, entre l'automne 1944 et l'été 1945, de nombreux acteurs étaient absents, déportés, repartis dans leur région d'origine, engagés ailleurs dans la guerre qui continuait. Il ne restait que les témoins « locaux », dont on constatera qu'ils ne constituaient qu'une partie des maquisards de Glières.

Par ailleurs, on peut constater que le livre a aussi une fonction de tir de barrage mémoriel face à une analyse « FTP » de l'aventure de Glières, elle aussi parue en 1946. Dans cet ouvrage qui sent déjà la guerre froide, Marcel Prenant, universitaire lui aussi, et ancien chef d'état-major FTP considère la « triste aventure du plateau des Glières [...] trois cents braves [...] victimes d'une conception militaire surannée ». Plus loin, le livre met en cause « le mot d'ordre venu de Londres, servant mieux les intérêts de l'impérialisme anglo-saxon que ceux de la libération du territoire national » ou « l'abcès de fixation criminellement prémédité par les cercles de Londres ». Cette polémique sur les responsabilités de Londres qui aurait abandonné, voire trahi les maquis, resurgira régulièrement, davantage à propos du Vercors que des Glières.

Les deux livres sont parus presque en même temps, mais sur le moment, la polémique n'a pas vraiment pris. La forte présence de combattants FTP français et de républicains espagnols à Glières, clairement reconnue et soulignée dans le livre de Pierre Golliet, mais aussi l'adhésion d'anciens FTP à l'association des rescapés ont sans doute éteint cette polémique naissante.

Les polémiques ou controverses seront finalement assez rares : on citera le livre de l'abbé Truffy, curé du Petit Bornand, qui publie en 1949 un témoignage utile pour comprendre l'atmosphère de « l'avant-Glières », apporte des documents allemands inédits, mais déclenche une polémique vaine sur l'action du groupe FTP « Lamouille ». Poursuivi et condamné pour diffamation, l'abbé Truffy verra son livre interdit de réédition en 1979.

Une historiographie en sommeil ?

Dans les années cinquante et soixante, période où acteurs et témoins sortent de la lumière et reprennent une vie professionnelle, l'historiographie de Glières entre en sommeil. Seul le livre de François Musard en 1965 réveille le mythe sous la forme d'un livre-épopée largement inspiré du livre fondateur de 1946, où l'on évoque plume au vent l'attaque de 20 000 (au moins trois fois le nombre réel) Allemands comme « une marée humaine qui déferle inexorablement, sans se soucier de ses propres pertes [...] avec une lenteur calculée de machine ». Le livre ne suscite pas de polémique. Glières est évoqué plus sérieusement dans d'autres ouvrages, comme l'*Histoire de la Milice* de Jacques Delperrié de Bayac en 1969, ou *La nuit sans ombre* d'Alban Vistel en 1970, mais, tout comme le Vercors d'ailleurs, n'a pas fait l'objet de recherches historiques scientifiques : ni les universités trop lointaines de Grenoble ou Lyon, ni les correspondants haut-savoyards du Comité d'histoire de la deuxième guerre mondiale n'ont mis l'ouvrage sur le métier, comme si le sujet trop chargé de symboles s'avérait impossible à questionner scientifiquement. L'association, elle-même en sommeil, va reprendre l'initiative sur le terrain mémoriel à l'occasion du trentième anniversaire des combats. Cette primauté de la mémoire sur l'histoire se traduit par un monument marquant, qu'Émile Giglioli a été chargé d'ériger sur le plateau, tout près du lieu de la première sépulture de Tom Morel. Le monument est une commande de l'association des rescapés, et a fait l'objet d'un concours international. L'œuvre remarquable, imposante à tous points de vue, raconte symboliquement l'épopée, la mort, l'enthousiasme, le souffle de la liberté qu'André Malraux va exalter dans son discours d'inauguration, le 2 septembre 1973. Si le monument inscrit la mémoire dans son cadre local, le discours, forcément lyrique, de l'ancien résistant et ministre d'État Malraux, presque dix ans après celui qui a accompagné les cendres de Jean Moulin au Panthéon, fixe Glières dans la mémoire nationale[1].

Le tournant de 1975 : Glières en perspective

Sur le plan historiographique, nul doute que l'article que Jean-Louis Crémieux-Brilhac donne à la *Revue d'histoire de la Deuxième Guerre mondiale* en juillet 1975 a fait date : acteur et témoin majeur des relations entre Londres et la Résistance intérieure, devenu historien rigoureux, il met en perspective et insère l'aventure des Glières dans l'histoire politique et militaire de la France Libre. En soulignant le rôle des représentants de la France Libre, ceux de la mission « Musc », dans l'évaluation des forces et du potentiel militaire des maquis et dans l'organisation d'une aide éventuelle du Haut commandement allié, Crémieux-Brilhac donne à comprendre les enjeux stratégiques et politiques de l'action des maquis des Glières. Intitulé fort judicieusement « la bataille des Glières et la guerre psychologique », l'article exhume les émissions de radio de Maurice Schumann et la bataille des ondes qu'il livrait à Philippe Henriot. Pour les anciens de Glières, regroupés à nouveau lors des commémorations du trentième anniversaire, l'article est une révélation, qui insère leur histoire presque intime dans la « grande » histoire nationale. Ainsi la phrase du général de Gaulle prononcée en novembre 1944 à Morette n'apparaît plus comme un compliment de circonstance, mais comme une reconnaissance concrète[2].

Curieusement, l'article n'a pas relancé la polémique de 1946 sur les responsabilités de Londres dans ce qu'on appellerait aujourd'hui la média-

1. Malraux dans son discours proclame : « Glières, première bataille de la Résistance, est entrée dans la légende. »
2. « C'est grâce à Glières que j'ai pu obtenir des parachutages importants pour la Résistance » (phrase rapportée par Louis Jourdan à Marina Guichard-Croset).

tisation excessive du maquis. Pourtant, l'auteur montre, documents à l'appui comment « entre Glières, Annecy et Londres, on dirait que chacun a surestimé la capacité d'action des autres ».

Quelques formules développent : « Après avoir mérité une profusion d'armes grâce à six semaines de siège et aux rapports publicitaires destinés à la BBC, ils [les maquisards des Glières] se trouvaient prisonniers de ces armes » ou encore « [...] mythe développé jour après jour par la radio de Londres[3] ».

Au fond, en confondant soutien à la Résistance et propagande, Londres – et singulièrement *Cantinier* et Maurice Schumann – n'ont-ils pas mis en péril les maquisards des Glières, les condamnant à « se montrer dignes » du mythe construit ? En montrant comment tous les acteurs (Glières, Annecy, Londres) ont participé à la montée en puissance du mythe, Crémieux-Brilhac l'a décrypté, expliqué, sans le faire exploser. Aussi l'association des rescapés a-t-elle accueilli et diffusé l'article avec enthousiasme, le considérant comme « l'analyse la plus rigoureuse, la plus juste, étayée par des faits et des documents puisés aux sources les plus sûres[4] ». L'association a édité un tiré à part et diffusé largement cet article. Proposant une vraie problématique, celle de l'articulation entre Glières et Londres, une mise en perspective des événements des Glières dans un cadre élargi, une prise de recul et de hauteur, l'analyse de Crémieux-Brilhac s'impose aux yeux de l'association comme une synthèse explicative, le deuxième pilier qui complète le livre d'histoire-mémoire de 1946, une sorte de norme, reprise dans les articles de la revue de l'association, *Messages*.

Le retour au local ? 1980-2007

En effet, avec les années quatre-vingt vient le temps de la remontée de la mémoire, en Haute-Savoie comme ailleurs. Les nouveaux axes historiographiques ouverts par Paxton puis poursuivis par les historiens français de l'Institut d'histoire du temps présent, la judiciarisation des débats avec notamment les procès Barbie et Touvier, ont remis la période 1940-1944 au premier plan et poussé les témoins à venir ou revenir sur la scène médiatique ou éditoriale. Sur Glières, on peut considérer deux types d'ouvrages, les biographies et les chroniques. Michel Germain a écrit en plusieurs volumes une chronique des années de guerre en Haute-Savoie qui intègre l'histoire des Glières[5]. Beau succès de librairie, son travail colossal de collecte de

3. Jean-Louis CRÉMIEUX-BRILHAC, « La bataille des Glières et la guerre psychologique », *Revue d'histoire de la Deuxième Guerre mondiale* n° 99, juillet 1975, rééditée avec préface et postface par l'Association des Glières, 2004.
4. Jacques Golliet dans la réédition de 2004, p. 3.
5. Michel GERMAIN, *La nuit sera longue* (1987, réédité par La Fontaine de Siloé, 1993), *Le sang de la barbarie* (1992), *Le prix de la liberté* (1993), éditions La Fontaine de Siloé.

témoignages, de photographies et d'étude des archives départementales et locales a sauvé de l'oubli quantité de faits précis, d'épisodes de la vie quotidienne sous l'occupation. Complétée par son étude sur la Milice en Haute-Savoie, son œuvre, qui ne prétend pas être une synthèse problématique, a satisfait la curiosité et fait œuvre de reconnaissance pour nombre de résistants de l'ombre et constituera au-delà un instrument de travail pour de jeunes chercheurs.

Les autres livres parus pendant ces années ont souvent été des biographies comme celle du capitaine Anjot par Claude Antoine en 1993, publiée par l'association des Glières réunifiée, ou celle de Tom Morel par son professeur-confesseur André Ravier, parue en 1990, hagiographie assez décevante sur le plan historique, car elle le présente comme un moine-soldat mystique, exalté, décrit le plus souvent hors du temps et de l'espace. On y apprend très peu sur Tom Morel « dans son siècle ».

Avec l'autobiographie de Constant Paisant parue en 1995, titrée *Combattant des Glières* et sous-titrée *J'étais franc-tireur et partisan*[6], on pouvait s'attendre à une lecture « FTP » de Glières qui détonnerait dans le consensus mémoriel général. Mais son livre ne reprend pas la polémique de 1946, et s'inscrit dans l'unanimisme de l'association, dans la fidélité. Ancien FTP, mais aussi membre de l'Association des rescapés, aujourd'hui Association des Glières, il écrit au contraire que les circonstances et l'idée qu'ils se faisaient de leur combat ont conduit les FTP montés le 3 mars à rester sur le plateau et à s'intégrer sous les ordres de Tom Morel, puis plus tard à ne pas suivre les ordres de leur direction de quitter le plateau le 23 mars et à rester sous les ordres du capitaine Anjot, successeur de Tom Morel. Il souligne même que les FTP ont été les derniers à quitter les Glières. Les mémoires de Constant Paisant participent d'une double fidélité : en racontant son parcours avant et après Glières, il met en valeur le rôle et l'action des FTP, mais ce qu'il décrit de Glières s'inscrit dans un consensus et ne redonne pas vie à la polémique de 1946.

Pour trouver un angle d'analyse différent, à défaut d'alternatif, il faut considérer l'ouvrage de Pierre Mouthon[7], qui élargit enfin le cadre chronologique et géographique à la Haute-Savoie de 1940 à 1944. Acteur de l'époque, mais s'appuyant sur des archives et des études ponctuelles, notamment d'anciens correspondants du Comité d'histoire de la Deuxième Guerre mondiale, il y écrit deux chapitres synthétiques sur Glières ainsi qu'une réflexion sur la mémoire, sans toutefois l'insérer dans une problématique sur les lieux, milieux et actions de la résistance haut-savoyarde. Glières

6. Constant PAISANT, *Combattant des Glières, j'étais franc-tireur et partisan*, Le Temps traversé, deuxième édition, 1995.

7. Pierre MOUTHON, *Haute-Savoie 1940-1945, Résistance, Occupation, Collaboration*, éditions du Sapin d'or, 1993.

reste un objet historique particulier, mais Pierre Mouthon le met un peu « à distance », en mettant en cause assez clairement l'euphorie et l'activisme risqué de la mission du BCRA en la personne de *Cantinier* dans le contexte de février 1944. Son livre apporte des analyses sérieuses et documentées sur la Haute-Savoie « hors Glières », sur l'opinion publique, montrant une population globalement très pétainiste, sentiment encouragé par les craintes face à une éventuelle annexion par l'Italie, et décrivant une évolution vers des positions radicales, en direction des deux bords : la Haute-Savoie apparaît là comme une place forte de la Résistance et de la Milice, théâtre d'une guerre civile au printemps et l'été 1944.

Mais les perspectives d'étude qu'ouvre ce livre, de même que l'étude d'Alain Delotel[8] sur Glières, qui recadre la réalité des combats et de leur bilan, pèsent peu à côté de l'histoire-mémoire. Les deux écornent un peu la légende, soulignant que l'attaque allemande était davantage une reconnaissance poussée qu'une attaque massive, que les pertes allemandes ont été faibles et que la plupart des maquisards ont été tués après le 26 mars lors du décrochage. Parus au début des années quatre-vingt-dix, ces deux ouvrages auront une diffusion assez confidentielle face à l'ouvrage « officiel » du cinquantième anniversaire.

Le livre mémorial du cinquantième anniversaire

Membre de l'Association du plateau, qui regroupait un temps les « non combattants », Michel Germain a été chargé de rédiger un livre-mémorial « officiel » pour le cinquantième anniversaire[9], livre qu'il a écrit en utilisant le registre de l'épopée, racontant les combats minute par minute et reconstituant des dialogues grâce aux témoignages récoltés. Préfacé par Louis Jourdan, président fondateur de l'association, – et co-auteur du livre de 1946 – le livre est une autre manière d'écrire l'histoire-mémoire, moins problématisée que celle du livre de 1946, destinée plus clairement à l'édification des foules, comme en témoigne la reprise des formules de Malraux en sous-titre : « une grande et simple histoire », ou en page intérieure « l'Épopée héroïque et sublime ».

Louis Jourdan donne ici la caution de l'association des Rescapés, félicitant l'auteur dans sa préface, reprise en 3e de couverture, « d'avoir bien voulu maintenir un dialogue permanent avec les Rescapés des Glières, moi-même et divers témoins de l'époque : il a tenu le plus grand compte de nos remarques et compléments d'information[10] ». Il voit dans ce livre « un véritable document d'histoire qui peut être considéré comme l'ouvrage

8. Alain Delotel, *Le maquis des Glières*, Plon, 1992.
9. Michel Germain, *Glières mars 1944, une grande et simple histoire*, éditions La Fontaine de Siloé, 1994.
10. *Ibid*, p. 7.

de référence pour ceux qui, loin des polémiques partisanes et du mauvais journalisme veulent véritablement connaître ce premier grand combat dans la France retrouvée ».

Succès de librairie (trois éditions, plus de 10 000 exemplaires), il symbolise l'importance du rôle de l'Association des rescapés dans l'écriture de l'histoire de 1946 à 1994. En la personne de Louis Jourdan et Julien Helfgott, les acteurs de Glières qui en furent aussi les premiers historiens en 1946, l'association est à l'origine de la publication phare du cinquantième anniversaire et dix ans plus tard de la réédition commentée de l'article de Crémieux-Brilhac : gardienne sourcilleuse de la légende, ou principale source de connaissance ? Sans doute un peu des deux.

Dix ans plus tard, quand le soixantième anniversaire se profile, l'association fait rééditer en 2004 l'article de Crémieux-Brilhac, encadré par une préface et une postface de son président Jacques Golliet, frère de Pierre, l'auteur du livre de 1946. Jacques Golliet, très fin connaisseur des lieux et des hommes, rend hommage au travail de Crémieux-Brilhac, mais livre aussi une lecture synthétique personnelle dans la même veine, cassant au passage quelques morceaux du mythe, lucide sur les capacités réelles des maquisards dont l'enthousiasme ne pouvait compenser l'absence de formation militaire, la méconnaissance du terrain montagnard (les trois-quarts d'entre eux étaient des citadins réfractaires au STO), les contraintes climatiques (comment récupérer et évacuer des containers parachutés dans deux mètres de neige fraîche ?) et le manque de moyens de liaison radio directe. Jacques Golliet intègre ainsi dans sa réflexion les remises en cause factuelles qu'ont pu faire Alain Delotel et Pierre Mouthon, sans pour autant démolir l'édifice du mythe et des valeurs qu'il porte depuis 1946.

Ces deux textes de Crémieux-Brilhac et Golliet sont à notre avis les réflexions les plus fines sur l'enchaînement des événements de janvier à mars 1944. Ils proposent une synthèse consensuelle, qui se refuse à trancher sur les responsabilités ou imprudences stratégiques entre Londres, la mission Musc et les chefs locaux. De cette façon, ils répondent aussi d'une certaine manière à la profusion éditoriale des années 1980-1990. Ainsi, de 1946 jusqu'à aujourd'hui, l'association des Rescapés a bien été à l'origine du discours historique dominant, à la fois cohérent et consensuel. L'association est aussi à l'origine du film *Vivre libre ou mourir*, qui s'inscrit dans cette même veine[11].

L'association, gardien du temple ?

Un constat s'impose : l'Association des rescapés, par son poids moral, par sa capacité à porter à la fois la mémoire et l'histoire des Glières, a pesé et

11. *Vivre libre ou mourir*, film de Denis Chégaray, version DVD, Élan production, 2004.

pèse encore sur la production éditoriale concernant les Glières. La force et l'autorité du message mémoriel se sont appuyées sur deux lieux de mémoire (le cimetière de Morette et le monument du Plateau), deux dates clé, (la visite de De Gaulle en novembre 1944 et le discours de Malraux de 1973) et deux publications (le premier livre de 1946 et l'article de Crémieux-Brihac). Ainsi, la quasi-totalité des écrits sur les Glières ont été soit commandés, soit recommandés par l'association. Ceux qui écrivent sur les Glières se réclament de l'association, demandent des préfaces ou des avant-propos aux membres les plus connus de l'association, c'est-à-dire ses fondateurs, ou Jacques Golliet[12]. D'autres font relire, corriger leurs écrits – souvent sans en tenir grand compte –[13], mais en n'oubliant pas de souligner cet *imprimatur*. On pourrait penser qu'ils doivent passer sous les fourches caudines de l'association qui exercerait un contrôle. Ne nous leurrons pas, il s'agit sans doute le plus souvent d'en faire une sorte d'assurance contre d'éventuelles critiques, ou plus prosaïquement un argument de promotion.

Il reste que, pour avoir des sources de première main, l'association a été et reste pour une large part incontournable, productrice d'un discours historique et d'archives, jusqu'à donner l'impression d'un monopole. En fait, c'est aussi l'absence de recherches universitaires qui a renforcé cette impression. On n'a pas de trace de maîtrises ou de mémoires d'institut d'études politiques sur la question, et l'éloignement des universités grenobloise et lyonnaise, puis chambérienne n'explique pas tout : le Vercors n'a pas été étudié par des universitaires avant Gilles Vergnon dans les années 1990. La charge du mythe a sans doute effrayé étudiants et enseignants, comme elle explique sans doute le peu d'intérêt des correspondants du Comité d'histoire de la Deuxième Guerre mondiale. Pourtant Jacques Golliet regrette qu'aucun universitaire ne se soit attaqué à une synthèse problématisée. Des chantiers sont pourtant à ouvrir. Car si le mythe a pu intimider les étudiants, il a aussi fait de Glières un objet historique hors sol ou plutôt une île reliée par les ondes et les airs à Londres. Il serait du plus grand intérêt de réintégrer Glières dans une histoire de la Haute-Savoie pendant les années de guerre et au-delà. Sortir de l'histoire militaire, désormais largement connue et interprétée et travailler sur l'histoire sociale et culturelle plus longue : analyse sociologique des maquisards, éléments d'intégration des non-haut-savoyards dans les maquis, permanences ou non d'engagements sociaux, leaders d'opinion, impact des traditions religieuses

12. Par exemple le livre de Michel REYNAUD et Véronique OLIVARES SALOU, qui poursuit de nombreux objectifs d'étude dans ses nombreux sous-titres : *La résistance des républicains espagnols au plateau des Glières, les maquis espagnols en Haute-Savoie 1941* [?]-*1944* et est titré curieusement *Le roman des Glières*, éditions Tirésias, collection « les oubliés de l'histoire », 2007. La publication soutenue par le conseil général de la Haute-Savoie bénéficie d'un avant-propos de Jean-Louis Crémieux-Brilhac, de témoignages d'Alphonse Metral et de Jacques Golliet.

13. Patrick DE GMELINE, *Tom Morel, héros des Glières*, Presses de la Cité, 2008, remerciements p. 331.

sur les engagements... Des sujets prometteurs qui commencent à être explorés[14]...

Le poids de Glières et de l'association dans la prise en charge de la mémoire et de l'histoire, son institutionnalisation, a peut-être étouffé l'historiographie. Après l'établissement par l'association des rescapés d'un musée à Morette en 1964, auquel s'est adjoint un mémorial de la Déportation en 1965, d'autres résistants et déportés ont considéré que Glières ne pouvait monopoliser l'expression de la mémoire de la guerre en Haute-Savoie. Ne pouvant pas rivaliser face à une mémoire devenue nationale et qui de surcroît englobait une partie de sa propre mémoire communiste à travers les FTP de Glières, la mouvance résistante communiste, via l'ANACR, a construit son propre lieu à Bonneville, avec l'aide de la municipalité en 1975. On assiste là à l'expression d'une concurrence des mémoires, assez classique au temps du monde bipolaire, avec l'Association des rescapés des Glières et l'UNADIF à Morette, et l'ANACR et la FNDIRP à Bonneville, Constant Paisant faisant, lui, partie des deux associations.

L'évolution récente : l'association et la mémoire institutionnalisées

Plus rivales qu'ennemies, les associations de mémoire et leurs lieux respectifs ont fait face aux mêmes questions d'avenir dans les années 1990-2000. Les lieux de mémoire vivaient par l'action des acteurs bénévoles, qui recevaient des classes et les visiteurs. Ces piliers des associations vieillissants, préoccupés par l'avenir, ont recherché des relais de leur action auprès des collectivités locales. Après une tentative de créer une « association d'amis » à côté de l'Association des rescapés, ces derniers ont finalement fusionné en une « Association des Glières » dont le sous-titre est « Pour la mémoire de la Résistance », devenue partenaire du département. Ainsi le département de la Haute-Savoie a-t-il pris en charge la gestion du chalet-musée de Morette en 1997, ainsi que celle d'un chalet sur le plateau, point d'information. Là encore, l'association des Rescapés semble avoir eu une oreille attentive au Conseil général. La personnalité de Jacques Golliet, lui-même élu local, puis sénateur, n'y est évidemment pas étrangère. Mais la collectivité départementale, à travers sa direction des affaires culturelles et son service « mémoire et citoyenneté » cherche à donner une cohérence et une qualité scientifique à son action. En prenant en charge à la fois les sites de mémoire et muséographiques des Glières (plateau et Morette) et celui de Bonneville, les services départementaux préparent un projet scientifique et culturel qui vise à actualiser complètement le contenu et la muséographie de ces lieux,

14. Colloque *Chrétiens en Haute-Savoie 1940-1944, ombres et lumières* des 4 et 5 février 2005. Actes publiés par Alpes 74, 2006, 206 pages.

pour en faire des lieux complémentaires et non concurrents, et y inclure le centre de documentation, installé au conservatoire d'art et d'histoire d'Annecy. Ce centre reçoit depuis le début des années 2000 des archives de l'Association des Glières, qui seront rendues accessibles au public.

Déjà les deux groupes de porteurs de mémoires se sont rencontrés ces dernières années pour élaborer un CD-Rom dans le cadre des projets de l'AERI[15]. « Ceux des Glières » ont travaillé, non sans mal au début avec « ceux de Bonneville » et les témoins ont travaillé avec des historiens. Premier projet, jugé perfectible par les auteurs eux-mêmes, mais première réalisation qui va sans doute rendre possible la poursuite de travaux scientifiques qui seront à la base du musée aux lieux multiples et justifier l'engagement du conseil général.

La mémoire de Glières se fondrait-elle ainsi dans un discours historique et muséographique haut-savoyard ? C'est compter sans deux éléments-acteurs nouveaux : l'armée et le président de la République.

En confiant sa présidence au général Jean-René Bachelet, et en signant une convention avec le 27ᵉ BCA où elle a désormais son siège, l'Association des Glières assure sa pérennité, mais la mémoire de Glières risque d'être de plus en plus insérée dans le calendrier des cérémonies militaires. L'exemple de Glières va certes « participer à la formation morale des chasseurs du 27[16] » mais l'image donnée du souvenir de Glières risque – sans procès d'intention, mais par la force des choses – d'être figée dans le moule commémoratif, associée exclusivement à l'armée, qui comme l'association des rescapés, écrit sa mémoire et son histoire.

En choisissant le monument des Glières comme lieu emblématique lors de sa campagne électorale, puis semble-t-il comme lieu de pélerinage annuel une fois élu, le président de la République a refait de Glières un lieu de mémoire à dimension nationale, comme de Gaulle en 1944 et Malraux en 1973. Dans un premier temps, l'usage – considéré par certains comme une instrumentalisation – du lieu pendant la campagne électorale a fait renaître des clivages qui avaient disparu, y compris au sein de l'association.

Dans ce cadre, on peut penser que c'est plutôt par l'action des services de la collectivité départementale, qui vient d'ailleurs d'installer une commission scientifique pour travailler sur le projet de rénovation des musées, que pourra progresser la recherche et la diffusion de l'histoire de Glières et de la Haute-Savoie au public scolaire et au grand public. Jacques Golliet ne s'y était pas trompé en favorisant cette évolution. Il a d'ailleurs toujours plaidé pour la recherche historique, qui a un avenir dans la mise en perspective de

15. Association pour des études sur la Résistance intérieure. Le CD-Rom pour la Haute-Savoie a été publié en 2006.
16. Général Jean-René Bachelet, revue de l'association *Messages*, 2008, p. 11.

Glières en Haute-Savoie. Car pour l'interprétation de la bataille des Glières, on peut retourner méditer sur les mots de Pierre Golliet en 1946 :

> « Ainsi, la soudaineté et l'importance des opérations de police qui préparèrent une intervention foudroyante de la *Wehrmacht* se rencontrèrent avec la mission de garder un grand terrain de parachutage, puis de s'y accrocher comme à un lambeau de France libre pour sauver l'honneur de la Résistance armée[17]. »

17. *Glières, première bataille de la résistance*, p. 43.

L'historiographie de la Résistance en région toulousaine (ancienne région R4)

Michel GOUBET

Au même titre que son histoire, l'historiographie de la Résistance en région toulousaine présente d'une part des caractéristiques qui se retrouvent ailleurs, d'autre part des aspects plus originaux et spécifiques.

La phase d'héroïsation et d'idéalisation

Dès l'après-Libération on a le souci de rendre un hommage éclatant aux résistants morts, déclarés « héros de la Résistance », « héros de la Libération » ou « morts pour la France ». À Toulouse, ces qualificatifs accompagnent les noms de résistants disparus qui sont donnés à de nombreux lieux de circulation ou à des bâtiments publics. Le devoir de mémoire l'emporte sur l'intérêt historique. Une personne symbolise à elle seule tous les « héros » et tous les martyrs de la Résistance régionale : François Verdier. C'est un négociant de matériel agricole, d'origine ariégeoise mais qui fait ses études et travaille à Toulouse. C'est une personnalité consensuelle. De sensibilité socialiste, c'est aussi un dignitaire de la Franc-maçonnerie. Entré dans la Résistance en 1940-1941, il appartient au mouvement Libération mais il a des contacts de plus en plus étroits avec Combat. Il est nommé chef régional des MUR alors que ceux-ci connaissent une grave crise de direction. Il devient un des premiers artisans de l'unification de la Résistance régionale. Arrêté en décembre 1943 (sans doute sur trahison), il est torturé en vain, il ne parle pas. Son corps mutilé est retrouvé à la fin de janvier 1944 dans la forêt de Bouconne, près de Toulouse. Depuis 1945, chaque année, une cérémonie s'y déroule le dernier dimanche de janvier pour que l'oubli n'efface pas le souvenir[1].

Parmi les premiers ouvrages écrits sur la Résistance, plusieurs d'entre eux décrivent l'héroïsme de ses acteurs ainsi que leurs souffrances : Francesco Fausto Nitti retrace à chaud l'odyssée du « train fantôme » qui devait le mener en déportation durant l'été 1944 mais dont il s'est évadé à temps[2], Raymond Escholier célèbre l'épopée et les exploits des maquis de Gascogne[3], alors que l'histoire dramatique des maquis de Saint-Lys (en Haute-Garonne) et de Meilhan (dans le Gers) est rapidement écrite avec l'appui et les souvenirs des survivants[4].

Au même moment la Résistance est idéalisée dans sa composition, dans ses objectifs comme dans ses actions. Jean Cassou, l'ancien commissaire de la République de la période clandestine, évoque ainsi « le bonheur » qu'il a connu :

> « Comment ne pourrais-je pas appeler du nom de bonheur [...] un temps où, en quelque lieu que ce fût, en prison ou dans la clandestinité, il était possible à l'homme d'estimer l'homme ? On ne connaissait autour de soi que des gens qui n'avaient rien à gagner que le pire. On n'avait à les soupçonner d'aucun calcul de derrière la tête. S'ils couraient des risques, c'est qu'ils l'avaient voulu, et l'on ne pouvait envisager en eux que cette volonté simple. Heureux donc, bien heureux le moment... où l'on a pu connaître une si admirable simplification des relations humaines et une aussi franche et lumineuse fraternité[5]. »

Il est évident que cette phase d'héroïsation et d'idéalisation de la Résistance ne rend pas compte parfaitement de la complexité du phénomène. Elle est rapidement contestée et ses manifestations les plus simplistes ou outrancières s'estompent progressivement. Mais il en reste toujours des traces, ne serait-ce par le fait que des témoignages idéalisent toujours la portée des actions de leurs auteurs et ne prennent pas en compte les erreurs ou les bavures qui ont pu exister. Et si l'image du « héros résistant » n'est plus aussi sommairement évoquée, l'hommage qui est rendu à de grands

---

1. En 1950 le livre de CAZARD et METGES, *Capitaine Philippe,* Cahors, Imprimerie Couesnant rend également hommage à un autre martyr de la Résistance régionale, Jacques Chapou « capitaine Philippe », l'ancien chef départemental des MUR dans le Lot. Œuvre hagiographique, il laisse en suspens beaucoup de questions.
2. Francesco FAUSTO NITTI, *Chevaux 8, Hommes 70,* Toulouse, Éditions Chantal, 1945.
3. Raymond ESCHOLIER, *Maquis de Gascogne,* Genève, Éditions du Milieu du Monde, 1945.
4. Amicale des anciens combattants du maquis de Saint-Lys, *Saint-Lys, maquis toulousain,* Toulouse, Julia maître imprimeur, 1945 ; CHEVIGNE F., pseudo Mme Bécanne, *La tragédie de Meilhan,* Toulouse, Imprimerie moderne, 1947. D'autres groupements ou maquis (comme le Corps Franc de la Montagne Noire, le maquis de Vabre dans le Tarn ou le maquis de Nistos dans les Hautes-Pyrénées) ont également leur propre historique.
5. Jean CASSOU, *La mémoire courte,* Paris, Éditions de Minuit, 1953.

résistants lors de leur disparition peut s'en rapprocher, l'exemple de Jean-Pierre Vernant en témoigne[6].

La phase de dénigrement

Cette phase paraît plus spécifique. Elle a commencé ici très tôt et elle a perduré jusqu'à nos jours, après avoir atteint son paroxysme lors de « l'affaire Bertaux » dans les années 1970-1980.

Durant la période clandestine, une partie de la Résistance de R4 est jugée trop autonome et trop progressiste par des éléments de la France Libre, ce qui explique que plusieurs demandes de parachutages d'armes n'aient pas été satisfaites. La Libération venue, le climat de méfiance qui existait jusque-là se transforme en climat d'hostilité et de craintes. Des envoyés du BCRA dénoncent l'existence de menaces « communisto-révolutionnaires » (*sic*). Dans un rapport daté du 11 septembre 1944, il est dit que « la région de Toulouse est actuellement le siège d'une expérience communiste dont le premier stade s'est déroulé avec une surprenante facilité. Voici quelques aspects de la situation dans cette région : essai de soviétisation de certaines entreprises [...], occupation de journaux [...], justice expéditive [...][7] ». À cela s'ajoutent les rumeurs les plus folles concernant les désordres toulousains de la Libération : on parle des « pendus de la place du Capitole » ainsi que d'une « incarcération du préfet et du commissaire de la République par des bandes bolcheviques » ! Tout ceci est faux, mais les thèmes du « complot communiste » et du caractère « insurrectionnel » de la libération de Toulouse sont des éléments qui nourrissent l'image inquiétante d'une supposée « République rouge de Toulouse ». S'y ajoutent de prétendus excès dans l'épuration, voire des mesures jugées « révolutionnaires », prises par le « pouvoir résistant » toulousain dans les domaines social et militaire. Tout ceci doit être nuancé et relativisé[8]. Il y a bien eu des désordres à Toulouse et dans sa région, mais ils sont isolés et à replacer dans le contexte particulier de l'époque, ils ne doivent pas être grossis ni généralisés. C'est la présence d'éléments communistes ou communisants à des postes de direction, ainsi que les nombreuses déclarations pro-révolutionnaires de l'époque qui ont pu accréditer l'idée de « complot » communiste. Mais celui-ci en reste au stade de présupposés, il n'a pas de fondement réel : les communistes ne contrôlent pas tous les organes du « pouvoir résistant »,

6. De nombreuses déclarations, écrites ou orales, ont rendu hommage à Jean-Pierre Vernant, ancien chef départemental et régional FFI et ancien professeur au Collège de France, immédiatement après sa disparition le 9 janvier 2007. Une plaque a été inaugurée en son honneur au lycée de Toulouse où il a enseigné. Des établissements scolaires toulousains doivent porter son nom.
7. Cité par Pierre LABORIE dans *Libération dans le Midi de la France,* Toulouse, Eché, 1986.
8. Michel GOUBET, « Une "République rouge" à Toulouse à la Libération : mythe ou réalité ? », *Revue d'histoire de la Deuxième Guerre mondiale*, n° 131, juillet 1983.

ils ne sont pas globalement en position de force[9], ils doivent tenir compte de la présence de groupements opposés, ils représentent en fait un organe de pression comme il y en a d'autres au même moment. Exagérer le danger communiste, imaginer un risque de mainmise du parti sur une Résistance locale attachée à des valeurs de liberté et de progrès, c'est créer un climat de suspicion sur celle-ci ; ignorer la diversité d'origines et d'influences qui la caractérise, c'est un moyen indirect de contester les positions d'un « pouvoir résistant » qui s'est rallié majoritairement au programme révolutionnaire du CNR, plus fortement sans doute que ne l'auraient souhaité les milieux gaullistes. Mais bien des craintes émises et bien des rumeurs qui ont couru concernant la Libération et l'immédiat après-Libération ne sont pas objectivement fondées.

Pourtant le dénigrement a persisté et le mythe de « Toulouse la Rouge », dans ses volets « désordres » et « complot communiste », n'a cessé d'être diffusé jusqu'à nos jours. Les causes en sont variées : parfois un manque d'informations sérieuses ; le plus souvent des positions anticommunistes marquées (notamment lors de la période de la guerre froide) ou, pour les gaullistes, la nécessité de décrire en région toulousaine une situation de profonds désordres afin de justifier la reprise en main et la remise en ordre qui vont suivre. Dans ses *Mémoires de guerre*, le général de Gaulle décrit d'ailleurs Toulouse comme « une ville passablement agitée » où « des chefs de factions armées constituent comme un soviet ». Mais d'autres auteurs vont plus loin. En 1959, Robert Aron parle de « pagaïe qui dure quinze jours à Toulouse [...], des coups de feu [qui] partent dans les rues autour des derniers allemands [...], des chefs de bande ou de maquis qui ont afflué vers la ville[10] ». Il dénonce aussi les excès toulousains dans le domaine extrajudiciaire. Ce thème est repris par l'académicien Michel Droit le 1er septembre 1984 dans un article du *Figaro Magazine*, où il parle d'une « épuration prétexte à des règlements de comptes » en région toulousaine, ainsi que par Henri Amouroux en 1991 quand il y signale l'existence de « représailles désordonnées et parfois répugnantes[11] ». D'anciens résistants comme Henri Frenay en 1973[12] ou le colonel Schneider en 1974[13] développent pour leur part la thèse du complot communiste. Mais c'est sans doute Philippe Erlanger qui va le plus loin dans l'excès et la vilenie quand il écrit que, à Toulouse, dans « les derniers jours d'août 1944 (...), la ville rose est devenue rouge, rouge sang, rouge révolution[14] ».

9. Michel GOUBET, « La Résistance toulousaine : structures, objectifs (printemps-été 1944) », *Revue d'histoire de la Deuxième Guerre mondiale*, n° 99, juillet 1975.

10. Robert ARON, *Histoire de la libération de la France*, tome 2, Paris, Fayard, 1959.

11. Henri AMOUROUX, *La grande histoire des Français sous l'Occupation. Les règlements de comptes*, tome 9, Paris, Robert Laffont, 1991.

12. Henri FRENAY, *La nuit finira. Mémoires de Résistance*, Paris, Robert Laffont, 1973.

13. Colonel SCHNEIDER, *Le sens de leur combat*, Dole, Librairie Jacques, 1974.

14. Philippe ERLANGER, *La France sans étoile. Souvenir de l'avant-guerre et du temps de l'occupation*, Paris, Plon, 1974.

Malgré leurs outrances, tous ces jugements ne suscitent pas de vives réactions de la part du monde résistant. Toute autre est son attitude dans les années 1970 quand éclate « l'affaire Bertaux ». Le débat est ici interne : de nombreux résistants se considèrent diffamés, voire outragés, par les déclarations de l'un d'entre eux, et non des moindres. Pierre Bertaux est le commissaire de la République de la Libération et des mois qui suivent. Il remplace « au pied levé » Jean Cassou, grièvement blessé lors d'un accrochage avec une colonne ennemie, juste la veille de la Libération. Bien qu'ayant été un des premiers résistants de 1940-1941, arrêté en décembre 1941 puis libéré en 1943, il est peu connu des résistants de 1944 et il n'a pas été associé aux préparatifs de la Libération. Mais une fois désigné il représente le pouvoir central du général de Gaulle. À ce titre, c'est lui qui assure le rétablissement de l'ordre et le retour progressif à une normalisation de situation dans tous les domaines (politique, économique, social, judiciaire...). Ceci se fait au prix de nombreux affrontements avec les représentants locaux de la Résistance, en particulier les membres du Comité départemental de libération de la Haute-Garonne. Pour eux, Pierre Bertaux est l'homme de la reprise en main, celui qui « trahit » une partie des espoirs de la Libération : il cristallise de ce fait bien des rancœurs et bien des déceptions. Le temps va passer, mais les souvenirs ne seront pas effacés.

Une première alerte a lieu en 1966-1967. Le 10 octobre 1966 la première chaîne de télévision diffuse une émission de Roger Stéphane et Roland Darbois, « La France blessée », dans laquelle Pierre Bertaux, sortant de sa réserve d'après-guerre, évoque ce qu'a été pour lui la Libération et l'après-Libération. Ses propos sont tellement tendancieux et exagérés que plusieurs anciens responsables de la Résistance, comme les chefs FFI Serge Ravanel et Jean-Pierre Vernant, et l'ancien maire de Toulouse, Raymond Badiou, interviennent le 19 février 1967 en décrivant dans le journal local *La Dépêche du Midi* « ce que fut réellement la libération de Toulouse ». Le débat est lancé. Il rebondit en 1973 quand Pierre Bertaux publie un livre intitulé *Libération de Toulouse et de sa région*[15], qui appartient à la collection « La Libération de la France » dirigée par Henri Michel. Une des originalités de cette collection tient au fait qu'elle a recours à des auteurs différents, d'anciens résistants d'un côté, des historiens de l'autre. Le choix de Pierre Bertaux peut paraître judicieux : c'est à la fois un ancien résistant et un universitaire connu (en tant que germaniste, mais pas en tant qu'historien). En réalité Henri Michel sous-estime les risques de controverses à venir. D'autant que Pierre Bertaux ne cache pas ses intentions. Dans une lettre envoyée à Charles-Louis Foulon le 1er mai 1973, avant la publication du livre, il écrit : « Il n'y a pas – pas encore de polémique. Je l'ai évitée de mon

15. Pierre BERTAUX, *Libération de Toulouse et de sa région,* Paris, Hachette, 1973.

mieux, sans l'esquiver le moins du monde. S'il le faut – et il est possible que l'occasion s'en présente cette année – je monterai ma Rossinante, m'assurerai sur mes étriers, baiserai mon écu, saisirai ma lance d'une main ferme, me recommandant à Dieu et à ma belle… et je piquerai des deux! […]. » Et plus loin: « Je pense que mon livre qui écorne la légende de « Toulouse qui s'est libérée elle-même » soulèvera quelques récriminations. » Dans une autre lettre envoyée le 20 juillet 1973 au même destinataire, il précise: « Si, quand sortira mon livre, il s'engage une polémique, je suis armé. Cette polémique, je ne la chercherai pas. Mais si on me cherche, moi, on me trouve. Et documenté […][16]. » Le fait est que l'ouvrage qui paraît est beaucoup plus un témoignage subjectif qu'un livre d'histoire. Il « écorne bien certaines légendes » ou exagérations, mais il est avant tout une justification de l'action menée après la Libération par Pierre Bertaux, commissaire de la République. Le tout est écrit avec un ton souvent moqueur et sarcastique vis-à-vis de ses anciens camarades et opposants résistants. La réaction ne se fait pas attendre. Le 9 avril 1974, *La Dépêche du Midi* publie des communiqués d'anciens membres du CDL qui accusent Pierre Bertaux d'avoir monté « une entreprise de dénigrement de la Résistance et de ses responsables » contenant des « lacunes, fausses interprétations, légèreté de la documentation, appréciations fausses et évidentes contre-vérités ».

La controverse porte surtout sur des points apparemment mineurs, à savoir: qui est entré le premier à la préfecture au matin du 19 août 1944, jour du début de la Libération de Toulouse? Ou encore: Pierre Bertaux a-t-il été nommé suppléant de Jean Cassou et comment est-il exactement devenu commissaire de la République? Les versions de Jean Cassou et de Pierre Bertaux diffèrent. Les résistants locaux affirment avoir toujours ignoré que Pierre Bertaux était le suppléant de Jean Cassou, ce sont eux qui l'auraient nommé commissaire mais… à titre provisoire, dans l'urgence et la précipitation. « Un fait bien établi, sans contestation, que cela plaise ou pas, est que nous avons désigné Pierre Bertaux », écrit Paul Debauges, un ancien membre du CDL. Ce à quoi Pierre Bertaux répond « avoir été porté au poste de commissaire de la République (…) en vertu d'une décision du Gouvernement provisoire[17] » et que c'est à ce titre qu'il s'est installé… le premier à la préfecture, ce que contestent plusieurs résistants locaux. C'est témoignage contre témoignage, parole contre parole. Chacun donne sa part de vérité: si Pierre Bertaux a bien été désigné suppléant de Jean Cassou, les résistants de 1944 ont pu l'ignorer, mais il n'en demeure pas moins vrai qu'eux-mêmes le « nomment » par défaut quand les circonstances l'exigent…

16. Correspondance Pierre Bertaux – Charles Louis Foulon (1973-1975), Archives Nationales, 72AJ126 – CII 6.

17. Paul DEBAUGES et Pierre BERTAUX, revue *Résistance R4*, Toulouse, n° 6, décembre 1978 et n° 8, juin 1979.

Un nouveau rebondissement a lieu en 1974. Le 26 mai, à l'initiative de l'ancien président du CDL de Haute-Garonne, Albert Carovis, plusieurs centaines de résistants se réunissent et décident de créer un « Comité des Résistants pour l'histoire de la libération de Toulouse et de sa région ». Son but est de « rassembler documents, témoignages écrits et verbaux permettant de retracer ce que fut la Résistance dans la région R4 et de veiller au respect de la vérité historique ». Des historiens, pour la plupart correspondants du Comité d'histoire de la Deuxième Guerre mondiale, sont contactés. Une revue originale, *Résistance R4*, est créée. Elle doit publier des articles et des témoignages préparant des historiques départementaux et un ouvrage final de synthèse. L'objectif est ambitieux. Il ne sera pas entièrement atteint. Un seul ouvrage est publié en 1986, il concerne l'histoire de la Résistance dans la seule Haute-Garonne; plusieurs fois actualisé et réédité, il est devenu un ouvrage de référence[18]. Par contre, de nouveaux documents originaux et des témoignages multiples sont rassemblés. Quant à « l'affaire Bertaux » proprement dite, elle perd progressivement de son acuité. Les problèmes de fond concernant la Libération et l'après-Libération ne sont toujours pas abordés. On en reste toujours au stade des invectives. Le 21 août 1974, les résistants cherchent à empêcher la diffusion d'un film télévisé de Jacques Ertaud sur la libération de Toulouse qui fait la part trop belle au témoignage de Pierre Bertaux; ils n'obtiennent qu'un changement de titre, d'ailleurs plus proche de la vérité: « Souvenirs d'un commissaire de la République ». Le 8 octobre 1978, lors d'une assemblée générale de son Comité, Albert Carovis traite Pierre Bertaux de « résistant d'occasion, auquel il avait suffi de quelques mois de légèreté et d'inconscience pour se faire arrêter à une époque où il ne se passait pas grand-chose ». Et en 1985, lors d'un colloque qui réunit des historiens et des acteurs de la Libération à l'Université de Toulouse le Mirail, les deux hommes s'affrontent verbalement, violemment. Mais l'année suivante Pierre Bertaux disparaît et, peu après, Albert Carovis connaît des ennuis de santé qui l'obligent à se mettre en retrait. En perdant ses deux principaux animateurs et protagonistes, « l'affaire Bertaux » s'éteint d'elle-même. Née de la volonté d'un ancien résistant de remettre en cause de prétendues « idées reçues », elle a été perçue par d'autres résistants comme une forme de dénigrement de la Résistance régionale. Même si plusieurs anciens dirigeants, comme Jean-Pierre Vernant ou Serge Ravanel, ont su garder des positions modérées, elle n'en a pas moins profondément marqué la mémoire résistante, plus que l'Histoire elle-même, et ce pendant plus d'une dizaine d'années.

18. Paul DEBAUGES et Michel GOUBET, *Histoire de la Résistance en Haute-Garonne,* Toulouse, Milan, 1986 (puis réédition 1992); Michel GOUBET, *La Résistance et les années noires à Toulouse et en Haute-Garonne 1940-1944,* Toulouse, CRDP Midi-Pyrénées, 2004.

Les témoignages et les souvenirs

Dans les premières années d'après-guerre beaucoup de résistants n'éprouvent pas le besoin de raconter « leur résistance ». Les uns n'en voient pas l'intérêt, les autres sont déçus par le fait qu'une partie de leurs aspirations n'a pas été prise en compte : plusieurs d'entre eux se replient sur eux-mêmes et se murent dans le silence. Tout au plus certains acceptent-ils de répondre aux questionnaires des représentants du Comité d'histoire de la Deuxième Guerre mondiale. Il y a toutefois des exceptions. Le journaliste démocrate-chrétien Pierre Dumas en est une : ancien dirigeant des MUR, il raconte dès 1945 son vécu et il met en relief la personnalité et le rôle de François Verdier[19]. Dans le Gers, en 1957, Daniel Devilliers fait de même en racontant l'histoire du 2e Dragons stationné à Auch et passé à la Résistance, tandis que Martin Rendier, ancien membre de réseau, rapporte ses souvenirs dès 1949[20]. Mais ces auteurs sont peu nombreux, et il faut attendre les années 1970-1980 pour voir la mémoire résistante se réveiller. Les retombées de « l'affaire Bertaux » l'expliquent en partie, le « devoir de mémoire » et le souci de témoigner avant qu'il ne soit trop tard peuvent également jouer.

Ce sont d'abord d'anciens responsables de la Résistance qui évoquent leur itinéraire, retracent leurs actions, décrivent le contexte qu'ils ont connu : l'ancien commissaire de la République Jean Cassou[21], l'ancien chef régional FFI Serge Ravanel[22], l'ancien chef de Combat dans le Tarn Charles d'Aragon[23], l'ancien chef des FTP du Lot Robert Noireau (« colonel Georges »)[24], et évidemment... Pierre Bertaux lui-même sont représentatifs de cette production.

Ce sont également les Amicales d'anciens membres de tel ou tel groupement, comme le Bataillon de guérilla de l'Armagnac – 158e RI (en 1997), le Corps franc Pommiès ou le réseau Brutus-Boyer, qui évoquent les activités de leur organisation. Des historiques sont publiés sous la forme de récit structuré ou de regroupement de témoignages et de jugements : c'est le cas pour la 35e brigade MOI Marcel Langer avec les ouvrages de Claude Lévy puis de Gérard de Verbizier[25], pour le réseau Morhange avec celui de Rémy[26], pour

19. Pierre DUMAS, *Saint-Jean Terroriste,* Bordeaux, Delmas, 1945.
20. Daniel DEVILLIERS, *L'étendard évadé. Épopée du 2e Dragons,* Nancy, Berger-Levrault, 1957 ; Martin RENDIER, *Quatre ans dans l'ombre,* Condom, 1949.
21. Jean CASSOU, « La Résistance en Languedoc », *Miroir de l'Histoire,* n° 150, juin 1962, et *Une vie pour la liberté,* Paris, Robert Laffont, 1981.
22. Serge RAVANEL, *L'esprit de résistance,* Paris, Le Seuil, 1995.
23. Charles D'ARAGON, *La résistance sans héroïsme,* Paris, Le Seuil, 1977.
24. Robert NOIREAU (colonel Georges), *Le temps des partisans,* Paris, Flammarion, 1978.
25. Claude LÉVY, *Les parias de la Résistance,* Paris, Calmann-Lévy, 1970 ; Gérard DE VERBIZIER, *Ni travail, ni famille, ni patrie. Journal d'une brigade FTP-MOI à Toulouse 1942-1944,* Paris, Calmann Lévy, 1994.
26. RÉMY, *Morhange. Les chasseurs de traîtres,* Paris, Flammarion, 1975.

le Corps Franc Pommiès avec les livres du général Céroni[27], pour les groupes AS-Veny du Lot avec celui de R. Picard et J. Chaussade[28], pour le parti socialiste clandestin avec celui d'Henri Docquiert[29], pour le parti communiste avec celui de Marcel Thourel ou celui de René Andrieu[30] D'autres exemples pourraient être encore cités.

Il y a aussi des témoignages d'anciens « résistants de l'ombre » qui parlent avec sincérité, simplicité et sans prétention de leur engagement personnel – à l'exemple de René Figarol, un ancien membre de Libérer et Fédérer et de Louis Taudou, un ancien FTP[31]. Il y a enfin les souvenirs de ceux qui éclairent et illustrent des situations particulières : Gerhard Leo rapporte les formes d'actions originales du mouvement Allemagne Libre[32] ; Gabriel Nahas décrit le fonctionnement d'un réseau d'évasions[33], René de Naurois explique l'engagement d'un ecclésiastique devenu aumônier de la France Libre[34], le docteur Créhange analyse avec humour les difficultés de la vie quotidienne à Toulouse[35], Clara Malraux rend compte de celles d'une réfugiée résistante[36]. Chaque témoignage doit être analysé avec prudence. Il est évidemment subjectif : il ne donne au mieux qu'une vérité partielle, celle de son auteur. Il peut y avoir des lacunes, des erreurs (de date, de situation, d'interprétation…), des exagérations. Mais il présente souvent un intérêt à ne pas négliger.

Un dernier type de publication apparaît, souvent de seconde main : c'est celui de descendants de résistants. Le devoir de mémoire est ici primordial. Le cas le plus original est celui de Marc Lévy, un romancier à succès, fils de Raymond Lévy et neveu de Claude Lévy, deux anciens membres de la 35e brigade MOI Marcel Langer. En 2007 il publie *Les enfants de la liberté*[37], un roman qui raconte l'histoire des combattants de la brigade. C'est une nouvelle forme d'idéalisation de la Résistance. « Magistrale leçon de courage et d'amour », écrit le journal *La Dépêche du Midi*. Le livre se lit facilement. Il reste en tête des meilleures ventes pendant plusieurs semaines et il dépasse les 500 000 exemplaires vendus. Malgré quelques erreurs et lacunes, en utilisant la liberté de ton et l'imagination du romancier, en s'émancipant de la rigueur et de la problématique de l'historien, cet ouvrage fait connaître une situation

27. Général M. CÉRONI, *Le Corps Franc Pommiès,* 2 tomes, Amicale du CFP-49e RI, 1980-1984.
28. R. PICARD et J. CHAUSSADE, *Ombres et espérances en Quercy 1940-1945,* Toulouse, Privat, 1980.
29. Henri DOCQUIERT, *Églantine et vert-de-gris,* Paris, chez l'auteur, 1970.
30. Marcel THOUREL, *Itinéraire d'un cadre communiste 1935-1950,* Toulouse, Privat, 1980 ; René ANDRIEU, *Du bonheur et rien d'autre*, Paris, Stock, 1976.
31. René FIGAROL, *Pour ne pas oublier 1941-1944,* compte d'auteur, 1994 ; Louis TAUDOU, *Libérer Toulouse. Vivre libre,* Canet d'Aude, compte d'auteur, 2000.
32. Gerhard LEO, *Un train pour Toulouse,* Messidor, 1989.
33. Gabriel NAHAS, *La filière du rail,* France Empire, 1982.
34. René DE NAUROIS, *Aumônier de la France Libre,* Paris, Perrin, 2004.
35. Docteur CRÉHANGE, *La Gestapo aux fesses,* Éd. Rabelais, 1974.
36. Clara MALRAUX, *Et pourtant j'étais libre,* Paris, Grasset, 1979.
37. Marc LÉVY, *Les enfants de la liberté,* Paris, Laffont, 2007.

difficile et des actions téméraires qui, sans cela, auraient été probablement ignorées de la plupart de ses lecteurs. Mais l'histoire n'y retrouve qu'imparfaitement son compte.

Le lent cheminement de la démarche historique

Dans l'attente de pouvoir disposer de témoignages probants et de sources fiables, les historiens ont du mal à imposer leur démarche rigoureuse, problématique et critique. En dehors d'un mémoire précurseur sur l'Ariège devenu une thèse en 1982[38], la recherche universitaire a longtemps négligé le sujet « hors normes » de la Résistance : en 1972, la création d'un Conseil scientifique, rattaché à un Centre d'études et de recherches voulu par la municipalité toulousaine et chargé de rechercher, conserver et reproduire des documents sur la Résistance, s'est heurtée à des réticences universitaires, dues tout à la fois à un refus d'utiliser des témoignages oraux, à des conflits de personnes et à des craintes de récupération politique

Dans ce contexte le rôle des correspondants du Comité d'histoire de la Deuxième Guerre mondiale n'est pas à négliger. Choisis par Henri Michel, ils regroupent à la fois d'anciens résistants et de jeunes enseignants désireux d'entreprendre un travail sur la Résistance. L'osmose est réalisée, plusieurs réunions de travail y contribuent. Le premier souci est de recueillir des témoignages écrits ou oraux, de retrouver et de préserver les documents d'époque (tracts, journaux, circulaires, correspondance etc.). Viennent ensuite l'élaboration de fiches (sur la chronologie, les organisations, les actions, les passages, les relations extérieures, la Libération et l'après-Libération) ainsi que la participation aux enquêtes du Comité (en particulier celle sur l'épuration). C'est un travail long, dont l'intérêt est parfois discuté et dont les effets ne se font sentir que progressivement. L'exemple de Daniel Latapie en Haute-Garonne est représentatif. Instituteur puis professeur des écoles, c'est un ancien membre de l'AS et des Services spéciaux. Il consacre toute sa vie à utiliser ses relations pour rassembler des documents, recueillir des témoignages écrits ou oraux, récupérer des archives privées, tout en consultant les archives publiques et en inventoriant les dossiers de CVR et les archives FFI. Il constitue ainsi un ensemble de recueils thématiques, source de documentation fondamentale pour l'histoire de la Résistance départementale et régionale.

C'est à partir des années 1970 que l'apport des historiens devient plus visible. Les correspondants du Comité d'histoire de la Deuxième Guerre mondiale sont désormais à même d'exploiter leur importante documentation. Des cartes de la Résistance et de la Souffrance sont confection-

38. Robert Fareng, *La libération de l'Ariège 1940-1944*, DES, 1947 ; *La Résistance en Ariège*, thèse, Université Toulouse le Mirail, 1982.

nées à l'échelon départemental. La *Revue d'histoire de la Deuxième Guerre mondiale* accueille dans son numéro 85 de janvier 1972 un article de Pierre Laborie sur « Partis politiques et Résistance dans le Lot ». Le n° 131 est ensuite consacré, en octobre 1983, au « Midi toulousain : occupation et Libération » : y sont abordés des sujets aussi différents que la répression à la Libération, les Comités de libération d'entreprise de la région toulousaine ou l'image de la Résistance. De son côté la revue *Résistance R4*, au même titre que d'autres revues régionales ou locales, publie également des articles sur des groupements ou des actions de la Résistance[39]. En 1978, avec son ouvrage *Résistants, vichyssois et autres* (aux éditions du CNRS) qui fait de nombreuses références au département du Lot, Pierre Laborie ouvre la voie aux publications historiques à rayonnement national. Émilienne Eychenne, à la fois historienne et pyrénéiste confirmée, publie plusieurs livres sur les passages à travers les Pyrénées[40]. La tenue de colloques historiques amplifie encore le mouvement : plusieurs communications régionales sont publiées dans les actes qui en font le compte rendu[41]. En 1986 l'ouvrage *Libération dans le Midi de la France* (Eché, Toulouse) analyse le colloque qui s'est tenu l'année précédente à l'Université de Toulouse le Mirail ; en 1995 les éditions Privat publient *Mémoire et Histoire : la Résistance*, qui reprend, en les enrichissant, les actes d'un colloque qui s'est tenu en décembre 1993 ; une même démarche accompagne en 2001 l'ouvrage *Les Juifs dans la Résistance*[42]. Tout ceci est la preuve qu'un nouvel état d'esprit, plus ouvert et plus soucieux de vérité historique, est apparu. Dans les années 1980-1990 un Centre de recherche et de représentation audiovisuelle de l'Histoire (CERRAVHIS), dirigé par Jean-Louis Dufour et installé à Blagnac, réalise des films d'entretiens avec des résistants. Signe des temps : en 1992, pour la première fois, la revue historique régionale *Les Annales du Midi* publie un numéro double sur « Les années Quarante dans le Midi » (tome 104, juillet-décembre 1992), où la Résistance est évoquée.

Ceci correspond à un réveil de la recherche universitaire. Encore au début des années 1980 tout ce qui touche l'histoire de la Deuxième Guerre mondiale a du mal à s'imposer à l'Université de Toulouse le Mirail. Une unité de valeur de licence lui est consacrée, mais elle est vite supprimée au

39. La revue publie 12 numéros trimestriels entre septembre 1977 et juin 1980. Les auteurs sont soit d'anciens résistants, soit des universitaires (Rolande Trempé, Pierre Laborie), soit des correspondants du Comité d'histoire de la Deuxième Guerre mondiale : Claude Delpla et André Laurens (Ariège), Guy Labedan et Pierre Péré (Gers), Robert Fabre (Tarn), Michel Goubet (Haute-Garonne)…

40. Émilienne EYCHENNE, *Montagnes de la peur et de l'espérance*, Toulouse, Privat, 1980 ; *Pyrénées de la liberté. Les évasions par l'Espagne 1939-1945*, Toulouse, Privat, 1998.

41. Voir, par exemple, la communication de Jean-Pierre AMALRIC et Michel GOUBET, « Les Espagnols et la Résistance dans la région toulousaine » dans *Italiens et Espagnols en France 1936-1946*, Paris, L'Harmattan, 1994.

42. Monique-Lise COHEN et Jean-Louis DUFOUR (dir.), *Les Juifs dans la Résistance*, Paris, Tirésias, 2001.

profit d'une unité de valeur (UV) sur… l'Occitanie. À la recherche d'explications, son responsable reçoit cette réponse : « L'histoire de la deuxième guerre mondiale, c'est une mode, cela passera. Mais comme nous sommes à Toulouse, capitale de l'Occitanie, l'UV sur l'Occitanie ne peut pas être supprimée ! » Toutefois les esprits finissent par évoluer. Des enseignants n'hésitent plus à diriger des travaux de recherche sur la Résistance et son environnement. Dans les années 1980-1990 des maîtrises sont soutenues sur des sujets aussi divers que l'histoire des maquis, des partis et des organisations de la Résistance régionale, la répression et l'épuration à la Libération, la sociologie des résistants ou les femmes dans la Résistance. L'analyse pionnière du « fonds Barlangue », l'ancien chef de Combat en Haute-Garonne, permet même de renouveler les connaissances sur ce mouvement[43]. Bien que la qualité des soutenances d'étudiants soit inégale, l'importance de leurs travaux ne peut être sous-estimée. En 2005 une thèse de doctorat est d'ailleurs soutenue sur *Silvio Trentin. Un européen en résistance 1919-1943* : réfugié à Toulouse, ses idées ont influencé le mouvement Libérer et Fédérer[44].

Quel bilan peut-on dresser ?

L'historiographie de la Résistance en région toulousaine n'est pas neutre. Elle est passée par des phases d'idéalisation et de dénigrement. Elle a suscité bien des passions et bien des conflits. Dans une lettre adressée le 23 janvier 1977 à Albert Carovis, Serge Ravanel se plaint que « les historiens traditionnels (…) soient complètement paralysés à l'idée d'avoir à prendre une responsabilité quelconque. À mon avis, il faut se faire à l'idée qu'ils attendent notre mort à tous pour être assurés de… ne plus travailler que sur documents. Au moins auront-ils la certitude de ne pas être critiqués ». Ce à quoi un autre résistant, Jean-Pierre Vernant répond : le but de l'historien « n'est pas d'écrire l'Histoire pour que ceux qui ont vécu les événements s'y retrouvent. On écrit l'Histoire pour arriver, d'une part, à retrouver les faits tels qu'ils ont eu lieu et deuxièmement pour comprendre quelle a été la règle du jeu, comment les choses se sont mises en place. Pour comprendre un système du passé, restituer les faits. L'historien est un homme en quête de vérité, et son objectif est la vérité de la période qu'il retrace[45] ». Ceci prend du temps, mais cette démarche historique s'impose petit à petit. Les sources disponibles sont de plus en plus nombreuses. Les passions sont

43. Jean-Louis CUVELLIEZ, *Histoire du mouvement Combat en Haute-Garonne juillet 1940-janvier 1944*, maîtrise, Toulouse, 1987.
44. Paul ARRIGHI, *Silvio Trentin : un Européen en Résistance (1919-1943)*, Portet-sur-Garonne, Loubatières, 2007.
45. Jean-Pierre VERNANT, « La mémoire et les historiens », dans Jean-Marie Guillon et Pierre Laborie (dir.) *Mémoire et Histoire : la Résistance*, Toulouse, Privat, 1995.

retombées. Certes, des légendes et des contre-vérités perdurent : elles répondent à une quête du sensationnel et de prétendues révélations, exagérées ou non prouvées. On peut regretter à cet égard que le travail de l'historien soit insuffisamment connu et mis en valeur pour les combattre. Lui seul permet de connaître, sans parti pris et avec honnêteté, la réalité de la Résistance régionale. Celle-ci est représentative d'une France du refus et de l'espoir. Plusieurs de ses aspects ont besoin d'être encore éclaircis ou approfondis. Il manque aussi une synthèse régionale fouillée pouvant compléter celle que le *Dictionnaire historique de la Résistance* a publiée récemment[46]. Il faut espérer que, dans l'étude de l'histoire des années de guerre 1939-1945 en France, la tendance qui privilégie des sujets autres que la Résistance ne pénalise pas trop celle-ci car, en région toulousaine au moins, l'histoire de cette Résistance a besoin d'être enrichie. Son importance, sa complexité et son originalité le justifient, son historiographie ne peut qu'en tirer profit.

46. François MARCOT (dir.), *Dictionnaire historique de la Résistance,* coll. Bouquins, Paris, Laffont, 2006. Un premier ouvrage de synthèse paraît en 2005 : José CUBERO, *La Résistance à Toulouse et dans la région R4*, Éditions Sud-Ouest.

Quatrième partie

Éléments d'historiographie des résistances européennes

Les historiens anglo-américains et la Résistance française

John SWEETS

Comme j'ai déjà eu l'occasion de l'expliquer ailleurs, la Résistance française n'a jamais été aussi populaire aux États-Unis que durant la Deuxième Guerre mondiale. Plusieurs centaines d'articles furent publiés à son propos dans les journaux les plus importants du pays. C'est si vrai qu'un journaliste américain remarquant que les FFI avaient gagné « une réputation mondiale » pour leur aide aux Alliés, pouvait écrire le 27 août 1944 : « Toutefois, les louanges ont été si profuses à l'égard des FFI que le rôle joué dans les combats actuels par cette force magnifique de guérilla a été déformé et même exagéré. Aussi, les brillants exploits militaires des soldats américains et britanniques ont été quelque peu éclipsés[1]. »

Mais si la Résistance était choyée par certains journaux américains à la Libération, cela fut prestement oublié quand la guerre froide émergea pour dominer la conscience américaine plusieurs décennies durant. On ne peut malheureusement pas dire que la communauté académique se rua pour sauvegarder la mémoire de la Résistance au cours de ces années. Plusieurs indices témoignent de ce désintérêt. *The American Historical Review*, la revue historique la plus prestigieuse aux États-Unis, n'a pas publié un seul article sur la Résistance française entre 1945 et 2001. Cela n'était pas dû à un manque d'intérêt pour l'histoire de France dans la mesure où ladite revue publia de nombreux articles sur des sujets comme la Révolution française, la Commune de Paris, la Révolution de 1848 et même « la mode française dans les années 1920 ». En outre, des articles furent publiés sur

1. New York Times, « FFI in North Show Varying Qualities », 27 August 1944, p. 23. Cité dans John F. SWEETS, « L'image de la Résistance française aux États-Unis depuis 60 ans », Charles-Louis FOULON (éd.), *André Malraux et le rayonnement culturel de la France*, Bruxelles, Éditions Complexe, 2004.

les mouvements de résistance dans des pays aussi divers que l'Allemagne, le Mozambique et la Pologne, ce qui revient à dire que la « résistance » ne constituait pas un sujet tabou. Même la première revue dédiée à l'histoire de France, *French Historical Studies*, publia son premier article sur la Résistance française seulement en 1985[2], et il ne devait être suivi que par quatre autres jusqu'en 2004. Une chose est évidente : les chercheurs américains ont montré beaucoup plus d'intérêt pour la France de Vichy que pour la Résistance. Dans les cinquante dernières années du XXe siècle, quatre thèses seulement ont été menées à bien aux États-Unis avec la Résistance française pour sujet contre quarante (soit dix fois plus) traitant d'un aspect ou d'un autre du régime de Vichy. *La Bibliographie annuelle de l'Histoire de France* du CNRS recensait, pour les 30 dernières années du XXe siècle, seulement 9 livres d'auteurs américains portant sur la Résistance française, soit approximativement un livre tous les trois ans.

On pourrait penser, compte tenu de ce si faible intérêt apparent pour le sujet chez les chercheurs américains, que les Américains ont faiblement contribué à l'histoire de la Résistance française. Englobant dans ma communication plusieurs collègues britanniques, canadiens et australiens – les « historiens anglo-américains » mentionnés dans le titre –, je voudrais montrer que, bien que relativement peu nombreux numériquement, ces chercheurs n'en ont pas moins apporté des contributions significatives à l'historiographie du sujet[3].

Avant de traiter des monographies les plus importantes, je mentionnerai deux articles émanant d'historiens américains de premier plan spécialistes de l'histoire de France qui ont compté aux États-Unis parmi les premières publications académiques dédiées à l'histoire de la Résistance française. Gordon Wright, qui fait autorité parmi les historiens américains de l'histoire de France du XXe siècle, relevait en 1962 que les historiens anglo-américains avaient montré très peu d'intérêt pour les « mouvements anti-nazi », omission dont, ajoutait-il, Henri Michel s'était plaint quelques années plus tôt. Je fais référence à cet article, parce que Wright y écrivait aussi que la Résistance française avait approximativement inclus deux pour cent de la population française totale, et parce que c'est en se fondant sur cet article que Robert Paxton a façonné le chiffrage qu'il a utilisé pour soutenir qu'il y avait eu, en réalité, plus de collaborateurs que de résistants en France. Dans mon premier ouvrage, comme Paxton, j'ai utilisé aussi le chiffre de deux pour

2. Sarah FARMER, « The Communist Resistance in the Haute-Vienne », *French Historical Studies*, vol. 14, n° 1 (printemps 1985), p. 89-116.
3. À noter que je ne dispose pas de données exactement comparables pour les publications des auteurs britanniques, canadiens et australiens mais je suis sûr que la même conclusion générale vaut pour ce qui est du petit nombre de spécialistes universitaires de la Résistance française. À noter aussi que, pour ne pas alourdir ma présentation, je n'y ai pas inclus les articles (à quelques exceptions près) ou les thèses.

cent de Wright sans autre forme de critique pour discuter de la taille de la Résistance.

Plus importante probablement, mais moins remarquée à l'époque, cette notation de Wright : « Combien de résistants authentiques il y eut en France, cela demeure une question de conjecture et de définition. » Wright fondait sa propre estimation principalement sur le nombre de cartes de combattants volontaires de la résistance délivrées par le ministère des anciens combattants (170 000 cartes à cette époque) auquel il ajoutait les déportés et internés et « les martyrs – ceux qui n'ont pas survécu pour postuler au statut de héros », pour parvenir à environ 400 000 résistants, ou deux pour cent de la population[4]. Récemment, le débat sur la meilleure façon de juger de la taille de la Résistance a été l'objet, parmi d'autres, de l'intérêt de Serge Barcellini qui a revisité les dossiers des Combattants volontaires de la Résistance et cherché à en tirer des conclusions plus élaborées[5].

Un an avant l'article de Wright, la revue *French Historical Studies* publia les « lettres de la France libérée » du professeur Crane Brinton, reproduction des lettres que Brinton, expert américain des Jacobins sous la Révolution française, avait écrites à l'automne 1944 comme officier de l'OSS voyageant à travers de nombreuses régions de France dans le sillage de la Libération. Présentant les lettres en 1961, Brinton estimait, avec quelque satisfaction à propos du travail de la division Recherche et Analyse de l'OSS : « Oserais-je suggérer que nous autres à la division Recherche et Analyse avions moins tort à propos de la France et des Français en 1944 que beaucoup d'Américains occupant des postes plus élevés que les nôtres », allusion transparente aux hésitations du Président Franklin Roosevelt à reconnaître le Gouvernement provisoire de de Gaulle comme le gouvernement légitime de la France. Lues plus de cinquante ans après qu'elles ont été écrites, ces lettres offrent un portrait contemporain remarquablement précis de la France à la Libération, notamment pour leur reconnaissance du fait que les craintes d'anarchie et de désordre à la Libération, comme d'une tentative communiste de prendre le pouvoir, avaient été grandement exagérées ; pour leur description de la façon rapide et efficace, dans des circonstances difficiles, dont les nouvelles institutions nées de la résistance fonctionnaient, et de la modération (en comparaison avec les acteurs de l'histoire de la Révolution chère à Brinton) dont la plupart des résistants firent preuve. Décrivant les membres du parti communiste qu'il avait rencontrés à Clermont-Ferrand, il écrivait : « Je dois dire qu'ils paraissaient très modérés en réalité, pas du

4. Robert O. PAXTON, *Vichy France*, New York, Alfred A. Knopf, 1972, p. 294-295 ; Gordon WRIGHT, « Reflections on the French Resistance (1940-1944) », *Political Science Quarterly*, vol. 77, n° 3 (sept. 1962), p. 337-38.

5. Serge BARCELLINI, « La Résistance française à travers le prisme de la carte CVR », *in* Laurent DOUZOU *et alii*, *La Résistance et les Francais : Villes, centres et logiques de décision*, Paris, IHTP, 1995, p. 151-81.

tout comme des révolutionnaires assoiffés de sang », ajoutant ailleurs : « À présent, pas de tombereaux, pas de femmes tricotant pendant qu'on actionne la guillotine, pas de Marat ou de Fouquier-Tinville… même *L'Humanité* et *Le Populaire* sont de douces colombes comparé à leurs aïeux de 1792-94. » Un commentaire particulièrement incisif, rédigé à Paris le 17 octobre 1944, argumentait : « En ce qui concerne l'attitude politique générale à l'égard du gouvernement actuel, j'ai à peine besoin de vous dire que la question de savoir si le gouvernement de de Gaulle est accepté ne se pose tout bonnement pas[6]. »

La Résistance vue d'en haut

Les journalistes américains ont très peu écrit sur la Résistance française, et moins encore qui vaille la peine qu'on s'en souvienne[7]. L'exception à cette règle est *Soldiers of the Night: the Story of the French Resistance* de David Schoenbrun[8]. Quand son travail parut en 1980, en dépit de l'usage de dialogues parfois fabriqués de toutes pièces et d'autres éléments propres au traitement journalistique, il a offert à l'honnête homme le meilleur survol narratif de la Résistance française disponible en anglais à cette date. Pendant la guerre, l'auteur avait travaillé avec la branche de psychologie de guerre des services secrets militaires de l'armée américaine – parmi d'autres missions, il diffusait des programmes en français vers la France occupée. Après la guerre, il était le chef du bureau parisien de CBS News, et au cours des ans il interviewa et en vint à bien connaître nombre des résistants à propos desquels il écrivit. Bien qu'il eût été aussi au fait de la plupart des travaux académiques sur la Résistance, l'essentiel de son livre se fonde sur des informations recueillies auprès de ces contacts personnels. Même si les historiens seraient plus subtils et nuancés dans leurs interprétations de la Résistance, et regarderaient plus loin que la lentille de Schoenbrun focalisée sur Paris, sur les principaux réseaux et mouvements et sur les chefs nationaux de la Résistance, je ne connais pas un autre auteur qui ait tenté de produire une histoire globale de la Résistance française en anglais, chose que les éditeurs demandent régulièrement mais défi devant lequel, au fur et à mesure qu'ils en mesurent mieux la complexité, les historiens continuent à se dérober.

Lorsque les historiens universitaires anglo-américains commencèrent à écrire sur la Résistance française, ils poursuivirent plusieurs schémas

6. Les lettres de Brinton ont été publiées en deux livraisons de *French Historical Studies*, vol. 2, n° 1 (printemps 1961), p. 1-27, et vol. 2, n° 2 (automne 1961), p. 133-156. Les citations proviennent du vol. 2, n° 1, p. 1, et du vol. 2, n. 2, p. 146, p. 137, et p. 147.

7. Je pense ici aux ouvrages comme celui de Sisley HUDDLESTON, *France, the tragic years, 1939-1947: An eyewitness account of war, occuption, and liberation*, New York, Devin-Adair, 1955, et Milton DANK, *The French Against the French*, New York, Lippincott, 1974.

8. David SCHOENBRUN, *Soldiers of the Night: the Story of the French Resistance*, New York, New American Library, 1980.

différents. Un des premiers choix fut de considérer la Résistance par son sommet, ou depuis la position avantageuse des gaullistes à Londres et à Alger. Ce schéma est bien représenté par la carrière d'Arthur Funk, qui commenca par une excellente étude de Charles de Gaulle et de ses relations avec ses alliés britanniques et américains. Funk publia son *Charles de Gaulle : the Crucial Years, 1943-1944*[9], en 1959, bien avant que beaucoup de sources archivistiques fussent accessibles qui ont depuis lors été consultées par les chercheurs spécialisés dans les relations diplomatiques entre de Gaulle, Roosevelt et Churchill. Malgré cela, il produisit ce qui, à mon sens, reste une des descriptions les plus perspicaces et les plus convaincantes des relations entre ces trois hommes d'État, qui furent souvent tendues. En particulier, il éclaira parfaitement pour le lecteur américain, à une époque où de Gaulle venait de revenir au pouvoir en France et posait les fondations de la Ve République, les raisons pour lesquelles le chef français avait pu ne pas vouloir suivre aveuglément les initiatives des présidents américains.

En 1974, le professeur Funk publia *The Politics of Torch : the Allied Landings and the Algiers Putsch 1942*[10], qui poursuivait son enquête sur les relations alliées pendant la guerre par un examen de la politique et des intrigues menées en arrière-plan du débarquement en Afrique du Nord. L'ouvrage détaille la planification qui précéda le débarquement et explique l'accord Clark-Darlan qui consterna beaucoup de résistants d'Alger qui ne voulaient pas d'arrangements avec Vichy, quelles que fussent les circonstances.

Funk publia un troisième livre en 1992, *Hidden Ally. The French Resistance, Special Operations, and the Landings in Southern France, 1944*[11]. Cette étude décrit les relations entre le général Alexander Patch de la 7e armée américaine, le SOE britannique, et les forces des maquis français, participants conjoints de l'Opération *Anvil/Dragon* au cours du débarquement sur la Riviera, un deuxième, et moins difficile « Jour J ». Il retrace aussi leur avance ultérieure, d'une surprenante rapidité, vers le nord en direction de Grenoble le long de la vallée du Rhône, menant à la libération de Lyon, après laquelle les forces d'invasion du Sud firent leur jonction avec la 3e armée du général Patton, devenant le fer de lance des forces qui boutèrent l'armée allemande hors de France en août et septembre 1944. Funk développe l'idée que les unités maquisardes de la Résistance française contribuèrent de façon significative au succès des armées régulières, même si elles auraient pu être plus efficaces si les chefs des armées régulières avaient eu une meilleure appréciation du potentiel que représentait l'action de la

---

9. Arthur Layton FUNK, *Charles de Gaulle, The Crucial Years, 1943-1944*, Norman, University of Oklahoma Press, 1959.
10. Arthur Layton FUNK, *The Politics of Torch : The Allied Landings and the Algiers Putsch 1942*, Lawrence, The University of Kansas Press, 1974.
11. Arthur Layton FUNK, *Hidden Ally : The French Resistance, Special Operations, and the Landings in Southern France, 1944*, Westport, Connecticut, Greenwood, 1992.

guerilla, et s'il y avait eu moins de tensions entre les Alliés. Il conclut que la coopération entre Français et Américains sur le terrain fut généralement bonne, même si les officiers américains souhaitèrent occasionnellement utiliser les maquis comme les troupes d'infanterie d'une armée régulière ce à quoi ils n'étaient pas préparés, et si les chefs des maquis estimèrent que la tactique américaine causait des dommages matériels excessifs et des pertes humaines inutiles qui auraient pu être évités. Il suggère que le front rapidement mouvant des combats rendit parfois plus difficile une meilleure coordination des troupes régulières et des maquis locaux.

Une analyse plus récente et très intéressante de la Résistance vue d'en haut a été fournie par Kim Munholland avec son *Rock of Contention : Free French and Americans at War in New Caledonia, 1940-1945*[12]. Comme Arthur Funk, le professeur Munholland met au jour des éléments suggérant que le président Franklin Roosevelt – influencé par la sidérante défaite de 1940 et sa propre inclination croissante à s'élever contre l'impérialisme européen – croyait, comme nombre d'autres dirigeants civils et chefs militaires américains, que les Français joueraient inévitablement un moindre rôle dans les affaires du monde à la fin de la Deuxième Guerre mondiale. Pour Roosevelt, cela signifiait, entre autres choses, que les territoires clés de l'Empire français dans le Pacifique sud devraient être enlevés à la France et placés sous mandats dans un nouveau schéma global de sécurité qu'institueraient les vainqueurs de la guerre. D'autres historiens ont vu dans la politique et l'attitude de Roosevelt à l'endroit de Charles de Gaulle et des Français libres l'explication essentielle des relations difficiles entre ces deux leaders pendant la guerre.

Dans son exposé bien documenté et méticuleusement argumenté, Munholland ne minore pas le rôle du président américain dans ce qu'il qualifie de « mésentente franco-américaine du temps de guerre », mais il démontre que de Gaulle et ses représentants en Nouvelle-Calédonie aussi, par moments de façon délibérée, ont susbtantiellement contribué aux frictions récurrentes entre les deux parties. Les militaires américains qui « occupaient » la Nouvelle Calédonie étaient au premier chef préoccupés de poursuivre la guerre à son plus haut degré et aussi rapidement que possible. Ils voyaient l'île comme une rampe de lancement décisive pour évincer les Japonais du Pacifique sud. Quand leurs méthodes ou leurs comportements furent mis en question, ils se montrèrent souvent dédaigneux vis-à-vis de leurs collègues français responsables de l'administration civile de la colonie française qui avait rallié de Gaulle. Pour ce qui les concernait, un certain nombre d'envoyés gaullistes, notamment Georges Thierry d'Argenlieu, exagérèrent consciencieusement la volonté américaine d'enlever la Nouvelle-Calédonie aux Français, et encouragèrent consciem-

12. Kim MUNHOLLAND, *Rock of Contention : Free French and Americans at War in New Caledonia, 1940-1945*, New York, Berghahn Books, 2005.

ment des comportements anti-américains sur l'île. La conclusion nuancée de Munholland suggérait l'existence « d'une part, d'une attitude américaine condescendante et paternaliste envers les Français qui étaient considérés comme des mineurs incapables de se prendre en charge et qui faisaient preuve de mauvaise volonté en n'accédant pas à toutes les requêtes américaines ; d'autre part, d'une extrême susceptibilité de la part des Français qui voyaient dans leurs exigences la preuve de la volonté américaine de les pousser hors du jeu comme un peuple qui ne comptait plus et qui appelait peu de respect[13] ».

Munholland voit l'expérience du temps de guerre en Nouvelle-Calédonie comme « une métaphore de la relation difficile qui a caractérisé les différends franco-américains pendant et après la Deuxième Guerre mondiale ». L'héritage gaulliste et français de ces conflits du temps de la guerre devait consister à résister à la « tendance américaine à dominer, produisant un antiaméricanisme officiel et gaulliste quand les intérêts de la France en tant que puissance mondiale ont été en jeu ou quand leur identité culturelle s'est heurtée, aux yeux des Français, à une menace d'américanisation ». Les Américains de leur côté considéraient souvent les Français comme des alliés peu commodes, adoptant de façon répétée des attitudes et des politiques s'opposant à celles des États-Unis[14].

Finalement, dans le modèle de traitement de la Résistance « vue d'en haut », en 1968, *The Resistance versus Vichy*[15] de Peter Novick a proposé un tableau étayé et convaincant de l'épuration des collaborateurs à la Libération dans lequel il a démontré avec soin que le rejet gaulliste de Vichy comme gouvernement « illégitime », bien qu'essentiel à la justification par de Gaulle de ses actions et de celles des Français libres, n'était pas inattaquable en termes strictement légaux, même s'il devait constituer le fondement de la condamnation après guerre de ceux qui avaient soutenu le régime de Pétain. Novick décrit la création de « listes noires » par les résistants de l'intérieur, et leurs mises en garde de plus en plus menaçantes envers les officiels de Vichy selon lesquelles ils seraient comptables de leurs actes à la Libération. Dans un chapitre intitulé « La justice à la croisée des chemins », il étudie les preuves relatives aux assassinats de miliciens et d'autres collaborateurs dans les derniers mois de l'occupation et à la Libération, concluant que cette justice sauvage n'était pas aussi répandue que cela avait parfois été dit. Dans l'ensemble, il conclut que l'épuration, à la fois en termes de règlements de comptes individuels et collectifs et dans le cadre plus officiel des cours de justice et des chambres civiques, a été beaucoup plus limitée que ne l'ont dit d'autres auteurs, comme

13. *Ibidem*, p. 122.
14. *Ibidem*, p. 231.
15. Peter NOVICK, *The Resistance versus Vichy: The Purge of Collaborators in Liberated France*, New York, Columbia University Press, 1968.

Robert Aron, et que, pour des raisons différentes selon les situations, l'épuration a été finalement insatisfaisante pour presque tout le monde, résultat qui, selon Novick, était inévitable. À mon sens, la plupart des études universitaires sérieuses sur l'épuration qui ont vu le jour ultérieurement ont confirmé les grandes lignes du livre de Novick, et des exposés plus sensationnels, comme celui du journaliste britannique Herbert Lottman, *The Purge*[16], ont ajouté peu de choses à l'étude pionnière de Novick.

La Résistance vue d'en bas

Une deuxième approche de la Résistance fut empruntée par les auteurs qui choisirent d'étudier la résistance individuelle des mouvements. En 1977, Martin Blumenson prit pour objet d'étude un des plus précoces mouvements de résistance parisien dans son livre *The Vildé Affair*[17]. Son travail détaille les activités du groupe, dirigé par Boris Vildé, connu sous l'appellation de *Musée de l'Homme*, qui rassembla des renseignements pour de Gaulle et les Britanniques, aida des soldats alliés à s'échapper vers l'Angleterre, et publia quelques numéros d'un journal clandestin, *Résistance*, avant qu'une trahison n'entraînât l'arrestation de plusieurs de ses acteurs clés et son démantèlement. L'ouvrage de Blumenson avait le mérite de transmettre quelque chose de l'ambiance des premiers groupements et l'histoire qu'il raconte reflétait bien à certains égards les difficultés des pionniers de la résistance partout en France, inaccoutumés aux activités clandestines, incertains quant à ce qu'il convenait exactement de faire, et souvent pas de taille à faire face aux polices allemande ou française. L'auteur, un expert reconnu ès général Patton, nous dit dans ses « notes de l'auteur » qu'Henri Michel lui suggéra d'étudier ce mouvement et fait allusion à quelques sources d'archives pour son livre. Malheureusement, il reproduit également un grand nombre de « conversations » reconstituées qui donnent un ton de romancier à son histoire mais qui entament sérieusement la crédibilité du travail, d'autant qu'il a décidé de ne pas user de notes de bas de page non plus que d'autres méthodes académiques classiques permettant de citer ses sources.

En 1976, mon premier livre était publié sous le titre *The Politics of Resistance in France*[18] : c'était une étude des *Mouvements Unis de la Résistance*, le mouvement de résistance le plus large de la zone sud. Ma principale préoccupation avec ce livre, comme son titre le montre, était de démontrer que la Résistance avait été en tout point aussi importante, voire davantage, pour ses activités politiques que pour ses actions militaires. Même si ces

16. Herbert R. LOTTMAN, *The Purge*, New York, William Morrow and Company, Inc., 1986.

17. Martin BLUMENSON, *The Vildé Affair: Beginnings of the French Resistance*, Boston, Houghton Mifflin Company, 1977.

18. John F. SWEETS, *The Politics of Resistance in France*, Dekalb, Northern Illinois University Press, 1976.

dernières n'étaient certainement pas sans importance, particulièrement en termes d'ambitions et de moral du résistant moyen, je défendais l'idée que d'un point de vue plus large les idées exprimées dans les feuilles clandestines étaient cruciales : elles donnaient forme à la vision d'une société française plus progressiste et socialement juste et à la création pragmatique – à travers le travail du service du Noyautage des Administrations Publiques, en collaboration avec les représentants gaullistes et les comités locaux de libération – d'un « gouvernement fantôme » à tous les niveaux. Ces organes allaient assurer une transition harmonieuse à la Libération, contrôlée par le Gouvernement Provisoire de la République Française, et éliminer tout prétexte pour que soit imposé l'*Allied Military Government of Occupied Territories* (AMGOT) en France ; quant aux idées, notamment celles qui prirent forme dans le programme d'action du CNR, elles devaient laisser un héritage positif à la fois pour la IVe et la Ve Républiques.

Je remarquais que les dirigeants des MUR étaient parfois critiqués par leurs homologues des mouvements de zone nord pour accorder trop d'attention à la politique mais qu'en fait, en raison même de leur attention à ce sujet, ces mêmes dirigeants des MUR avaient été capables d'exercer une influence significative sur l'organisation des services nationaux de la Résistance créés par le Conseil National de la Résistance, plusieurs d'entre eux étant calqués sur le modèle de ceux qu'avaient développés les MUR. Ce travail explorait aussi les relations parfois difficiles entre les mouvements de la résistance intérieure et les gaullistes de Londres et d'Alger, et entre les mouvements et les partis politiques français, notamment les communistes et les socialistes qui étaient parmi les plus actifs dans la Résistance. Parmi les thèmes que je traitais à propos de la politique en œuvre dans la Résistance, il y avait cette idée que, contrairement aux allégations avancées après guerre, le parti communiste n'avait pas dominé les MUR/MLN, ni la Résistance en général et je relevais le curieux destin du parti socialiste (SFIO) qui, comme Jacques Bingen le prédisait avant sa mort prématurée, pourrait bien « mourir en France au moment précis où le "Socialisme" y sera établi[19] ». En tant qu'Américain, peut-être ma découverte la plus surprenante était-elle que, dans les mois qui précédèrent juste le Jour J, l'urgence d'empêcher les Américains de prendre le pouvoir en France à travers l'AMGOT, semblait plus importante et représentait une plus grande menace pour les dirigeants des MUR que de chasser les Allemands de France, ce qui à ce moment-là apparaissait inéluctable.

Une notation personnelle à propos des origines de *The Politics of Resistance in France* peut être de quelque intérêt compte tenu de l'attention portée dans ce colloque sur le rôle d'Henri Michel et du *Comité d'histoire*

19. *Ibidem*, p. 177.

de la Deuxième Guerre mondiale. Ma recherche n'aurait pas été possible sans l'accueil très cordial que je reçus au *Comité d'histoire* où je passai plus d'une année de recherche à Paris en quête de témoignages d'anciens résistants, à lire mémoires et ouvrages dans la bibliothèque du Comité, et à consulter des documents contenant la correspondance entre les agents gaullistes en France et le BCRA à Londres. Toutefois, ce n'est pas avant d'avoir rencontré Alban Vistel pour un entretien dans un hôtel parisien dans le dernier mois de ma recherche en France que je tombais sur ce qui devait être l'épine dorsale de mon étude. Monsieur Vistel était venu à Paris discuter avec Henri Michel de la possibilité de verser ses papiers au *Comité d'histoire*, mais après que nous avions parlé environ une heure de son rôle en tant que l'un des *chefs régionaux des Mouvements Unis de la Résistance*, il me dit qu'il avait changé d'avis. Ayant estimé que j'étais un chercheur sérieux, il voulait que je lise ses papiers qui renfermaient quasiment toutes les directives écrites qui avaient été échangées par les chefs nationaux des MUR avec les chefs régionaux, et que, contre l'ordre exprès de ses supérieurs, Vistel n'avait pas détruites. Il me dit, en plaisantant à moitié je pense, « Je donnerai mes papiers à Monsieur Michel seulement après que vous les aurez lus, parce qu'autrement vous pourriez bien ne jamais les voir », ajoutant qu'il s'attendait à ce que Michel utilise ces documents pour ses propres travaux, peut-être même pendant plusieurs années, avant de les rendre accessibles au public. Là-dessus, il me confia séance tenante un volumineux paquet de ses documents originaux avec la permission d'en faire des photocopies, et il me transmit plus tard le reste de ses papiers par l'intermédiaire de son fils, de sorte que je pus les photocopier avant qu'ils ne soient donnés au Comité d'histoire pour sa collection. Curieusement, quand, quelques mois après notre rencontre, Alban Vistel publia son élégant livre de mémoires, *La Nuit sans Ombre*[20], à l'exception de quelques documents figurant en annexes, il fit un usage extrêmement modéré de ses archives exceptionnellement riches. D'un autre côté, s'il n'y avait pas eu ma rencontre accidentelle avec lui à Paris, je suis convaincu que *The Politics of Resistance in France* n'aurait jamais trouvé d'éditeur.

Deux ans après la parution de mon livre, un jeune historien de grand talent s'est aussi intéressé à la Résistance en zone sud, dans son *Resistance in Vichy France*[21] et a acquis le statut de chef de file des spécialistes de la Résistance française en Angleterre. Comme je l'ai fait remarquer à l'époque en rendant compte de son ouvrage, Kedward a réussi à donner la réplique à Pascal Copeau, un des chefs des MUR, qui se plaignait que la plupart des écrits savants sur la Résistance en France s'attachent à décrire systématiquement et à catégoriser les structures de la Résistance – lesquelles, pour exactes

20. Alban VISTEL, *La Nuit sans Ombre*, Paris, Fayard, 1970.
21. H.R. KEDWARD, *Resistance in Vichy France*, Oxford, Oxford University Press, 1978.

qu'elles fussent en théorie, échouaient à restituer la réalité résistante telle qu'il se la remémorait, dans sa diversité et sa spontanéité. Kedward, pour sa part, prenait acte de la complexité du phénomène résistant et mettait l'accent sur la multiplicité des motivations conduisant à l'acte de résistance. Son étude a été une des premières à considérer d'une manière sophistiquée la variété des motivations des individualités qui ont pris part à la Résistance. Elle a corrigé les distinctions trop tranchées établies auparavant entre « les vrais résistants », ceux de la première heure, et les tard venus, y compris certaines recrues de dernière minute aux motifs rien moins que nobles. Kedward a montré de façon convaincante que les motivations et la chronologie de l'engagement dans la Résistance constituaient des phénomènes souvent complexes. Il n'était pas surprenant que des individus placés dans des circonstances différentes y réagissent de façon différente. Si les militants et sympathisants de la gauche étaient plus présents et actifs dans la résistance pionnière de zone sud, ce n'était certainement pas sans rapport avec le fait qu'ils étaient les premières cibles de la répression. Si les premiers efforts de recrutement accordaient une place importante à des journalistes, des typographes, des postiers, des cheminots et d'autres corporations essentielles à la confection de la presse clandestine, cela ne devait pas nous surprendre. Le choix de chacun dépendait au moins autant des circonstances que de sa « fibre morale ». Il était clair que prendre la décision aux conséquences potentiellement mortelles d'entrer dans la vie clandestine, était plus facile pour un jeune – pour les lycéens ou les étudiants qui ont participé aux premières manifestations, distribué les premiers tracts, couvert les murs de V et de papillons – ou pour une personne sans charge de famille.

Ainsi, en réexaminant les sources et les récits existants, par son étude approfondie et croisée du rôle respectif du milieu, de la personnalité et de la situation, Kedward nous a permis de mieux comprendre quand et pourquoi des individus des différentes couches sociales de la population française sont entrés dans la Résistance. Sa thèse centrale selon laquelle « la Résistance n'a jamais pu constituer un groupe homogène, étroitement uni, puisque le phénomène qu'on désigne sous ce nom prit corps de 1940 à 1942 à partir d'une pluralité de groupes et par une pluralité de cheminements » était développée de façon convaincante et appuyée par un impressionnant corpus de preuves documentaires[22]. Bien que son traitement du parti socialiste reconstitué (le Comité d'action socialiste ou CAS) puisse soulever quelques questions, son approche du parti communiste était mieux disposée et moins colorée par la passion que ce que l'on trouvait souvent à l'époque dans l'historiographie de la Résistance. D'une façon générale, Kedward nous a

22. *Ibid.*, p. 247 (p. 253 dans la traduction française : *Naissance de la Résistance dans la France de Vichy*, Champ Vallon, 1989).

donné une excellente introduction aux « idées et motivations en zone sud 1940-1942 » – sous-titre approprié de son livre.

Quelques années plus tard, en 1993, le professeur Kedward a publié *In Search of the Maquis*[23], dont le sous-titre « La Résistance Rurale dans le Sud de la France 1942-1944 » indiquait que ce travail se voulait un complément logique à son étude sur les deux premières années de l'occupation qui, elle, était centrée sur les villes. L'ouvrage traite des campagnes françaises pendant les deux dernières années de l'occupation – les terres du maquis. Kedward réussit à combiner un récit plein d'intérêt, des exemples significatifs et une analyse qui emporte l'adhésion, offrant au lecteur une perspective neuve et pénétrante sur la Résistance française. En contribuant à reconceptualiser celle-ci, son livre essayait de replacer le *phénomène* résistant dans le contexte des communautés au sein desquelles il avait émergé.

Le récit de Kedward se fonde principalement sur le témoignage oral et les souvenirs publiés des participants, judicieusement équilibrés par les rapports de gendarmerie et de police qu'il a pu dénicher dans les archives départementales. Une de ses observations les plus intéressantes concerne la fiabilité de ce que l'on pourrait appeler « la mémoire résistante » des événements décrits par lui. « La guérilla engendrait des récits inexacts des faits. Certains détails étaient oubliés, d'autres exagérés ou sous-estimés. On ne savait jamais au juste ce qu'on avait fait. Une embuscade, un sabotage, un déraillement devaient être abandonnés à un moment crucial. On voyait tomber un soldat allemand mais on n'avait pas le temps de constater les dégâts[24]. »

Dans sa « recherche du maquis », l'auteur conduit le lecteur à travers le temps, depuis la période du STO, au début de 1943, avec son impact dramatique qui a poussé des milliers de jeunes gens à se cacher, jusqu'aux combats, triomphes et déceptions de la Libération, et à travers l'espace, en peignant l'ambiance de ces régions rurales et montagneuses du Sud de la France qui procurèrent le vivre et le couvert aux maquisards, et en mettant en pleine lumière la symbiose entre le maquis et la société villageoise rurale. La présence des bandes de maquisards et les besoins liés à leur existence ont souvent placé les communautés dans une situation de dangereuse opposition avec le régime de Vichy et les occupants allemands; la population « civile » tout autant que les groupes de maquisards plus ou moins armés ont constitué une « culture hors-la-loi », en résistant aux exigences des Allemands et de Vichy et en improvisant constamment des méthodes pour berner les autorités légales. Comme le fait remarquer l'auteur, le prix tragique qu'ont souvent payé les « civils » du fait des représailles allemandes exercées contre l'activité des maquis devrait suffire à rappeler au

23. H.R. KEDWARD, *In Search of the Maquis*, Oxford, Oxford University Press, 1993.
24. *Ibid.*, p. 232 (p. 329 de la traduction française : *À la recherche du maquis*, Éditions du Cerf, 1999).

lecteur qu'on ne peut comprendre l'histoire des maquis sans le contexte des communautés au sein desquelles ils ont opéré. Les maquisards n'ont pu survivre sans l'aide de ces communautés et, malheureusement, certains membres de ces communautés n'ont pas survécu à l'occupation en raison de l'aide qu'ils leur avaient apportée.

Kedward voit dans le processus de « l'inversion » le thème principal de l'histoire dont il rend compte. De « chassés » au début, puisqu'ils avaient fui dans les collines afin d'échapper aux ordres de réquisitions pour le travail forcé, les bandes de maquisards regroupés en forêt ou dans des villages reculés sont devenus des « chasseurs », traquant les mouchards, les miliciens, les collaborateurs pour leur infliger une justice expéditive en punition des crimes commis contre des patriotes français. De voleurs, qui pillaient les denrées locales ou s'emparaient des cartes de rationnement, ils sont devenus des « Robins des Bois » partageant leur butin avec la population locale – laquelle avait pris prétexte des descentes des maquis pour se justifier auprès des autorités vichystes de ne pas livrer ses denrées au marché. Traités de « bandits », de « terroristes » et d'« assassins » par le responsable de la propagande de Vichy, Philippe Henriot, les maquis répliquent en affublant des mêmes qualificatifs les membres de la Milice et les autres organismes collaborationnistes, et ils créent leur propre police pour châtier les « faux maquis » qui discréditent la résistance par leurs actes de pur banditisme. Dans les dernières semaines de l'occupation, par une ironie suprême (et un reflet évident de l'inversion que pointe Kedward), les derniers défenseurs de l'autorité de Vichy se terrent dans des abris fortifiés au cœur des villes françaises, encerclés par ces mêmes groupes de maquisards qu'ils avaient essayé d'isoler durant l'année précédente et de réduire à néant dans leurs refuges ruraux.

Fournissant des arguments supplémentaires au courant historique récent qui remet en cause l'étendue et la durée du soutien de la population au régime de Vichy, Kedward décrit une France rurale davantage en harmonie avec les comportements urbains que certains ne le pensaient à l'époque. Bien qu'il y ait des exemples d'hostilité au maquis de la part de certains villages, l'attitude la plus répandue, et de loin, chez les ruraux, est faite de sympathie pour ces « hors-la-loi », auxquels ils procurent volontiers du travail, de la nourriture ou un abri autant qu'ils le peuvent. D'après l'un des brefs témoignages recueillis par Kedward en conclusion de son récit, « ce n'était en aucun cas une guerre civile : la grande majorité des Français soutenait la Résistance. Comment les gens peuvent-ils parler de guerre civile alors qu'il n'y a eu qu'une poignée de collaborateurs[25] ? » Cependant, Kedward est loin de brosser le tableau d'une « nation de résistants » unie,

25. *Ibid.*, p. 253 (p. 358 de la traduction française, *op. cit.*).

conformément au mythe gaulliste originel. Il attire l'attention sur le fait que les mêmes qui étaient prêts à aider les maquisards à échapper aux polices française et allemande, pouvaient être extrêmement anxieux des conséquences de la moindre opération de sabotage à proximité de chez eux. Comment les émotions n'auraient-elles pas été mêlées dans cette période où la Libération semblait toujours plus proche, mais où les troupes allemandes et leurs collaborateurs français gardaient la capacité d'infliger des tourments que les résistants mal équipés étaient souvent impuissants à prévenir ?

L'auteur soutient que l'histoire des maquis a parfois été sous-estimée, en tant qu'elle fait partie de l'héritage de la Résistance française. C'est peut-être dû à l'issue souvent désastreuse des combats entre les unités allemandes et les concentrations de bandes de maquisards, en général moins bien armés et encadrés, ou aux récits concernant leur participation aux « réquisitions » ou à la « justice punitive » infligée aux collaborateurs à la Libération. Kedward appelle à changer de focale et à se détacher des questionnements sur « héroïsme ou terrorisme » pour s'attacher davantage « au domaine de l'ingéniosité et de la créativité populaire[26] ». Il met en lumière l'étonnante variété des techniques permettant de vivre sur le pays, l'imbrication entre zone de l'arrière et zone des combats, l'inter-relation totale entre les maquisards et les villageois, l'essence locale de la culture « hors-la-loi ». Dans cette perspective les actions de ceux qu'il nomme des « sympathisants, défenseurs et facilitateurs[27] » deviennent aussi importantes pour l'histoire de la Résistance que les maquis eux-mêmes. Ainsi, on peut par exemple considérer que la variété des rôles joués par les femmes est bien davantage au centre de la dynamique de l'occupation que n'ont pu le reconnaître les récits des résistants combattants, pour la plupart masculins. « Le principal problème, écrit Kedward, lorsqu'on veut surmonter le déséquilibre existant encore dans les comptes rendus historiques est que les choix de nombreuses femmes sous l'occupation sont trop souvent considérés comme naturels et ordinaires, et qu'on leur refuse la dignité d'une décision historique, lourde de conséquences, que l'on accorde au choix de l'homme qui prend le maquis[28]. »

Entre autres remarques, une des « inversions » intrigantes que signale Kedward est l'anxiété du maquisard (le « soldat ») à l'égard du sort de son épouse, de sa mère ou de sa sœur laissée au village face à la possibilité de représailles allemandes contre les actions des maquis – aussi exposée au danger que les hommes. Dans ces conditions, la distinction entre le front et l'arrière perd tout sens. Ce contraste avec l'image traditionnelle des épouses et des mères en temps de guerre, soucieuses de ce que deviennent

26. *Ibid.*, p. 285 (p. 403 de la traduction française, *op. cit.*).
27. *Ibid.*, p. 286 (p. 403 de la traduction française, *op. cit.*).
28. *Ibid.*, p. 94 (p. 144 de la traduction française, *op. cit.*).

leurs hommes au front, illustre à merveille le thème kedwardien de la non-séparation entre l'histoire des maquis et celle de la communauté. Dans cet exemple, comme dans bien d'autres cas que l'on pourrait citer, l'auteur a attiré notre attention sur la grande diversité des circonstances politiques, géographiques et sociales qui ont conditionné une multitude de réponses complexes face à l'occupation – et ce faisant, il a admirablement réussi à restituer la trame dont était faite la Résistance et la vie de la France rurale dans les dernières années de l'occupation.

Un autre auteur britannique, Michael Foot, a édité en 1966 la première étude conséquente sur le *British Special Operations Executive, SOE in France*[29]. L'ouvrage a pu voir le jour parce que son auteur en avait reçu la commande officielle et avait pu accéder aux archives du SOE à une époque où elles étaient fermées à tout autre chercheur. Le livre de Foot a offert d'intéressants aperçus sur l'origine, l'organisation et les activités du SOE, un service créé au début de la Deuxième Guerre mondiale pour « mettre l'Europe à feu[30] », selon l'expression mémorable de Winston Churchill. Les agents de la Section F (France) du SOE devaient mettre en œuvre la directive de Churchill en créant des réseaux de sabotage et de renseignements qui fourniraient aux Alliés des informations sur les déplacements des troupes allemandes et déclencheraient des sabotages de façon coordonnée avec le débarquement allié attendu en France. Ce fut un ouvrage important lors de sa publication, en dépit des limites que les autorités gouvernementales avaient assignées à l'auteur pour accéder aux sources et aux anciens agents. En effet, il mettait en lumière les actions très importantes des réseaux (renseignement, sabotage et évasion), qui n'avaient jusqu'alors éveillé qu'un intérêt relatif chez les universitaires. L'auteur fournissait également, dans ses annexes, des données factuelles intéressantes, des copies de documents de valeur et des cartes. Foot a démontré la contribution très significative apportée par les Britanniques en matière d'armes, d'équipement et de transport, au développement des organisations de résistance en France et à leur efficacité militaire à la Libération. Néanmoins, en raison peut-être de la date précoce de sa publication, Foot n'a pas fait preuve d'une appréciation extrêmement fine de la Résistance intérieure française, et un certain nombre de ces interprétations n'allaient pas résister aux recherches ultérieures. Par ailleurs, comme l'ont fait remarquer certains lecteurs français, et en dépit de ses dénégations pas entièrement convaincantes (« il serait absurde d'attribuer au seul SOE tout le mérite de ces actions[31] »), Foot semble, au fond, brosser le tableau d'une Résistance qui – au moins pour la *résistance armée* – serait pour l'essentiel une création des services secrets britanniques.

29. M.R.D. Foot, *SOE in France,* London, Her Majesty's Stationery Office, 1966.
30. *Ibid.*, p. 11.
31. *Ibid.*, p. 396.

Plus récemment, un officier américain en retraite, Will Irwin, a publié un livre, *The Jedburghs. The Secret History of the Allied Special Forces, France 1944*[32], qui, dans une certaine mesure, peut paraître relever de la même veine que celui du professeur Foot. Dans son cas, la Résistance est vue à travers les lorgnettes des équipes *Jedburgh* alliées envoyées en France peu après le Débarquement du Jour J, et dont la mission était de développer l'apport militaire de la Résistance française. Malheureusement, l'auteur n'opère que de très vagues rapprochements entre les équipes *Jedburgh*, composées de trois hommes (un Français et deux Alliés) et les réussites militaires qu'il attribue à l'ensemble des unités de la Résistance. Comme dans le cas du récit de Foot sur le SOE, on a du mal à se prémunir de l'impression qu'Irwin accorde trop de crédit aux *Jedburgh* et manque d'une connaissance approfondie de la Résistance française et de sa dynamique interne. Autres problèmes plus graves : les limites documentaires du livre et le choix peu heureux de l'auteur de présenter son travail dans le style désinvolte d'un roman d'aventures, qui diminue ses prétentions à un statut universitaire. Par ailleurs, on peut s'interroger sur la représentativité d'exemples tirés de l'expérience de six équipes *Jedburgh* sur environ une centaine. En fin de compte, si le lecteur trouvera à s'informer, dans cet ouvrage, sur les opérations spéciales alliées menées par les *Jedburgh*, il n'apprendra pratiquement rien sur la Résistance française.

Peut-être en raison de la puissante tradition académique des « Women's Studies » dans leur pays, trois historiennes américaines peuvent prétendre à figurer parmi les pionnières des études sur la contribution des femmes à la Résistance française. Paula Schwartz a écrit deux articles importants qui montrent notamment que la manière dont on a défini la résistance a occulté la participation des femmes, dans l'historiographie et dans la mémoire collective[33]. Bien que sa compréhension générale de la Résistance soit assez limitée en raison de ses sources essentiellement parisiennes, elle est un des premiers auteurs à mettre l'accent sur le rôle crucial que certaines femmes ont joué en tant que combattantes, transgressant ainsi les rôles féminins traditionnels. Margaret Rossiter et Margaret Weitz ont chacune produit une monographie substantielle qui offre un tour d'horizon général et bien mené des diverses tâches remplies par les femmes dans la Résistance. Édite en 1986, le livre de Rossiter, *Women in the Resistance*[34], a représenté le premier essai d'analyse systématique de la variété des rôles assumés par

32. Will IRWIN, *The Jedburghs. The Secret History of the Allied Special Forces, France 1944*, New York, Public Affairs, 2005.

33. Paula SCHWARTZ, « Redefining Resistance : The Activism of Women in Wartime France », dans Margaret RANDOLPH HIGONNET *et alii* (éd.), *Behind the Lines : Gender and the Two World Wars*, New Haven, Yale University Press, 1987, p. 141-53 ; et Paula SCHWARTZ, « Partisanes and Gender Politics in Vichy France », *French Historical Studies*, vol. 16, n° 1, printemps 1989, p. 126-151.

34. Margaret L. ROSSITER, *Women in the Resistance*, New York, Praeger, 1986.

les femmes dans la Résistance française. Son récit prend en considération la participation des femmes aux filières d'évasion, aux réseaux de renseignement, à la fabrication des faux papiers et aux groupes paramilitaires. Des entretiens avec plus d'une centaine d'anciennes résistantes et une correspondance échangée avec une centaine d'autres constituent la base documentaire d'une série de remarquables parcours individuels, qui justifient pleinement la thèse de l'auteur selon laquelle la participation des femmes à la Résistance n'a pas été appréciée à sa juste valeur. Son plus grand mérite tient dans son récit original et très bien informé des opérations menées par les filières d'évasion. Elle les a reconstituées en s'appuyant, en partie, sur une documentation précieuse et inédite concernant les réseaux d'évasion qu'elle a trouvée aux Archives nationales américaines, à Washington.

Plus récemment, en 1995, Margaret Weitz a publié *Sisters in the Resistance: How Women Fought to Free France, 1944-1945*[35], qui soutient également que la contribution des femmes à la Résistance a été sous-évaluée. Elle suggère que la part des femmes a été occultée parce que leurs tâches dans la clandestinité étaient généralement une extension des responsabilités féminines traditionnelles : cacher et nourrir les personnes recherchées par les Allemands ou Vichy ; faire du travail de secrétariat (taper à la machine les textes des journaux clandestins, chiffrer les messages) ; servir d'agent de liaison pour le courrier. Elle décrit leur participation aux sabotages et à la lutte armée comme exceptionnelle. Contrairement à Rossiter, et de façon plus convaincante, elle montre que la participation des femmes à la Résistance n'a eu que peu d'effet visible sur leur émancipation politique postérieure ou leurs droits en général dans la société française. Elle soutient qu'il a fallu attendre les événements de mai 1968 pour qu'apparaisse de façon plus évidente un tournant progressiste. L'apport le plus important, peut-être, du livre du professeur Weitz, largement fondé sur des témoignages oraux, a été de permettre à un nombre significatif de femmes françaises, dont certaines n'avaient jamais raconté leur histoire, de relater leur expérience résistante dans une publication. Les témoignages reproduits dans son ouvrage ajoutent une touche personnelle qui donne de l'attrait à son récit et retiendront l'intérêt du grand public comme des chercheurs travaillant sur la période. Néanmoins, ces derniers peuvent mettre en question certaines de ses interprétations à valeur générale sur le rôle particulier des femmes dans la Résistance. Weitz décrit, par exemple, les femmes comme plus souples et plus adaptables que les hommes à la vie clandestine et moins susceptibles de parler sous la torture. Le problème évident est de savoir si les quelque quatre-vingt entretiens que l'auteur a menés constituent une base de départ adéquate pour de telles généralisations.

---

35. Margaret COLLINS WEITZ, *Sisters in the Resistance. How Women Fought to Free France, 1944-1945*, New York, Wiley, 1995.

Études régionales

Une fois mentionnés ces travaux, on est bien en peine de trouver d'autres études sérieuses écrites en anglais, sous forme de livre, et qui soient consacrés aux mouvements de résistance français. Cependant, si l'on élargit un peu la recherche de façon à englober le « phénomène résistant » en France au sens large, il est d'autres domaines où les historiens anglo-saxons ont fourni une contribution estimable à l'étude de la Résistance française. C'est particulièrement vrai pour les monographies sur des régions françaises. On peut mentionner, en plus de mon propre livre, *Choices in Vichy France*, qui se concentre sur Clermont-Ferrand et l'Auvergne, l'américain Robert Zaretsky pour Nîmes et le Gard, le Canadien Lynne Taylor pour le Nord et le Pas-de-Calais, une universitaire australienne, Vesna Drapac, pour une étude fascinante des paroisses catholiques de Paris, et l'anglais Robert Gildea, pour la vallée de la Loire. Tous ont livré un éclairage sur la Résistance bien que leur vision englobe la vie quotidienne et les réactions au régime de Vichy et à l'occupation de la population française dans ces régions.

Pour respecter l'accent mis dans ce colloque sur le rôle pionnier qu'a joué le Comité d'histoire de la Deuxième Guerre mondiale dans l'étude de la Résistance, il vaut peut-être la peine de rappeler ceci : lorsque, dans les années 70, j'ai commencé à envisager d'écrire une histoire centrée sur une ville occupée – m'inspirant du livre remarquable de William S. Allen, *The Nazi Seizure of Power*, qui avait traité de la prise du pouvoir par les nazis à partir de l'exemple d'une ville allemande – c'est Henri Michel qui m'a suggéré de retenir Clermont-Ferrand plutôt que Toulouse à laquelle j'avais d'abord pensé.

Au moment où je commençais mes recherches, en 1973, d'après l'information que me donnait Monsieur Michel les archives n'étaient pas bien classées à Toulouse alors qu'à Clermont-Ferrand, non seulement les fonds qui m'intéressaient étaient bien rangés, mais le directeur des archives, René Sève, était très désireux de voir un historien les utiliser. Ironie du destin, lorsque, suivant le conseil d'Henri Michel, j'ai écrit au correspondant local du CH2GM pour lui demander assistance, il m'a répondu que les documents permettant de traiter un tel sujet étaient très peu nombreux ! Sans me décourager, j'ai entrepris mes recherches avec le désir de découvrir comment un Français ou une Française ordinaires avaient pu faire face aux circonstances de la défaite, à l'avènement du régime de Vichy et à l'occupation allemande dans sa ville ou sa région. Ayant commencé mon étude avec l'intention d'explorer l'histoire de Clermont-Ferrand et de l'Auvergne, et projetant de traiter seulement de l'expérience vécue par les Clermontois et les Auvergnats, j'en suis venu à considérer que, par certains côtés, celle-ci ne pouvait pas avoir été si différente que cela de l'expérience vécue ailleurs par leurs compatriotes. J'ai donc eu l'espoir que les conclusions de mon livre pouvaient avoir des implications dépassant le cadre de l'Auvergne.

Parmi ces conclusions il y avait le fait que les Auvergnats s'étaient détournés du régime de Vichy bien plus tôt que ne l'avait suggéré le travail de Robert Paxton; sur un plan plus directement relié au thème de la résistance, mes recherches suggéraient que la résistance avait été bien supérieure et le collaborationnisme bien inférieur à ce que prétendait le professeur Paxton. Si l'on devait opérer un choix entre les expressions « collaborateurs fonctionnels » et « résistants fonctionnels », ma conclusion était que la seconde était préférable – bien que le terme ne soit pas réellement satisfaisant pour décrire le comportement de la masse de la population. En tout état de cause, mes recherches suggéraient avant toute chose qu'on avait besoin d'une définition plus complexe et plus étendue de la Résistance. J'indiquais donc: « La notion de petits groupes de conspirateurs militants doit être resituée, ou intégrée, dans une perspective plus large qui prenne en compte l'existence, en 1943-1944, d'un climat dans lequel, d'un côté, la Résistance bénéficiait d'une vaste et massive complicité populaire, et où, d'un autre côté, on décourageait la collaboration, son opposé, et on donnait aux collaborateurs le sentiment d'être des exilés dans leur propre pays[36]. » En fin de compte, je concluais que, même si elle était difficile à énoncer, une définition de la résistance dépassant les mouvements organisés était nécessaire de façon à englober tout le « phénomène résistant » et à mettre en œuvre le concept général d'opposition active au régime de Vichy et aux Allemands. Comme l'attestent les exemples qui me restent à traiter, le problème d'une définition étendue de ce qui a constitué la résistance est un problème avec lequel les historiens sont toujours aux prises.

Dans son étude sur *Nîmes at War*[37], Robert Zaretsky, a découvert un certain nombre de situations similaires à celles que j'avais décrites pour l'Auvergne. Il a remarqué, par exemple, un large soutien de la population gardoise à l'égard de la Résistance organisée. Tout en faisant remarquer que la France n'était pas la « nation de résistants » de Charles de Gaulle, Zaretsky concluait: « Cependant, d'après notre étude sur le Gard, il se pourrait qu'elle ait été une nation comprenant un bon nombre de sympathisants de la Résistance – une nation dont la plupart des citoyens ont rejeté, sur des fondations idéologiques ou morales, et plus tôt qu'on ne le croit généralement, le régime de Vichy[38]. »

36. John SWEETS, *Choices in Vichy France*, Oxford, Oxford University Press, 1986, p. 224 (p. 224 de la traduction française, *Clermont-Ferrand à l'heure allemande*, Paris, Plon, 1996).
37. Robert ZARETSKY, *Nimes at War*, University Park, Pennsylvania State University, 1995.
38. *Ibid.*, p. 259.

Cependant, comme le sous-entendait le sous-titre de son livre « Religion, politique et opinion publique dans le Gard 1938-1944 », la contribution sans doute la plus significative de son étude résidait dans sa description des niveaux différents de participation des protestants et des catholiques aux activités résistantes, en particulier en ce qui concerne leur réaction à la politique antisémite de Vichy et à la déportation des juifs français et étrangers en 1942. Zaretsky écrit que « les protestants ont été plus prompts, plus unis, et plus directs dans leur condamnation du comportement du régime », ajoutant : « Quand il a fallu choisir, le choix de beaucoup des protestants était déjà fait. La réponse des protestants locaux à la politique violente de Vichy avait déjà été expérimentée dans les années passées et par les générations précédentes[39]. »

En 1998, Vesna Drapac, professeur à l'université d'Adélaïde, a publié une étude bien documentée et soigneusement argumentée sur le rôle joué pendant l'Occupation par les structures religieuses traditionnelles, en l'occurrence les paroisses catholiques à Paris, sur le comportement des Parisiens ordinaires. Dans son *War and Religion*[40], elle démontre de façon convaincante que l'Église catholique sous l'occupation a souvent été décrite d'une façon beaucoup trop simpliste : on s'est focalisé sur le haut de la hiérarchie ecclésiale considéré comme des laquais au service de Vichy, à l'exception de quelques prélats combattant cette posture par des appels passionnés à la morale au nom de l'humanité, face à la déportation des juifs français et étrangers. Drapacs soutient que, de même que les études menées sur des régions particulières et différents groupes ont révélé une diversité de réponses et de choix face à l'occupation allemande, de façon similaire, l'Église catholique n'était pas monolithique mais était une entité au sein de laquelle des options variées étaient possibles.

Plutôt que de devenir un relais propagandiste consentant de la politique de collaboration de Vichy, argumente Drapacs, et à coup sûr sans préconiser la résistance armée, « l'Église a offert aux catholiques français une alternative à la collaboration. La paroisse était un sanctuaire et un foyer, et le fut d'autant plus face à la présence intrusive des forces d'occupation. Cependant ce ne fut pas un moyen d'échapper à l'occupation, un simple déni de la réalité. Ce fut le moyen par lequel les catholiques se sont confrontés à cette réalité. Les œuvres de charité qui s'occupaient des conséquences sociales de la guerre et les innombrables groupes de laïcs qui se consacraient au bien-être de leur voisin, de leur quartier, de la nation, représentaient tous cette forme de citoyenneté catholique active qui tirait sa force d'une communauté paroissiale et la renforçait en retour[41] ».

39. *Ibid.*, p. 256.
40. Vesna DRAPAC, *War and Religion*, Washington, The Catholic University Press of America, 1998.
41. *Ibid.*, p. 32-33.

L'auteur décrit cette posture comme une « politique de la présence » qui tentait de maintenir le courant des valeurs morales élémentaires face à l'occupation nazie. Par exemple, en enseignant aux enfants parisiens le catéchisme dans leurs paroisses, les religieuses et les laïcs ont contribué à un combat idéologique contre le nazisme, combat qui était crucial d'un point de vue moral et pour empêcher la réussite de la pénétration des idées nazies. Les idées religieuses qui façonnent ou informent les comportements ne peuvent être disjointes de l'histoire de cette période, et l'auteur attire notre attention sur la manière dont ces croyances ont joué au niveau d'une paroisse parisienne. Elle conclut : « La vie catholique, définie par la paroisse et ses structures, ses traditions et sa plénitude, n'a pas conduit à la résistance spirituelle au nazisme, mais elle en a été un élément constitutif. Ce que l'Église enseignait dans les paroisses de Paris sous l'Occupation a compté[42]. »

Deux des plus récents exemples de débat autour de la Résistance dans le cadre d'une étude locale ou régionale sont *Between Resistance and Collaboration: Popular Protest in Northern France, 1940-1945*, de Lynne Taylor et *Marianne in Chains*, de Robert Gildea[43]. Cherchant à dépasser la dichotomie classique entre résistance et collaboration et à décrire les comportements des Français sous l'occupation allemande, le professeur Taylor se concentre sur « cette partie du spectre des réactions qui se situe entre la résistance active et la collaboration active ; [son] sujet, ce sont donc les gens qui constituent la part de la population qui ne s'engage pas ouvertement en politique à l'époque[44] ». Elle examine un certain nombre de formes d'actions collectives différentes, englobant les grèves, les émeutes alimentaires, le pillage et le marché noir, qui font partie d'« une panoplie incroyable d'actions collectives », lesquelles, soutient-elle, « ne peuvent pas être expliquées de façon satisfaisante comme de la résistance. On doit laisser la place à un récit qui rende compte d'autres types d'actions, aux motivations différentes, et à une explication plus complexe de la relation entre occupé et occupant[45] ». Dans une brève description de la résistance organisée du Nord et du Pas-de-Calais, Taylor écrit : « L'histoire de la résistance est chargée de drame. En tout état de cause, nous ne devons pas oublier que ces "irréguliers" étaient très peu nombreux et que leur histoire, même si elle est importante, n'est qu'un élément du tableau[46]. »

Bien que l'auteur défende le point de vue selon lequel n'importe quel acte d'opposition aux autorités en temps de guerre ne doit pas être classé comme un acte de résistance, il est possible qu'elle évacue trop rapidement

42. *Ibid.*, p. 287.
43. Lynne TAYLOR, *Between Resistance and Collaboration. Popular Protest in Northern France, 1940-45*, New York, St. Martin's Press, 2000 ; Robert GILDEA, *Marianne in Chains*, New York, Picador, 2004.
44. Taylor, *op. cit.*, p. 2.
45. *Ibid.*, p. 4.
46. *Ibid.*, p. 71.

les connexions entre la Résistance et certains épisodes relatifs aux grèves et aux émeutes alimentaires qu'elle décrit. Bien qu'elle reconnaisse, notamment, l'influence traditionnelle du parti communiste sur les communautés ouvrières de la région, elle paraît excessive dans son insistance à séparer rigoureusement les grèves et les émeutes alimentaires de la Résistance. « Il est possible que ces actions aient eu pour effet d'handicaper l'effort de guerre des Allemands, directement ou indirectement, mais ce n'était pas le seul motif, ou même le motif initial de beaucoup de ces actions[47]. » De ce point de vue, le travail de Taylor paraît revenir en arrière, vers l'image d'une Résistance française vue comme une minorité infime, et se démarquer ainsi de ce qui a été une tendance majeure de la recherche sur la Résistance française dans les années récentes, la plupart des auteurs mettant l'accent sur la relation de soutien intégral entre les « activistes » que sont les Résistants et une partie substantielle des populations locales.

Rejoignant par certains aspects l'interprétation de Lynne Taylor, Robert Gildea écrit que l'objectif principal de son étude sur la vallée de la Loire durant l'Occupation a été de « sortir des interprétations rigides fondées sur une vision de l'histoire opposant Résistance et Collaboration, tout en refusant également de réduire les Français à l'état de victimes passives de l'Occupation, souffrant du froid, de la faim et de la peur[48] ». Cependant, la plupart de ses conclusions sur la complexité de la vie sous l'Occupation ont déjà été bien établies par d'autres auteurs. Il conclut que la Résistance – qu'il limite principalement aux maquis et aux FFI, en plus des communistes impliqués dans des attentats et animateurs de grèves à Nantes, Saint-Nazaire et dans d'autres centres industriels – a eu une dimension limitée parce que la région de la Loire « n'était pas un lieu adapté au séjour des maquisards au sens où le Massif central ou les Alpes le furent[49] ».

Dans l'ensemble, qu'il s'agisse de la résistance vue d'en haut, vue sous l'angle des mouvements de résistance intérieure, ou vue dans le cadre d'études régionales, j'aime à croire qu'on peut raisonnablement présenter cette conclusion : malgré leur nombre relativement faible, les chercheurs anglo-américains ont modestement apporté plusieurs contributions de valeur à la quête continuellement menée par les historiens pour donner sa place à la Résistance française dans le tableau général de l'histoire de la France.

47. *Ibid.*, p. 144.
48. GILDEA, *op. cit.*, p. 403.
49. *Ibid.*, p. 411.

La résistance française et sa répression par l'occupant dans l'historiographie allemande

Steffen PRAUSER

Jusqu'à présent, l'historiographie allemande n'a guère porté attention à la Résistance française. Même les travaux français relatifs à cette question ne sont que très rarement traduits en Allemagne[1]. Le dernier et seul ouvrage scientifique, entièrement consacré à la Résistance française, date de 1957. Il prit forme sous la plume d'un « expert » – s'il en fut – Hans Luther, ancien chef de la police de sûreté et du service de sûreté de Bordeaux, en bref la *Gestapo* ! Et si certains historiens allemands évoquent la Résistance française comme par exemple Hans Umbreit, Eberhard Jäckel ou bien, tout dernièrement, Ahlrich Meyer et Peter Lieb, ce n'est que dans le cadre plus général de leurs recherches consacrées à la politique d'occupation allemande ou aux crimes de guerre allemands en France. Toute représentation historiographique de la Résistance en Allemagne est donc inéluctablement liée à la question des crimes de guerre commis par les unités allemandes dans le cadre de la contre-guérilla. La Résistance y demeure presque un détail secondaire. Il convient donc de traiter ici aussi bien la représentation de la Résistance française que celle de la lutte contre cette Résistance.

L'Allemagne a conservé pendant très longtemps une image d'une relative indulgence à l'égard de l'occupation allemande en France. L'autobiographie apologétique de l'ancien ambassadeur allemand à Paris, Otto Abetz[2], ou

1. Il existe toutefois quelques exceptions, comme le *Sang de l'Étranger* de Stéphane COURTOIS, Denis PESCHANSKI, Adam RAYSKI qui traite des immigrés de la MOI (Main d'œuvre immigrée) ; ce livre a été traduit en allemand en 1994 sous le titre *L'Affiche Rouge, Immigration und Juden in der französischen Résistance*, Berlin, Schwarze Risse Verlag.
2. Otto ABETZ, *Das offene Problem. Ein Rückblick auf zwei Jahrzehnte deutsche Frankreichpolitik*, Köln, 1951. Le manuscrit de cette autobiographie a été sorti clandestinement de la prison parisienne du Cherche-Midi où Abetz attendait son procès. Voir Bernhard BRUNNER, *Der Frankreich-Komplex.*

le journal du célèbre écrivain et officier des troupes d'occupation, Ernst Jünger, ont créé cette image d'une guerre généralement menée « proprement » et d'une attitude tout à fait convenable de la *Wehrmacht* à l'Ouest. Les atrocités commises, si tant est qu'elles soient mentionnées, sont en grande partie attribuées à la SS (entendue au sens large)[3]. Des publications concernant l'implication des officiers de l'entourage du commandant militaire allemand à Paris dans le complot du 20 juillet 1944 contre Hitler, soulignaient cette interprétation positive du comportement des militaires allemands en France[4].

Cette image d'une occupation de la France plutôt paisible, ainsi qu'une certaine sympathie générale dont bénéficiaient dans la société allemande les anciens combattants de la *Wehrmacht*, expliquent, entre autres, la place qui fut accordée pendant les années cinquante à des personnes comme Hans Luther, précédemment évoqué.

Sans nier le fait que Luther ait fourni des informations et des sources primaires très importantes dans son ouvrage sur la Résistance française, son interprétation reste, pour des raisons évidentes, fort boiteuse. Luther lui-même avait dû se justifier au début des années cinquante devant un tribunal militaire français, pour l'exécution de 70 otages à Bordeaux en 1942. Magistrat dans la vie civile, Luther assura avec habileté sa propre défense et s'en sortit avec une condamnation à cinq ans de prison, peine qu'il avait déjà purgée en détention préventive. Après sa libération, il travailla pour la *Zentrale Rechtsschutzstelle* (service de protection juridique) du ministère des Affaires étrangères allemand – un service spécialisé dans la défense des soldats allemands détenus comme criminels de guerres dans plusieurs pays autrefois occupés par l'armée du troisième Reich. Luther y consigna sa plaidoirie prononcée lors de son procès, à titre documentaire, de façon à ce qu'elle puisse servir de référence dans d'autres procès contre des anciens de la Wehrmacht[5]. Il transforma ensuite cette plaidoirie en thèse de doctorat,

Die nationalsozialistischen Verbrechen in Frankreich und die Justiz der Bundesrepublik Deutschland, Francfort-sur-le-Main, Fischer, 2007, p. 121.

3. Ernst JÜNGER, *Strahlungen I*, 5e édition, Munich, Deutsche Taschenbuch Verlag, 2003. Jünger n'occulte pas les crimes allemands. Il se montre particulièrement choqué par la persécution des juifs (p. 320, p. 336, p. 348). Il voit dans les fusillés des « héros » (p. 270, p. 281) et parle même de « crime », lorsqu'il évoque les exécutions d'otages (p. 305), alors qu'elles étaient généralement considérées en Allemagne comme un moyen de répression certes cruel, mais légitime. En revanche, la description de sa propre vie à Paris entre femmes, vin et culture, ainsi que son récit du quotidien sous l'occupation, donnent l'impression d'une existence paisible dans une France occupée (par ex. : p. 235, 247, 253). Le corps des officiers de l'armée d'occupation à Paris est présenté comme dissident (p. 289) et Otto von Stülpnagel, commandant en chef, comme un héros tragique (p. 308). Les rapports concernant les cruautés du Front russe font irruption dans un monde parisien intact (p. 268, 312, 323, 324) et ne font que renforcer le caractère pacifique de la France occupée.
4. Wilhelm SCHRAMM, *Der 20.Juli in Paris*, Bad Wörishofen, Kindler und Schiermeyer, 1953.
5. BRUNNER, *op. cit.*, p. 127.

soutenue auprès de l'*Institut für Besatzungsfragen* (Institut pour les questions d'occupation) à Tübingen et publiée sous le titre *La Résistance française*[6].

Luther dénie aux Français le droit de prendre les armes contre l'occupant en se référant à l'article 10 de la convention d'armistice du 25 juin 1940[7] et surtout à l'article 1 de la convention de La Haye de 1907. Cet article exigeait des combattants qu'ils aient un signe distinctif fixe et reconnaissable à distance, qu'ils portent les armes ouvertement, et qu'ils se conforment dans leurs opérations aux lois et coutumes de la guerre[8]. En s'appuyant sur les déclarations des procureurs français au procès de Nuremberg, Luther insiste sur le fait que les résistants n'avaient pas de signe distinctif fixe[9], et que leurs armes, comme par exemple la mitraillette *Sten*[10], étaient des armes « qui ne satisfaisaient pas à l'article 1 de la convention de La Haye[11] ». De plus, il énumère plusieurs cas où les résistants fusillèrent leurs « prisonniers de guerre[12] ». Bref, c'étaient des hors-la-loi, selon Luther. Par voie de conséquence, les exécutions d'otages pouvaient être considérées comme une réaction en général légale[13] et, à de très rares exceptions près[14], proportionnelle aux attaques terroristes illégales et perfides. Luther justifie la sélection des otages parmi les communistes et les juifs, sélection opérée sous la responsabilité du *Militärbefehlshaber Frankreich* (commandant militaire en France), Otto von Stülpnagel, par les résultats des enquêtes effectuées après les attentats contre des soldats allemands, puisque la grande majorité des auteurs de ces attentats aurait été des communistes et des juifs[15]. Selon Luther, ce fait aurait également servi de justification à la déportation de 1 000 juifs, par décision de von Stülpnagel[16], début décembre 1941. De plus, les communistes auraient délibérément provoqué ces représailles pour inciter à la révolte « une population jusqu'alors bien disposée à l'égard de l'occupant[17] ». Luther rend ainsi la résistance responsable de l'escalade de la terreur et excuse l'administration militaire allemande.

6. LUTHER, *Der französische Widerstand gegen die deutsche Besatzungsmacht und seine Bekämpfung*, Studien des Instituts für Besatzungsfragen in Tübingen zu den deutschen Besatzung im 2. Weltkrieg, n° 11, Tübingen, 1957.
7. Art. 10. « Le Gouvernement français s'engage à n'entreprendre à l'avenir aucune action hostile contre le Reich allemand avec aucune partie des forces armées qui lui restent, ni d'aucune autre manière [...] » Voir : http://artsweb.bham.ac.uk/vichy/defeat.htm ; Luther, *Der französische Widerstand*, p. 96.
8. http://www.icrc.org/dih.nsf/FULL/195. LUTHER, *Der französische Widerstand*, p. 69-81.
9. *Ibid.*, p. 71.
10. Selon ma propre interprétation.
11. LUTHER, *op. cit.*, p. 73. Toutes les traductions de citations extraites d'ouvrages de langue allemande sont de l'auteur de cet article, à l'exception de celles concernant l'ouvrage d'E. JÄCKEL.
12. *Ibid.*, p. 74-81.
13. *Ibid.*, p. 224 et 225.
14. Par exemple les exécutions de Nantes et Bordeaux en octobre 1941 qui, cependant, doivent être attribuées à un ordre exprès d'Hitler, comme le souligne LUTHER (*ibid.*, p. 206).
15. *Ibid.*, p. 178-181. Voir également p. 190.
16. *Ibid.*, p. 197.
17. *Ibid.*, p. 35.

Certains massacres, comme ceux d'Oradour et de Tulle, trouveraient leur explication, selon Luther, dans l'engagement de troupes d'origines asiatique et africaine dans la contre-guérilla ou encore dans le transfert tout récent du front de l'Est des troupes allemandes[18]. Sans défendre complètement Oradour, il rappelle au lecteur les récents excès des troupes françaises en Indochine, où les méthodes de la guérilla auraient également déclenché automatiquement une escalade de la violence[19].

D'autres exactions allemandes sont passées sous silence, tout comme l'exploitation économique de l'État français en faveur de l'industrie de guerre d'outre-Rhin et les exactions et humiliations quotidiennes. Ce n'est qu'au tout début de son ouvrage que l'auteur mentionne brièvement les soi-disant « interrogatoires sévères » – autrement dit, les tortures – ainsi que « les mesures antisémites contraires à toutes les lois[20] ». Tout à fait habilement, l'auteur utilise également les affirmations exagérées d'anciens Résistants sur les pertes allemandes infligées par la Résistance[21]. Alors qu'il se réfère d'habitude exclusivement aux sources allemandes, comme par exemple aux rapports de synthèse de l'administration militaire, il prête ici une étrange confiance aux sources de ses anciens ennemis résistants – des sources qui grossissaient fortement l'importance de la Résistance armée et qui, en conséquence, soulignaient implicitement, et soulignent toujours, l'impasse dans laquelle se trouvait l'occupant à l'époque.

En outre, on trouve chez Luther une nette bipartition de la Résistance : il distingue, d'un côté, une Résistance communiste et, de l'autre, une Résistance « nationale », c'est-à-dire gaulliste. Tandis que cette dernière aurait au moins essayé de se conformer dans ses opérations aux coutumes de la guerre, les communistes, toujours d'après Luther, auraient appliqué des méthodes clairement bolchevistes et impitoyables[22]. Leur but principal aurait été l'insurrection, non seulement contre les Allemands, mais aussi contre les Alliés et, d'une certaine façon, contre les Français. À deux reprises, en juin et à la fin du mois de juillet 1944, les Allemands auraient même déjoué un coup d'état communiste. Cette tentative de prise du pouvoir n'aurait été possible qu'après le départ des Allemands. Cette troisième tentative – presque couronnée de succès – aurait de plus coûté la vie à 50 000 Français[23]. L'occupant devient ainsi, d'une certaine manière, le protecteur naturel de la nation française, à qui il aurait épargné l'expérience d'une dictature soviétique[24].

18. *Ibid.*, p. 236.
19. *Ibid.*, p. 237 ; voir en particulier la note 1 132.
20. *Ibid.*, p. 2.
21. *Ibid.*, p. 56-60.
22. *Ibid.*, p. 66.
23. *Ibid.*, p. 55.
24. *Ibid.*, p. 45. Luther mentionne aussi à ce propos une tentative allemande de sauver la Résistance « nationale » et de lui laisser des armes pour qu'elle puisse maintenir l'ordre public après une

Ce dernier trait de l'imagination débordante de l'auteur ne doit pas empêcher de discerner le discours juridique professionnel et l'accumulation importante des sources primaires qui expliquent que Luther, au moins jusqu'aux années quatre-vingt, a exercé une influence importante sur quasiment tous les ouvrages juridiques et historiographiques en Allemagne, concernant la Résistance française et les exécutions d'otages. Même des travaux sur l'occupation allemande aussi importants que ceux d'Eberhard Jäckel[25] et de Hans Umbreit[26], publiés dans la seconde moitié des années 1960, n'ont pas vraiment modifié cette perspective. Tous les deux ont fait preuve d'un usage peu critique du travail de Luther.

Umbreit suit de manière générale le jugement de Luther, tout au moins en ce qui concerne les attentats meurtriers perpétrés contre des soldats allemands. Les résistants communistes de la MOI et les bataillons de la jeunesse restent chez Umbreit des « groupes terroristes », et les exécutions d'otages auraient été, conformément à l'article 50 des conventions de La Haye, « légales[27] ». À l'instar de Luther, Umbreit mentionne seulement très brièvement l'ordre de déportation du Militärbefehlshaber Frankreich de 1 000 juifs et communistes en décembre 1941, sans entrer dans les détails de cette question délicate[28]. Stülpnagel demeure plutôt ce héros tragique qui se trouve contraint de faire appliquer des mesures qu'il a désapprouvées dès le début. Umbreit accorde même une confiance aveugle à la présentation très euphémique, par Luther, du décret « Nuit et Brouillard[29] ». Cet ordre atroce ressemble en conséquence à un simple acte administratif et le triste destin des déportés n'est pas pris en considération. Faute de sources alors disponibles, Umbreit consacre seulement quatre pages à la lutte contre le maquis. Bien qu'il cite des ordres impitoyables émanant des commandants militaires allemands, comme la tristement célèbre ordonnance Sperrle du février 1944[30], il donne néanmoins l'impression que les atrocités commises

---

éventuelle retraite de l'occupant (p. 66). Il se réfère ici probablement à l'affaire Grandclément dans laquelle il a été impliqué.

25. Eberhard Jäckel, *Frankreich in Hitlers Europa. Die Deutsche Frenkreichpolitik im Zweiten Weltkrieg*, Stuttgart, Deutsche Verlags-Anstalt, 1966 ; ouvrage paru en langue française en 1968 sous le titre *La France dans l'Europe d'Hitler* chez Fayard.
26. Hans Umbreit, *Der Militärbefehlshaber in Frankreich 1940-1944*, Boppard am Rhein, Harald Boldt Verlag, 1968.
27. *Ibid.*, p. 118 et 125.
28. *Ibid.*, p. 137.
29. *Ibid.*, p. 143-145.
30. Ce *Sperrle-Erlaß* disait, entre autres, que les soldats devaient immédiatement riposter à toute attaque inopinée des partisans. Si des innocents y trouvaient la mort, la faute était rejetée sur les « terroristes ». Dans le cas de tirs provenant de maisons, celles-ci devaient être systématiquement brûlées ; et les mesures trop sévères ne seraient jamais sanctionnées. Umbreit attribue cette ordonnance au commandant en chef à l'ouest (*Oberbefehlshaber West*), le feld-maréchal Gerd von Rundstedt (Umbreit, *op. cit.*, p. 148.). Cette ordonnance avait été tout d'abord édictée par le feld-maréchal Hugo Sperrle, intérimaire de von Rundstedt, alors en vacances au début du mois de février.

pendant la lutte contre le maquis résultent d'une montée en puissance de la violence réciproque ou qu'elles ont été exécutées par la *Waffen-SS*[31].

Jäckel aborde le sujet de la Résistance en l'approfondissant davantage. Conformément à Luther, à ses sources allemandes et à quelques classiques français sur le sujet, tel Henri Michel[32], il dépeint une Résistance bien organisée et coordonnée « sous la haute autorité du général de Gaulle[33] », sans pourtant laisser aucun doute sur les limites de cette menace que fit peser la Résistance sur l'occupant en France. De fait, nulle part, « ni la Résistance ni les maquis n'ont eu d'action décisive sur l'issue de la guerre [...][34] ». Contrairement à Umbreit et Luther, il utilise le terme « terroriste » seulement entre guillemets[35] et s'abstient généralement de tout jugement moral sur la Résistance. Surtout, il s'écarte pour la première fois d'une approche strictement légaliste, en remarquant qu'à partir de 1942 « les relations germano-françaises ne pouvaient déjà plus guère entrer dans aucune catégorie juridique connue [...][36] ». Et il se demande « si les conditions d'armistice étaient toujours en vigueur [en 42][37] » – un armistice invoqué souvent par Luther, afin d'incriminer la Résistance[38]. Jäckel expose également, en détail, l'exploitation économique de la France par le Troisième Reich[39], le pillage des objets d'art[40] et la déportation des juifs sur le sol français[41]. Certaines tournures de ce texte, généralement très critique, trahissent tout de même une empathie à l'égard des officiers de l'administration militaire allemande en France[42]. Ainsi, le fait que Karl-Heinrich von Stülpnagel[43] et plusieurs de ses officiers aient joué un rôle de premier plan dans le complot contre Hitler le 20 juillet 1944, éclaire d'une « curieuse lumière[44] » la politique d'occupation. « Beaucoup de ceux qui, à commencer par le *Militärbefehlshaber* lui-même, paraissaient être des séides convaincus de Hitler aux yeux de la population qui les haïssait en proportion, lui étaient en réalité passionnément hostiles[45]. » En conséquence, Jäckel voit « derrière

31. UMBREIT, *op. cit.*, p. 148 et 149.
32. Henri MICHEL, *Histoire de la Résistance (1940-1944)*, Paris, PUF, coll. « Que-sais-je », deuxième édition, 1958.
33. JÄCKEL, *op. cit.*, p. 307. Voir également p. 308 et p. 321.
34. *Ibid.*, p. 329 (p. 466 dans la traduction française).
35. *Ibid.*, p. 307 et p. 323.
36. *Ibid.*, p. 259 (p. 370 dans traduction française).
37. *Ibid.*, (p. 369 dans traduction française).
38. LUTHER, *op. cit.*, voir par exemple p. 8 et p. 96.
39. L'exploitation continuelle de la France par l'occupant est une des thèses centrales du travail de Jäckel. Voir à titre d'exemple : JÄCKEL, *op. cit.*, p. 265-270.
40. *Ibid.*, p. 308-311.
41. *Ibid.*, p. 195-197 ; p. 225-228 ; p. 311-313.
42. « Les responsables sur place s'y prenaient pour mitiger ou même saboter les instructions d'un pouvoir central de plus en plus frénétique. », *ibid.*, p. 282 (p. 401 dans la traduction française).
43. Successeur et cousin d'Otto von Stülpnagel.
44. *Ibid.*, p. 335.
45. *Ibid.*, p. 335 (p. 474 dans la traduction française).

la façade de rigueur souvent brutale » des militaires en France, les « lueurs hésitantes des positions plus conciliantes[46] », sans pour autant oublier que « le but essentiel de la résistance [allemande] était bien entendu, non pas la modification de la politique à l'égard de la France, mais le renversement de la politique du Reich[47] ».

Les travaux de Jäckel et Umbreit restent encore aujourd'hui inégalés, quant à la richesse du matériel. Pour être juste, il convient également de mentionner qu'Umbreit, lui aussi, adopte un ton plus critique envers les troupes d'occupation dans son œuvre concernant la politique d'occupation allemande en Europe pendant la Seconde Guerre mondiale, publié en 1988. Il y juge les mesures allemandes de répression en France d'une manière moins indulgente et inclut l'Holocauste dans sa narration[48].

Les résistants et les maquisards restèrent cependant sans visage et la Résistance française, elle-même, ne suscita guère l'intérêt des chercheurs allemands. Et pourtant, les années soixante et soixante-dix avaient déjà apporté un changement net dans la vision de la résistance allemande. Alors que la Résistance française restait un organisme vague de « terroristes communistes », une nouvelle génération d'historiens porta son intérêt sur les structures internes de la résistance allemande, ses objectifs politiques et ses divergences. Des recherches régionales et locales se sont montrées particulièrement fructueuses dans ce contexte[49]. La diversification de la recherche sur la résistance allemande s'accompagna également d'une attention nouvelle accordée à la résistance communiste, considérée jusque-là avec frilosité et par la parution d'analyses sur la résistance dans les camps de concentration ou au sein de la jeunesse[50]. Néanmoins, cette riche recherche n'a étrangement pas suscité un intérêt plus vif pour la Résistance française en Allemagne. Franz Knipping, professeur d'histoire contemporaine à Wuppertal, a été le seul à aborder la

46. *Ibid.*, p. 335 (p. 475 dans la traduction française).
47. *Ibid.*
48. Hans UMBREIT, « Die deutsche Herrschaft in den besetzten Gebieten 1942-1945 », *in* B.K. KROENER, R.-D. MÜLLER, H. UMBREIT, *Das Deutsche Reich und der Zweite Weltkrieg*, t. 5/2, Deutsche Verlags Anstalt, Stuttgart, 1999.
49. Ger VAN ROON, *Neuordnung im Widerstand. Der Kreisauer Kreis innerhalb der deutschen Widerstandsbewegung*, Munich, Oldenburg, 1967 ; Heinz HÖHNE, *Kennwort Direktor. Die Geschichte der Roten Kapelle*, Francfort-sur-le-Main, Fischer, 1970 ; Kurt KLOTZBACH, *Gegen den Nationalsozialismus, Widerstand und Verfolgung in Dortmund 1930-1945 ; eine historisch-politische Studie*, Hannover, Verl. für Literatur und Zeitgeschehen, 1969 ; Hans-Josef STEINBERG, *Widerstand und Verfolgung in Essen, 1933-1945*, Hannover, Verl. für Literatur und Zeitgeschehen, 1969 ; Getrude MEYER, *Nacht über Hamburg. Berichte und Dokumente*, Francfort-sur-le-main, Röderberg, 1971 ; Martin BROSZAT/Elke FRÖHLICH (dir.), *Bayern in der NS-Zeit*, 6 tomes, Munich, Oldenbourg, 1977-1983.
50. Hermann LANGBEIN, *Nicht wie Schafe zur Schlachtbank. Widerstand in NS-Konzentrationslagern*, Francfort-sur-le-Main, Fischer, 1980 ; Falk PINGEL, *Häftlinge unter SS-Herrschaft. Widerstand, Selbstbehauptung und Vernichtung im Konzentrationslager*, Historische Perspektiven n° 12, Hambourg, Hoffmann und Campe, 1978. Detlev J.K. PEUKERT, *Die Edelweißpiraten. Protestbewegung jugendlicher Arbeiter im Dritten Reich. Eine Dokumentation*, Cologne, Bund Verlag, 1980 ; Heinrich MUTH, « Jugendopposition im 3. Reich », in *Vierteljahrshefte für Zeitgeschichte*, n° 30 (1982).

Résistance française à travers deux articles, au début des années quatre-vingt. Il s'est occupé des conceptions militaires de la Résistance[51] et, ce qui étonnera peut-être les experts de la Résistance française, des réseaux[52]. Il s'est notamment concentré, dans le deuxième article, sur les Services britanniques SIS et SOE, sur le BCRA de la France libre et, chose surprenante, sur la Résistance des Services de Renseignement de l'armée de Vichy. La reconnaissance des mérites de ces derniers reste particulièrement remarquable. Knipping souligne, déjà en 1982, le professionnalisme de ces services, qui ont en grande partie continué leur travail de renseignement contre les Allemands, comme ils l'avaient fait avant juin 1940[53]. Knipping n'a pas eu de successeurs immédiats[54], mais une nouvelle façon de voir la Résistance française a été alors engagée.

Cette vision, dans sa sobriété, se retrouve généralement partagée par les ouvrages qui composent l'abondante littérature consacrée à la France occupée à partir du milieu des années quatre-vingt-dix[55].

La présentation de la Résistance dans *Gute Franzosen* (« bons français »), un ouvrage de Bernd Kasten traitant de la police française sous l'Occupation, peut être considérée comme un prototype[56]. Kasten présente implicitement toute la Résistance, dont il ne parle qu'indirectement, d'une manière positive, communistes inclus. La contre-guérilla allemande y fait piètre figure et Kasten insiste, contrairement à Umbreit, Jäckel et surtout Luther, sur le fait que la *Wehrmacht* ne se distingua guère de la SS et que la collaboration

51. Derrière un titre plutôt spécifique, Knipping esquisse ici, avec une sobriété exemplaire, presque toute l'histoire de la Résistance – y compris la Résistance communiste. Voir Franz KNIPPING, « Militärische Konzeptionen der französischen Résistance im Zweiten Weltkrieg », dans Gerhard SCHULZ (dir.), *Partisanen und Volkskrieg. Zur Revolutionierung des Krieges im 20. Jahrhundert*, Göttingen, 1985, p. 125-146.

52. Franz KNIPPING, « "Réseaux" und "Mouvement" in der französischen Résistance », 1940-1945, dans : Gerhard SCHULZ (dir.), *Geheimdienste und Widerstandsbewegungen im Zweiten Weltkrieg*, Göttingen, Zürich, Vandenhoeck & Ruprecht, 1982, p. 105-142.

53. *Ibid.*, p. 108-117.

54. Pour compléter, on devrait peut-être mentionner l'article suivant qui effleura le sujet de la Résistance en 1984 : Elmar KRAUTKRÄMER, Admiral DARLAN, « de Gaulle und das royalistische Komplott », in *Vierteljahrshefte für Zeitgschichte*, n° 32 (1984), p. 529-589.

55. Ces dernières années, toute une série de travaux ont été consacrés à l'occupation allemande de la France, sans toutefois aborder véritablement les sujets de la « Résistance » et des « crimes de guerre » (dans un sens strict). À titre d'exemple voir : Claude CARLIER, Stefan MARTENS (dir.) : *La France et l'Allemagne en Guerre (septembre 1939 – novembre 1942)/Deutschland und Frankreich im Krieg (September 1939 – November 1942)*, Paris, AIAT, 1990. Gerhard HIRSCHFELD, Patrick MARCH (dir.), *Kollaboration in Frankreich. Politik, Wirtschaft und Kultur während der nationalsozialistischen Besatzung*, Francfort-sur-le-Main, 1991 ; Bernd ZIELINSKI, *Staatskollaboration. Vichy und der Arbeitskräfteeinsatz im Dritten Reich*, Münster, Westfälisches Dampfboot, 1995 ; Helga BORIES-SAWALA, *Franzosen im « Reicheinsatz ». Deportation, Zwangsarbeit, Alltag – Erfahrungen und Erinnerungen von Kriegsgefangenen und Zivilarbeitern*, Francfort-sur-le-Main, Peter Lang, 1996 ; Ulrich HERBERT, *Best. Biographische Studien über Radikalismus, Weltanschauung und Vernunft*, 1903-1989, Bonn, Dietz, 1996.

56. Bernd KASTEN, « *Gute Franzosen* » *: die französische Polizei und die deutsche Besatzungsmacht im besetzen Frankreich 1940-1944*, Sigmaringen, J. Thorbecke, 1993.

entre les deux se déroulait en « parfaite harmonie ». De plus, Kasten met en évidence le fait que c'est la *Wehrmacht* qui a dirigé les grandes opérations de contre-guérilla en 1944 et il prétend que la Police de sûreté (autrement dit, la *Gestapo*) n'est que pour une petite partie responsable des crimes commis pendant ces opérations[57]. Il se montre aussi convaincu que la population soutenait généralement la Résistance[58], et il considère que cette dernière a été plutôt efficace[59]. La bipartition nette entre communistes et gaullistes se trouve pourtant aussi chez Kasten. Toute « la Résistance sans de Gaulle », selon la conception de Robert Belot[60], y reste absente. Curieux détail: le travail de Kasten ignore délibérément la littérature secondaire française, considérée comme peu fiable par l'auteur, du fait de l'ignorance des sources allemandes chez les auteurs français de l'époque[61].

Le nouvel intérêt pour la France professé par la recherche allemande pendant les années quatre-vingt-dix, a été récemment renforcé par un débat plus général, portant sur les crimes de guerre commis par des unités de la *Wehrmacht.* En 1995, l'exposition photographique sur les crimes de la Wehrmacht, organisée par l'Institut de recherches en sciences sociales de Hambourg (*Hamburger Institut für Sozialforschung*), a divisé l'Allemagne[62]. Elle a détruit l'un des derniers mythes hérités du IIIe Reich, très répandu dans le grand public, selon lequel la *Wehrmacht* n'était pas, à la différence des SS, impliquée dans les crimes du régime nazi. Bien que ce fait ait été connu depuis fort longtemps parmi la corporation des historiens allemands[63], l'exposition, ou plutôt l'immense débat public qu'elle a déclenché[64], a suscité toute une vague de recherches concernant les crimes de la *Wehrmacht.* Ces recherches se sont d'abord concentrées sur le front de

57. *Ibid.*, p. 29-37; voir particulièrement p. 36.
58. À titre d'exemple: *ibid.*, p. 199.
59. *Ibid.*, p. 201, 215 et 221.
60. Robert BELOT, *La Résistance sans de Gaulle: politique et gaullisme de guerre*, Paris, Fayard 2006.
61. KASTEN, *op. cit.*, p. 13.
62. *Vernichtungskrieg: Verbrechen der Wehrmacht, 1941-1944. Ausstellungskatalog*, publié par Hamburger Institut für Sozialforschung, Redaktion: Hannes Heer, Hambourg, Hamburger Edition, 1996.
63. Pour les historiens, les faits évoqués dans l'exposition n'ont pas été une révélation. Le mythe d'une Wehrmacht « propre » a été brisé au plus tard, parmi la corporation des historiens, par l'ouvrage de Christian Streit, concernant le mauvais traitement des prisonniers soviétiques par la *Wehrmacht*, et celui de Helmuth Krausnick et de Hans-Heinrich Wilhelm, Ces derniers traitent principalement des massacres commis par les groupes d'intervention (*SS-Einsatzgruppen*), mais l'implication de la *Wehrmacht* est claire (Christian STREIT, « *Keine Kameraden* »*: die Wehrmacht und die sowjetischen Kriegsgefangenen, 1941-1945*, Stuttgart, Deutsche Verlags-Anstalt, 1978; Helmuth KRAUSNICK/Hans-Heinrich WILHELM, *Die Truppe des Weltanschauungskrieges. Die Einsatzgruppen der Sicherheitspolizei und des SD 1938-1940*, Stuttgart, Deutsche Verlagsanstalt, 1981). Déjà très critique à l'égard de la *Wehrmacht*: Manfred MESSERSCHMIDT, *Die Wehrmacht im NS-Staat. Zeit der Indoktrination*, Hambourg, Decker, 1969.
64. Heribert PRANTL (dir.), *Wehrmachtsverbrechen. Eine deutsche Kontroverse,* Hambourg, Hoffmann und Campe Verlag, 1997; Christian HARTMANN, Johannes HÜRTER, Ulrike JUREIT (dir.), *Verbrechen der Wehrmacht. Bilanz einer Debatte,* Munich, C.H. Beck, 2005; « Une collection de crimes », dans: Gerd Ueberschär (dir.), *Orte des Grauens. Verbrechen im Zweiten Weltkrieg*, Darmstadt, Primus Verlag, 2003.

l'Est[65] où le plus grand nombre d'atrocités avaient été commis et sur le théâtre des opérations italien[66].

Dans le contexte de ce débat sur les crimes de guerre de la *Wehrmacht*, la France est à son tour devenue un champ d'observation, à partir de 2000 – en particulier, les fusillades des otages de l'automne et de l'hiver 1941-19 42. Regina Delacor et Ahlrich Meyer ont ainsi accusé la *Wehrmacht* d'avoir mené une guerre idéologique (*Weltanschauungskrieg*) en France et ont minimisé la différence entre la guerre à l'Est et la guerre à l'Ouest[67]. La lutte contre la Résistance aurait, d'après ces auteurs, répondu à des considérations nettement idéologiques. Ils s'accordent tous deux pour énoncer un lien étroit entre les mesures de répression contre la Résistance et le déclenchement de la déportation des Juifs en décembre 1941[68]. Pourtant, un transfert de la guerre idéologique de l'Est aurait déjà eu lieu, selon Delacor, dès les premières exécutions des otages. Plus précisément, à partir du moment où les Allemands commencèrent officiellement à choisir les communistes comme victimes de prédilection, c'est-à-dire avec le « code des otages », fin septembre 1941[69]. Delacor insiste sur l'importance de la

65. Une sélection d'exemples : Bernhard CHIARI, *Alltag hinter der Front. Besatzung, Kollaboration und Widerstand in* Weißrußland *1941-1944,* Düsseldorf, Droste 1998 ; Hamburger Institut für Sozialforschung (dir.), *Verbrechen der Wehrmacht. Dimensionen des Vernichtungskrieges 1941-1944*, Hambourg, Hamburger Edition, 2e édition révisée, 2002 ; Christian Gerlach, *Kalkulierte Morde. Die deutsche Wirtschafts- und Vernichtungspolitik in Weißrußland 1941-1944*, Hambourg, Hamburger Editionen, 1999 ; Christian HARTMANN, *Verbrecherischer Krieg – verbrecherische Wehrmacht? Überlegungen zur Struktur des deutschen Ostheeres 1941-1944* in *Vierteljahrshefte für Zeitgeschichte*, n° 52 (2004), p. 1-75. Rolf-Dieter MÜLLER, *Der letzte deutsche Krieg 1939-1945*, Stuttgart, 2005 ; Johannes HÜRTER, *Hitlers Heerführer. Die deutschen Oberbefehlshaber im Krieg gegen die Sowjetunion 1941/42,* Oldenburg, Wissenschaftsverlag, 2e édition, 2007.

66. L'intérêt pour les crimes de guerre allemands en Italie a été suscité par le procès (1994-1996) contre l'ancien SS-Hauptsturmführer Erich Priebke pour les représailles effectuées dans les *Fosse Ardeatine*. Voici, à ce sujet, la littérature en langue allemande : Friedrich ANDRAE, *Auch gegen Frauen und Kinder – Der Krieg der deutschen Wehrmacht gegen die Zivilbevölkerung in Italien 1943-1945,* Munich, Zürich, Piper, 1994 ; Gerhard SCHREIBER, *Deutsche Kriegsverbrechen in Italien. Täter, Opfer, Strafverfolgung*, Munich, C.H. Beck, 1996 ; Steffen PRAUSER, « Sanktion oder Mord? Die Erschießungen in den Fosse Ardeatine und der Anschlag in der Via Rasella in Rom (1944) », in *Vierteljahrshefte für Zeitgeschichte*, n° 50 (2002), p. 269-301. Voir également les trois chapitres sur Marzabotto, Sant' Anna di Stazzema et Valucciole de Carlo Gentile, *in* Gerd R. UEBERSCHÄR (Hg.), Orte des Grauens, *op. cit.*, Darmstadt, Primus 2003, p. 136-146, p. 231-236, p. 248-253. Je me permets de renvoyer à ma propre brève synthèse des crimes de guerre publiée en français : Steffen PRAUSER, « Les crimes de guerre allemands en Italie, 1943-1945 », *in* Gaël EISMANN, Stefan MARTENS, *Occupation et répression militaire allemandes, 1939-1945. La politique de « maintien de l'ordre » en Europe occupée,* Paris, Autrement, 2007, p. 89-103.

67. Regina M. DELACOR, *Attentate und Repressionen. Ausgewählte Dokumente zur zyklischen Eskalation des NS-Terrors im besetzten Frankreich 1941/42*, Stuttgart, Jan Thorbecke, 2000 ; DELACOR, « Weltanschauungskrieg im Westen. Zur Rolle der Wehrmacht bei Geiselexekutionen im besetzten Frankreich 1941/42 », dans *Militärgeschichtliche Zeitschrift* (MGZ) 62, (2003), p. 71-100 ; les mêmes thèses en français : DELACOR, « L'évolution de la politique répressive pendant l'occupation allemande en France », *in* B. GARNIER, J.-L. LELEU et J. QUELLIEN (dir.), *La répression en France 1940-1945*, Caen, CRHQ, 2007, p. 59-68 ; Ahlrich MEYER, *Die deutsche Besatzung in Frankreich 1940-1944. Widerstandsbekämpfung und Judenverfolgung,* Darmstadt, WBG, 2000.

68. DELACOR, *op. cit.*, p. 46, p. 51 ; MEYER, *op. cit.*, p. 3, p. 72-77.

69. DELACOR, *op. cit.*, p. 21.

politique anticommuniste chez l'occupant. La soi-disant crise des otages, apparemment provoquée par les attentats de jeunes communistes à partir du 21 août 1941, aurait été seulement un prétexte pour justifier l'élimination des communistes – principal ennemi idéologique du nazisme, au même titre que les Juifs – déjà préalablement prévue[70]. Elle fait observer que les forces d'occupation avaient ordonné la construction de camps d'internement pour communistes avant même l'attaque allemande contre l'Union Soviétique, et que des communistes ont été fusillés avant les premiers attentats contre les Allemands[71]. Ainsi, cette escalade attentat-représailles aurait été déclenchée par les Allemands eux-mêmes et non pas par les communistes[72] – à l'encontre de ce qu'avaient prétendu Luther et Umbreit, respectivement en 1957 et 1968.

En légère contradiction avec sa propre thèse, Delacor décrit minutieusement l'opposition de l'administration allemande en France à la politique des exécutions d'otages, sans pour autant expliquer si la guerre idéologique à l'Ouest était une pure invention d'Hitler et du Haut commandement à Berlin[73]. Plus confondant encore : pour elle, la résistance communiste devait être consciente que sa stratégie des attentats provoquerait des représailles[74]. Cela signifierait-il que le parti communiste, lui aussi, avait voulu cette escalade de la violence ?

Quoi qu'il en soit, Meyer, quant à lui, contredit avec véhémence cette thèse de Luther et d'Umbreit d'une escalade cyclique – thèse par ailleurs partagée par la plupart des historiens français[75]. L'affirmation selon laquelle la résistance communiste aurait délibérément provoqué des contre-mesures radicales serait, d'après Meyer, une pure légende inventée par l'occupant lui-même[76]. Cette escalade cyclique devrait plutôt être examinée dans le contexte plus large de la politique nationale-socialiste en Europe. En tout cas à partir de décembre 1941, lorsque le *Militärbefehlshaber Frankreich* décida de remplacer une partie des exécutions par la déportation de Juifs et de communistes « vers l'Est ». La répression de la Résistance française faisait alors partie d'un programme d'extermination plus large[77]. Autrement dit, il y avait bien un lien clair entre les mesures de répression et la persécution des Juifs, depuis au moins la fin de l'année 1941, et ce lien était une caractéristique de la politique allemande dans toute l'Europe.

70. *Ibid.*, mais aussi p. 30 et 51.
71. *Ibid.*, p. 27, p. 21.
72. *Ibid.*
73. *Ibid.*, p. 41-44.
74. *Ibid.*, p. 19.
75. Voir, par exemple, Stéphane COURTOIS, *Le PCF dans la guerre. De Gaulle, la Résistance*, Paris, Ramsay, 1980, p. 221-222. Denis PESCHANSKI, *Vichy 1940-1944. Contrôle et exclusion*, Bruxelles, Complexe, 1997, p. 131.
76. MEYER, *op. cit.*, p. 4.
77. *Ibid.*, p. 80.

Bien plus que Delacor, Meyer insiste sur le côté antisémite de la répression allemande. Dès le début, les Allemands identifièrent comme judéo-bolchéviques les auteurs des attentats[78]. Meyer présente comme purement apologétique[79] l'affirmation de Jäckel et de Luther, selon laquelle l'occupant aurait simplement adapté le terme classique d'« otage » à une nouvelle situation[80]. Selon Meyer, avec cette définition de l'ennemi, la voie vers la déportation des Juifs aurait été engagée dès le mois d'août 1941[81]. En appliquant cette nouvelle conception d'un ennemi idéologique, les Allemands n'auraient plus ménagé le droit de la guerre[82]. Mais Meyer ne fournit pas de définition précise de ce droit de la guerre qu'il évoque.

Les tensions entre l'administration militaire à Paris et Berlin ne trouveraient pas non plus leur cause dans la volonté des militaires sur place de modifier la répression et d'agir selon le droit de la guerre, mais proviendraient d'une perception différente de la politique d'occupation. Si l'on en croit Meyer, les militaires se sont opposés à Hitler parce qu'ils craignaient que les fusillades excessives mettent en péril la politique de collaboration et le calme de la population. Ils ne cherchaient pas à éviter complètement ces exécutions, mais à les déplacer vers l'Est et à parvenir à une répression plus souple en France, ce qui permettrait de tirer profit d'une occupation « douce » en apparence[83].

Ulrich Herbert, professeur à l'université de Freiburg, qui a consacré une biographie à Werner Best (haut fonctionnaire de l'administration militaire à Paris) et un article à la crise des otages[84], concède à Stülpnagel et à son entourage des motivations un peu plus honorables pour leur « résistance ». Ces motivations résulteraient, selon lui, d'une combinaison des « coutumes militaires, des réserves juridiques, des scrupules moraux » et des « considérations politiques et idéologiques concernant l'avenir de l'Europe, l'état culturel et *racial* des Français ou le développement ultérieur des relations franco-allemandes[85] ». Alors qu'à l'Est les officiers n'avaient aucun scrupule à mener une politique rigide de répression, en France, ils s'opposaient même à Hitler, en raison de leur estime pour la culture française et pour les Français[86]. Herbert affirme même que les « exigences » d'Hitler concernant les exécutions massives auraient frayé la voie à la participation au complot

78. *Ibid.*, p. 59.
79. MEYER, *op. cit.*, p. 61.
80. LUTHER, *op. cit.*, p. 178-180 ; JÄCKEL, *op. cit.*, p. 187.
81. *Ibid.*
82. *Ibid.*, p. 64.
83. *Ibid.*, p. 81.
84. Ulrich HERBERT, *Best. Biographische Studien über Radikalismus, Weltanschauung und Vernunft, 1903-1989*, Bonn, Dietz, 1996 ; Ulrich HERBERT, « Vergeltung, Zeitdruck, Sachzwang. Die deutsche Wehrmacht in Frankreich und in der Ukraine », in *Mittelweg 36*, n° 6, (2002), p. 25-42.
85. HERBERT, *Best*, *op. cit.*, p. 305.
86. HERBERT, Vergeltung, Zeitdruck, Sachzwang, p. 31.

du 20 juillet 1944 des officiers de l'administration militaire à Paris, qui furent particulièrement nombreux à y prendre part[87].

En ce qui concernait les mesures prises à l'encontre des Juifs et des communistes, il n'y avait cependant pas une grande divergence entre ces officiers et les dirigeants du Reich. L'antisémitisme traditionnel des officiers en poste à Paris n'aurait pas suffi, selon Herbert, à déclencher la déportation des Juifs. Mais, obéissant à une forte pression de Berlin, ils ont cédé sur une question qu'ils considéraient comme secondaire (à savoir la déportation des Juifs), pour maintenir une politique souple vis-à-vis des Français non juifs. S'il était nécessaire de faire preuve de sévérité, l'administration militaire de Paris préférait appliquer cette sévérité à l'égard d'un groupe qu'elle n'appréciait pas, qui n'était pas réellement considéré comme français, qui était déjà massivement discriminé, qui ne trouverait point de défenseur et qui était soupçonné, de toute façon, d'être les instigateurs des attentats[88].

La *Wehrmacht* en France connaît encore meilleure presse dans le dernier ouvrage de Peter Lieb, jeune maître de conférences, nommé actuellement à l'Académie militaire britannique de Sandhurst. Il s'est lancé dans une longue diatribe contre les thèses radicales de Delacor et principalement contre celles de Meyer. Dans *Guerre conventionnelle ou guerre idéologique*[89], Lieb souligne la grande différence entre l'occupation allemande à l'Est et à l'Ouest, tout comme entre la Wehrmacht et les SS. Il insiste également sur le fait que l'aspect idéologique n'est jamais situé au cœur de la lutte contre la Résistance – même pas en 1944.

L'ouvrage couvre toute la période de l'occupation allemande en France. Lieb traite aussi bien des crimes de guerres commis pendant la bataille de 1940[90] que de la crise des otages. Mais il porte principalement l'accent sur les deux dernières années.

S'opposant à Delacor et à Meyer, il insiste à propos du « code des otages » sur l'aspect pragmatique de la substitution des otages classiques, c'est-à-dire du remplacement des notables par des communistes et par des gaullistes. Les Allemands croyaient dès le début que les communistes et les gaullistes étaient les instigateurs des attentats. Fusiller des « notables » – maires, hauts-fonctionnaires, etc. – dont la collaboration technique était parfaite, aurait été un contresens. Avoir pour cible les milieux communistes et gaullistes, augurait des exécutions d'une certaine efficacité. Lieb admet

87. *Ibid.*, p. 30 ; HERBERT, BEST, p. 299.

88. *Ibid.*, p. 31.

89. Peter LIEB, *Konventioneller Krieg oder Weltanschauungskrieg? Kriegführung und Partisanenbekämpfung in Frankreich 1943/44*, Munich, Oldenbourg, 2007.

90. Il insiste sur le fait que la Wehrmacht ne mena pas une « guerre raciale » en 1940, et ce malgré les massacres contre les troupes coloniales françaises. Lieb parle de plusieurs centaines, voire même d'un millier de prisonniers de couleur tués après leur capture. Il renvoie le lecteur, cependant, aux 90 000 soldats français de couleur faits prisonniers en été 1940 et que les Allemands auraient traités conformément aux conventions de Genève. LIEB, *op. cit.*, p. 18-19.

que la définition des otages fut idéologique, mais il nie que cela nous autorise à parler d'une guerre idéologique en 1941. En premier lieu, il n'y avait pas de guerre en France à ce moment-là. Deuxièmement, le nombre des victimes, les méthodes d'exécution et la mentalité des auteurs de la répression étaient très différents en France et à l'Est. De plus, selon lui les juifs n'étaient pas inclus dans le « code des otages » – au contraire des gaullistes. C'est sur ce dernier point que Lieb insiste surtout : l'administration militaire allemande en France aurait eu en priorité dans sa ligne de mire les gaullistes, ainsi que les communistes. Ce n'est qu'après l'intervention du général de Gaulle dans son appel radiodiffusé le 23 octobre pour que les attentats cessent, et après les premiers résultats des différentes enquêtes policières[91] que les Allemands ont commencé à se concentrer sur les communistes, quand il s'agissait de choisir des otages à fusiller. Un choix facilité, toujours selon Lieb, par le fait que les communistes ne jouissaient point de la considération générale, contrairement aux gaullistes[92].

Le choix de Stülpnagel de déporter les juifs trouverait son explication, selon Lieb, dans une forme de pression présumée exercée par l'ambassade allemande et par Werner Best, dont il a déjà été question[93]. L'auteur poursuit son explication en évoquant le désir de Stülpnagel de se dégager de toute responsabilité à l'égard des exécutions massives. Lieb conclut son argumentation, une des parties les plus faibles de son ouvrage, en mentionnant le fait que Stülpnagel n'avait envoyé « que » des hommes « à l'Est », alors que la soi-disant « solution finale » englobait depuis longtemps des femmes et des enfants[94].

L'auteur admet que l'administration militaire à Paris a réagi d'une manière démesurée et doute, lui aussi, que les mesures aient été en toute conformité avec le droit international en vigueur à l'époque. Mais l'intervention du *Führerhauptquartier* (quartier-général d'Hitler) aurait joué un rôle primordial dans cette escalade de la répression et au moment de la lutte contre le maquis en 1943 et 1944[95]. Cette période constitue la pièce maîtresse de l'ouvrage de Lieb. Il y discute en détail les ordres donnés pour la lutte contre le maquis en 1944, tout comme la tristement célèbre « ordonnance Sperrle[96] ». Bien qu'il condamne ces ordres, très largement

91. Car la paternité communiste des attentats se serait avérée. LIEB, *op. cit.*, p. 25.
92. LIEB, *op. cit.*, p. 24-25.
93. Best, l'ancien bras droit de Reinhard Heydrich, une fois tombé en disgrâce auprès son ancien maître, est devenu le premier chef de l'administration de guerre auprès du commandant militaire à Paris. Voir HERBERT, *op. cit.*, p. 254-258.
94. LIEB, p. 27-29.
95. *Ibid.*, p. 30-31.
96. L'ordonnance Sperrle ordonnait de répliquer à d'éventuelles attaques de la part des résistants, sans tarder et sans égard pour des civils. Si ces derniers étaient malencontreusement touchés, c'était regrettable, mais la responsabilité en incombait exclusivement aux « terroristes ». De plus, l'ordonnance disait : « Il ne faut punir que le chef manquant de fermeté et résolution car il menace la

perçus comme criminels par l'historiographie, il contredit avec force l'affirmation de Meyer[97], selon laquelle la contre-guérilla allemande aurait pris la population civile pour cible. En outre, la lutte contre le maquis aurait été menée selon une logique militaire et n'aurait pas obéi à une logique idéologique, comme Meyer[98] l'a également prétendu[99].

L'auteur poursuit cette diatribe contre Meyer et conteste l'assertion de ce dernier, selon laquelle la contre-guérilla aurait été accompagnée de meurtres « sauvages »[100] et ininterrompus de Juifs, en prenant pour exemple l'opération contre le maquis en Dordogne et en Corrèze au printemps 1944 – opération surnommée « action Brehmer[101] ». Selon Lieb, le massacre d'une centaine de Juifs pendant « l'action Brehmer » serait demeuré une exception en France et s'est de toute façon très probablement déroulé sous la responsabilité de la SIPO et du SD (autrement dit la Gestapo)[102].

Lieb dégage un certain « profil type » des coupables de grands massacres et relève quatre facteurs déterminants. À l'origine de presque tous les massacres se trouvent des unités qui avaient servi auparavant sur le front de l'Est. Souvent, il s'agissait d'unités qui se qualifiaient d'élite, comme, par exemple, les parachutistes responsables du massacre de Vassieux-en-Vercors. L'endoctrinement aurait joué également un rôle déterminant – Lieb laisse pourtant cette affirmation souvent répétée sans véritable démonstration. Le quatrième facteur aurait été une certaine expérience du combat contre les partisans. Par conséquent, une unité du front de l'Est sans expérience, sans endoctrinement particulier et sans aucune prétention d'être une troupe d'élite pouvait recourir à des méthodes expéditives si elle était employée suffisamment longtemps dans la lutte contre le maquis[103]. Ce fut le cas de la 157e division de réserve engagée lors des grandes opérations contre le maquis en Haute-Savoie, dans le Jura et le Vercors[104].

Ce dernier constat signifierait-il alors que toute unité employée un certain temps dans la contre-guérilla développerait des tendances criminelles ? Lieb laisse ici le lecteur sans vraie réponse. Pour Lieb, comme pour les chercheurs

---

sécurité des troupes qui lui sont subordonnées […] les mesures trop sévères ne peuvent pas entraîner de punition pour leurs auteurs. » Voir Peter LIEB, « Répression et massacres. L'occupant allemand face à la Résistance française, 1943-1944 » *in* Gaël EISMANN, Stefan MARTENS, *Occupation et répression militaire allemandes, 1939-1945. La politique de « maintien de l'ordre » en Europe occupée*, Paris, Autrement, 2007, p. 176-177. Cet ordre équivalait à donner carte blanche à toutes les unités employées dans la lutte contre le maquis.

97. MEYER, *op. cit.*, p. 3.
98. *Ibid.*, p. 3, p. 130.
99. LIEB, *op. cit.*
100. « Sauvage » par opposition au meurtre industrialisé à Auschwitz ou planifié derrière le front russe (l'Holocauste par balle).
101. MEYER, *op. cit.*, p. 3, 139.
102. LIEB, *op. cit.*, p. 403-405.
103. *Ibid.*, p. 506, 507.
104. *Ibid.*, p. 309-360.

des années cinquante et soixante, l'enjeu principal ne réside pas dans une analyse sociologique ou anthropologique, mais relève du droit international. Contrairement à ce que déclarent Meyer et Delacor, il affirme que les conventions de La Haye ne précisaient pas si un peuple occupé avait le droit ou non de se soulever contre un occupant[105]. En raison probablement de ce flou juridique, les Allemands auraient, toujours d'après Lieb, inclus dans la convention d'armistice de 1940 l'article 10[106], qui prévoit que le gouvernement français s'engage à empêcher tous les actes hostiles à l'armée allemande[107]. Lieb interprète ainsi le droit dans un sens positif, ce qui implique que le combat mené par la plupart des partisans français était illégal[108]. D'un autre côté, il n'hésite pas à reconnaître l'exploitation des territoires occupés par le régime nazi, ainsi que son caractère criminel. Il se demande même ce qu'il convenait de faire si l'occupant enfreignait [on aurait pu ajouter : « continuellement »] ces conventions lui-même[109]. Lieb ne réussit pas, et, à vrai dire, n'essaie même pas de résoudre cette contradiction.

Cette contradiction remonte à un manque général d'historicisation du droit de la guerre parmi les historiens allemands – souvent prisonniers encore d'un légalisme excessif[110]. La Résistance, désormais acceptée comme légitime, sinon légale par les historiens outre-Rhin, n'en demeure pas moins une Résistance sans visage, encore peu et mal connue. La richesse des études concernant la France occupée en Allemagne, dont la production est ininterrompue depuis les années quatre-vingt-dix[111], n'a guère changé

105. LIEB, *op. cit.*, p. 234-236.
106. *Ibid.*, p. 236.
107. Art. 10. « Le Gouvernement français s'engage à n'entreprendre à l'avenir aucune action hostile contre le Reich allemand avec aucune partie des forces armées qui lui restent, ni d'aucune autre manière. Le Gouvernement français empêchera également les membres des forces armées françaises de quitter le territoire français et veillera à ce que ni les armes, ni des équipements quelconques, ni navires, avions, etc., ne soient transférés en Angleterre ou à l'étranger. Le Gouvernement français interdira aux ressortissants français de combattre contre l'Allemagne au service d'États avec lesquels l'Allemagne se trouve encore en guerre. Les ressortissants français qui ne se conformeraient pas à cette prescription seront traités par les troupes allemandes comme francs-tireurs. » Voir http://artsweb.bham.ac.uk/vichy/defeat.htm.
108. LIEB, *op. cit.*, p. 240 et 241.
109. LIEB, *op. cit.*, p. 505.
110. Ainsi, Delacor et Meyer s'intéressent principalement, eux aussi, à la question de la culpabilité de la Wehrmacht et moins à une analyse du mécanisme d'une éventuelle radicalisation d'un régime totalitaire.
111. Outre les ouvrages de Delacor, Meyer, Herbert et Lieb, voir les publications suivantes : Christian EGGERS, *Die Lager des Vichy-Regimes. Die Internierung jüdischer Flüchtlinge in Frankreich 1940-1944*, Francfort-sur-le-Main, Campus, 2000 ; Anja KÖHLER, *Vichy und die französischen Intellektuellen. Die « années noires » im Spiegel autobiographischer Texte*, Tübingen, Narr, 2001 ; Claudia MOISEL, *Frankreich und die deutschen Kriegsverbrecher. Die strafrechtliche Verfolgung der deutschen Kriegs- und NS-Verbrechen nach 1945*, Göttingen, Wallstein, 2004 ; Bernhard BRUNNER, *Der Frankreich-Komplex. Die nationalsozialistischen Verbrechen in Frankreich und die Justiz der Bundesrepublik Deutschland.* Göttingen, Wallstein, 2004 ; Ahlrich MEYER, *Täter im Verhör. Die « Endlösung der Judenfrage » in Frankreich 1940-1944*, Darmstadt, WBG, 2005 ; Martin JUNGIUS, *Der verwaltete Raub. Die "Arisierung" der Wirtschaft in Frankreich 1940-1944*, Thorbecke, Ostfildern, 2007.

cet état de fait. Seuls de brefs articles en résumé sont parus[112]. Même si une évaluation positive est à relever, la Résistance reste largement tout entière à découvrir[113].

En Allemagne, on ignore l'étendue du spectre et des formes de la Résistance. On ignore par exemple la richesse des publications clandestines, les différentes bases sociales et motivations, le rôle important des jeunes et des immigrants juifs, espagnols et italiens, ainsi que les relations tendues entre les différents courants, au-delà même du clivage communiste-gaulliste. Même les héros de la Résistance, comme Jean Moulin, Pierre Brossolette ou Henri Frenay, sont généralement inconnus.

La recherche sur la résistance allemande, en revanche, est très avancée et diversifiée. Ses résultats et ses approches ressemblent, à beaucoup d'égards, à ceux de la recherche française sur la France. Il reste à espérer que la Résistance française sera bientôt bien connue en Allemagne, de la même manière que la résistance allemande l'est dernièrement devenue en France. Espérons que mon humble contribution pourra y concourir[114].

112. Hartmut MEHRINGER, « Vichy und die Résistance », *in* Peter BETTELHEIM, Robert STREIBEL (dir.), *Tabu und Geschichte: Zur Kultur des kollektiven Erinnerns*, Vienne, Picus 1994, p. 78-99 ; Wilfried LOTH, « Frankreich – Kollaboration, Résistance und Pragmatismus », *in* Ulrich HERBERT, Alex SCHILDT (dir.), *Kriegsende in Europa : vom Beginn des deutschen Machtzerfalls bis zur Stabilisierung der Nachkriegsordnung 1944-1948,* Essen, Klartext, 1998, p. 100-113 ; Stefan MARTENS, « Zwischen Kollaboration und Résistance. Frankreichs Umgang mit dem Zweiten Weltkrieg », in Peter MÄRZ, Sönke NEITZEL (dir.), *Geschichtsmythen. Erinnerung und Umgang mit dem Zweiten Weltkrieg in Europa*, sous presse.

113. Pour compléter on devrait ici mentionner l'ouvrage de Matthias WAECHTER *Der Mythos des Gaullismus* qui reste essentiellement centré sur de Gaulle. Waechter décrit toute de même la relation entre de Gaulle et la Résistance d'une manière détaillée (voir Matthias WAECHTER, *Der Mythos des Gaullismus. Heldenkult, Geschichtspolitik und Ideologie 1940 bis 1958,* Göttingen, Wallstein, 2006, p. 67-69, 109-162, 195-214).

114. L'auteur de cet article essaie de combler cette étrange lacune avec un modeste ouvrage sur la Résistance française, qui devrait paraître aux éditions Beck de Munich, vers la fin de l'année 2009.

L'historiographie de la Résistance belge
À la recherche de la patrie perdue

Fabrice MAERTEN

Ce qui frappe de prime abord quand on compare les historiographies de la Résistance en France et en Belgique, c'est la modestie de la production belge[1]. Le nombre de publications comptabilisées jusqu'en 2001 pour ce dernier pays est en effet d'environ 800, alors qu'il est de 4250 pour la France[2]. Plus peut-être que cette mise en parallèle, source potentielle de débats[3], c'est le peu d'échos de ces publications dans la société belge par rapport à ce qui est observé outre-Quiévrain qui interpelle.

Suivant un fil chronologique allant de la Libération aux premières années de ce nouveau millénaire, l'article tentera de comprendre pourquoi l'historiographie de la Résistance belge s'est la plupart du temps montrée discrète, ne suscitant guère de débats sociétaux, ni de tensions entre acteurs, acteurs-

1. Cet aperçu emprunte principalement à Alain COLIGNON et José GOTOVITCH, « Du sang, de la sueur, de l'encre », dans *Jours de paix* (*Jours de guerre*, n° 22-24), Bruxelles, Crédit communal, 2001, p. 101-126; Alain COLIGNON, « "Résistance" : un concept entre permanence et glissements », dans *Les courants politiques et la Résistance: continuités ou ruptures?*, Luxembourg, Archives nationales, 2003, p. 276-301 et Karolien STEEN [avec Jan LAPLASSE], « Een laatbloeier: de Belgische verzetshistoriografie », dans Karolien STEEN, *De schemerzone van een stad in oorlog. De evolutie van het verzet in Gent (1940-1944): van ongestructureerde initiatieven tot georganiseerde verzetsbewegingen*, Gand, thèse de doctorat en histoire, 2007, p. 75-82.
2. Les chiffres sont repris de Karolien STEEN, *op. cit.*, p. 76 et de Laurent DOUZOU, *La Résistance française: une histoire périlleuse. Essai d'historiographie*, Paris, Le Seuil, 2005, p. 12-13. Nous n'avons pas pris en considération les publications relatives à la France libre, les historiens belges ayant généralement l'habitude de ne pas considérer l'action de leur gouvernement à Londres comme de la résistance.
3. Ainsi, on pourrait rétorquer que, compte tenu du rapport de 1 à 5 en termes de population, l'écart n'est pas flagrant. Mais le nombre de publications françaises est certainement sous-évalué: d'abord, il est beaucoup plus facile de quadriller la production d'un pays dix-huit fois plus petit; ensuite, la série belge a été constituée par deux chercheurs uniquement préoccupés de retrouver les publications relatives à la Résistance alors que la française a en grande partie été réalisée sur base de la *Bibliographie annuelle de l'histoire de France*; enfin, des publications relatives à la France libre traitent des liens avec la Résistance intérieure et auraient donc aussi dû être comptabilisées.

historiens et historiens. La contribution sera aussi attentive à souligner les apports importants de l'historiographie française à sa modeste consœur.

Un bref temps de célébration (1944-1948)

Lorsque les troupes allemandes évacuent la Belgique en septembre 1944, un consensus existe pour mettre à l'honneur ceux qui ont aidé à chasser l'occupant. Dès l'automne cependant, des tensions opposent les principaux groupes de Résistance à un gouvernement pressé d'ôter tout pouvoir à des structures qu'il craint de ne pas maîtriser. Particulièrement furieux de cet ostracisme, le Parti communiste de Belgique (PCB) tente en novembre 1944 par un mini-coup de force orchestré au nom de la Résistance de faire tomber le gouvernement d'union nationale pour le remplacer par une coalition située plus à gauche. L'échec de l'opération affaiblit surtout le PCB, mais atteint aussi les anciens combattants de l'ombre[4].

Le crédit de la Résistance est cependant alors encore assez important pour que dès les premiers mois de 1945 soient lancées des initiatives mémorielles où celle-ci occupe une place de premier choix. La Commission de l'historique de la Résistance (CHR), créée sous les auspices du Ministère de la défense nationale en mai 1945, a ainsi pour tâche de rédiger un ouvrage consacré « aux actes de résistance qui furent le fait de Belges travaillant en organisation dans les territoires ennemis ou occupés par l'ennemi[5] ».

Les similitudes avec la situation française sont frappantes. Il s'agit ici aussi de demander à des historiens professionnels de préparer l'élaboration d'une histoire de la Résistance à partir d'une structure conçue dès la fin de la guerre dans le cadre étatique. Ceci dit, la CHR diffère tout de même en de nombreux points des comités français. D'abord, elle ne s'occupe que de la Résistance. Ensuite, la récolte d'archives n'est pour elle qu'un moyen pour parvenir rapidement à la réalisation d'une synthèse. Par ailleurs, elle ne se soucie guère de collecte de témoignages oraux. En outre, le cadre officiel établi est beaucoup plus léger et sert avant tout à réunir les deux composantes essentielles de la commission, à savoir les professeurs d'histoire des universités et les représentants des mouvements de résistance. Ce poids important réservé au départ aux organisations de lutte, et en particulier aux structures de résistance armée, constitue évidemment une autre différence fondamentale avec les comités français.

Menacée d'échec par les tensions croissantes entre résistants de plus en plus divisés et scientifiques, l'entreprise aboutit tout de même à la publica-

4. Sur cet épisode, voir José GOTOVITCH, « Communistes et Résistants : les (en)jeux de dupes d'une libération », dans *Jours de paix*, *op. cit.*, p. 49-99.
5. Extrait du procès-verbal de la réunion de la CHR du 22.12.1945, repris par José GOTOVITCH, *Fonds Léo Lejeune*, Bruxelles, Centre de recherches et d'études historiques de la Seconde Guerre mondiale, 1971, p. VI. Les pages III à IX de cet inventaire traitent en détail de la CHR.

tion en décembre 1948 du *Livre d'or de la Résistance belge*. Cette réussite doit beaucoup à la cheville ouvrière de la Commission, le journaliste ex-résistant et ex-prisonnier politique Léo Lejeune (1896-1959). Par sa vision essentiellement unanimiste et héroïque, l'ouvrage est le témoin de la volonté, propre aux lendemains de la Libération, de symboliser par l'évocation de la Résistance le mythe de l'unité et du courage de la nation face à l'épreuve. Par la portion congrue laissée aux structures proches du Parti communiste, il est aussi le reflet d'une personnalité conservatrice. Il a cependant le grand mérite de constituer une synthèse originale fourmillant d'informations à une époque où peu à peu le silence s'installe sur le passé résistant.

Un bon indice de la disparition rapide de l'esprit de communion réside dans la tentative avortée de mettre sur pied un musée belge de la Guerre mondiale. Née à la fin de l'Occupation dans les milieux historiens de l'université libre de Bruxelles (ULB), l'idée d'ériger un musée où seraient mises en valeur la souffrance et la résistance du peuple belge au cours des deux guerres mondiales recueille dans un premier temps un large soutien des autorités. Mais à peine le projet est-il au printemps 1945 approuvé par le pouvoir qu'il est déjà condamné à l'échec comme le prouve la suppression de sa dotation publique dès 1946. Faute de moyens, le musée ne sera jamais ouvert. C'est que depuis l'été 1945 une mémoire plutôt patriotique de la Seconde Guerre mondiale est devenue une impossibilité politique.

À l'époque en effet éclate la Question royale[6]. Le conflit oppose tenants et adversaires du retour de Léopold III après son exil forcé dans le Reich. Le cœur de la question a trait à l'attitude du Roi sous l'Occupation : ses adversaires l'accusent d'avoir été tenté de profiter de l'invasion allemande pour instaurer un régime fort en Belgique alors que ses partisans estiment qu'il a toujours agi en fonction des intérêts supérieurs de la Nation. La question divise le pays : la droite catholique prend fait et cause pour Léopold III alors que la gauche socialiste, communiste et, dans sa grande majorité, libérale, demande son abdication. La Belgique est d'autant plus ébranlée que ces lignes de partage coïncident assez largement avec celles d'une Flandre majoritairement conservatrice et d'une Wallonie surtout marquée par les idéaux de la Révolution française.

L'attachement à la nation belge, érodé en Flandre depuis la Première Guerre mondiale par un sous-nationalisme de plus en plus conquérant, n'y a, du fait du refus de la majorité des francophones de voir revenir le Roi, guère le temps de se consolider à l'issue du conflit. L'irritation par rapport à la Belgique croît d'autant plus vite au Nord du pays que simultanément à la tension née de la Question royale, s'y développe le sentiment que la répression de la collaboration est un instrument pour museler les aspirations

6. Cf. Michel DUMOULIN, Mark VAN DEN WIJNGAERT et Vincent DUJARDIN (dir.), *Léopold III*, Bruxelles, Complexe, 2001.

autonomistes de la Flandre[7]. Le dénouement de la Question royale – l'abdication à l'été 1950 de Léopold III sous la pression des foules wallonnes alors qu'à l'issue d'un referendum favorable au Roi, ce dernier avait retrouvé son trône – ne fera qu'accroître le fossé entre les deux grandes communautés du pays.

La mémoire de la Seconde Guerre mondiale renvoie donc très vite à une profonde déchirure. Et le souvenir de la Résistance perd d'autant plus vite son potentiel unificateur et donc sa principale raison d'être sociétale, que nombre de résistants prennent des positions opposées dans le cadre de la Question royale. En outre, contrairement à la France, le monde de la Résistance est très vite privé de relais politiques pour faire entendre sa voix. En Flandre, où réside près de 55 % de la population du Royaume, les résistants sont assez rapidement marginalisés par une société dominée par un monde catholique plus attiré par un rapprochement avec les anciens collaborateurs nationalistes flamands qu'avec des résistants le plus souvent à gauche ou patriotes belges francophones[8].

Plus nombreux proportionnellement et mieux enracinés dans le terreau sociétal, les résistants de Bruxelles et de Wallonie ne peuvent cependant s'appuyer longtemps sur de grands courants porteurs. Principal moteur de la lutte dans les grands bassins industriels wallons mais aussi très présent ailleurs, le Parti communiste compte bien profiter de son investissement total dans la Résistance pour prendre une place importante dans le paysage politique. Mais bien moins puissant à la veille du conflit que son grand frère français, il n'est pas assez solide pour supporter le choc de la guerre froide. Après son relatif succès aux premières élections législatives de l'après-guerre (12,7 % à l'échelle du pays et 21,5 % en Wallonie), il bat nettement en retraite dès le scrutin de 1949 (7,5 % dans le pays et 12,6 % en Wallonie) pour redevenir un acteur marginal de la scène politique.

Quant aux trois partis traditionnels, et en particulier leurs représentants francophones, ils ne manifestent que de façon conjoncturelle une bienveillance mesurée à l'égard de la Résistance. Car si tous ont compté des opposants dans leurs rangs, ils ne se sont investis dans la lutte que de manière limitée et tardive. L'essentiel était pour eux de préserver des structures certes mises en veilleuse par l'Occupation, mais aussi non ternies et pratiquement intactes. Leur choix est judicieux puisqu'ils peuvent réoccuper le pouvoir dès l'ennemi chassé du territoire. Il leur est cependant dès lors

7. Cf. Marnix BEYEN, « "Elle est de plus en plus noire, la masse des flamingants". Comment s'est forgée l'image de l'occupation et de la répression en Flandre, 1945-2000 », dans José GOTOVITCH et Chantal KESTELOOT (dir.), *Collaboration, répression. Un passé qui résiste*, Bruxelles, Labor, 2002, p. 99-113.

8. Cf. Bruno DE WEVER, « Het verzet in de publieke herinnering in Vlaanderen », dans *Tegendruk. De geheime pers tijdens de Tweede Wereldoorlog*, Gand, Amsab-ISG/SOMA-CEGES/Erfgoedcel Stad Antwerpen/Stad Antwerpen/Universiteit Gent, 2004, p. 17-32.

malaisé de rivaliser sur le terrain de l'instrumentalisation de la Résistance avec le PCB. Les trois partis utilisent il est vrai l'argument au temps de la Question royale, que ce soit pour le Roi (les catholiques) ou contre lui (les socialistes et les libéraux). Mais justement, en s'en servant comme d'une arme qui contribue à mener la Belgique au bord de l'implosion, ils brisent pour de bon le pouvoir rassembleur du phénomène et font taire pour de longues années des hommes et des femmes qui s'étaient pour la plupart avant tout battus pour assurer un avenir paisible au pays.

Avant qu'une chape de plomb ne s'abatte sur l'historiographie de la Résistance, Léo Lejeune n'est évidemment pas le seul à publier sur le sujet. En 1948, il relève la trace d'environ 170 titres consacrés à ce thème depuis la Libération, dont pas mal de minces plaquettes et à peine une quinzaine d'écrits pouvant être considérés comme des travaux. Cette histoire rédigée par ses acteurs se veut essentiellement témoignage. Elle est publiée le plus souvent en français, à l'image de la langue généralement utilisée par les chefs de réseaux et mouvements. Empreinte souvent de pathétisme, elle exalte les récits de combat et les souffrances endurées dans un climat d'épopée et de guerre secrète apparemment souhaité par le public. Généralement œuvre de lettrés, elle fait la part belle à la Résistance de droite. Le Front de l'indépendance – l'équivalent du Front national –, contrôlé par les communistes mais qui était soucieux de rassembler des patriotes de toutes tendances, avait bien eu dès 1943 l'ambition de fixer dans un « Livre d'or » la relation de ses actions et de ses combats, mais le projet échoue suite aux dissensions apparues dans un comité de rédaction aux opinions politiques trop divergentes. Le plus célèbre chantre de l'engagement communiste, le journaliste et responsable du Front de l'indépendance Fernand Demany (1904-1977), prend en outre distance avec le PCB dès les premières années de la guerre froide. La mémoire communiste est dès lors vouée au mutisme par l'affaiblissement du Parti. Et comme les historiens, non habitués à s'aventurer dans le temps immédiat et sans doute échaudés par les fortes tensions nées de la Question royale, préfèrent ne pas intervenir, c'est la vision des acteurs de droite, et en particulier la plus élaborée, celle du résistant faisant office d'historien Léo Lejeune, qui domine pendant de nombreuses années.

La longue traversée du désert (1949-1967)

À partir de la fin des années 40 d'ailleurs, les évocations de la Résistance se font rares. Pour l'ensemble de la période 1944-1969, les historiens Steen et Laplasse ne recensent que 91 publications scientifiques ou de vulgarisation sur le sujet, soit à peine 10 % de ce qu'ils comptabilisent jusqu'en 2004. En outre, 20 à peine sont rédigées en néerlandais, ce qui souligne le manque flagrant d'intérêt pour le thème au Nord du pays.

Les années 50 sont particulièrement pauvres en études. Une recherche fait exception à l'immobilisme ambiant. L'historien américain George Tanham achève en effet en 1951 une thèse de doctorat consacrée à la Résistance en Belgique. Étranger aux querelles belges et à l'unanimisme de façade accepté tacitement par tous depuis la publication du *Livre d'or de la Résistance belge*, l'auteur présente une vision beaucoup plus nuancée. À travers notamment l'analyse des idées qui animent le monde de la clandestinité, il souligne les différences d'enjeu et les rivalités entre gauche et droite résistantes. Mais victime d'une sorte de conspiration du silence, l'étude restera pendant vingt ans inconnue du grand public : elle ne sera en effet traduite et publiée en français qu'en 1971[9].

Les choses commencent à changer à partir de la fin des années 50, et ce pour deux raisons. Il y a d'abord le décès des deux figures qui ont sans doute le plus marqué la première vague de l'écriture de cette histoire. Les disparitions de Camille Joset (1879-1958), un notable catholique cadre de la Résistance et déporté des deux guerres, auteur en 1948 d'un court mais remarqué *Panorama de la Résistance belge*, et surtout de Léo Lejeune permettent une remise en question de leur vision aseptisée de la lutte clandestine. Par ailleurs, les quelques acteurs reconvertis en historiens qui s'intéressent à la problématique prennent conscience de l'étendue des retards accumulés vis-à-vis des autres pays d'Europe à l'occasion d'un premier colloque international sur le thème tenu à Liège en 1958. Ils y rencontrent notamment Henri Michel, dont l'influence sera désormais considérable sur cette historiographie renaissante.

Figure centrale de cette deuxième vague d'acteurs-chercheurs, Henri Bernard (1900-1987) est particulièrement marqué par l'œuvre de l'historien français. Ce militaire à l'origine d'un des plus importants services de renseignements en pays occupé est, dès décembre 1941, obligé de fuir en Grande-Bretagne, où il supervise la résistance armée au sein du gouvernement. Nommé professeur d'histoire à l'École royale militaire (ERM) en 1946, ce chrétien de tendance traditionaliste féru d'humanisme commence à s'intéresser à l'étude de la Résistance à la fin des années 50. Sous l'influence de Michel, rencontré pour la première fois au colloque de Milan en 1961, il assignera à la Résistance une double dimension : celle d'un combat patriotique pour la délivrance du territoire national et celle d'une lutte idéologique pour la défense de la dignité humaine.

À partir de 1964, Bernard profite de l'infrastructure que lui offre l'ERM pour faire mener à plusieurs de ses étudiants des mémoires de fin d'étude sur le principal mouvement de résistance militaire, l'Armée secrète, grâce à un accès privilégié aux archives de l'organisation. En 1968, il publie sous

9. George K. TANHAM, *Contribution à l'histoire de la résistance belge 1940-1944*, Bruxelles, Presses universitaires de Bruxelles, 1971.

le simple titre *La Résistance 1940-1945*, une introduction à l'histoire de la Résistance qui fera date. Nous y reviendrons.

Mais en ce début des années 60, l'heure n'est pas encore aux nouvelles synthèses. Le défi est de taille, compte tenu non seulement du désintérêt du monde universitaire pour l'histoire récente, ce qui ne distingue pas la Belgique de la France, mais aussi de l'absence de toute structure chargée de rassembler les sources propres à la Seconde Guerre mondiale. Et si l'on ajoute que les Archives générales du Royaume, en charge de la conservation et du classement des archives publiques, ne sont guère stimulées à la préservation des archives récentes par la loi de 1955 qui n'oblige les administrations à déposer aux archives de l'État que les documents de plus de 100 ans, on peut même parler de gageure.

L'évolution politique de la Belgique va cependant indirectement aider à améliorer la situation. Déjà ulcérés par l'issue de la Question royale, de nombreux Flamands n'apprécient guère que le gouvernement socialiste-libéral qui gouverne le pays entre 1954 et 1958, prenne alors des mesures pour favoriser l'enseignement officiel au détriment de l'école catholique, majoritaire en Flandre[10]. Le conflit se termine par un compromis qui apaise les tensions sur le plan philosophique, mais pas communautaire. Au contraire, la fin de la décennie et surtout le début des années 60 sont marqués par la montée de revendications politiques, linguistiques et culturelles flamandes. Ainsi, sur le plan politique, de plus en plus de voix s'élèvent en Flandre pour réclamer l'amnistie, c'est-à-dire la réhabilitation complète et sans conditions de l'ensemble des personnes condamnées pour avoir collaboré politiquement avec l'occupant. Dans les faits, la pression qui se traduit notamment par des marches sur Bruxelles en 1961 et 1962, aboutit à un assouplissement des séquelles de la collaboration, à un début d'autonomie culturelle et surtout à de nouvelles lois linguistiques qui garantissent le bilinguisme à Bruxelles et figent une fois pour toutes la frontière linguistique dans le but d'empêcher le français de s'étendre dans la périphérie flamande.

La réussite de cette campagne témoigne de la force grandissante dans le pays d'une nouvelle bourgeoisie flamande. Éduquée entièrement en néerlandais, elle est, sur le plan économique, à la tête d'entreprises de plus en plus florissantes qui peu à peu supplantent les industries lourdes wallonnes sur le déclin. Cette évolution fait craindre à divers milieux wallons, et notamment aux puissants syndicats socialistes, que l'État belge, où les Flamands occupent de plus en plus de postes clés, ne délaisse la Wallonie et ne lui permette donc pas de se redresser. La grande grève de l'hiver 1960-1961 témoigne de

10. Cf. Vincent DUJARDIN et Michel DUMOULIN, *Nouvelle histoire de Belgique 1950-1970. L'union fait-elle toujours la force ?*, Bruxelles, Le Cri-histoire, 2008.

cette angoisse. Son échec conduit au développement de structures puis de partis réclamant l'autonomie économique du Sud du pays.

On comprend que dans ce contexte, les courants belgicistes soient inquiets. De plus en plus minoritaires en Flandre et en net recul en Wallonie, ils se concentrent surtout à Bruxelles, en particulier parmi l'élite francophone de la capitale, qui a le plus à perdre de la partition du pays. Les associations patriotiques sont évidemment un autre foyer de belgicisme. Conscientes de la menace grandissante qui pèse sur l'avenir du pays, ces diverses forces organisent le 31 mars 1963 une contre-manifestation en faveur de la Belgique. Mais pour diverses raisons – politisation de l'événement, météo exécrable – celle-ci tourne au fiasco[11].

Le coup est rude à encaisser, mais il est probable qu'il aide les groupements patriotiques à prendre conscience qu'il est temps de sortir du silence imposé sur la guerre à l'issue de la Question royale, pour redynamiser l'image de la patrie. Leur lutte acharnée contre l'amnistie, qui s'explique en grande partie par la crainte de voir l'idée de nation belge dévalorisée par la réhabilitation de ceux qui l'ont combattue, les pousse sans doute aussi à encourager la plongée dans le passé. D'autres courants, souvent proches des structures belgicistes, se préoccupent également de la volonté, liée à la demande d'amnistie, d'un nombre non négligeable de Flamands de gommer les aspects les plus sombres de leur histoire. Une certaine gauche intellectuelle, qui a le vent en poupe en ce début des *Golden Sixties*, craint en effet que le désir de faire passer les collaborateurs politiques flamands pour des idéalistes s'étant fourvoyés en omettant la dimension fascisante du nationalisme flamand des années 30 et 40, ne facilite la résurgence de l'extrême droite. Cette gauche a donc aussi intérêt à une étude scientifique de la Seconde Guerre mondiale qui décortiquerait les phénomènes de la collaboration et de la résistance. Il n'est dès lors pas étonnant que l'université libre de Bruxelles (ULB), bastion tant du patriotisme que de la pensée de gauche, constitue un des principaux points d'ancrage de ce nouvel élan. Ainsi, lors d'une intervention au colloque de Karlovy-Vary consacré en 1963 à la Résistance européenne, le secrétaire général de l'ULB et ancien résistant Robert Leclercq (1917-1970) n'hésite pas à remettre en question l'unanimisme prévalant toujours à l'époque pour encourager l'étude scientifique de la résistance et de la collaboration.

Par ailleurs, dès 1961, l'historien de l'ULB Jacques Willequet (1915-1991) crée, avec l'appui de l'archiviste général du Royaume Étienne Sabbe, un petit Centre national d'histoire des deux guerres mondiales. La modeste association sans but lucratif du départ obtient à partir de 1964 des crédits

11. Cf. Alain COLIGNON, « La Belgique, une patrie d'anciens combattants ? », dans *Cahiers d'histoire du temps présent*, n° 3 (*Nationalisme*), Bruxelles, 1997, p. 115-142.

du FNRS[12] qui lui permettent d'engager trois chercheurs. Entre-temps, plus précisément le 18 juin 1963, le ministre de la Justice socialiste et professeur à l'ULB Pierre Vermeylen (1904-1992) s'engage au Parlement. Sous la pression des associations patriotiques mécontentes des concessions faites dans le dossier des séquelles de l'épuration, il promet en effet la création d'un centre de documentation pour l'histoire de la Deuxième Guerre mondiale dans lequel les organisations de résistance auraient un rôle important à jouer.

Mais c'est un autre événement du même registre judiciaire, l'acquittement par une cour d'assises autrichienne en décembre 1965 du SS flamand et criminel de guerre Robert Verbelen (1911-1990) qui va finalement permettre la mise sur pied du Centre tant attendu. Les patriotes ont en effet désormais beau jeu de crier à la nécessité pour l'État belge de fonder une institution capable au minimum de produire la documentation nécessaire à l'inculpation d'un criminel notoire. C'est chose faite en décembre 1967 avec la création du Centre de recherches et d'études historiques de la Seconde Guerre mondiale (CREHSGM), qui absorbe le petit centre de Jacques Willequet[13]. Pour l'historiographie de la Résistance, une nouvelle époque peut commencer.

Un développement... en mode mineur (1968-1989)

Le CREHSGM a dès le départ pour mission de « prendre toutes les mesures nécessaires en vue de recenser, sauvegarder et dépouiller les documents ou archives se rapportant à la Seconde Guerre mondiale en Belgique, à ses antécédents et préliminaires ainsi qu'à ses conséquences. En outre, il est chargé de l'organisation de l'étude scientifique de la Seconde Guerre mondiale sous tous ses aspects ». Son instance dirigeante, la Commission scientifique, se réunit pour la première fois début juin 1968. Elle rassemble à part égale, sous la présidence formelle du ministre de l'Éducation nationale, des délégués des associations d'anciens résistants et victimes de la guerre et des scientifiques. Ces derniers comptent un représentant de chaque département d'histoire des six grandes universités du pays, l'archiviste général du Royaume et lorsqu'il sera choisi un peu plus tard, le directeur du Centre.

La désignation de ce dernier témoigne bien du difficile équilibre à trouver entre deux mondes qui n'ont évidemment pas toujours la même vision

12. L'équivalent du CNRS.
13. Sur l'histoire du CREHSGM, voir outre les références citées à la note 1, Pieter LAGROU, « Historiographie de guerre et historiographie du temps présent : cadres institutionnels en Europe occidentale (1945-2000) », dans *Bulletin* du Comité international d'histoire de la Deuxième Guerre mondiale, n° 30/31, Paris, 1999/2000, p. 191-215 et Dirk MARTIN, « Het Studie- en Documentatiecentrum Oorlog en Hedendaagse Maatschappij », dans Gita DENECKERE et Bruno DE WEVER (dir.), *Geschiedenis maken. Liber amicorum Herman Balthazar*, Gand, Universiteit Gent – Vakgroep Nieuwste Geschiedenis/Amsab – Instituut voor Sociale Geschiedenis, 2003, p. 211-226.

des choses. Au candidat des associations patriotiques, le journaliste et ancien résistant Jean Fosty (1910-1974), est opposé le licencié en sciences politiques de l'ULB Jean Vanwelkenhuyzen (1927-2008), qui se profile comme un historien militaire et diplomatique. Le choix du scientifique traduit une tendance qui ne fera que s'amplifier avec le temps, à savoir la prédominance des universitaires dans l'instance décisionnelle du CREHSGM. Ceci dit, les « patriotes » ne se retireront du comité qu'au tournant du millénaire.

Ces désaccords retardent le vrai démarrage du Centre. Il faut en effet attendre juin 1969 pour qu'une équipe scientifique composée de cinq jeunes historiens issus de diverses universités des deux communautés du pays rejoigne le directeur et commence à se mettre au travail. Parmi eux figurent deux des trois scientifiques ayant travaillé précédemment dans le cadre du Centre fondé par Willequet, à savoir Jean Dujardin (1937-1986) et José Gotovitch. Ils marqueront une profonde césure dans l'historiographie de la Résistance en Belgique, puisqu'ils seront pratiquement les premiers chercheurs d'envergure à ne pas avoir participé au combat clandestin.

Entre-temps, nous l'avons signalé, Henri Bernard a publié *La Résistance 1940-1945*. Largement apprécié à sa sortie, l'ouvrage restera longtemps une référence en la matière. Il a en effet le grand mérite de présenter de manière claire et succincte les différents réseaux et mouvements présents sur le terrain. Lui revient aussi de rendre enfin justice à l'intense activité pratiquée par le Front de l'indépendance. Par ailleurs, sa présentation par types d'activité n'est pas sans intérêt, mais outre qu'elle privilégie les services de renseignement et la résistance armée, soit la résistance militaire au détriment de l'opposition civile, elle occulte l'existence des différents courants sociétaux qui sous-tendent l'engagement résistant et de ceux qui ne le soutiennent pas. Car malgré ses dénégations, Bernard n'est pas loin de partager la vision unanimiste de ses prédécesseurs. On ajoutera qu'il ébauche l'idée contestable – elle sera plus largement développée dans d'autres publications – que la Résistance voulait construire une Europe démocratique. Nul doute que pour l'anticommuniste Henri Bernard, l'idéal européen qu'il présente est surtout destiné à faire barrage à l'Union soviétique.

Au-delà de ses qualités et de ses défauts, le livre de l'historien militaire a surtout comme vertu de relancer enfin le débat sur la Résistance. Car si l'ouvrage est de manière générale bien accueilli, en particulier dans les milieux patriotiques, il suscite tout de même dès sa sortie des réserves dans certains cercles et va indirectement stimuler d'autres productions. Ainsi, l'historien gantois Jan Dhondt (1915-1972), un des pères fondateurs de l'histoire contemporaine en Belgique, lui reproche de ne pas s'interroger sur la composition sociale et sur l'arrière-fond politico-idéologique des structures résistantes. Par ailleurs, il est certain que l'étude ne fait pas l'unanimité à l'ULB. Ce n'est en effet sans doute pas un hasard si le juriste et ancien résistant communiste Henri Buch (1910-1972), qui est étroitement lié à l'université bruxelloise, publie en 1970 un article remettant en question la conception de la Résistance développée par Bernard. Discernant dans le fait résistant la conjonction du patriotisme, de l'humanisme mais aussi du socialisme, il met particulièrement en évidence les implications idéologiques du phénomène et souligne les enjeux politiques d'un combat mené selon lui pour le contrôle de la Cité[14]. Il est par ailleurs troublant de constater que l'étude de Tanham, qui met en lumière les divergences idéologiques au sein de la Résistance, est à l'époque sortie des tiroirs pour être publiée en 1971 aux Presses universitaires de Bruxelles, une maison d'édition attachée à l'ULB.

Mais la principale réplique à l'ouvrage d'Henri Bernard vient de la partie consacrée à la résistance de *L'an 40. La Belgique occupée*, œuvre référence publiée en 1971 par le journaliste politique Jules Gérard-Libois (1923-2005) et le jeune historien du CREHSGM José Gotovitch[15]. Le livre, qui est le premier à analyser de manière critique et nuancée la société belge à l'un des moments les plus délicats de son histoire, plaît à un large public cultivé heureux de disposer enfin de solides clés de compréhension de la période. L'accueil des scientifiques est également excellent. Seuls en définitive, quelques acteurs de l'époque, comme par exemple l'ancien résistant Fernand Demany, ne l'apprécient que modérément, l'estimant trop froid. En somme, et le débat qui s'ouvre là est bien connu en France, on reproche la distance prise par l'historien.

De manière plus générale, *L'an 40* est le reflet d'une évolution marquante dans les universités. C'est en effet à la charnière des années 60 et 70 que l'histoire contemporaine y atteint sa pleine maturité. La section qui s'y consacre est non seulement en plein essor, mais en outre elle commence à accueillir des contemporanéistes comme enseignants. Par ailleurs, la *Revue belge d'histoire contemporaine* voit le jour en 1969 et l'Association belge pour l'histoire contemporaine en 1972. Ceci dit, l'attention est alors encore essentiellement centrée sur le XIXe siècle. Petit à petit cependant, l'intérêt grandit pour le XXe siècle et un premier mémoire de licence en histoire porte sur la Seconde Guerre mondiale en 1971. L'année suivante, deux thèses de doctorat traitent des années noires. La vague d'intérêt scientifique pour la période, stimulée par l'excellent cadre scientifique et documentaire que constitue peu à peu le CREHSGM, est définitivement lancée. Il faudra cependant attendre 1988 pour qu'une première thèse de doctorat

14. Henri BUCH, « La Résistance : l'expérience belge », dans Norberto BOBBIO, Robert BOSC, Henri BUCH *et alii*, *La guerre et ses théories*, Paris, PUF, 1970, p. 163-191.
15. Jules GÉRARD-LIBOIS et José GOTOVITCH, *L'an 40. La Belgique occupée*, Bruxelles, CRISP, 1971. Voir à ce propos Chantal KESTELOOT, « "Il ne s'agit pas ici d'un best-seller de qualité incertaine". Quelques échos suscités par la parution de *L'an 40* », dans *Cahiers d'histoire du temps présent*, n° 15 (*Hommage à José Gotovitch)*, Bruxelles, 2005, p. 13-28.

soit consacrée spécifiquement à la Résistance. Le nom de son auteur, José Gotovitch, atteste, si besoin en était, qu'il est un acteur clé de cette historiographie[16].

La lutte contre l'occupant n'occupe qu'une part relativement limitée de *L'an 40* – à peine un peu plus de 80 pages sur 436 –, mais la façon d'aborder la question par les auteurs, poursuivant dans la voie tracée par Tanham, Leclercq et Buch, tranche radicalement avec les approches antérieures. Ne niant pas le côté patriotique de la lutte mis en avant par Bernard et la plupart de ses prédécesseurs, elle dévoile de façon convaincante d'autres ressorts, de nature plus nettement politique, sans hésiter à souligner les atermoiements de ces premiers mois d'occupation. Saute en particulier aux yeux la finesse de l'analyse de l'attitude des structures socialistes et communistes. Enfin, l'étude tient aussi compte du contexte social, en particulier de la dégradation rapide des conditions d'existence, pour expliquer le développement de la Résistance, ce qui constitue une grille d'interprétation particulièrement novatrice et stimulante pour l'époque.

Les auteurs de *L'an 40* ont toujours gardé la plus grande discrétion sur leur part respective dans l'ouvrage, mais la publication en 1972 par le seul José Gotovitch d'une étude fouillée sur la presse clandestine parue en 1940 indique clairement qu'il a pris une part prépondérante dans la rédaction des chapitres traitant de la Résistance[17]. Marqué par un univers familial où le souvenir de la guerre est omniprésent, le futur historien, par militantisme politique, s'intéresse dès son adolescence à la résistance communiste et au monde ouvrier[18]. Formé à l'ULB, il y est remarqué par Jacques Willequet qui l'engage en 1964 dans son centre. Mais alors qu'il avait jusque-là travaillé sur le premier conflit mondial, il profite de l'opportunité qui lui est offerte pour se lancer dans l'étude du second.

En quête de repères pour aborder une « sphère de recherche [la Résistance], alors totalement inexistante et ignorée voire méprisée par les cercles académiques », José Gotovitch se tourne vers la France. Le Comité d'histoire de la Deuxième Guerre mondiale lui sert de premier modèle. Il est surtout marqué par *La guerre de l'ombre* d'Henri Michel, qui constitue à ses yeux l'exemple d'une approche scientifique et empathique à la fois. Plus fondamentale encore pour lui, est « l'analyse magistrale que livra Annie Kriegel sur les communistes français ». De manière globale, sa formation et

16. La thèse, défendue à l'ULB, s'intitule *Le Parti Communiste de Belgique 1939-1944. Stratégie nationale et pratique locale : la Fédération bruxelloise*. Elle sera publiée en 1992 aux éditions Labor sous le titre *Du Rouge au Tricolore. Les Communistes belges de 1939 à 1944. Un aspect de l'histoire de la Résistance en Belgique*.

17. José GOTOVITCH, « Photographie de la presse clandestine de 1940 », dans *Cahiers d'histoire de la Seconde Guerre mondiale*, n° 2, Bruxelles, 1972, p. 113-156.

18. Merci à J. Gotovitch d'avoir bien voulu répondre à nos questions. Courriel de José Gotovitch à l'auteur, 10.10.2007.

ses travaux, concrétisés par plusieurs dizaines de publications et une thèse consacrée à l'attitude du PCB sous l'Occupation, sont « largement redevables à chaque stade des chercheurs et des travaux français[19] ». Il pointe en particulier le milieu des historiens français du communisme et les chercheurs de l'IHTP avec qui les liens se multiplient dès les années 80.

Même si comme le montre magistralement *L'an 40*, le militant actif a rapidement laissé la place à un historien de haut niveau, José Gotovitch et les centres d'intérêt qu'il privilégie ne plaisent pas à tous les membres du Comité scientifique du CREHSGM en ce début des années 70. Lui est particulièrement hostile l'ex-résistant Hubert Halin (1922-1974), cheville ouvrière de l'anticommuniste Union internationale de la Résistance. Aussi n'est-il pas étonnant que le Comité estime alors que les membres de l'équipe scientifique doivent d'abord et avant tout veiller à rassembler des documents et des témoignages, tout en réalisant des instruments de travail. Preuve que le rappel à l'ordre est ciblé, le Centre est officieusement chargé d'écrire l'histoire de la libération d'Anvers. Ce dernier projet n'aboutira jamais tant les responsables des anciennes organisations de résistance d'Anvers sont divisés sur la question. Cela n'empêchera pas certains groupes d'anciens de se plaindre que le Centre ne s'intéresse pas assez à la Résistance.

Le reproche est infondé. En quelques années, le CREHSGM rassemble et inventorie une volumineuse masse d'archives sur la Résistance, qui sont directement accessibles au public. Dans le même temps, ses chercheurs multiplient les interviews d'anciens acteurs du combat clandestin, comblant ainsi partiellement le retard accumulé dans ce domaine vis-à-vis des pays voisins, et notamment de la France. La souplesse de l'institution permet également une consultation relativement aisée de ce type de source neuf pour la Belgique. Par ailleurs, sa revue, les *Cahiers d'histoire de la Seconde Guerre mondiale*, publie régulièrement des articles sur le sujet. Le chercheur Jean Dujardin notamment, y rédige des contributions fouillées sur divers services et organisations clandestins. La maladie l'empêchera cependant dès le début des années 80 d'approfondir ses recherches. Pendant ce temps, José Gotovitch multiplie les productions, en particulier sur la Résistance de gauche.

Malgré l'infrastructure offerte, qui tranche singulièrement avec les conditions de travail habituelles des historiens du XXe siècle dans les années 70 et 80, on ne constate pas vraiment de décollage de la production scientifique sur le sujet. Ainsi, Steen et Laplasse comptabilisent 11 travaux de fin d'étude sur ce thème entre 1964 et 1969, 14 dans les années 70 et 17 la décennie suivante[20]. Par contre, le nombre total de publications est en nette

19. Toutes les citations de ce paragraphe sont tirées du courriel évoqué à la note précédente.
20. Le nombre assez élevé de travaux dans les années 60 tient essentiellement aux mémoires menés alors à l'ERM.

augmentation : de 91 entre 1944 et 1969, il passe à 179 dans les années 70 et à 240 la décennie qui suit. Cette croissance s'explique surtout par la multiplication d'études locales et le désir d'anciens de transmettre leurs souvenirs une fois arrivés au seuil de leur vie. Comme par le passé, un certain nombre d'entre ces derniers se transforment en historiens. Mais cette production, où se distinguent tout de même les études de l'homme de presse démocrate chrétien William Ugeux (1909-1997), chef de réseau et haut responsable de la Sûreté de l'État à Londres sous l'Occupation, ne sort guère du schéma patriotique et organisationnel d'Henri Bernard. Ce dernier ne produit plus rien d'essentiel sur le sujet, préférant dès le milieu des années 70 publier sur la Résistance allemande et européenne. À vrai dire, plus rien de vraiment novateur ne paraît du côté francophone avant la fin de la décennie suivante.

La production est encore plus pauvre du côté néerlandophone. Ainsi, sur les 419 publications recensées dans les années 70 et 80 par Steen et Laplasse, 132 seulement, soit moins d'un tiers, sont rédigées dans la langue de Vondel. Le pourcentage est plus élevé pour les mémoires et thèses (55 %), mais en nombre absolu cela ne représente tout de même que 17 travaux. Ceci dit, de timides progrès sont tout de même accomplis en Flandre dans les années 80. Ainsi, le nombre de contributions sur le sujet y passe de 51 dans les années 70 à 81 la décennie suivante. Par ailleurs, paraît en 1984 la première synthèse en néerlandais sur le thème depuis la traduction du *Livre d'or de la Résistance belge* en 1948. Œuvre de deux historiens néerlandophones du CREHSGM, Willem Meyers et Frans Selleslagh (1941-2008), au départ non spécialistes de la question, *De vijand te lijf. De Belgen in het verzet* a surtout le mérite de rendre accessible au public néerlandophone les connaissances engrangées par les chercheurs francophones depuis la fin des années 60.

La même année 1984, l'équipe de production Seconde Guerre mondiale de la télévision publique flamande (la BRT) réalise une première série de dix programmes sur la Résistance. Une seconde vague de huit émissions suit en 1987. Traité de manière nettement moins approfondie que la collaboration par exemple, le thème ne semble guère retenir l'attention du grand public. Il donne lieu à deux publications. La seconde est assez novatrice[21]. Pour la première fois en effet, la Résistance est analysée pour toute la période de l'Occupation en tenant compte des positions des différents courants politiques belges.

Il n'empêche. Partie sur des bases prometteuses au tournant des années 60 et 70, l'historiographie de la Résistance marque très vite le pas, et ce malgré un cadre scientifique et documentaire a priori stimulant. Un

21. Herman VAN DE VIJVER, Rudi VAN DOORSLAER et Étienne VERHOEYEN, *Het verzet (deel 2)* (België in de Tweede Wereldoorlog, 6), Anvers/Amsterdam/Kapellen, DNB/Uitgeverij Pelckmans, 1988.

tel constat renvoie à coup sûr à l'environnement sociétal. De la fin des années 60 au début des années 90, la Belgique, de réforme en réforme, évolue de plus en plus vers un État fédéral, stade qu'elle atteint en 1988-1989[22]. Le rappel d'un combat mené avant tout pour la défense et l'unité du pays n'a que peu d'intérêt pour les forces centrifuges qui dominent alors le débat public. La tendance à l'éloignement est en effet manifeste, en Wallonie comme en Flandre.

Au Sud du pays, l'aspiration à l'autonomie économique se traduit à partir de la fin des années 60 par la création d'un parti régionaliste, le Rassemblement wallon (RW). Le succès rapide de la liste ne peut qu'interpeller la principale force politique régionale, le Parti socialiste. Ce dernier se radicalise peu à peu sur la question, pour au bout d'un peu plus d'une décennie absorber une grande partie de l'électorat du RW à la faveur de l'obtention de réformes institutionnelles substantielles en la matière. Il est difficile pour ce courant régionaliste d'évoquer la Résistance : pendant la guerre, le mouvement wallon, où se côtoyaient alors un certain nombre de socialistes et de libéraux, a bien publié des feuilles clandestines, mais c'était pour fustiger ce qu'il estimait être l'État belgo-flamand, pas pour combattre l'occupant. Le socialisme au Sud du pays ne se limite cependant pas à partir des années 70 à cette identification à la Wallonie. Une partie des militants est en effet avant tout sensible au combat pour la démocratie, dans la lignée de la lutte antifasciste. Mais eux aussi hésitent à revendiquer l'héritage de la Résistance, car ils savent qu'à gauche, celle-ci a surtout été le fait des communistes, qui se sont d'ailleurs accaparés son souvenir au lendemain de la guerre. Or, ces derniers, après s'être un peu redressés au milieu des années 60, retombent dans la marginalité dès la décennie suivante pour pratiquement disparaître du paysage politique au début des années 80. Ne restent dès lors plus pour se reconnaître dans le passé résistant, que certains milieux libéraux et catholiques surtout bruxellois. Et au fur et à mesure que la génération de guerre s'éteint et que le pays se fédéralise, même ce groupe éprouve de plus en plus de difficulté à percevoir l'utilité d'une telle démarche[23].

En Flandre, le combat que mènent à partir de la fin des années 50 les associations d'anciens résistants contre l'amnistie isole le groupe de la majorité des Flamands et entraîne le dénigrement de la lutte clandestine. L'image des résistants est en effet de plus en plus attachée à la répression des collaborateurs et au refus de clémence. Et comme l'idée se répand dans le milieu catholique dominant que les nationalistes flamands engagés dans la

22. Cf. Marnix BEYEN et Philippe DESTATTE, *Un autre pays. Nouvelle histoire de Belgique 1970-2000*, Bruxelles, Le Cri, 2009.
23. Cf. Chantal KESTELOOT, « La Résistance : ciment d'une identité en Wallonie ? », dans *La Résistance et les Européens du Nord*, Bruxelles, CREHSGM, 1994, p. 406-418.

collaboration ont en quelque sorte été victimes de leur bonne foi, les collaborateurs se transforment dans les représentations collectives en victimes et les résistants en bourreaux. On comprend que dans un tel climat, une histoire scientifique de la Résistance soit extrêmement difficile. Les choses changent à partir des années 80, avec le début de la démystification de la collaboration. Cette remise en question est possible, car le mouvement flamand a moins besoin de se forger une image positive de ses années les plus sombres : il a alors pratiquement gagné le combat de l'autonomie de la Flandre.

Un nouveau souffle ? (1990-...)

Les années 90 marquent la fin de la génération des acteurs-historiens de la résistance. Ceci dit, certains d'entre eux, comme Victor Marquet ou Fernand Strubbe (1921-2002), réalisent alors des études fouillées et très soucieuses d'esprit critique qui font encore aujourd'hui autorité, même si elles se focalisent plus sur l'action développée que sur les composantes socio-politiques des groupes examinés[24].

On peut classer dans le même genre les nombreuses contributions du journaliste Étienne Verhoeyen. Au départ attaché à la cellule de production Seconde Guerre mondiale de la BRT, il se passionne à partir de la fin des années 80 pour la Résistance[25]. Œuvrant plus comme un enquêteur que comme un spécialiste de la société en guerre, Verhoeyen livre dans ses multiples études sur les réseaux et les liaisons avec Londres un aperçu rigoureux du fonctionnement de la Résistance. Il n'est guère attiré par l'historiographie française, estimée par lui trop théorisante. Ce qui ne l'empêche pas d'aborder parfois la question des motivations ou celle de la composition sociale, politique et linguistique des groupes examinés. Ces apports se retrouvent dans les longs chapitres qu'il consacre à la Résistance dans une très utile synthèse sur l'Occupation publiée au début des années 90 à la demande de son employeur public [26].

La production prolifique d'Étienne Verhoeyen se retrouve aussi dans la série *Jours de guerre*, qui approfondit par écrit les thèmes traités lors de l'émission télévisée du même nom produite par la télévision publique francophone entre 1990 et 1995. Les 17 volumes de la série, édités entre 1990

24. Victor MARQUET, *Contribution à l'histoire de l'Armée secrète 1940-1944*, 6 fasc., Bruxelles, Pygmalion – Union des Fraternelles de l'Armée Secrète, 1991-1995. Fernand STRUBBE, *Geheime oorlog 40/45. De inlichtings- en actiediensten in België*, Tielt, Lannoo, 1992. Les deux ouvrages sont traduits dans l'autre langue nationale.

25. Merci à E. Verhoeyen d'avoir bien voulu répondre à nos questions. Courriel d'Étienne Verhoeyen à l'auteur, 19.9.2007.

26. Étienne VERHOEYEN, *België bezet 1940-1944. Een synthese*, Bruxelles, BRTN-Instructieve Omroep, 1993. Le livre sera publié en 1994 en français aux éditions De Boeck Université sous le titre *La Belgique occupée. De l'an 40 à la Libération.*

et 2001, accordent d'ailleurs une large place à la Résistance : plus d'une vingtaine d'articles lui sont consacrés. Seuls quelques-uns d'entre eux sont vraiment nouveaux et l'approche est plutôt traditionnelle, mais l'initiative a le grand mérite de faire enfin connaître des pans entiers de l'histoire de la Résistance à un assez large public francophone. Si environ la moitié de ces contributions sont l'œuvre d'Étienne Verhoeyen et quelques-unes de Victor Marquet, les professionnels du métier sont également bien représentés.

La décennie et les premières années du XXIe siècle sont, de fait, surtout marquées par un accroissement sans précédent de la production des (futurs) historiens. Ainsi, alors que le nombre total de publications se maintient (239 dans les années 90, 91 de 2000 à 2004), celui des mémoires et thèses, lui, explose : il passe de 17 dans les années 80 à 58 la décennie suivante pour se monter encore à 21 de 2000 à 2004.

Ce développement doit beaucoup au patient travail de collecte et de mise à la disposition de multiples archives de la Résistance par le CREHSGM, ainsi qu'à l'augmentation constante de son crédit scientifique. Les universités sont d'autant plus heureuses de pouvoir confier une partie de leurs étudiants et de leurs chercheurs à l'institution que celle-ci est, à la suite de la communautarisation de la recherche, un des seuls lieux où désormais les historiens de tout le pays peuvent entretenir des contacts suivis.

L'augmentation de l'attractivité du CRESHGM, et par conséquent de l'étude de la Résistance, thème qui a toujours été un de ses points forts, est aussi liée à la nomination de José Gotovitch comme directeur de l'établissement en 1988. Sans dédaigner la gestion de la documentation, ce dernier stimule l'activité scientifique du Centre en organisant plusieurs colloques, en particulier entre 1990 et 1995. Et si l'institution étend peu à peu son intérêt bien au-delà de la Seconde Guerre mondiale, celle-ci reste centrale comme l'attestent les deux grands colloques organisés autour de ce thème en 1990 et 1995. Au cours du premier, une des quatre sections est consacrée à « Une Résistance, des résistants ». La liste des orateurs, pour la plupart des historiens professionnels, et surtout la manière d'appréhender le phénomène marquent un tournant fondamental dans l'historiographie de la Résistance en Belgique. Il ne s'agit plus en effet d'abord d'analyser l'activité des organisations, mais bien de reconstituer les différents éléments du corps social qui participent à la lutte en tentant de comprendre ce qui pousse des personnes en de nombreux points très différentes à prendre part au même combat. En somme, le relais entre Henri Bernard et José Gotovitch est enfin passé.

L'ouverture d'une jeune génération de chercheurs aux perspectives ouvertes par le directeur du CREHSGM et professeur à l'ULB se traduit aussi par une attention plus soutenue aux modèles conceptuels proposés par les historiens français de la Résistance. José Gotovitch, qui entretient des contacts étroits avec ce monde, organise d'ailleurs à Bruxelles en 1994 un des six colloques mis sur pied par l'IHTP autour du thème « La Résistance et les Français[27] ».

Si le CREHSGM, devenu en 1997 Centre d'études et de documentation Guerre et Sociétés contemporaines (CEGES) pour bien marquer sa volonté d'étendre son champ de réflexion à la problématique des crises et des conflits du XXe siècle, joue un rôle fédérateur essentiel dans l'historiographie de la Résistance, il a grand besoin de l'appui de personnes-relais dans les universités pour alimenter les réseaux de chercheurs. Ce rôle est évidemment rempli à l'ULB par José Gotovitch. À l'université de Liège, d'où provenait Jean Dujardin, le Centre peut compter sur l'appui de Francis Balace, spécialiste de la droite au XXe siècle, qui fournit d'ailleurs quelques contributions intéressantes à l'histoire de la Résistance à partir du début des années 90. Cette fonction est dévolue pendant de nombreuses années à l'Université catholique de Louvain à Jacques Lory. Comme beaucoup de catholiques francophones, il est très attentif à stimuler l'étude de la Résistance. C'est lui qui pousse l'auteur de ce texte à se lancer au début des années 80 dans le sujet et à poursuivre ses investigations dans le cadre d'une thèse de doctorat portant sur la Résistance dans le Hainaut, thèse soutenue en 1996[28]. Jacques Lory est à la base d'une autre « vocation », celle d'Emmanuel Debruyne, qui présente en 2006 une thèse remarquée sur le monde du renseignement en Belgique occupée[29].

Mais ce qui est le plus frappant dans ces années 90 en dehors d'une certaine maturation de l'historiographie de la Résistance, c'est l'intérêt nouveau suscité par ce type de recherche dans les milieux universitaires flamands. De 2000 à 2004, le nombre de mémoires et de thèses sur la Résistance est même pour la première fois plus important en néerlandais (21) qu'en français (6). Le phénomène, peu perceptible à la *Vrije Universiteit Brussel* où Rik Hemmerijckx défend tout de même en 2000 une thèse sur le syndicat socialiste de la Résistance à la guerre froide[30], et à la *Katholieke Universiteit Leuven* d'où provient malgré tout Pieter Lagrou, bien connu

27. Intitulé « La Résistance et les Européens du Nord », il donnera lieu à la publication par le CREHSGM d'un volume d'actes en 1994 et d'un second en 1996.
28. La thèse sera publiée en 1999 à Mons par Hannonia sous le titre *Du murmure au grondement. La Résistance politique et idéologique dans la province de Hainaut pendant la Seconde Guerre mondiale (mai 1940-septembre 1944).*
29. Emmanuel DEBRUYNE, *La maison de verre. Agents et réseaux de renseignements en Belgique occupée, 1940-1944*, Louvain-la-Neuve, 2006. La thèse sera publiée en 2008 à Bruxelles aux éditions Racine sous le titre *La guerre secrète des espions belges 1940-1944.*
30. Publiée en 2003 à Bruxelles et Gand aux éditions VUBPress/Amsab sous le titre *Van Verzet tot Koude Oorlog, 1940-1949 : machtsstrijd om het ABVV.*

en France pour ses études sur les mémoires patriotiques[31], l'est surtout à l'*Universiteit Gent.* Bruno De Wever y fait en effet mener depuis le début des années 90 de très nombreux mémoires de licence sur le sujet. Une thèse de doctorat sur la Résistance à Gand vient d'y être présentée en 2007[32] ; une autre sur Anvers devrait suivre. Si ces deux recherches ne dédaignent pas les modèles théoriques français, elles se basent surtout, par affinité culturelle et linguistique, sur des approches néerlandaises.

Cet intérêt subit pour la Résistance de la part d'un professeur talentueux dont la grande spécialité est la collaboration dans les milieux nationalistes flamands pourrait de prime abord étonner. À nos yeux cependant, il n'a rien de surprenant. La victimisation des flamingants engagés dans la collaboration et son pendant négatif, le dénigrement de la minorité résistante, si utiles dans la lutte pour l'émancipation de la Flandre, sont devenus sans intérêt depuis la création de l'État fédéral à la fin des années 80. Pire même, ces orientations se sont transformées en armes dangereuses pour le nouveau pouvoir régional. En effet, elles ont facilité la montée en puissance d'un parti d'extrême droite, le *Vlaams Belang*, qui ne craint pas de se revendiquer de ce passé trouble. Pour De Wever, il est sans doute temps que la Flandre trouve d'autres modèles d'identification que les collaborateurs pronazis si elle veut endiguer la montée de l'extrême droite.

Par un curieux retournement de l'histoire, la demande sociale vis-à-vis de l'histoire de la Résistance paraît ces dernières années être moins vive du côté francophone. C'est que si les édiles publics du Sud du pays se revendiquent volontiers de son héritage, ils préfèrent s'en tenir à cette image rassurante vis-à-vis de la Flandre et ne pas risquer, en approfondissant la question, d'être confrontés à une réalité moins sécurisante. Car, comme on l'a écrit, ceux qui pourraient le plus clairement se reconnaître dans la Résistance, les communistes et les belgicistes, sont, pour les premiers en voie d'extinction, et pour les seconds en net recul.

Au terme de cette analyse, on ne peut qu'être frappé par les lourds handicaps qui ont pesé dès le lendemain de la guerre sur l'écriture de l'histoire de la Résistance en Belgique. L'ironie du sort veut que ce soient pourtant ces importantes fractures idéologiques et surtout culturelles qui ont indirectement permis à l'étude de la Seconde Guerre mondiale, et notamment de la Résistance, de démarrer à la fin des années 60. L'évolution de l'État belge a cependant une nouvelle fois compromis le développement des recherches sur la lutte clandestine au cours des années 70 et 80 avant que le nouvel équilibre trouvé au début des années 90 et la situation somme toute privi-

31. Sa thèse, défendue en 1996, est publiée en français à Bruxelles en 2003 chez Complexe sous le titre *Mémoires patriotiques et occupation nazie. Résistants, requis et déportés en Europe occidentale,* 1945-1965. Pieter Lagrou travaille quelque temps à l'IHTP avant de devenir professeur à l'ULB.
32. Karolien STEEN, *op. cit.*

légiée acquise par le CREHSGM dans ce cadre n'autorisent une nouvelle embellie. Ceci dit, malgré l'intérêt récent, pour des raisons politiques, de certains scientifiques flamands envers ce thème, l'historiographie de la Résistance reste nettement plus lacunaire en Belgique qu'en France ; en outre, son avenir paraît bien plus incertain. Mais comment pourrait-il en être autrement dans un pays qui a perdu très vite ses fidèles communistes et dont surtout l'idée de Résistance renvoie d'abord non pas à l'unité de la Nation, mais au contraire à ses profondes déchirures ?

L'historiographie de la Résistance antifranquiste espagnole en relation avec l'historiographie de la Résistance française

Mercedes YUSTA

Construire l'objet « résistance antifranquiste »

La construction, comme objet historiographique, de ce qu'on a appelé ici « résistance antifranquiste espagnole », phénomène plus connu en Espagne comme *la guerrilla* ou *el maquis*, est un processus encore inachevé. On peut même affirmer que, dans une grande mesure, l'histoire de cette résistance reste à faire : on est loin des progrès accomplis dans d'autres domaines pourtant proches, comme la répression ou la guerre civile elle-même[1]. Cela ne veut pas dire qu'il n'existe pas un certain nombre d'ouvrages qui traitent la question ; nous disposons aujourd'hui d'un corpus non négligeable d'études, principalement de portée régionale ou même locale, sur la guérilla de l'après-guerre civile[2]. Mais cette résistance, dont l'historiographie se construit de façon fragmentaire et, la plupart du temps, en dehors

1. Voir, dans ces domaines, les numéros monographiques publiés dans la revue *Ayer*, éditée par l'Association d'Histoire Contemporaine : *Ayer*, n° 43, 2001 (dossier : « La represión franquista »), et *Ayer*, n° 50, 2003 (dossier : « La guerra civil »). Le numéro sur la répression inclut un article sur la guérilla de Francisco Moreno, lequel, malgré un effort de synthèse considérable, et la volonté de poser quelques axes d'analyse, partage les défauts de l'historiographie que l'on évoque ici quant à l'absence d'une problématisation historiographique. Francisco MORENO, « Huidos, maquis y guerrilla : una década de rebeldía contra la dictadura », *Ayer*, n° 43, 2001, p. 111-137.
2. Toutes les zones qui ont abrité une guérilla importante ont été l'objet d'au moins une monographie locale ou regionale (Galice, Asturies, Léon, Pays Basque, Aragon, Valence, Catalogne, Extremadoure, La Mancha, Cordoue, Malaga). Il manque cependant une étude approfondie sur l'une des guérillas les plus importantes, celle de Grenade. L'historien Jorge Marco (université Complutense de Madrid) y travaille en ce moment. Il existe également une synthèse au niveau national, celle de Secundino SERRANO, *Maquis. Historia de la guerrilla antifranquista*, Madrid, Temas de Hoy, 2001. Curieusement, il s'agit de l'un des rares travaux qui posent de vraies questions historiographiques au-delà de la narration des faits.

des institutions universitaires, est trop souvent perçue comme un phénomène marginal et pittoresque, que les historiens ont du mal à rattacher aux problématiques sociales, économiques, voire politiques de la période.

Avant toute chose il sera utile de définir, ne serait-ce que rapidement, cette « résistance antifranquiste espagnole ». Très concrètement, nous faisons ici allusion à la résistance armée contre la dictature de Franco, menée par des guérilleros qui étaient pour certains d'anciens soldats républicains ou des militants de gauche, avec l'appui d'une partie de la population civile, et qui se déroula dès le début de la guerre civile jusqu'aux années 50. Cette résistance fut menée principalement dans les campagnes et prit la forme d'un mouvement de guérilla pluriel, hétérogène et fragmentaire, assez largement contrôlé par le Parti communiste, lequel n'arriva néanmoins jamais à en faire une véritable armée de libération nationale comme il en avait le projet. Par ailleurs, cette résistance ne reçut jamais ce qualificatif, mais celui de *guerrilla* ou encore *maquis* (par mimétisme avec la Résistance française). Les autorités, quant à elles, parlaient de « bandits » et de « terroristes ». Rappelons aussi que les liens de cette guérilla avec la Résistance française sont très forts, en particulier à partir de 1944. En effet, à partir de cette date un nombre assez important de guérilleros qui avaient participé à la Libération de la France (entre 3 000 et 4 000), traversa la frontière dans le cadre d'une opération organisée par le Parti communiste en exil et baptisée « Reconquête de l'Espagne ». L'opération échoua, mais plusieurs guérilleros rejoignirent des groupes de guérilla agissant déjà à l'intérieur pour créer des *agrupaciones guerrilleras*, des armées de guérilla militarisées et hiérarchisées, du moins sur le papier, pour mener la lutte contre la dictature[3].

Sur le terrain, les choses furent néanmoins bien plus compliquées. Les militants communistes se heurtèrent à des réalités locales très diverses et à des guérilleros « autochtones[4] » qui, pour certains, luttaient sur place contre Franco depuis 1936 et qui n'étaient pas toujours prêts à suivre les directives communistes. L'ancrage du conflit au sein de la population fut

3. Sur cette polémique opération « Reconquista de España », qui a fait couler pas mal d'encre, voir Daniel ARASA, *Años 40 : los maquis y el PCE.* Barcelona, Argos Vergara, 1984 ; Ferrán SÁNCHEZ AGUSTÍ, *Maquis y Pirineos : La gran invasión,* Lleida, Milenio, 2001. Des historiens français (dont les travaux, par ailleurs, n'ont été que très rarement repris en Espagne) se sont penchés aussi sur la question. Voir Jean-Louis DUFOUR et Rolande TREMPÉ, « La France, base-arrière d'une reconquête républicaine de l'Espagne : l'affaire du Val d'Aran », in *Les Français et la guerre d'Espagne. Actes du colloque de Perpignan,* CREPF-université de Perpignan, 1990, p. 261-284 ; Émile TÉMIME, « Problèmes stratégiques des guérilleros et de la guérilla espagnole dans la Résistance en France », *in* François MARCOT (dir.), *La Résistance et les Français. Lutte armée et maquis. Actes du Colloque international de Besançon, 15-17 juin 1995,* Besançon, Annales littéraires de l'université de Franche-Comté, 1996, p. 269-278.

4. On désigne par ce qualificatif des guérilleros qui étaient originaires des zones où se déroulait le conflit, pour les différencier des guérilleros arrivés de France, qui n'étaient pas forcément originaires des zones où ils agissaient. Voir Mercedes YUSTA, *La guerra de los vencidos. El maquis en el Maestrazgo turolense, 1940-1950,* Zaragoza, Institución Fernando el Católico, 2005 [1999].

aussi problématique. Cette guérilla n'était pas confrontée à une armée d'occupation, mais aux forces de l'ordre (principalement la *guardia civil*) et à des civils encadrés dans des structures paramilitaires : ainsi les fractures de la guerre civile se reproduisirent autour de la guérilla, brisant encore plus les communautés rurales. Et surtout, la répression des autorités fut sans merci et s'en prit non seulement aux guérilleros, mais surtout aux civils, en particulier aux couches de la population rurale susceptibles de collaborer avec la guérilla, de par son identification aux vaincus de la guerre civile. L'existence de cette résistance fut donc un prétexte utilisé par la dictature pour durcir encore plus sa politique répressive envers certains secteurs de la population.

Toujours est-il que ce phénomène, qui a pourtant marqué de façon importante les années de l'après-guerre civile et qui est incontournable pour comprendre la place de la violence dans la société du premier franquisme, reste assez largement peu analysé. Il existe, certes, de nombreux ouvrages qui ont été publiés sur la question, surtout ces dernières années, en surfant sur la vague de la « récupération de la mémoire historique » qui passionne en ce moment les Espagnols. Il s'agit principalement d'études à l'échelle locale ou régionale, très descriptives pour la plupart, qui nous permettent tout au moins d'avoir une connaissance factuelle et parfois très détaillée des faits d'armes de cette résistance et de la répression qui sévit parmi ses rangs. Mais, de façon très étonnante si l'on pense aux progrès faits par l'historiographie du franquisme et de la guerre civile en Espagne, on a très peu d'études analytiques sur cette résistance. Ainsi, les études sur la guérilla disponibles aujourd'hui combinent une bonne connaissance des faits avec une quasi totale absence de réflexion théorique ou de modèles historiographiques autres qu'une histoire narrative des plus traditionnelles. On connaît donc encore assez mal certains aspects qui portent sur la sociologie des groupes de la guérilla, son ancrage parmi la population, son rapport à la conflictualité du monde rural traditionnel ou sa continuité par rapport aux répertoires d'action des mouvements sociaux d'avant 1936, sans parler de son rapport à la Résistance française ou à d'autres phénomènes de résistance contre le fascisme ou de guérilla, en Europe ou ailleurs. On est loin donc des progrès de conceptualisation et d'analyse accomplis par l'historiographie de la Résistance en France.

On dénombre plusieurs raisons à ce manque d'intérêt de la part des historiens, qui tiennent aussi bien à l'histoire récente de l'Espagne (où les guérilleros, loin de bénéficier de l'aura de respectabilité dont jouissent les résistants en France, sont perçus comme des témoins suspects, même par la gauche), qu'à l'histoire de l'historiographie espagnole. Il est certain aussi que l'absence d'intellectuels ou d'historiens dans les rangs de cette guérilla, contrairement à ce qui fut le cas dans la Résistance française, marque une différence essentielle par rapport aux conditions d'écriture de l'histoire de l'une et de l'autre. Il faut tenir compte aussi de la position qu'occupent les deux phénomènes par rapport à l'histoire et l'identité nationales, en France et en Espagne. En France, l'épopée résistante est un événement fondateur de l'identité de la Nation reconstituée après le traumatisme de la défaite et de l'occupation ; en Espagne la résistance est plutôt un vide à combler, une histoire en creux. C'est, en fait, une résistance qui a échoué et dont la légitimité est mise en cause par le fait même que, jusqu'à une date récente, l'Espagne n'a pas condamné le régime de Franco comme étant une dictature illégitime, née d'un coup d'État contre un gouvernement démocratique – d'ailleurs cette condamnation ne fait même pas l'unanimité dans la société espagnole. En réalité, l'événement qui a marqué l'identité nationale espagnole, c'est la guerre civile, même si elle l'a fait en tant que traumatisme et contre-exemple, et cela n'est pas sans conséquences d'un point de vue historiographique[5]. Finalement, cette difficulté à écrire l'histoire de la résistance en Espagne tient aussi à la place, trop souvent marginale, que l'Espagne occupe dans d'autres historiographies européennes, dont la française. Après la grande conflagration de 1936, dont nul ne met en question la portée internationale, l'Espagne disparaît des grands récits de l'histoire européenne. Personne n'avait donc songé, jusqu'à une date récente, à voir dans la résistance des Espagnols au franquisme pendant l'après-guerre civile un avatar de la résistance antifasciste européenne, comparable donc à la résistance française[6]. De plus, la faible conceptualisation du sujet, sa place marginale dans l'historiographie espagnole elle-même, rend cette comparaison difficile. Analyser ce qui a pu être l'influence de l'historiographie française dans ce domaine ne sera donc pas chose aisée.

La difficile construction d'une historiographie dans les marges

Il a fallu attendre la fin de la Transition vers la démocratie pour que des études historiographiques dignes de ce nom se penchent sur la question de

5. Sur la gestion de la mémoire dans l'Espagne contemporaine, voir Danielle ROZENBERG, « Mémoire, justice et… raison d'État dans la construction de l'Espagne démocratique », *Histoire@Politique. Politique, Culture, Société. Revue électronique du Centre d'Histoire de Sciences Po*, nº 2, septembre-octobre 2007, http://www.histoire-politique.fr/index.php?numero=02&rub=dossier&item=21 ; Mercedes YUSTA, « Le mouvement *pour la récupération de la mémoire historique* en Espagne », in *Après un régime d'oppression : entre amnésie et catharsis*, Actes du Colloque international tenu à l'université de Paris 10 les 29 et 30 novembre 2007, PubliDix, Nanterre, sous presse ; Mercedes YUSTA, « Histoire et mémoire de la guerre civile dans l'historiographie espagnole contemporaine ». *Matériaux pour l'Histoire de notre Temps*, nº 70 : « Espagne : la mémoire retrouvée (1975-2002) », 2003, p. 51-58.
6. Tony Judt, dans son ouvrage sur les résistances européennes au fascisme, est l'un des rares historiens à faire allusion à cette résistance espagnole, mais il le fait pour affirmer que « there were a very little effective resistance against Franco after 1939, and the Spanish revolution(s) were defeated and destroyed well before then ». « Introduction », *in* Tony JUDT (éd.), *Resistance and revolution in Mediterranean Europe 1939-1948.* New-York, Routledge, 1989, p. 1-25, cit. p. 9.

la résistance armée contre Franco, mais les premiers récits sur la guérilla de l'après-guerre civile avaient commencé à paraître bien avant. En fait, les premières histoires de cette résistance ont été écrites par des membres des forces de l'ordre qui avaient lutté contre la guérilla, phénomène qualifié à l'époque de « banditisme et terrorisme ». La teneur de ces récits est facilement imaginable, même s'ils présentaient l'avantage d'avoir eu accès à des sources qui, même encore aujourd'hui, restent interdites aux chercheurs. Et sans doute l'image hautement négative construite par ces récits a, malgré tout, influencé durablement les possibilités d'historiciser ce phénomène. En effet, pendant un certain temps, les auteurs qui se penchaient sur le sujet se sont sentis obligés de « dialoguer » avec ces premiers ouvrages pour démentir l'image créée par l'historiographie franquiste, ce qui avait pour effet d'entrer dans une dialectique du « vrai » et du « faux » souvent restrictive pour l'analyse, mais d'autant plus incontournable que la difficulté d'accès aux sources demeure encore aujourd'hui.

Le premier ouvrage publié dont nous avons la trace date de la fin des années 50 : il s'agit de *La lucha contra el maquis en España*, de Tomás Cossías, membre de la *Brigada Político-Social* (la police politique du régime). L'auteur présente la guérilla comme un avatar du stalinisme dans le contexte de la guerre froide, en la qualifiant de « petite Corée » et de « fer de lance » du communisme international en Espagne[7]. La riposte à cette interprétation sera élaborée en exil, par des protagonistes de cette guérilla et des militants antifranquistes qui commencent à publier des ouvrages dès le début des années 1970 et qui proposent, au contraire, un récit héroïque et quelque peu mythifié de cette guérilla, tout en mettant l'accent sur la brutalité de la répression franquiste et les violences faites à l'encontre de la population[8]. Il existe également une série de documents non publiés, élaborés dès le début des années 1950 par un lieutenant-colonel de la *Guardia Civil* chargé de la répression de la guérilla, qui pour une raison inconnue se trouvaient dans les archives du PCE en exil. L'importance de ces documents, qui proposent un récit assez détaillé de la lutte contre la guérilla, l'organisation de celle-ci et les différentes étapes du conflit, réside dans le fait qu'ils ont été abondamment repris par les historiens et même par ces premiers auteurs, comme Andrés Sorel, qui, depuis l'exil, essayaient de faire sortir

7. Tomás COSSÍAS, *La lucha contra el « maquis » en España*, Editora Nacional, Madrid, 1956. Voir aussi, dans le même registre, Ángel RUIZ AYÚCAR, « Guerrilla española del siglo XX », *Revista de Estudios Históricos de la Guardia Civil*, nº 9, 1972, p. 236.

8. Andrés SOREL, *Búsqueda, reconstrucción e historia de la guerrilla española del siglo XX a través de sus documentos, relatos y protagonistas*, Paris, Librairie du Globe, 1970 ; José GROS, *Abriendo camino. Relato de un guerrillero comunista*. Prólogo de Dolores Ibárruri, Paris, Librairie du Globe, 1971 ; A. E. Fernández, *La España de los maquis*, México, Era, 1977.

cette histoire du silence et de proposer une version des faits radicalement opposée à la version officielle du régime[9].

Pendant le processus de Transition vers la démocratie, cette histoire continue à être écrite par des auteurs qui sont à la fois juge et partie. En 1975 paraît le livre du colonel de la *Guardia Civil* Francisco Aguado Sánchez, un gros pavé de deux volumes intitulé *El maquis en España* qui s'inscrit dans la tradition historiographique et dans le récit officiel du franquisme, selon lequel les guérilleros étaient des bandits et des criminels, tout en faisant une apologie du rôle des forces de l'ordre, ce qui n'est pas anodin dans le contexte politique du moment[10]. Cependant, l'arrivée de la démocratie permet la publication, à l'intérieur de l'Espagne, d'autres ouvrages qui reprennent et prolongent le récit antifranquiste élaboré en exil, et qui contredisent la version officielle rédigée par Aguado Sánchez (qui, en plus d'avoir personnellement combattu la guérilla, était pendant les années 1970 le directeur du Centre d'études historiques de la *Guardia Civil* et de ses archives). Finalement, en 1977 paraît le premier grand travail de recherche sur le terrain, celui d'Eduardo Pons Prades, qui est en fait un militant anarchiste et ancien de la Résistance française, *Guerrillas españolas.* Il s'agit de l'œuvre d'un autodidacte, qui est allé chercher des témoignages sur le terrain et ne se fonde sur aucune recherche historiographique préalable. Signe des temps : cette étude qui revendique le rôle des guérilleros dans la lutte contre le franquisme reçoit le prix « *Espejo de España* », et elle est publiée par Planeta, l'une des plus grosses maisons d'édition espagnoles grand public[11].

Il faut donc attendre le milieu des années 80 pour que soient publiées les premières recherches universitaires sur la résistance contre Franco, qui ne reçoit toujours pas ce qualificatif mais celui de « Guérilla antifranquiste » ou encore « opposition armée ». La question même de la dénomination du phénomène, loin pourtant d'être banale, ne suscite pas l'intérêt des historiens, ou très peu. Cependant, l'insistance sur la spécificité de la guérilla espagnole et le fait de ne pas la penser en termes de résistance contre le franquisme éloigne toute possibilité d'étude comparatiste ou d'application d'un cadre conceptuel commun entre résistance française et espagnole, qui

9. Il s'agit principalement de « Reseña General del problema del bandolerismo en España después de la Guerra de Liberación », 1957. Sur ces documents voir Jorge MARCO, « Los documentos de Eulogio Limia Perez y la guerrilla », *Hispania Nova. Revista de Historia contemporánea,* n° 6, 2006. En ligne : http://hispanianova.rediris.es/6/textos/6tex001.htm.

10. Francisco AGUADO SÁNCHEZ, *El maquis en España : su historia,* Editorial San Martín, Madrid, 1975, et *El maquis en España : sus documentos,* Madrid, Editorial San Martín, 1976.

11. Adolfo Lucas REGUILLÓN GARCÍA (Severo Eubel de la Paz), *El último guerrillero de España,* Madrid, AGLAG, 1975 ; Carlos J. KAISER, *La guerrilla antifranquista. Historia del maquis,* Madrid, Ed. 99, 1976 ; J.A Vidal SALES, *Después del 39. la guerrilla antifranquista,* Barcelona, ATE, 1976 ; Isidro CICERO, *Los que se echaron al monte : Juanín, Machado, Bedoya…*, Madrid, Editora Popular, 1977 ; Eduardo PONS PRADES, *Guerrillas españolas. 1936-1960,* Barcelona, Planeta, 1977.

n'ont été perçues que très récemment comme faisant partie d'une même mouvance historique. D'une part, tout d'abord, l'historiographie franquiste a eu tout intérêt à ne pas établir de lien entre les deux phénomènes. Déjà à l'époque même des faits, les rapports officiels déconseillaient d'utiliser le mot « maquis », qui renvoyait à la Résistance française et pouvait donner une aura de prestige à la guérilla espagnole. Ensuite, l'historiographie démocratique a eu du mal à se doter d'outils conceptuels et comparatistes pour aborder le phénomène. La priorité a été en effet, pendant longtemps, d'établir des faits très difficiles à restituer, du fait de la chape de silence imposée par le franquisme et surtout du difficile accès aux sources policières. Mais cette même difficulté a fini par tourner à l'obsession, et l'historiographie de la guérilla s'est donc employée à rechercher les faits jusqu'au moindre détail, donnant lieu à des récits très descriptifs, focalisés sur les faits militaires et politiques, où l'analyse est largement absente.

Parmi ces ouvrages des années 80, qui constituent après tout les fondements de l'historiographie « professionnelle » sur la résistance en Espagne et qui, pour la première fois, se proposent d'aller au-delà d'une historiographie militante, on peut retenir quatre travaux. L'historien allemand Hartmut Heine inaugure cette nouvelle période avec une remarquable étude sur la Galice qui, même si elle reste sur le terrain de l'histoire politique, ébauche déjà un renouvellement aussi bien méthodologique, en particulier dans l'emploi des sources, que théorique. Pour sa part, Secundino Serrano, qui a étudié la guérilla au Léon, a été probablement le premier à essayer d'appliquer à la guérilla espagnole des outils provenant d'autres historiographies nationales. Il s'est inspiré des auteurs anglo-saxons, notamment Eric Hobsbawm et de ses études sur les « rebelles primitifs », pour montrer que les répertoires d'action de la guérilla ne se limitaient pas à ceux, très codés, de la guérilla d'obédience communiste. L'ouvrage de Francisco Moreno sur la province de Cordoue a le grand mérite d'établir de façon très documentée le lien étroit entre répression franquiste et guérilla. Finalement, celui de Fernanda Romeu sur le Levante fait état de quelques intuitions remarquables, comme le rôle des femmes dans les réseaux d'appui et de ravitaillement de la guérilla, et elle est en outre la première à faire une esquisse d'étude sociologique de la résistance. Mais si l'on parle d'« intuitions », c'est précisément du fait de l'absence d'un cadre conceptuel pour l'analyse et l'interprétation de ces données, livrées pratiquement « en vrac ». Néanmoins il y aurait un autre élément important à retenir dans son travail : son utilisation des sources orales, qui pour la première fois servent non seulement à confirmer ou infirmer des faits mais à livrer un vécu, particulièrement dans le cas des rares femmes qui ont rejoint cette guérilla du Levante et dont elle recueille le témoignage[12].

12. Hartmut HEINE, *A guerrilla antifranquista en Galicia*, Xerais, Vigo, 1980 ; Secundino SERRANO, *La guerrilla antifranquista en León (1936-1951)*, Junta de Castillla y León, 1986 ; Francisco MORENO,

Il faut par ailleurs faire allusion, ne serait-ce que brièvement, au problème des sources, qui n'est pas étranger aux historiens de la Résistance française mais qui atteint en Espagne des proportions inouïes. En effet, ce n'est que tout récemment que les archives militaires ou les archives des *Gobiernos civiles* (l'équivalent des préfectures françaises) ont commencé à ouvrir leurs portes aux chercheurs. D'autres archives fondamentales pour écrire l'histoire de cette résistance, telles que les archives de la *Dirección General de la Guardia Civil*, qui centralisaient toutes les informations relatives à la lutte contre la guérilla, ne sont toujours pas accessibles. D'où l'importance des récits et des sources orales dans l'écriture de cette histoire, ainsi que le souci, avant tout, d'établir les faits. D'où la difficulté, aussi, de chiffrer cette résistance et donc d'en établir la portée. Les chiffres varient d'un auteur à l'autre ; Secundino Serrano, auteur de la seule synthèse au niveau national dont nous comptons aujourd'hui (publiée en 2001), fixe le nombre de guérilleros pendant toute la durée du phénomène à 5 000 ou 6 000. Mais il faut mettre ce chiffre en perspective avec les 60 000 « agents de liaison », c'est-à-dire des civils collaborateurs de la guérilla, ou supposés l'être, détenus par les forces de l'ordre[13]. Chiffre plus que respectable qui indique l'enracinement de ce mouvement dans la population, au-delà des individus qui effectivement prirent les armes.

Cette difficulté de l'accès aux sources explique certainement aussi le désintérêt des historiens professionnels, du moins en partie. Ainsi, après des débuts pourtant encourageants, l'intérêt pour la résistance et la guérilla semble stagner pendant les années 1990. Parmi les ouvrages publiés, on compte, à côté de travaux souvent remarquables produits par des historiens, beaucoup de livres écrits par des érudits locaux, des journalistes ou des *aficionados* (comme José Ramón Gómez Fouz, boxeur de son état et auteur de trois livres sur la guérilla aux Asturies). Les propositions d'interprétation qui s'annonçaient dans des travaux comme celui de Secundino Serrano semblent rester sans suite, et le récit de la guérilla continue à relever de l'histoire événementielle, avec un goût marqué pour l'anecdotique et le détail, à l'exception de certains travaux comme ceux de l'historien Julián Chaves sur l'Extremadure[14]. La guérilla reste ainsi un sujet surtout traité par des érudits locaux, des journalistes ou des vulgarisateurs, malgré le fait qu'elle est étroitement liée à deux phénomènes qui ont attiré de façon très importante l'intérêt des historiens espagnols : la guerre civile et la répression

Córdoba en la posguerra (la represión y la guerrilla, 1939-1950), Córdoba, Francisco Baena, 1987 ; Fernanda ROMEU, *Más allá de la utopía : la Agrupación Guerrillera de Levante*, Valencia, Alfòns el Magnánim, 1987.

13. Secundino SERRANO, *Maquis*, *op. cit.*, p. 382. Le chiffre des agents de liaison est donné par Francisco Moreno, « Huidos, maquis y guerrilla », *op. cit.*, p. 131.
14. Julián CHAVES, *Huidos y maquis : la actividad guerrillera en la provincia de Cáceres (1936-1950)*, Cáceres, Institución cultural « El Brocense », 1994.

franquiste. Mais la guérilla en demeure un épiphénomène, déconnecté des grandes problématiques historiographiques, trop souvent perçue comme un ramassis d'anecdotes, à l'écart de la réflexion historiographique. La façon dont cette historiographie s'est construite a probablement aussi contribué à rebuter un certain nombre d'historiens. En effet, l'image hautement négative de la guérilla construite par les historiographes franquistes, qui en plus détenaient l'accès aux sources, a handicapé l'historiographie de la guérilla dès ses débuts. Ainsi, on l'a déjà évoqué, une partie des auteurs, jusqu'à une date récente, se sont sentis obligés de répondre aux arguments d'Aguado Sánchez et sont entrés dans des polémiques aussi épuisantes que peu productives du point de vue historiographique, bien que l'entreprise ait certainement été nécessaire à un moment donné[15]. Le résultat est un récit de la résistance antifranquiste, comme on l'a déjà dit, très descriptif, minutieux même, dont l'objectif est de démontrer que Francisco Aguado Sánchez et ses acolytes manipulent les données qu'ils détiennent, chose sans aucun doute vraie, et établir la vérité des faits. Mais cette manière d'écrire l'histoire de la résistance antifranquiste, plus apte à être développée par des érudits locaux en contact étroit avec les témoignages oraux que par des historiens attirés par des problématisations plus complexes, risque de s'imposer comme le seul modèle possible[16].

La méconnaissance de l'historiographie de la Résistance française elle-même peut aussi jouer un rôle dans cette marginalisation de l'étude de la guérilla et dans la pauvreté des modèles théoriques proposés pour son interprétation. En effet, la Résistance française reste pour certains historiens espagnols (dont une bonne partie de ceux qui ont travaillé sur la guérilla) une image d'Épinal, héroïque et militaire, que personne ne songe à mettre en relation avec nos guérilleros du terroir ; ainsi, pendant longtemps elle n'a pu servir comme modèle aux historiens espagnols pour aborder l'étude de la résistance antifranquiste. Une brève incursion dans les bibliographies des ouvrages publiés récemment révèle que les historiens de la guérilla espagnole ont très peu lu leurs homologues français, dont ils citent principalement des

15. Ce phénomène s'est d'ailleurs également produit par rapport au courant révisionniste qui sévit en ce moment en Espagne, et qui donne une version du coup d'État et de la guerre civile favorable au camp franquiste. Tout d'abord indifférents à ce courant, les historiens ont fini par se voir obligés d'y riposter, devant l'ampleur prise par le phénomène et l'écho médiatique et populaire atteint par ces versions révisionnistes. Sur cette question on peut voir Javier RODRIGO, « Los mitos de la derecha historiográfica. Sobre la memoria de la Guerra Civil y el *revisionismo a la española* », *Historia del Presente*, n° 3, 2004, p. 185-195.

16. Il y a, bien entendu, des exceptions à cette règle : déjà en 1991, José María AZUAGA explorait d'autres possibilités narratives dans un article intitulé « La agrupación guerrillera Granada-Málaga : estudio sobre las mentalidades y la vida cotidiana », *Espacio, tiempo y forma*, Serie V, Historia contemporánea, nº 4, 1991, p. 139-170. De même, dans le livre de Secundino Serrano sur le Léon ou celui de Fernanda Romeu sur le Levante nous trouvons déjà cette volonté d'une analyse sociologique ou culturelle (des « mentalités ») de la guérilla. Quant aux auteurs qui ont polémiqué avec Aguado Sánchez, on peut compter Francisco Moreno parmi les plus tenaces.

travaux sur l'exil des Espagnols en France, leur participation à la Résistance ou leur passage par ce qu'Émile Temime et Geneviève Dreyfus-Armand ont appelé « les camps sur la plage », c'est-à-dire les camps d'internement du Sud de la France. Par contre, les ouvrages sur la Résistance française sont presque totalement absents[17]. Un des historiens de la guérilla les plus respectés, Francisco Moreno, va jusqu'à dresser une liste des différences fondamentales entre les deux résistances, française et espagnole, liste symptomatique de cette méconnaissance et de cette vision stéréotypée de la résistance française. Par exemple, pour lui la résistance espagnole serait fondamentalement « défensive », ce qui en fait la différence avec une résistance française qu'il considère comme foncièrement « offensive » ; de même, il considère l'existence en Espagne de groupes d'*huidos* (« enfuis »), des individus cachés dans les montagnes pour fuir la répression qui seront à l'origine des premiers maquis, comme une spécificité de la guérilla espagnole qui la différencierait des autres résistances européennes. Pourtant, l'histoire de ces *huidos* a, au moins, quelques résonances avec celle des réfractaires au STO[18]...

Influence de l'historiographie française et changement de paradigme

Finalement, pour que le lien entre les deux historiographies, française et espagnole, ait pu être établi il a fallu attendre l'arrivée d'une nouvelle génération d'historiens, plus jeunes, qui ont abordé la question de la guérilla avec des outils conceptuels autres que l'histoire politique classique : en particulier l'histoire comparée, notamment avec la France, mais aussi l'histoire rurale, l'anthropologie historique ou la sociologie des mouvements protestataires. Cela faisait longtemps, pourtant, que les chercheurs sur la guérilla connaissaient le lien étroit entre les deux résistances, surtout du fait qu'un certain nombre de guérilleros espagnols, notamment ceux d'obédience communiste envoyés par le PCE depuis la France, étaient des anciens de la Résistance française. Mais cette constatation avait servi à nourrir des disputes stériles à propos de la stratégie communiste et de l'aveuglement des cadres du parti, plutôt qu'à réfléchir sur les possibilités de comparaison

17. À quelques exceptions près, comme Dolores MARÍN, *Clandestinos. El maquis contra el franquismo, 1934* [sic]*-1975*, Plaza & Janés, Madrid, 2002, ou Mercedes YUSTA, *La guerra de los vencidos, op. cit.*, et *Guerrilla y resistencia campesina. La resistencia armada contra el franquismo en Aragón*, Zaragoza, Prensas Universitarias de Zaragoza, 2003.

18. Francisco MORENO, « Lagunas en la memoria y en la historia del maquis », *Hispania Nova. Revista de Historia Contemporánea*, n° 6 (2006), article en ligne (http://hispanianova.rediris.es). Il avait déjà exposé ces arguments dans son livre le plus important à ce jour, *La represión armada contra Franco. Tragedia del maquis y la guerrilla : el Centro-Sur de España, de Madrid al Guadalquivir*, Barcelona, Crítica, 2001. Il peut être intéressant de noter que le seul ouvrage français sur la Résistance qui apparaît dans sa bibliographie est un livre de 1970 (cité dans sa traduction espagnole), l'*Histoire mondiale des maquis* de Claude Chambard.

entre les deux phénomènes[19]. D'autre part, il est certain que l'absence d'une armée d'occupation en Espagne rend la comparaison délicate : celle-ci doit dès lors se baser sur des éléments structuraux liés à cette guérilla, en particulier son impact dans les campagnes et la réactivation, dans ce nouveau cadre, d'anciens modes de protestation ou de lutte.

Il a fallu ainsi se situer en dehors de l'histoire politique et aborder la guérilla avec les outils de l'histoire sociale pour commencer à percevoir les possibilités de comparaison entre les deux phénomènes, et donc pour établir un dialogue entre les deux historiographies. En déplaçant l'intérêt des individus aux territoires (dans une optique finalement très « braudelienne »), on a pu percevoir la guérilla non plus uniquement comme un phénomène d'ordre politique, mais aussi comme le symptôme d'un malaise profond dans les campagnes et d'une conflictualité sociale repérable sur le long terme. Ce déplacement du centre d'intérêt, et cette vision plus sociologique de la résistance, ont été inspirés aux historiens espagnols par la lecture des travaux sur la résistance française de François Bédarida, Jean-Marie Guillon, Laurent Douzou, François Marcot ou Jean-Pierre Azéma, entre autres. Le changement de paradigme a donc été rendu possible grâce à la volonté de quelques historiens soucieux de chercher des voies de comparaison entre les deux phénomènes, face à l'absence de modèles théoriques dans l'historiographie espagnole. Cette nouvelle approche implique, en fait, un déplacement d'une vision uniquement militaire et politique de la résistance, focalisée sur les groupes armés et leurs affrontements avec les forces répressives, vers une approche plus globale du phénomène, qui inclurait aussi, et surtout, les réseaux d'appui à la guérilla et le rapport entre celle-ci et la population rurale, ainsi que les affrontements qui eurent lieu à l'intérieur même des communautés rurales dans le contexte du conflit armé[20].

Par ailleurs, l'historiographie espagnole avait déjà mis l'accent sur « les origines agraires de la guerre civile », et donc sur le rôle que les affrontements sociaux en milieu rural, des conflits à propos de la propriété de la terre et de l'usage du sol, avaient eu dans le déclenchement et le déroulement du conflit[21]. Or, la résistance de l'après-guerre et sa répression par les

19. Voir par exemple le livre-brûlot de Gregorio MORÁN, *Miseria y grandeza del Partido Comunista de España, 1939-1985*, Barcelona, Planeta, 1986.

20. Cette approche s'annonçait déjà dans certains ouvrages parus au cours des années 80, comme ceux de Secundino Serrano ou Francisco Moreno. Des articles comme celui d'Azuaga RICO, « La Agrupación guerrillera de Granada-Málaga », *op. cit.*, ou des travaux comme ceux de Julián Chavez sur l'Extremadure, évoquaient aussi, dès le début des années 90, la connexion entre une conflictualité « traditionnelle » et l'apparition de la guérilla au cours de l'après-guerre. Voir Julián CHAVES, *Huidos y maquis : la actividad guerrillera en la provincia de Cáceres (1936-1950)*, Cáceres, Institución cultural « El Brocense », 1994.

21. En particulier Francisco COBO ROMERO, *Conflicto rural y violencia política. El largo camino hacia la dictadura. Jaén, 1917-1950*, Universidad de Jaén, Jaén, 1998, et *Revolución campesina y contrarrevolución franquista en Andalucía*, Granada, Universidad de Granada, 2004.

autorités franquistes ne sont autre chose, dans une grande mesure, qu'un prolongement de la guerre civile, qui en plus se déroule presque totalement en milieu rural. Dès lors, les travaux publiés sur la résistance rurale en France peuvent être d'une grande utilité pour mettre à jour des comportements similaires, en France et en Espagne, de résistance à l'autorité, dès lors qu'elle est perçue comme injuste, et de désobéissance civile parmi la population rurale, attitudes qui finiront par rejoindre le mouvement de résistance armée. Plus généralement, les travaux des ruralistes français, déjà bien connus des historiens espagnols, peuvent être mis à contribution pour analyser la composante de résistance et de conflictualité paysanne présente dans ce conflit, et qui se manifeste, par exemple, dans le rôle joué par le marché noir, la désobéissance fiscale ou les petites résistances au quotidien[22]. Même si, dans l'histoire de la Résistance française elle-même, le monde rural et la dimension qu'y prend cette résistance au quotidien sont des domaines qui restent à explorer[23].

La notion même d'histoire de la vie quotidienne ou de résistances au quotidien, résistance civile, etc., est un autre point de confluence entre ce renouvellement de l'historiographie espagnole de la résistance et l'historiographie française (par exemple les travaux de Jacques Semelin, pour ne citer que lui). Il faut dire cependant que sur cet aspect, ce sont surtout l'historiographie anglo-saxonne ou même allemande qui ont été mises à contribution. Les travaux désormais classiques d'Edward P. Thompson sur l'économie morale de la foule, ou ceux de James Scott sur la résistance quotidienne et « les armes des faibles » sont les plus cités dans les travaux les plus novateurs sur la résistance en Espagne, à côté de ceux d'Alf Lüdtke et du courant de l'*Alltagsgeschichte*. Une des plus grandes nouveautés de l'historiographie récente a été, en effet, de connecter ces formes de résistance spontanées, non organisées, mises à l'œuvre par des paysans et très souvent par des femmes, avec la résistance organisée de la guérilla, car les deux phénomènes confluent à un moment donné et se complètent mutuellement. Des travaux d'historiens français comme François Marcot[24], par exemple, avaient ouvert la voie pour mener cette réflexion ; néanmoins, ce

22. Dans ce domaine la collaboration entre historiens des deux côtés des Pyrénées est assez fréquente : les travaux d'historiens comme Jean-Luc Mayaud, Jérôme Lafargue ou Édouard Lynch sont très souvent cités par les historiens espagnols, de même que ceux des historiens espagnols José Manuel Naredo ou Ramón Garrabou le sont en France.

23. Voir à ce propos Laurent DOUZOU, « La Résistance et le monde rural : entre histoire et mémoire », *Ruralia*, avril 1999, [En ligne], mis en ligne le 1er janvier 2003. URL : http://ruralia.revues.org/document88.html.

24. En particulier dans François MARCOT, « Pour une sociologie de la Résistance : intentionnalité et fonctionnalité », *in* Antoine PROST (dir.), *La Résistance, une histoire sociale*, Paris, Les éditions de l'Atelier/Éditions ouvrières, 1997, p. 21-41. Voir aussi du même auteur, « Les paysans et la Résistance : problèmes d'une approche sociologique », in *La Résistance et les Français. Enjeux stratégiques et environnement social*, Rennes, Presses universitaires de Rennes, 1995, p. 245-255.

sont surtout les outils épistémologiques développés par l'histoire sociale anglo-saxonne qui sont convoqués pour poursuivre l'analyse. Ainsi, l'on évoque une « économie morale de la paysannerie », terme inspiré des travaux de Thompson et repris par Kedward dans le cas de la résistance française, qui expliquerait la connivence de secteurs importants de la société rurale avec le mouvement de guérilla. Selon cette approche, certains secteurs de la paysannerie verraient dans ce mouvement de résistance une défense de leur mode de vie traditionnel, menacé par la réorganisation et la réappropriation de la production agraire menées par le franquisme. Ils percevraient ainsi les actions de la guérilla, et la collaboration qu'ils lui prêtent parfois, comme étant illégales aux yeux des autorités, mais légitimes à leurs propres yeux[25].

Nous trouvons un autre exemple de ce renouveau historiographique dans les travaux du jeune historien Jorge Marco, auteur d'une *tesina* (mémoire de DEA) sur la guérilla à Grenade qui, malgré sa jeune expérience de chercheur, a produit un travail d'une maturité surprenante. Marco développe un important appareil théorique pour essayer de trouver des cadres conceptuels d'interprétation au phénomène de la résistance antifranquiste. À l'instar de Jean-Marie Guillon, il s'interroge sur la fonctionnalité du concept de « banditisme social » pour analyser l'action des guérilleros dès lors que celle-ci ne semble pas répondre tout à fait à des motivations politiques. Comment intégrer ces actions, proches de la délinquance traditionnelle, dans l'analyse du mouvement de résistance ? Marco s'inspire donc au début de la réflexion menée par Jean-Marie Guillon, mais très vite il va axer son analyse épistémologique sur les concepts développés par la sociologie des « nouveaux mouvements sociaux », en particulier celui de « répertoires d'action collective ». Il arrive ainsi à interpréter cette action de la guérilla comme

25. Jacques SEMELIN, *Sans armes face à Hitler : La résistance civile en Europe, 1939-1943*, Paris, Payot, 1989 ; Edward P. THOMPSON, « La economía "moral" de la multitud en la Inglaterra del siglo XVIII » in *Tradición, revuelta y conciencia de clase*, Barcelona, Crítica, 1979, p. 109-110 ; James SCOTT, « Formas cotidianas de rebelión campesina », *Historia social*, n° 38, 1997, p. 13-39, et *Weapons of the weak. Everyday forms of peasant resistance*, Yale University Press, 1985 ; Alf LÜDTKE, « De los héroes de la Resistencia a los coautores. "Alltagsgeschichte" en Alemania », *Ayer*, n° 19, 1995, p. 49-69 ; François MARCOT, « Les paysans et la Résistance : problèmes d'une approche sociologique », in *La Résistance et les Français. Enjeux stratégiques et environnement social*, Rennes, Presses universitaires de Rennes, 1995, p. 245-255, et « Pour une sociologie de la Résistance : intentionnalité et fonctionnalité », *in* Antoine PROST (dir.), *La Résistance, une histoire sociale*, Paris, Les éditions de l'Atelier/Éditions ouvrières, 1997, p. 21-41 ; H. R. KEDWARD, *In search of the maquis : rural resistance in Southern France, 1942-1944*, Oxford, Clarendon Press, 1994, et « La résistance, l'histoire et l'anthropologie : quelques domaines de la théorie », *in* Jean-Marie GUILLON et Pierre LABORIE (dir.), *Mémoire et Histoire : la Résistance*, Toulouse, Privat, 1995. J'ai développé l'emploi de cette bibliographie appliqué à l'étude de la résistance espagnole dans Mercedes Yusta, *Guerrilla y resistencia campesina, op. cit.*, p. 15-43, et « Guérilleros et paysans après la guerre d'Espagne » *in* Pietro CAUSARANO, Valeria GALIMI, François GUEDJ, Romain HURET, Isabelle LESPINET, Jérôme MARTIN, Michel PINAULT, Xavier VIGNA, Mercedes YUSTA (coord.), *Le XXe siècle des guerres*, Paris, Éditions de l'Atelier, 2004, p. 181-189.

la confluence de répertoires politiques et non politiques, qui sont mobilisés dans le contexte de la résistance et qui répondent à des engagements multiples, pas uniquement lisibles à partir d'une grille idéologique[26].

D'autre part, une réflexion intéressante commence à s'amorcer grâce à une interprétation culturelle de la guérilla, à l'instar de ce qui se fait en ce moment dans l'historiographie de la guerre civile espagnole. La notion de « culture de guerre », employée en France et en Europe pour interpréter la guerre de 14-18 et ses conséquences, peut être utile pour établir des liens entre le processus de « brutalisation » qu'expérimente la société espagnole pendant la guerre de 36 et la violence vécue pendant l'après-guerre, violence dont la guérilla serait une des manifestations les plus visibles. D'autre part, l'analyse des discours, en particulier sur la construction de l'ennemi, ou l'approche de genre, qui permet une approche sexuée de cette violence vécue pendant l'après-guerre (à l'instar des travaux de Fabrice Virgili sur la Libération, par exemple) commencent à être appliqués, bien que timidement, à l'étude de la guérilla. On peut y voir l'amorce d'un véritable transfert entre les deux historiographies, française et espagnole, à partir de ces pratiques importées de l'histoire culturelle, et qui parfois sont appliquées à la guérilla espagnole par des chercheurs français ou vivant en France[27].

On notera, cependant, que ces transferts ne se font pas forcément en passant par la case « historiographie de la Résistance » : d'autres champs historiographiques, comme l'histoire rurale ou l'histoire de la première guerre mondiale, ont été directement mis à contribution. Et pourtant, certains débats qui ont lieu aujourd'hui dans l'historiographie de la résistance française seraient très utiles pour ouvrir de nouveaux axes de réflexion sur l'histoire de la résistance espagnole. Je pense surtout aux pistes ouvertes autour de l'étude de la résistance rurale en France, ou encore aux discussions autour du caractère de « guerre civile », ou non, que l'on peut accorder à la période de la Libération, discussion qui, elle-même, s'est beaucoup enrichie du dialogue avec l'historiographie de la Résistance italienne, en particulier les travaux de Claudio Pavone et Gabriele Ranzato[28]. Il serait très enrichissant également de faire l'histoire de la mémoire de cette résistance, comme cela a été fait en France. Cela nous aiderait certainement à mieux compren-

26. Jorge MARCO, *Resistencia armada en la posguerra : Andalucía oriental, 1939-1952. Naturaleza, composición social y repertorios colectivos*, Memoria de licenciatura dirigida por el Dr Julio Aróstegui, Universidad Complutense de Madrid, 2007.

27. Voir entre autres Mercedes YUSTA, « Una guerra que no dice su nombre. Los usos de la violencia en el contexto de la guerrilla antifranquista », *Historia Social*, n° 60, dossier « La cultura de guerra en la España del siglo XX », sous presse ; Odette MARTINEZ, « Paroles de résistante à l'épreuve de l'archive audiovisuelle : indices du passé et traces du présent », *Tigre*, n° 14 : « Trace et histoire », 2006 ; José Antonio VIDAL CASTAÑO, *La memoria reprimida. Historias orales del maquis*, Valencia, PUV, 2004.

28. Philippe BUTON, « La Francia della Liberazione e la guerra civile », *Memoria e Ricerca*, n° 21, 2006, p. 101-112.

dre les difficultés et les écueils de l'écriture de cette histoire. Mais tout cela ne sera pas possible tant que les historiens professionnels ne commenceront pas à s'intéresser véritablement à ce phénomène et ne le sortiront pas de la marginalité, lui redonnant la place qui est la sienne pour la compréhension des mécanismes qui ont façonné la société franquiste, pendant l'après-guerre civile et au-delà. En tout et pour tout, un seul grand colloque international a été organisé sur la guérilla par une université espagnole : c'est certainement très peu, même si cela reflète bien, en même temps, la marginalité du sujet dans le monde académique espagnol[29]. D'autre part, en ce moment des thèses de doctorat sont en préparation sur le sujet, ce qui peut indiquer que le renouveau est proche. Le dialogue avec l'historiographie de la résistance française sera, à ce moment-là, indispensable pour dégager des problématiques et des pistes de recherche nouvelles, et pour mettre à profit une expertise qui fait défaut en ce moment dans l'historiographie espagnole.

29. Il s'agit du *Encuentro Internacional : La resistencia armada contra el franquismo,* Madrid, Universidad Complutense, 29 au 31 octobre 2006, dont les actes paraîtront prochainement : Julio ARÓSTEGUI et Jorge MARCO (dir.), *El último frente. La resistencia armada antifranquista en España*, Madrid, Los Libros de la Catarata, sous presse. En 1988 une journée d'étude fut également co-organisée par l'Université Autónoma de Madrid et la Fundación de Investigaciones Marxistas (PCE), et les actes publiés sous le titre *El movimiento guerrillero de los años cuarenta*, Madrid, FIM, 1990.

Conclusions

Laurent DOUZOU

En se proposant d'explorer les voies empruntées et les moyens mis en œuvre, de la Libération jusqu'au début des années 1980, pour faire l'histoire de la Résistance française, nous avions choisi d'interroger la *doxa* dominante qui peut être schématisée comme suit : avec la foi du charbonnier, avec le concours et sous le regard attentif du pouvoir exécutif et des résistants, une vaillante cohorte de défricheurs aurait amassé quantité de matériaux et proposé des études de valeur qui auraient tout de même pâti du statut hors normes qui était celui de la Résistance dans la France d'avant *Le chagrin et la pitié* de Marcel Ophüls – réalisé en 1969, diffusé en 1971 – et de *La France de Vichy* de Robert Paxton traduit en français en 1973, deux ondes de choc de nature différente qui auraient redistribué les cartes. Une histoire à caractère scientifique aurait alors graduellement vu le jour, moins prisonnière de la légende, plus soucieuse de la réalité des faits.

En regard de cette vision séduisante parce qu'aisément intelligible, l'objet du colloque était d'interroger plusieurs décennies d'une historiographie en devenir en diversifiant les échelles – du local à l'international en passant par le national – et en conjuguant des approches, des expériences et des générations différentes. Y sont en conséquence intervenus, comme communicants ou à l'occasion des débats, des chercheurs de tous horizons, anciens correspondants du Comité d'histoire de la Deuxième Guerre mondiale (CH2GM), correspondants anciens et actuels de l'Institut d'histoire du temps présent (IHTP), doctorants en passe d'achever leur thèse, et, par définition, des gens qui avaient eu à voir avec le CH2GM, directement et indirectement, de Jean-Louis Crémieux-Brilhac – dont les prises de parole ont fait partie de ces moments non programmés qui comptent dans un colloque – à John Sweets qui a rappelé que c'était sur le conseil d'Henri

Michel qu'il avait choisi de s'intéresser à Clermont-Ferrand, sans omettre Roderick Kedward dont l'approche anthropologique a profondément renouvelé le champ scientifique.

Si le CH2GM n'était pas l'unique objet de ce colloque, il en était tout de même une pièce centrale. L'objectif n'était pas de faire subir rétrospectivement un examen de passage à la Commission d'histoire de l'occupation et de la libération de la France (CHOLF) et au CH2GM au terme duquel ils auraient été déclarés admis *cum laude* ou… recalés. Nous voulions analyser avec distance une entreprise complexe qui n'a pas peu contribué à façonner l'écriture de l'histoire de la Résistance en France (et au-delà, à travers le Comité international d'histoire de la Deuxième Guerre mondiale voulu et présidé à l'origine par Henri Michel). Le CH2GM n'y a pas œuvré seul, bien sûr : il y a eu des démarches parallèles, voire concurrentes, d'un bout à l'autre de la période. Bruno Leroux a mis cet aspect en évidence à propos des *Chroniques* d'Henri Noguères et d'Alain Guérin qui comblèrent un vide laissé dans les décennies 1960 et 1970 par un CH2GM absorbé par l'établissement d'une « chronologie de la Résistance » et la rédaction de monographies. Ces chroniques, l'une comme l'autre idéologiquement et politiquement vertébrées, soucieuses de faire entendre des points de vue à leurs yeux insuffisamment pris en compte, soulignaient un paradoxe. L'histoire de la Résistance telle que la CHOLF et le CH2GM l'avaient élaborée avait beau avoir été conçue et rédigée par des actrices et des acteurs de la lutte clandestine, Noguères et Guérin ne s'y retrouvaient pas (non plus que Pascal Copeau et beaucoup d'autres) : le projet avoué de Noguères d'une histoire « contrôlée » par ceux qui l'avaient faite et vécue tentait de substituer un contrôle à un autre. Ce souci de contrôle était antérieur aux années 1960 et était attesté dès le début de la décennie précédente par l'étude pionnière consacrée par Françoise Bruneau au mouvement « Résistance » dont l'élaboration s'était faite conjointement avec ceux qui en avaient été membres.

Il y eut aussi des démarches antérieures que Julien Blanc a examinées et, d'une certaine façon, exhumées, en analysant, en amont de la création du CH2GM, une période de gestation et de tâtonnements qui généra les matrices des écrits ultérieurs. Julien Blanc a repéré et caractérisé les différents types de « normes » qui furent inventés dans la phase de bouillonnement intense et de passion vive encore qui précéda le CH2GM. Cette source-là ne se tarit jamais ensuite et elle pesa fortement dans la balance. Cécile Vast a mis cet élément en lumière à travers le cas d'Alban Vistel qui s'auto-publia (*L'héritage spirituel de la Résistance*, *La nuit sans ombre*) alors même qu'il était membre du comité de patronage des Comités et qui développa un registre d'écriture éminemment singulier, précieux au meilleur sens du terme, mis au service d'une vision d'ensemble sans jamais quitter la dimension du témoignage. Anecdotique mais méditatif, léger mais profond, l'ancien chef régional FFI de la région lyonnaise a livré des apports conceptuels importants. Michel Goubet a montré quelque chose d'analogue à propos de Jean Cassou bataillant ferme sur le front historiographique avec Pierre Bertaux. Décortiquant avec doigté l'action de l'Association des rescapés des Glières, née aux heures mêmes de la libération de la Haute-Savoie, le 22 septembre 1944, Gil Emprin a aussi illustré cette influence et pointé la dimension légendaire consubstantielle à cette histoire en train de sourdre dans une atmosphère de brûlante passion. Animée par la double volonté d'entretenir la mémoire de ce qui s'était passé et d'en écrire l'histoire, l'Association a été un acteur à part entière, épaulée par un homme qu'on retrouve au fil de l'ensemble de l'historiographie de la période à des moments-clés, Jean-Louis Crémieux-Brilhac. Il ressort des communications qui ont étudié ces individualités et groupes que leur influence, dont les échos ne sont à ce jour pas éteints, fut forte, parfois décisive. *L'héritage spirituel de la Résistance*, *La nuit sans ombre*, *La mémoire courte* sont des ouvrages qui ont compté et comptent, dans le champ historiographique et au-delà.

Le CH2GM fut d'autant moins seul sur ce champ que, parallèlement à son action, œuvraient d'autres artisans parmi lesquels le Centre de documentation juive contemporaine, voisin du CH2GM, en bons termes avec lui mais à côté parce qu'on tardait à prendre la pleine mesure de l'extermination des Juifs d'Europe. Il y eut aussi l'historiographie communiste avec un appareil vigilant et une mémoire militante extrêmement vive. Marie-Claire Lavabre a montré – dans sa communication orale – la place de l'histoire de la Résistance dans l'historiographie communiste « à divers niveaux de l'organisation », « à divers niveaux d'adhésion au communisme ». Que le PCF, jusque dans ses sphères les plus élevées mais pas les plus historiennes, ait cherché à exercer un strict contrôle sur sa propre histoire, avec une attention particulière pour la période 1939-1941, voilà qui n'est pas douteux. Au bout du compte, le résultat fut contre-productif en termes de crédibilité scientifique mais efficace du point de vue de la culture commune aux militants, une culture imprégnée de hautes figures célébrées avec éclat et génératrice d'une forte identité.

Le CH2GM ne fut donc pas seul mais il fut hégémonique ou perçu comme tel. Les très nombreuses références au fil des communications à Henri Michel, son inamovible secrétaire général, disent bien cette position éminente qui, pour cette raison même, ne fit pas toujours l'unanimité. Jean-Marie Guillon, analysant la Résistance vue des régions, a mis en exergue cette ambivalence. Il a aussi souligné le contraste entre le mouvement de reconquête du centre à partir des régions qu'avait effectué la Résistance et la relative faiblesse des travaux menés ensuite historiquement sur lesdites régions. En même temps, par sa position institutionnelle inédite (puisqu'il était directement rattaché à la présidence du Conseil, puis au Premier ministre), par son réseau de correspondants – plus de 560 sur l'ensemble de la période – qui réalisèrent un énorme travail, par les enquêtes qu'il impulsa, les archives qu'il rassembla et sauvegarda, par les publications qu'il suscita et parraina, le CH2GM fut en position centrale, tout en se tenant, comme l'ont rappelé Jean-Marie Guillon et Pierre Laborie, à l'écart des courants historiographiques qui renouvelaient alors en profondeur la discipline historique.

Les membres du CH2GM eurent longtemps, pour l'écrasante majorité d'entre eux, ceci de commun avec ceux qui travaillaient hors de son giron d'avoir été des acteurs des luttes de la Résistance. D'où une relation complexe, tissée d'un horizon commun et de divergences parfois vives. Reste que le CH2GM, par le biais de publications importantes qui ont en somme donné le *la*, par l'entremise de sa revue de prestige, entièrement dédiée à la Deuxième Guerre mondiale, a pesé éditorialement et scientifiquement sur l'historiographie de la Résistance, aux plan national (la monographie sur Combat fut publiée en 1957) et régional (les travaux des époux Silvestre en Isère, ceux d'Eugène Martres dans le Cantal et beaucoup d'autres ont été très importants).

Ce dispositif éditorial a été scruté par Jacqueline Sainclivier et Dominique Veillon qui ont malmené quelques idées reçues. Si, dans la *Revue d'histoire de la Deuxième Guerre mondiale*, la Résistance eut une part significative mais mineure, il faut aller au-delà de ce que les statistiques semblent indiquer. Jacqueline Sainclivier et Dominique Veillon ont insisté sur la conscience aigue des problèmes méthodologiques et déontologiques que les articles de la revue dénotaient et dont ils rendaient les lecteurs avertis. Elles ont aussi montré la complexité et la complémentarité d'un dispositif à facettes : à côté de la revue (silencieuse sur la Résistance de 1950 à 1958 comme l'a relevé Guillaume Piketty et comme en fait foi la préface en 1958, signée de Robert Fawtier, d'un numéro entièrement consacré à la Résistance qu'il présente comme « un geste rassurant à l'égard des anciens résistants »), la collection *Esprit de la Résistance* des PUF produisit des ouvrages de premier plan. Par ailleurs, les numéros de la revue qui traitaient de la Résistance publièrent quelques articles de très haute volée, tel celui de Germaine Tillion en avril 1958 sur la première Résistance en zone occupée qui, aujourd'hui encore, demeure une source d'inspiration. Enfin, dans cet atelier, des correspondants départementaux – dont le réseau commença à être mis sur pied dès la deuxième moitié de l'année 1946 – firent leurs premières armes, la revue mettant souvent le pied à l'étrier des plus féconds d'entre eux avant de diffuser des éléments des thèses qu'ils furent de plus en plus nombreux à entreprendre.

Le colloque dans son entier a rappelé, en précisant les choses, que cette historiographie eut à affronter de redoutables difficultés. C'était d'autant plus utile qu'on a eu tendance, à partir des années 1980, à minimiser ces écueils qui sont pourtant, *mutatis mutandis*, toujours bien présents.

Premier écueil, et non le moindre: la question du statut et de l'accès aux archives. Puisant dans des fonds inexplorés au point qu'elle assimile plaisamment son intervention plus à un « thriller qu'à une communication », Paule René-Bazin a levé un large coin du voile sur cette question particulièrement complexe où les querelles de personnes, qui révélaient des tensions entre institutions et logiques disciplinaires, n'eurent pas un rôle second. Elle a donné des clefs d'interprétation qui éclairent d'un jour nouveau des désaccords dont on comprenait mal les tenants et aboutissants, et qui dessinent trois temps dans les relations entre archivistes et historiens au plus haut niveau: 1944-1947, 1947-1951 et 1951-1980. Les conflits, d'une violence inaccoutumée dans ces milieux feutrés, se produisirent dans un contexte où individus et institutions étaient tenus de reconsidérer des usages bien établis, voire tout bonnement d'inventer la marche à suivre.

Deuxième difficulté: les relations entre acteurs et historiens. Chacune à sa façon, toutes les communications ont dû prendre ce facteur en compte. Michel Goubet a cité un jugement peu amène – formulé dans une correspondance privée avec un camarade de résistance – de Serge Ravanel envers des historiens « complètement paralysés à l'idée d'avoir à prendre une responsabilité quelconque » qui dit bien l'irréductible tension à l'ouvrage: « À mon avis, il faut se faire à l'idée qu'ils attendent notre mort à tous pour être assurés de… ne plus travailler que sur documents. Au moins auront-ils la certitude de ne pas être critiqués. » Tout en attirant l'attention sur le fait que les problèmes que posait – et que pose – l'écriture de l'histoire de la Résistance étaient loin de se réduire à cette seule question, Pierre Laborie a pointé l'écart entre la complexité des problèmes à résoudre et l'absence d'un appareil conceptuel élaboré et sûr. Tiraillés entre l'intime conviction que le recours aux témoins était indispensable et la nécessité de soumettre tout témoignage à la critique, celles et ceux qui, très tôt, travaillèrent cette histoire, durent faire de leur mieux avec des outils rudimentaires et dans un contexte qui n'était pas facile. Le tournant en la matière s'amorça assez tardivement, en particulier sous l'impulsion des travaux de Philippe Joutard. Mais rien n'est jamais acquis dans une affaire où les relations individuelles, les sympathies, les rancœurs, les incompréhensions sont si importantes et les avancées réalisées au fil des ans ne prémunissaient pas contre un violent retour de bâton, on y reviendra.

Troisième difficulté: l'écriture de cette histoire ne fut pas épargnée, c'est le moins qu'on puisse en dire, par les enjeux et les luttes politiques et idéologiques. Là encore, cette variable toucha tous les historiens à l'œuvre, au CH2GM comme dans les départements, avec des pics particulièrement visibles dans la mouvance communiste, dans certaines régions comme celle de Toulouse étudiée par Michel Goubet où la lutte se mena à ciel ouvert ou encore la Haute-Savoie.

Ce qui amène à une difficulté dont Jean-Marie Guillon a montré à quel point elle devait être prise en considération pour comprendre l'élaboration de l'historiographie de la Résistance. En situant une inflexion décisive au tournant des années 1970, entre autres avec les ouvrages d'Alban Vistel et de Charles d'Aragon, Jean-Marie Guillon a touché juste. Il a moins insisté sur le fait que cette inflexion fut aussi redevable aux travaux universitaires menés, avec un fort ancrage régional et souvent la qualité de correspondant(e) du CH2GM, par... Jean-Marie Guillon, Jacqueline Sainclivier, Pierre Laborie, François Marcot et quelques autres. Or, ces travaux qui s'inscrivaient dans un cadre régional fort ont largement dépassé cet horizon et modifié nationalement la donne.

Ils l'ont modifiée du point de vue historiographique bien entendu mais pas seulement. En réalité, ils ont consacré la résolution de la dernière difficulté sur laquelle cette histoire-là buta longtemps, celle des relations avec une Université très réticente à l'idée de donner son onction – et des perspectives de carrière – à des chercheurs en charge de sujets aussi brûlants et proches.

Il y avait là autant de défis qu'il fallut bien relever à chaud, sans précédent sur lequel s'appuyer, avec l'obligation d'inventer au jour le jour des règles allant contre de puissants *habitus*. François Rouquet a établi beaucoup plus précisément que cela n'avait été fait jusqu'à présent que la fine fleur de la discipline historique (Lucien Febvre, Ernest Labrousse, Pierre Renouvin, puis René Rémond) avait accompagné et soutenu cette démarche, les médiévistes Robert Fawtier et Édouard Perroy ayant joué dans cette affaire un rôle essentiel qu'on a eu tendance à oublier ou à minimiser par la suite. Il a montré aussi l'étendue du concours que des historiens de métier, appelés à des positions éminentes ultérieurement, avaient prêté au CH2GM en faisant fonctionner les différentes commissions qui travaillaient en son sein. Tous les obstacles n'ont pas été surmontés si aisément et cela explique aussi, comme l'a constaté Pierre Laborie, que chacun dans son coin ait été en butte à des difficultés et à des doutes surmontés empiriquement et parfois imparfaitement. En même temps, s'il est une chose dont on peut être sûr après ce colloque, c'est bien qu'on ne peut faire le reproche aux protagonistes de cette histoire tentée à chaud d'avoir méconnu ou sous-estimé ces obstacles.

Nombre de ces obstacles sont toujours les nôtres même si nous savons qu'ils sont notre lot alors que nos devanciers les découvraient chemin faisant. La loi de janvier 1979 sur l'accessibilité aux archives a constitué une avancée non sans que subsistent des entraves non négligeables. On pourrait même soutenir que l'accès que les correspondants avaient *de facto* aux archives était plus libre avant cette loi qu'après. Les relations entre acteurs et témoins ont connu des hauts et des bas, la table ronde organisée en 1997 dans les locaux du journal *Libération* autour des époux Aubrac ayant marqué le point culminant – désolant autant qu'inefficace – d'une tension jamais totalement maîtrisée. Les luttes politiques et idéologiques demeurent vives mais se sont déplacées désormais sur le plan historiographique. Quant à l'articulation entre niveaux national et régional, elle n'est pas non plus entièrement résolue même si les travaux d'une nouvelle génération de chercheurs inclinent à l'optimisme. Le seul domaine, au fond, où l'obstacle a été effacé est celui des relations avec l'Université. Un colloque comme celui de Lyon est désormais dans la norme.

Les efforts que le CH2GM a inlassablement déployés ont bel et bien fait sauter ce verrou-là. À bien y regarder, il se pourrait que le CH2GM ait accompagné et accéléré une évolution inéluctable puisqu'on la retrouve, par exemple, en Italie comme en Belgique. Quoi qu'il en soit, c'est paradoxalement au moment où il touchait les premiers dividendes de ses patients efforts qu'Henri Michel – et avec lui le CH2GM – dut passer la main. En apparence, tout au moins. Plus de trente ans de labeur et d'existence avec une forte impulsion centrale, des équipes au travail dans la France entière, des moyens, cela n'est pas si courant pour une structure *ad hoc* et cela laisse des traces… et des successeurs.

Tout cela était-il étroitement hexagonal ? Oui et non. Oui, pour toutes les raisons évoquées ci-dessus. Non, parce que les communications de nos collègues, qui ont traité de l'évolution de leur propre historiographie nationale (Fabrice Maerten, Gianni Perona) ou qui l'ont confrontée à l'historiographie française (Steffen Prauser, John Sweets, Mercedes Yusta), ont montré combien le caractère singulier de la période et les mémoires à l'œuvre comptaient.

Gianni Perona, dont l'intervention orale portait sur l'historiographie de la résistance italienne, a mis en évidence le fait que les périodes principales de la production d'histoires de la Résistance en Italie avaient épousé les différentes phases de la vie politique du pays. Il a aussi relevé le succès éditorial de livres récents traitant l'après-guerre surtout du point de vue des règlements de comptes entre partisans et fascistes ; il arrive, en Italie comme ailleurs, que la mauvaise monnaie chasse la bonne… Fabrice Maerten a décrit les voies tortueuses qui ont été empruntées en Belgique. Quantitativement modeste, la production historiographique belge sur la résistance a suscité peu d'échos dans la société par rapport à ce qui est observé outre-Quiévrain. Au fil des ans, et selon des phases que sa communication a détaillées, des historiens (Henri Bernard, Jean Dujardin, José Gotovitch) ont travaillé avec des optiques très différentes, politiquement et scientifiquement. Depuis les années 1990, on observe un regain d'intérêt pour l'histoire de la résistance. Malgré cela, l'avenir de cette historiographie est incertain dans un pays marqué par l'étiolement du parti communiste et où l'idée de Résistance renvoie d'abord non pas à l'unité de la Nation, mais au contraire à ses profondes déchirures.

Steffen Prauser a mis en évidence le fait que l'historiographie allemande s'était peu intéressée à la résistance française, à quelques notables exceptions près (Hans Umbreit, Aklrich Meyer). Même si à partir des années 1990, elle a renouvelé ses questionnements sur la résistance française, la question du regard de l'ancien ennemi n'a pas disparu ce qui se marque notamment par les interrogations liées à la figure comme à la notion du franc-tireur. Par ailleurs, l'intérêt pour la résistance en Allemagne s'est davantage focalisé sur une résistance allemande ne se limitant plus à la Rose blanche et au complot du 20 juillet 1944.

Mercedes Yusta a pris pour objet le phénomène qui, en Espagne, s'apparentait le plus à la Résistance française, c'est-à-dire le mouvement, pluriel et multiforme, qui lutta contre le franquisme, pendant les années 40, les armes à la main et qu'on appelle « la guerrilla » ou « el maquis » (par mimétisme avec la France). Cette résistance armée a été peu étudiée alors même que la guerre civile et la répression franquiste l'ont été abondamment. L'influence de l'historiographie française a joué à la façon d'un « effet miroir », la geste de la Résistance française faisant figure de modèle inaccessible, historiographiquement et politiquement. Un réel dialogue entre les deux historiographies permettrait peut-être à l'étude de la résistance espagnole de gagner ses galons d'objet scientifique à part entière dans un contexte européen.

John Sweets a montré que si la Résistance française – au contraire du régime de Vichy – avait statistiquement soulevé peu d'intérêt chez les historiens anglo-américains, leur apport n'en avait pas moins été important à trois niveaux : celui de la Résistance en son sommet, celui de la Résistance à la base, celui des études régionales et locales. Quantitativement réduite à la portion congrue, l'historiographie anglo-saxonne aura été qualitativement d'un apport majeur au fil des ans même si l'absence – fâcheuse – de traductions françaises d'ouvrages importants occulte largement cette réalité.

Au total, on a pu mesurer combien les controverses internes à la France pouvaient se retrouver, distanciées et déplacées, dans des travaux émanant d'historiens étrangers. Pour paraphraser Germaine Tillion, il y a une France de l'Occupation du côté de chez Paxton et Burrin, une autre du côté de chez Sweets et Kedward. Il n'entre aucun jugement de valeur dans ce constat pas plus que, chez Proust, le côté de Guermantes ne supplante le côté de chez Swann. Le colloque a permis de vérifier que, parmi les meilleurs spécialistes de cette histoire-là, il y a eu et il y a des chercheurs étrangers qui en ont une connaissance intime et qui, malgré la distance qui est la leur comme naturellement (il n'existe pas d'historiographie de la résistance américaine…), sont partie prenante, et c'est heureux, des joutes qui jalonnent cette historiographie. En tout état de cause, celle-ci, dans les trois premières décennies de son existence, déploya une intense activité qui, en dépit des insuffisances qui accompagnent toute quête scientifique, ne fut pas confinée et étroite d'esprit contrairement à ce qu'on dit souvent encore.

Il y avait quelque risque à décider de consacrer un colloque entier à l'historiographie de la Résistance telle qu'elle était née et s'était développée de la Libération au début des années 1980. Tout cela n'était-il pas déjà bien connu ? L'action du CH2GM n'avait-elle pas, de fait, déjà été évaluée ? La teneur du colloque a amplement montré qu'au-delà des effets de mode, le regard rétrospectif, quand il s'appuie sur un examen attentif, est riche d'enseignements de toutes sortes. En remettant cette période sur le métier, en variant les jeux d'échelles, en combinant réflexions théoriques et études de terrain, on en sait un peu plus aujourd'hui sur les réalisations et les limites de devanciers envers lesquels nous sommes à présent doublement redevables. Qu'en soient chaleureusement remerciés tous ceux qui ont accepté dans le cadre de ce colloque d'œuvrer à cette évaluation dont on peut espérer qu'elle nous rende plus aguerris et lucides face aux défis que nous tentons de relever.

Annexes

Témoignage de Jean-Louis Crémieux-Brilhac

Sur l'action du Comité d'histoire de la Deuxième Guerre mondiale et ses antécédents

Pierre Renouvin a été dans une certaine mesure un précurseur.

J'ai été son élève et le hasard a fait que, par la suite, j'ai été son voisin (dans la même maison) pendant quelques années. J'ai donc eu de nombreuses conversations avec lui. Si Renouvin n'a pas collecté à proprement parler des témoignages de combattants de 14-18, il ne méconnaissait pas leur intérêt, notamment sur la connaissance de la psychologie du soldat. En effet, après avoir perdu un bras, il avait été chargé en 1917-1918 de faire des conférences aux armées, ce qui l'avait mis en contact avec de nombreux soldats, juste à l'arrière du front. Il les avait questionnés et avait gardé des souvenirs très précis de leurs témoignages sur des points qu'il considérait comme très importants : par exemple, le fait que la première révolution russe de février 1917 avait été accueillie avec enthousiasme par les soldats français, comme une victoire, alors que l'entrée en guerre des États-Unis avait suscité des doutes et peu de satisfaction car le sentiment dominant était qu'elle prolongerait la guerre. D'autre part il faut se rappeler qu'il a été le premier conservateur de la Bibliothèque et du Musée de la Guerre dont il a fait la Bibliothèque de documentation internationale contemporaine.

En ce qui concerne l'action du Comité d'histoire de la Deuxième Guerre mondiale (CH2GM), il ne faut pas oublier qu'elle couvrait à la fois les aspects militaires de la Deuxième Guerre mondiale et l'action de la Résistance. Son rôle dans la collecte documentaire, y compris par recueil de témoignages oraux, a été original et efficace. Outre les ouvrages, son action reposait sur deux piliers : la revue et les colloques. Or il est vrai que les colloques ont été principalement consacrés aux aspects militaires ou politico-militaires de la guerre. C'est seulement marginalement que la Résistance y a eu sa place, sauf dans le colloque de 1974 sur la Libération où pour la première fois le problème de l'insurrection nationale fut évoqué.

Sur la création de l'Institut d'histoire du temps présent

Lors de la substitution de l'IHTP au CH2GM, il se trouva que j'étais le collaborateur du secrétaire général du Gouvernement, Marceau Long et que j'ai été associé à l'affaire. Marceau Long n'avait pas de bonnes impressions du CH2GM. Le livre de Frenay *La nuit finira*, lui avait paru ouvrir une période de contestation. D'autre part, il avait entendu Henri Michel s'exprimer à la radio en termes très vifs face à un interlocuteur – et Henri Michel pouvait en effet avoir la dent dure. Marceau Long a considéré que, dans ces conditions, il était malsain que le CH2GM reste attaché au secrétariat général du Gouvernement. Ce rattachement avait été utile pendant trente ans car l'autorité du Premier ministre permettait des arbitrages et donnait des facilités extrêmes à Henri Michel vis-à-vis des autres ministères et même vis-à-vis des Archives nationales. Mais du temps s'était écoulé et, eu égard à cette atmosphère de querelles, Marceau Long a pensé que l'histoire de la Deuxième Guerre mondiale et de la Résistance, en s'approfondissant, ne pouvait devenir que conflictuelle et gêner le Premier ministre et le secrétaire général du Gouvernement.

Il n'y a donc eu en aucune façon un « complot », comme certains l'ont dit, pour qu'une nouvelle génération d'historiens prenne le relais. Il y a eu la volonté, d'ordre administratif et politique, d'alléger le secrétariat général du Gouvernement. Henri Michel ne l'a pas très bien pris. Marceau Long m'a chargé de l'en informer directement et d'essayer d'arrondir les angles. Le CNRS a accueilli favorablement les avances de Marceau Long – alors qu'il ne les avait pas sollicitées. Ce qui a été plus compliqué a été l'affaire de la revue, parce que François Bédarida n'entendait pas limiter l'Institut d'histoire du temps présent, nouvellement créé, à l'histoire de la Deuxième Guerre mondiale. Henri Michel s'est donc mis en quête d'universitaires auxquels il pourrait la transmettre. Guy Pedroncini lui est apparu tout à fait compétent pour le faire, ce qui a donné la revue *Guerres mondiales et conflits contemporains* qui, dans une large mesure – il faut bien le reconnaître –, a évacué la Résistance, alors que l'IHTP donnait un tour nouveau à l'historiographie française en s'éloignant lui aussi de la période de guerre.

Sur les Glières et le rôle des correspondants du CH2GM

L'affaire des Glières a été un moment capital de l'histoire de la Résistance mais aussi de la France libre. Ce fut la première parcelle de terre libérée, tenue pendant deux mois par des résistants de toutes tendances, de l'Action française aux Francs-tireurs et partisans et aux Républicains espagnols, avec un encadrement d'officiers du 27e Bataillon de chasseurs alpins et des chefs héroïques : Morel, Anjot. Mais elle n'est compréhensible que si l'on se rappelle que ses acteurs n'ont pas été seulement locaux : un rôle décisif a été joué par un délégué militaire de Londres, Jean Rosenthal *alias* Cantinier, qui était en liaison avec Descour, chef d'état-major régional FFI, avec Bourgès-Maunoury, délégué militaire de la zone sud, et avec Bingen, délégué général par intérim, et qui avait une liaison quotidienne par radio avec Londres. Toute l'affaire des Glières s'est menée dans un dialogue continu entre Londres et la métropole et dans un malentendu constant qui a conduit au drame que l'on sait.

Ce n'est pas seulement une affaire savoyarde, car c'est la première opération où deux parachutages ont eu lieu en pleine bataille. D'autre part, elle a posé un problème capital, qui a divisé la Résistance, la France libre, les Français et les Anglais : devait-on adopter la tactique des réduits ou celle du harcèlement ? C'était fondamental dans le cas des Glières, mais avait aussi valeur de symbole pour l'avenir. Il se trouve que les télégrammes reçus à Londres me sont passés entre les mains, que c'est moi qui les ai transmis à Schumann, à la suite de quoi il a lancé le 6 février 1944 au soir cet appel extraordinaire : « Allô maquis, Allo Haute-Savoie, Allô maquis de Haute-Savoie ! » C'était l'appel par lequel, à la demande de Jean Rosenthal, il appelait les réfractaires armés à rejoindre les maquis, les ouvriers à faire grève et la population à multiplier les sabotages. Dès le lendemain, la crainte de voir se déclencher une insurrection régionale a amené Londres à faire machine arrière et à démentir cet appel. Tout cet arrière-plan extraordinairement dramatique, avec des enjeux essentiels non seulement pour la Savoie mais pour toute la Résistance et pour ses relations avec la France libre et le SOE, ce n'étaient pas les correspondants locaux du CH2GM qui pouvaient le retracer. Je l'ai fait dans mon article de 1975 publié dans la *Revue d'histoire de la Deuxième Guerre mondiale* – rédigé, je dois le dire, par une nécessité de conscience, en 1954 au lendemain de l'affaire de Dien Bien Phu. Et je remercie le Comité des Glières d'avoir élargi son audience et compris l'importance de ce cadre général dans lequel j'essayais de replacer l'affaire.

Pour revenir sur l'action des correspondants du Comité, bien sûr, il était nécessaire et important que chaque acte et chaque acteur de la Résistance fût connu grâce à eux. Nous avons d'ailleurs soutenu leur action de tous nos efforts. Je suis malgré tout embarrassé que ce colloque sur l'historiographie de la Résistance se concentre sur les questions locales et apparaisse si détaché du contexte général, du dialogue – duo-duel – entre la France libre et la Résistance, des relations triangulaires aussi entre le SOE, la France libre et la Résistance. Je ne voudrais pas que l'histoire de la Résistance devienne de plus en plus une histoire locale « à ras des pâquerettes » parce que les archives locales sont là et qu'il est commode d'en tirer des sujets de mémoires de maîtrise. Je souhaiterais que chacun de ceux qui participent à cette histoire de la Résistance à l'appel du Comité hier, des historiens locaux aujourd'hui, ait toujours le sentiment qu'il s'agit d'une grande aventure dont la résistance locale a été simplement un élément.

Sur *SOE in France*

Je suis fier d'avoir pu collaborer avec Michael Foot pour faire en sorte que la traduction de son livre sorte en France après quarante ans. Dans ma préface, j'ai dit que cette parution mettait fin à un scandale. Le mot était volontairement provocant mais je crois que le fait qu'un livre aussi important ait paru en France seulement aujourd'hui nous interroge. La préface explique comment ce livre a été interdit de diffusion en France. Il a été publié en Angleterre en 1966 par M. Foot et traduit en français par les soins de Fayard, mais le *Foreign Office* a fait en sorte que cette traduction soit interdite, que le livre soit par conséquent mis à l'index en France.

Comment comprendre ce fait tout à fait extraordinaire qu'un livre écrit par un Anglais soit interdit de traduction en France par décision d'une puissance amie telle que l'Angleterre ? Dans un premier temps, le motif qui nous paraissait vraisemblable à Michael Foot et à moi, c'était que le *Foreign Office* n'avait pas voulu provoquer à l'époque la colère du général de Gaulle ou le mécontentement de certains mouvements résistants, pour ne pas risquer d'aggraver peut-être l'état des relations diplomatiques. Pour ma part, j'ai peine à croire que le *Foreign Office* ait pris une telle décision sans qu'il y eût été incité. Le colonel Passy avait publié de vifs articles contre le livre de Foot en France et en Angleterre. Geoffroy de Courcel était ambassadeur de France à Londres à l'époque. Il ne me paraîtrait pas invraisemblable que, discrètement, une démarche française ait été faite pour que la parution de cette traduction soit suspendue. Mais j'ai posé la question à M. Foot qui n'en sait rien et je ne fais qu'émettre une hypothèse. Quelle que soit l'explication, le fait que l'on ait répugné, en 1966, à laisser entendre que les Anglais avaient participé aussi activement à la résistance française, est tout de même quelque chose d'extraordinaire.

Peut-être le *Foreign Office* n'aurait-il pas agi de la même manière après 1970 ? Que la parution du livre ait été suspendue pendant quarante ans traduit malgré tout de notre part à tous une certaine complaisance pour la thèse selon laquelle la Résistance française était bien franco-française, selon laquelle ce sont bien les Français qui ont libéré la France, et eux seuls. La thèse qui sous-tend le livre de M. Foot n'est pas révolutionnaire. Elle n'a rien, pour un historien, de révoltant ni de choquant, même si, dans l'esprit de nombre de Français, il y a eu deux moteurs à l'action résistante en France : les gaullistes et les communistes, alors qu'en réalité il y en a eu trois : les gaullistes, les communistes et les Anglais.

Les historiens connaissent cette participation anglaise. Comme il a été dit lors de ce colloque, Henri Noguères a utilisé Foot assez abondamment. Des épisodes croustillants relatifs au SOE ont fait l'objet de polémiques : l'affaire Prosper, l'affaire Grandclément, l'affaire Carte. Mais la somme que représentait le livre de Foot risquait de nous gêner. Il y a en réalité deux volets dans le livre de Foot. D'abord le fait que le SOE ait fourni la logistique des agents de la France libre, du BCRA. Tous les agents français y compris Jean Moulin sont passés par les services du SOE pour leur formation : pour apprendre le codage, le saut en parachute, être initié à l'action clandestine, au parachutage d'armes. Et d'autre part, cela est beaucoup moins connu, il y a eu toute une série de réseaux d'action purement britanniques (je ne dis pas de renseignement car l'Intelligence Service et le SOE étaient distincts). Foot les passe en revue région par région et année par année. Nous en connaissions certains par bribes, par des flashes. Dans le Nord, deux gros volumes ont été consacrés au réseau Farmer. Mais la vue d'ensemble, nous ne l'avions pas, alors que sur quelque 750 agents ou résistants, déposés en France pendant la guerre, moitié l'ont été pour la France libre, moitié pour les Anglais. Je pense qu'il était temps aujourd'hui que ce livre sorte enfin sans qu'il soulève des tempêtes, même s'il contient des inexactitudes, du fait qu'il a été rédigé pour l'essentiel dans les années 1960. Car Michael Foot n'a pas eu accès aux archives françaises qui étaient fermées à l'époque. Il a donc utilisé uniquement les sources anglaises, qui sont en grande partie les rapports des agents. Or, qu'ils aient été français ou anglais, nous savons bien que les agents ont « gonflé » leur action, quelquefois au-delà du vraisemblable. Des mises à jour ont été faites dans la mesure du possible pour la présente édition. Cela étant, le rôle des Britanniques mis en lumière par Foot est aujourd'hui reconnu, même si le livre sur certains points paraît dater. J'en vois pour preuve le fait que, pour sa parution ont collaboré la Fondation de la Résistance, la direction de la mémoire, du patrimoine et des archives du ministère de la Défense, l'université Pierre Mendès-France de Grenoble et le Musée de la résistance et de la déportation de Besançon.

Nous mesurons encore mal l'importance relative de cette résistance anglaise. Que représentent les noms de Cammaerts et de Starr pour les Français aujourd'hui ? Or, Foot nous dit que Cammaerts a joué un rôle fondamental dans la dernière phase de l'occupation du Sud-Est et que Starr a obtenu en moins d'un an pour la région Sud-Ouest 150 parachutages. Je n'ai pas cru à ce chiffre quand je l'ai lu. J'ai donc fait une enquête sur place : il est indiscutable, de source anglaise comme de source française. Ayant en mains ce récit de l'action de tant de réseaux – 60 réseaux d'action purement anglais si je me souviens bien en 1944 – cela doit nous inciter à confronter leur action avec celle des autres formations de la Résistance. Cela n'a pas été fait, sinon dans quelques régions de France, et nous permettrait de nous faire une idée relative de ce qu'ont été le rôle et l'efficacité de cette résistance anglaise. Il me semble qu'il faudrait aujourd'hui, grâce à tout ce qu'a apporté l'historiographie régionale depuis la Libération, pouvoir la mesurer plus précisément encore à la lumière des sources françaises.

Paul et Suzanne Silvestre, correspondants du Comité d'histoire de la Deuxième Guerre mondiale dans l'Isère

Olivier VALLADE

Lors de sa parution en 1978, l'ouvrage *Chroniques des maquis de l'Isère 1943-1944*[1] de Paul et Suzanne Silvestre, correspondants du Comité d'histoire de la Deuxième Guerre mondiale, fait figure de nouveauté par plusieurs aspects. Il n'est pas le fait d'« auteurs-témoins », alors que c'est le cas pour la quasi-totalité des ouvrages consacrés à la guerre dans la région à cette période. D'autre part, il est le fruit d'une collecte longue et minutieuse d'informations recueillies auprès des témoins, encore assez nombreux à l'époque, et de documents d'archives peu exploités.

Quel est donc le parcours de ce couple qui s'est consacré avec autant d'abnégation à ce travail, que le général Le Ray, ancien commandant FFI de l'Isère, qui a préfacé l'ouvrage, qualifie de « bénédictin » ?

Qui sont-ils ?

Ils sont tous les deux agrégés d'histoire, enseignants à Grenoble ; Paul Silvestre est président de la Société régionale des professeurs d'histoire-géographie. En 1963, c'est à ce titre qu'il est contacté par Henri Michel pour poursuivre les travaux du Comité d'histoire de la Deuxième Guerre mondiale à l'échelle départementale.

1. Paul et Suzanne SILVESTRE, *Chroniques des maquis de l'Isère 1943-1944*, Les quatre seigneurs, 1978, 350 p. Réédition augmentée en 1998 aux Presses Universitaires de Grenoble (cartes, index, chronologie, tableaux), 507 p.

Rappelons que le Comité à déjà eu plusieurs correspondants dans le département depuis 1950[2], en particulier le docteur Jean Batailh, dont le fils avait été arrêté et déporté en 1943, et qui avait réuni des éléments pour réaliser l'une des premières enquêtes du Comité : les « cartes de la souffrance », travail qu'il n'a pu mener à bien.

C'est en fait son épouse Suzanne – alors plus disponible – qui va entreprendre de collecter des informations pour la réalisation, en premier lieu, de deux cartes sur « l'action de la Résistance en Isère ». Celle-ci est fille d'un instituteur qui avait rédigé des journaux clandestins durant l'occupation et qui connaissait bien nombre de ses collègues dans le département. Ce maillage relationnel d'instituteurs qui avaient connu la guerre a facilité grandement les contacts du couple avec les témoins, allant du simple maquisard au responsable de l'état-major FFI.

Après sa retraite, en 1974, Paul Silvestre prête main-forte à Suzanne et ils réunissent un corpus de 150 interviews, 300 fiches biographiques, 6 000 fiches chronologiques et collectent au passage photos, journaux de marche et autres documents originaux. Ils épluchent les archives officielles notamment les rapports préfectoraux et les sources policières.

Le couple se rend régulièrement – l'un ou l'autre, ou les deux – aux réunions du Comité dans les années 1970, soit à Paris, soit le plus souvent, dans les réunions régionales ; il rend compte de l'avancée des recherches, comme en témoignent les *Bulletins* de liaison du Comité, et rédige à l'occasion des comptes rendus d'ouvrages.

Leurs travaux

En 1977, ils éditent deux cartes, accompagnées d'une notice[3], correspondant à l'enquête du CH2GM sur les actions de la Résistance. Elles déclinent, à partir d'une légende fournie, la diversité des actions de résistance dans le département : actions et moyens d'action, sabotages, parachutages, combats, emplacements de maquis.

En 1978 le couple publie les *Chroniques des maquis de l'Isère*. La fabrication, confiée à un petit éditeur grenoblois ne se fera pas sans problème, compte tenu de la somme d'informations à présenter ; le livre est volumineux (350 pages), la typographie est serrée, plusieurs cahiers de photos sont insérés mais bien qu'accompagné de deux cartes manuscrites, il manque un index, ce qui ne facilite pas sa lisibilité, surtout pour un lecteur ne connaissant pas le Dauphiné !

2. M. Faure, directeur d'école à Grenoble, puis Mlle Mathieu, directrice d'école honoraire, puis le docteur Batailh. Voir la liste des correspondants du Comité en annexe de cet ouvrage.
3. Paul et Suzanne SILVESTRE, *Actions de la Résistance dans le département de l'Isère*, avant et après le 6 juin 1944. Deux cartes et une notice explicative. Édition financée par le Conseil général de l'Isère, 1977.

Les Silvestre ne s'en tiennent pas là et rédigent pour la *Revue d'histoire de la Deuxième Guerre mondiale*, deux autres articles complémentaires à l'ouvrage : « les premiers pas de la Résistance en Isère[4] » en 1982 ; « STO, maquis et guérilla dans l'Isère[5] » en 1983, qui revient sur la question des générations de maquisards ; de ceux qui se cachaient à ceux qui se sont engagés dans la lutte armée.

Une démarche originale

En premier lieu, ils ne sont pas des auteurs-témoins, contrairement à la plupart des auteurs d'ouvrages sur le sujet à l'époque (*Nal*-Requet, *Lanvin*, La Picirella) mais ils ne négligent pas le témoignage, dont ils font une moisson abondante. Ils sont soucieux de la nécessité de confronter ces témoignages, comme en fait foi l'intervention de Suzanne Silvestre dans une réunion des correspondants en 1973, suite à la sortie mouvementée du livre du capitaine Lanvin, chef des maquis de l'Oisans.

Deuxièmement, leur méthodologie est basée sur le recoupage des sources. Bien que cela paraisse évident aujourd'hui, en raison de l'accès plus facile aux sources d'archives, il n'en était pas de même dans les années 1970. Paul Silvestre fait d'ailleurs une intervention lors d'une réunion régionale de correspondants à Bourg en 1975 sur « la méthodologie de l'histoire d'un maquis » et fait ainsi le point sur les sources :

– la source orale ; pour lui elle doit être présentée avec une optique d'exhaustivité : « Il faut tout voir, au risque de laisser passer des témoignages importants, la synthèse ne sera possible que lorsque toutes les monographies auront été réunies. »

– la source écrite : carnets de routes, archives, presse clandestine et officielle.

– la connaissance des lieux : une prégnance du milieu physique et humain, qui transparaît d'ailleurs fortement dans les travaux du couple.

En troisième lieu, ils adoptent une démarche scientifique de recherche des causalités et de problématisation de la chronologie. Parmi leurs objectifs, plus ou moins avoués, l'un était de sortir d'une histoire-bataille, telle que des grands témoins (Tenant, *Nal*, *Lanvin*) avaient pu l'écrire, l'autre était de donner une place prépondérante à la chronologie, quelle que soit sa complexité, afin de faire ressortir les tâtonnements des débuts de la Résistance de mouvements, les filiations ou non filiations STO-maquisards (voir l'enquête sur les prélèvements de main-d'œuvre dont les résultats sont parus dans le *Bulletin* du Comité de mars-avril 1979, en même temps que

4. Suzanne SILVESTRE, « Les premiers pas de la Résistance dans l'Isère » in *Revue d'histoire de la Deuxième Guerre mondiale et des conflits contemporains*, n° 127, juillet 1982. Réédité à la suite des *Chroniques des maquis de l'Isère* en 1995.

5. Paul SILVESTRE, « STO, maquis et guérilla dans l'Isère » in *Revue d'histoire de la Deuxième Guerre mondiale et des conflits contemporains*, n° 130, avril 1983.

la sortie des *Chroniques*), la diversité du phénomène maquisard : de la cache au passage à la lutte armée fin 1943-début 1944 en passant par la prise en main des mouvements, le départ ou l'arrivée des nouvelles recrues, et les difficultés d'intendance.

Leur originalité, enfin, se situe par rapport au champ historiographique régional de l'époque, non seulement par la diversité des supports de publication utilisés (livres, cartes, articles...) mais surtout par l'aire géographique d'étude qui couvre l'ensemble du département de l'Isère, alors qu'il y a eu jusqu'alors surabondance d'ouvrages sur le Vercors, avec notamment les ouvrages de Tanant, Gilbert Joseph, Pierre Dalloz, et du journaliste-historien Paul Dreyfus.

Accueil et critiques des *Chroniques*

Les termes de « modestie » et de « minutie » reviennent souvent dans les critiques – toujours positives – qui ont accompagné la sortie de l'ouvrage, pour qualifier les auteurs.

Cependant, son aspect formel est très dense ; les interlignes sont très resserrés et rendent la lecture difficile. Le style employé est parfois ardu, les phrases un peu longues, et les problématiques générales un peu noyées dans un dédale de détails topographiques, d'autant plus difficile à surmonter qu'il manque un index de personnes et de lieux, ainsi qu'une chronologie, ce à quoi la réédition de 1998 aux PUG va remédier.

Les Silvestre ont cessé leur fonction de correspondants à la fin des années 1980, laissant la place à Michel Chanal, qui les accompagnait déjà lors des réunions de correspondants depuis la fin des années 1970. Celui-ci reprend l'enquête sur la collaboration entamée par les Silvestre (cf. les tableaux statistiques proposés par Mme Silvestre dans le *Bulletin* du Comité, n° du 3e trimestre de 1980).

Ils ont déposé leurs archives aux archives départementales de l'Isère[6] : un fonds précieux, voire indispensable pour qui travaille sur la Résistance en Isère de nos jours

6. Archives départementales de l'Isère, sous série 70 J. Librement communicable.

Liste de correspondants départementaux de la Commission d'histoire de l'occupation et de la libération de la France et du Comité d'histoire de la Deuxième Guerre mondiale[1]

Ain : Mme APPLETON, archives départementales, Bourg. Mars 1949 : Mme APPLETON et M. MORIN. 1959 : BOJOLY, Bourg (ex-déporté). 1960 : GAGNIEUX, instituteur en retraite, Bourg-en-Bresse. COMTE cité en 1970. 1974 : GENET travaille avec GAGNIEUX. 1976 : DUSONCHET, archives départementales de l'Ain, Bourg.

Aisne : MANGEOT, inspecteur primaire, Saint-Quentin. 1952 : PARIS, professeur à l'école normale d'instituteurs de Laon. 1952 : Mme BRUNET, professeur au lycée de jeunes filles de Saint-Quentin. 1952 : BEAUJEAN, directeur d'école honoraire (travaille avec Mme BRUNET et Mme CAILLOT, professeur au lycée de jeunes filles de Saint-Quentin). 1953 : Mlle DESCHAMPS, professeur certifié d'histoire au collège de jeunes filles de Laon. 1960 : BERTHIAULT, professeur au lycée de Soissons.

Allier : Mme MONCEAU, Moulins. 1961 : VARENNES, instituteur, Montluçon. 1962 : NAUDIN, Moulins. 1977 : André TOURET, professeur de lycée, Moulins.

Basses-Alpes : GARCIN, directeur de collège en retraite, Digne ; MARTIN-CHARPENEL, docteur à Manosque ; BŒUF, directeur départemental de la Jeunesse et des Sports à Digne. 1952 : JOSEPH, instituteur. 1959 :

1. Liste établie à partir du dépouillement du bulletin de la Commission d'histoire de l'occupation et de la libération de la France de 1948 à 1951 et du bulletin du Comité d'histoire de la Deuxième Guerre mondiale de 1952 à 1980. Il peut y avoir simultanément plusieurs correspondants dans un même département d'autant qu'il existe des correspondants dédiés à un thème particulier (résistance, déportation, captivité). L'absence de date pour les premiers correspondants départementaux tient au fait que nous savons qu'ils étaient en place en 1948 sans que nous connaissions la date exacte de leur nomination.

CHOTARD, proviseur du lycée de Digne. 1960 : VARCIN et REPARAZ. 1965 : COLLIER, directeur des archives départementales, Digne.

Hautes-Alpes : 1948 : commandant TERRASSON-DUVERNON, Gap. 1959 : Mme TERRASSON-DUVERNON également citée. 1975 : BERAUD, professeur de collège d'enseignement secondaire, Gap.

Alpes-Maritimes : EHRMANN, professeur au lycée de garçons de Nice. 1952 : abbé DAUMAS, Nice. 1959 : Mme LEGRAND, Mlle MARON, professeur au lycée de jeunes filles de Nice (fille de déportée). 1960 : Mlle GILORMINI, professeur au lycée de jeunes filles, Nice. 1963 : FAURE-MURET, agrégé de l'Université, Nice. 1967 : BENEZIT, professeur de lycée, Nice et GIRARD, directeur du collège d'enseignement secondaire Vernier, Nice. 1973 : PANICACCI, professeur d'histoire, travaille avec GIRARD.

Ardèche : DE FONT REAULX, archiviste, Privas. 1949 : FOURNIER, ingénieur, Privas. 1952 : J. BEAUSSIER, Aubenas. 1959 : BEAUSSIER confirmé et assisté de FOURNIER. 1969 : RUFIN, professeur de lycée, Tournon, remplace BEAUSSIER décédé. 1972 : DUCROS travaille avec RUFIN.

Ardennes : ROBINET, archiviste en chef, Mézières. 1952 : MANCEAU, professeur d'histoire à l'école normale d'institutrices, Charleville. 1959 : CLOET. 1960 : VADON travaille avec CLOET.

Ariège : GARRISSON, professeur au collège de Saint-Girons. Janvier 1949 : démission de GARRISSON. 1953 : SAINT-ALARY, directeur d'école honoraire, ex-déporté. 1961 : DUPUY, professeur au lycée, Foix. 1961 : Marcel RUBY, professeur au lycée, Foix. 1963 : DELPLA, professeur agrégé au lycée de Foix, avec pour adjoint A. LAURENS.

Aube : 1948 : LEJEUNE, directeur de l'école Diderot à Troyes. 1952 : LEJEUNE à Montaulin. 1952 : DEMONS, inspecteur primaire honoraire. 1960 : SIGMANN, inspecteur d'académie, aidé par LIEGEOIS, directeur de cours complémentaire à la retraite. 1962 : G. BERNARD, directeur des archives départementales, Troyes. 1969 : Mlle BERNARD, directrice d'école honoraire. 1969 : Mme SIRET, professeur d'école normale à la retraite. 1976 : J.-F. WIEDEMANN, professeur d'école normale, Troyes. 1978 : ROCHE.

Aude : BLAQUIERES, archiviste en chef, Carcassonne. 1958 : Aubert VIDAL, Narbonne. 1961 : André VIDAL à Ornaisons, en remplacement de son père Aubert VIDAL, décédé. 1961 : DELPECH, secrétaire général de la mairie de Carcassonne (en remplacement de Aubert VIDAL). 1967 : BOURGES, adjoint d'archives honoraire, avec M. DEBANT. 1969 : G. BRAS, directeur adjoint de collège d'enseignement secondaire, Carcassonne. 1969 : ALLAUX, commissaire divisionnaire honoraire, Carcassonne.

Aveyron : FLOTTES, professeur, Rodez. 1953 : ALBOUY, professeur, Millau. 1954 : LOUBIERE, adjoint à ALBOUY. 1957 : PIQUEMAL, professeur à l'école normale de garçons de Rodez. 1960 : CAMPERGUE. 1967 :

Mlle BOUISSOU adjointe à CAMPERGUE. 1975 : J. JARRIOT, Rodez, travaille avec CAMPERGUE. Chanoine L. FOUCRAS, Rodez.

Bouches-du-Rhône : PLANTIER, Marseille ; BOURGIN, professeur au lycée Mignet, Aix-en-Provence. Novembre 1948 : PLANTIER remplacé par P. GIRAUD, Marseille, travaille avec BOURGIN. 1955 : MOSSE, professeur au lycée Saint-Charles (travaille avec l'aide de deux professeurs agrégés d'histoire des lycées Thiers et Saint-Charles). 1957 : P. GIRAUD, Marseille (interné de la Résistance). 1960 : GIRAUD aidé par JOBEY professeur au collège moderne honoraire, Marseille. 1962 : CAILLOL, professeur au lycée Victor Hugo, en remplacement de JOBEY qui demeure adjoint au premier. 1964 : ALLEMAND, professeur de lycée, Marseille. BOURRILLY, Marseille, tous deux adjoints à JOBEY. 1966 : J. ALLEMAND, Marseille, pour l'enquête sur les « Victimes de la Libération ». 1969 : LE ROUX, Marseille, travaille avec M. GIRAUD. 1971 : BEAUQUIER, professeur de lycée à Marseille (avec GIRAUD et LE ROUX). 1976 : L. GAILLARD, conseiller pédagogique honoraire, Marseille.

Calvados : DE BOUARD, professeur à la faculté des lettres, Caen. 1959 : Mlle GRALL, sous-archiviste, travaille avec DE BOUARD. 1976 : A. HEINTZ, professeur, Caen.

Cantal : 1948 : BARNET, directeur de cours complémentaire à Aurillac. 1950 : René AMARGER, directeur du *Montagnard*, Saint-Flour. 1952 : MANDIRAC, professeur d'histoire au collège de Mauriac. 1953 : PAYRASSE, bureau des déportés et internés politiques, Aurillac. 1960 : Eugène MARTRES, professeur au lycée d'Aurillac.

Charente : LEPROUX, Paris. Mars 1949 : BEILLARD, instituteur à Chazelles. 1957 : JARDRY, directeur d'école (ex-prisonnier de guerre). 1960 : CLERFEUILLE, professeur au lycée, Angoulême. 1960 : FACON, professeur au lycée, Angoulême. 1960 : Mme CLERFEUILLE citée. 1962 : BEILLARD, directeur de l'école Bel-Air, Angoulême : « Nous sommes heureux de compter à nouveau parmi nous M. BEILLARD qui, il y a quelques années, avait été déjà le correspondant de la Commission d'histoire de la déportation dans la Charente. »

Charente-Maritime : DELAFOSSE, archiviste en chef, La Rochelle. 1959 : THIBAUDEAU (ex-chef départemental de la Résistance) travaille pour la chronologie avec la correspondante, Mme BOUCHET, institutrice au collège classique de La Rochelle (internée, veuve de déporté). 1961 : GAYOT (ex-déporté), La Rochelle, en remplacement de Mme PELLETIER. 1976 : FAURE, professeur au lycée Jean Dautet, La Rochelle.

Cher : CRAVAYAT, archiviste en chef, Bourges. Pas de titulaire en 1949. 1950 : remplacé sur sa demande par WIMBEE, professeur d'école normale à la retraite, Bourges. CRAVAYAT continue à travailler avec WIMBEE (décédé en 1954). 1959 : Mme CARON. 1960 : TAILLEMITE, directeur des archives départementales, Bourges. 1960 : RIBAULT, directeur des archives départementales à Bourges en remplacement de TAILLEMITE, muté à Paris. 1969 : VIEUX, maître-assistant à l'institut universitaire de technologie à Bourges, travaille avec RIBAULT. 1977 : JENN, directeur départemental des services d'archives, Bourges.

Corrèze : GUITARD, secrétaire de l'Inspection académique, Tulle. Janvier 1949 : DAUTREMENT, directeur d'école, Brive. 1959 : DEBANT. 1963 : Léon DAUTREMENT, directeur d'école retraité, Brive. 1970 : QUINCY, directeur des archives départementales de la Corrèze, cesse d'être correspondant du Comité dans ce département et aidera, dans sa tâche, Mlle CHATEAU. 1974 : Pierre SALLES, professeur au lycée Edmond Perrier de Tulle. 1976 : BESSE, professeur, collège d'enseignement secondaire, Tulle.

Corse : pour Ajaccio : LIVRELLI, directeur d'école honoraire, rédacteur en chef du journal *La Corse* (ex-déporté par les Italiens). Pour Bastia : VINCIGUERRA, professeur d'histoire au lycée de Bastia. 1955 : ALESANDRI, instituteur en retraite, Ajaccio (en remplacement de LIVRELLI). 1956 : DURIZY, maison du Combattant, Ajaccio, remplace ALESANDRI. 1971 : Hélène CHAUBIN, professeur au lycée Laetitia Bonaparte à Ajaccio.

Côte-d'Or : 1948 : LESSIAU, professeur agrégé au lycée Carnot à Dijon. DELESSART cité en 1950 avec LESSIAU. 1960 : MARLOT. 1960 : LOMBARD, professeur au lycée de garçons, Dijon. 1961 : LOMBARD désormais aidé par PHILIPPOT, école de filles de Larrey à Dijon, et par R. MEURET, Dijon. GOUNAND cité en 1970.

Côtes-du-Nord : ANCELIN, professeur à l'école normale de garçons, Saint-Brieuc. BESNIER, professeur au lycée de garçons de Saint-Brieuc. 1960 : HUGUEN, professeur au lycée technique de Saint-Brieuc. 1976 : C. BOUGEARD, professeur au lycée E. Renan, Saint-Brieuc.

Creuse : NICOT, maître d'école d'application de l'école normale d'instituteurs de Guéret. 1952 : MERLE, Guéret. 1952 : NICOT remplacé par MERLE (ancien chef du COPA de R5). 1954 : MALDANT, directeur d'école. 1957 : décès de MALDANT, correspondant pour la commission d'histoire de la Résistance. Nouveau correspondant : SIGMANN, inspecteur d'académie. 1959 : HEMMER, directeur des services d'archives de la Creuse, remplace SIGMANN, inspecteur d'académie, muté à Troyes. 1975 : MARIE DE FICQUELMONT vient d'être nommé correspondant, il travaillera avec HEMMER.

Deux-Sèvres : PINEAU, inspecteur primaire, Melle. 1959 : DUFRENNE, professeur agrégé au lycée de Niort, en remplacement de PINEAU. 1960 : METTEAU, professeur au lycée, Niort. 1963 : VIEN, professeur au collège d'enseignement général de Breloux La Crèche. 1976 : J.-L. BIGOT, professeur au lycée Denfert-Rochereau (Saint Maixent l'École).

Dordogne : 1948 : chef de bataillon BOILLET, Périgueux. Mars 1949, nouveau correspondant : LAFFONT, chef de bureau à la préfecture de Périgueux. 1949 : BECQUART, archiviste en chef, qui travaille en coopération avec LAFFONT. 1952 : Severin BLANC, directeur d'école honoraire (déporté). 1955 : Mlle MORQUIN, professeur au collège moderne et technique, Périgueux, en remplacement de BLANC. 1959 : CROS, directeur d'école honoraire à Périgueux, double Mlle MORQUIN. 1969 : LARIVIERE, professeur au lycée technique, Périgueux, remplace CROS, décédé. 1971 : L. MICHEL, professeur honoraire d'histoire et Mme M. BEFFARA, professeur au lycée de Périgueux, travaillent avec LARIVIÈRE. 1973 : DÉMÉNÉ, professeur de lycée, Périgueux, travaille avec LARIVIÈRE et L. MICHEL. 1973 : PAROUTY, collège d'enseignement secondaire du lycée Laure Gatet, devient correspondant et travaille avec DÉMÉNÉ et LARIVIÈRE.

Doubs : DAVILLE, archiviste en chef, Besançon. 1952 : commandant MARLET, Besançon. 1960 : Doubs : FOHLEN, professeur à la faculté des lettres de Besançon, constitue une équipe de travail dont le général FOURNIER et DEFRASNE font partie. 1960 : MAIER. 1968 : THURIET, conseiller à la cour d'appel de Besançon. 1968 : JABOEUF, Besançon. 1970 : M. et Mme MERCIER travailleront avec JABOEUF et THURIET, notamment à la statistique de la déportation. Décès à 59 ans d'Armand JABOEUF, correspondant pour le Doubs, qui était aussi président des anciens FFI du Doubs. 1974 : François MARCOT. 1975 : VIBRATTE, Besançon. 1977 : Marcel JAFFRES, professeur de collège d'enseignement secondaire, Besançon.

Drôme : DE FONT REAULX, archiviste en chef, Valence. 1949 : DE SAINT-PRIX, Saulce. 1954 : PLANEL, professeur, Valence. 1955 : VINCENT-BEAUME.

Eure : BAUDOT, archiviste en chef, Évreux. 1952 : Louis MAURY, professeur d'histoire au collège technique, Évreux. 1960 : PASCO et BEAU, chef du service de l'Office national des anciens combattants, Évreux. 1970 : L. SAVÉANT, correspondant pour l'Eure, remplace BEAU décédé. 1971 : LE NORMAND, professeur de collège d'enseignement secondaire, Le Neubourg. 1978 : Julien PAPP, professeur.

Eure-et-Loir : WAQUET, archiviste en chef, Chartres. 1952 : MARTIN, professeur agrégé au lycée de Chartres. 1953 : CARRE, professeur agrégé au lycée de Chartres. 1960 : THOBY, Chartres, et CARRE. 1960 : WAQUET, directeur des archives départementales, Chartres. 1967 : Mme BREAN, institutrice retraitée.

Finistère : WAQUET, archiviste en chef, Quimper. 1956 : LE GRAND aidé en 1959 par THOMAS, instituteur à Brest.

Gard : GOURON, archiviste en chef, Nîmes. 1952 : MARUEJOLS, professeur au cours complémentaire Saint-Charles à Nîmes. 1955 : BOISSIERE. 1966 : VIELZEUF, Nîmes, Gard, en remplacement de BOISSIERE qui demeure correspondant de la sous-commission Déportation. 1968 : SABLOU, directeur des archives départementales. Roger BOURDERON cité en 1970. 1978 : A. COSSON, professeur, Nîmes.

Haute-Garonne : WOLFF, professeur à la faculté des lettres, Toulouse. Septembre 1949 : FONTANEAU, professeur agrégé, Toulouse en remplacement de WOLFF. 1957 : FONTANEAU aidé par PAYRAU, agrégé, CVR. 1963 : LATAPIE, Toulouse, qui travaille en coopération avec FONTANEAU. 1968 : BIXEL, école d'agriculture, Saint-Gaudens. 1968 : GOUBET, Toulouse.

Gers : HOUTH, sous-archiviste, Auch. 1952 : BIXEL, instituteur à Mielan (déporté). 1961 : MARAMBAT, Auch, adjoint à BIXEL. 1964 : LABEDAN, Auch, adjoint à BIXEL. 1971 : P. PÉRÉ à Panjas adjoint à LABEDAN. 1975 : PIERDONA, Auch.

Gironde : CALMETTE, professeur au lycée, Bordeaux. 1951 : BETGE, archiviste en chef, avec CALMETTE. 1952 : GRUN, professeur agrégé, lycée Montaigne, Bordeaux. 1953 : TALBOT, agrégé, professeur au lycée Montesquieu, Bordeaux. 1955 : PERRIER, directeur d'école remplace TALBOT. 1961 : TROQUEREAU, préfet honoraire, Camblanes. 1962 : RODIER, inspecteur primaire honoraire, Talence. 1966 : BECAMPS, Bordeaux.

Hérault : PRADALIE, professeur d'histoire au lycée de garçons de Montpellier. 1952 : Hérault : COUCY, Montpellier. 1957 : TIXADOR, président de l'Union nationale des associations de déportés, internés et familles de disparus (UNADIF), Montpellier (ex-déporté). 1959 : BOULADOU. 1976 : MAURIN, assistant, université Paul Valéry, Montpellier.

Ille-et-Vilaine : REBILLON, professeur à la faculté des lettres, Rennes. 1949 : LECOMTE, professeur au lycée, Rennes. 1950 : en remplacement de LECOMTE, FREVILLE, agrégé d'histoire, docteur ès lettres, Rennes. 1950 : cité aussi BUFFET. 1959 : BOUVET. 1960 : NICOLAS, professeur au lycée, Rennes. 1961 : AUGUIN, professeur honoraire, Rennes, remplace NICOLAS. 1962 : DUVAL, Rennes. 1966 : ALLAIRE, professeur de lycée, Rennes. 1969 : CHOTARD, conseiller honoraire à la cour d'appel de Rennes. 1974 : Mme BUTLER et Mlle SAINCLIVIER, professeurs au lycée de Bréquigny à Rennes. 1978 : H. FRÉVILLE, sénateur, participe aux travaux des correspondants D'Ille-et-Vilaine.

Indre : SADRON, Châteauroux, secondé par BRUNEAU, professeur à l'école normale d'instituteurs ; GAY, professeur au lycée de garçons de Châteauroux et MARTINON, instituteur retraité. 1950 : THUILLIEZ, archiviste, Châteauroux, en remplacement de SADRON. 1952 : BELLIER, Châteauroux (ancien déporté). 1960 : PLATEAUX et Mme PLATEAUX, Châteauroux. 1963 : DU BOISROUVRAY, directeur des archives départementales, Châteauroux. 1966 : Maurice NICAULT.

Indre-et-Loire : MILLET, instituteur honoraire, Tours. Novembre 1948 : MILLET démissionne pour raisons de santé. Pas de titulaire en 1949. 1950 :

VIVIER, inspecteur général de l'Instruction publique, ancien préfet du département, Tours. 1970 : BOHBOT, Tours, aide VIVIER. 1975 : RABOUIN, professeur agrégé au lycée de Châteaurenault, précédemment correspondant dans le Loir-et-Cher, prend la succession de VIVIER, décédé.

Isère : FAURE, directeur d'école, Grenoble. 1950 : Mlle MATHIEU, directrice d'école normale honoraire, remplace FAURE. 1952 : docteur BATAILH (père de déporté non revenu). 1963 : Mme SILVESTRE, professeur agrégée d'histoire au lycée Stendhal, Grenoble. 1974 : M. SILVESTRE, professeur de lycée, travaille avec Mme SILVESTRE. 1974 : CHANAL, directeur des études d'histoire au centre de formation des professeurs d'enseignement général de collège (PEGC), partage les tâches avec le docteur BATAILH et M. et Mme SILVESTRE.

Jura : MERMET, directeur de la Jeunesse et des Sports, Lons-le-Saunier. 1960 : Mme BAUD. 1966 : Mlle LEROY, directrice des archives départementales de Lons-le-Saunier, adjointe de Mme BAUD. 1967 : BOYET, adjoint au directeur des archives départementales du Jura, adjoint de Mme BAUD. 1977 : Rémy GAUDILLIER, professeur de lycée.

Landes : 1949 : CASTEX, inspecteur primaire, Dax. 1953 : CANTAL, président des Anciens résistants, déportés internés et familles de disparus. 1967 : PAILHE, professeur au lycée, Mont-de-Marsan. 1971 : J. BRIDON, directeur du centre d'orientation professionnelle de Mont-de-Marsan. 1973 : GOUBELLE, professeur au lycée de Mont-de-Marsan, travaille avec BRIDON. 1975 : CAILLUYER, professeur de lycée, Mont-de-Marsan.

Loire : ROINAT, Saint-Etienne. 1952 : Mme BOQUIN, professeur de lycée (déportée). 1955 : JEANBLANC, professeur agrégé d'histoire à Saint-Etienne. 1960 : PEYCELON, professeur au collège moderne, Le Chambon Feugerolles.

Haute-Loire : ROZIER, directeur de cours complémentaire, Le Puy. 1950 : JARRY, archiviste en chef. 1952 : DUBOSCLARD, professeur à l'école normale du Puy. 1957 : COMBES, professeur à l'école normale d'instituteurs, Le Puy. 1961 : PANDRAUD, directeur de l'école d'application du Moulin Pataud, Le Puy, adjoint à COMBES. 1970 : POMARAT, conseiller honoraire à la cour d'appel de Riom, Le Puy. 1972 : HÉBRARD, professeur d'histoire au lycée d'Issoire. 1974 : GOUTALOY, professeur au lycée du Puy.

Loire-Inférieure : GERNOUX, instituteur d'une école primaire de filles, Nantes. 1950 : cité aussi DE BERANGER.

Loire-Atlantique : 1958 : LUCE, Nantes. 1974 : Mme BOIS travaille avec LUCE. BOUVET, professeur de géographie au lycée de Châteaubriant, les aide. 1978 : Mlle ALLANO, Nantes. 1978 : CHANTEPIE, La Flèche.

Loir-et-Cher : MARTIN-DEMEZIL, archiviste en chef, Blois. 1952 : COCHARD, professeur de collège, Blois. 1960 : DUCHENE, professeur au lycée, Blois. 1962 : Mme WATSON. 1972 : RABOUIN, professeur agrégé, Châteaurenault, travaille avec DUCHENE.

Loiret: abbé GUILLAUME, curé d'Ardon par Olivet. 1961 : R. LEMESLE, Orléans. 1962 : PANOT, professeur au lycée B. Franklin, Orléans. 1963 : abbé GUILLAUME, Orléans, « que nous sommes heureux de compter à nouveau parmi nous ». 1967 : Y. DURAND, professeur de lycée, Orléans, en remplacement de PANOT. 1974 : Jean GOUEFFON, professeur au lycée Denis Poisson de Pithiviers.

Lot: 1949 : MIROUSE, professeur au lycée de Cahors. 1952 : BOUSQUET, professeur d'histoire, lycée de garçons, Cahors. 1952 : PEZET, professeur d'histoire au collège de Cahors (frère de déportée et ex-prisonnier de guerre). 1955 : MAILHOL, lycée de Cahors, en remplacement de BOUSQUET et en coopération avec PEZET. 1960 : aidé par Mlle A. CAPUS. 1961 : FOUCAUD, professeur d'histoire au lycée de Figeac (en remplacement de M. PEZET, nommé à Dakar). 1961 : LAFARGUE, directeur d'école honoraire, Cahors. 1963 : CAZARD, proviseur du lycée Champollion à Figeac. 1967 : VAYRON. 1968 : LABORIE, professeur au lycée de Cahors, aide LAFARGUE. MONZAT cité en 1970.

Lot-et-Garonne: 1949 : PEROTIN, archiviste en chef à Agen. 1952 : TULET, instituteur (ancien déporté). 1953 : Mme TOLOSE. 1960 : BOURRACHOT. 1966 : Mlle CAILLAOUZE, Agen, professeur à l'école normale de jeunes filles, adjointe de Mme TOLOSE. 1971 : Mlle FOURY, professeur de lycée, Agen, adjointe de Mlle CAILLAOUZE. 1976 : G. SICRE, Agen.

Lozère: 1948 : PIERREL, instituteur au Monastier. CORDESSE cité en 1970.

Maine-et-Loire: LEVRON, archiviste en chef, Angers. Septembre 1949 : BAZIN, commissaire principal de la Sûreté nationale, Angers, en remplacement de LEVRON (nommé à Toulouse en 1957, il abandonne son poste de correspondant). 1960 : LOUAISIL, professeur honoraire d'école normale, Angers. 1970 : REIGNOUX, professeur de lycée, Angers, remplace LOUAISIL décédé. 1975 : CARDOT, professeur de lycée, Angers.

Manche: PATRY, professeur, Saint-Lô. LEFEBVRE, bibliothécaire de la Ville, Cherbourg. DELAUNAY, inspecteur primaire, Granville. Novembre 1948 : PATRY nommé professeur à Châteauroux ; DELAUNAY devenu inspecteur primaire à Saint-Lô, prend sa place, PATRY continuant tout de même une action personnelle dans la Manche. 1949 : LEFEBVRE, bibliothécaire de la Ville, Cherbourg, décédé en 1952. 1952 : COLIN, principal de collège honoraire (père de déportés non revenus). 1958 : LAMBERTON, instituteur en retraite (ex-prisonnier de guerre). 1959 : LECLERC.

Marne: GANDILHON, archiviste en chef, Châlon sur Marne. 1952 : AUBERT, collège moderne et technique (déporté). 1959 : AUBERT, assisté de GOGUEL, inspecteur départemental de l'enseignement technique et MENU, secrétaire à l'enseignement technique (tous deux ex-déportés à Neuengamme).

Haute-Marne: 1956: HENRIOT, professeur au lycée, Chaumont.

Mayenne: 1948: CHANTEUX, archiviste, Laval. 1950: cité aussi DURAND professeur à l'école normale de garçons de Laval. 1952: BOUHIER, professeur d'histoire à l'école normale d'instituteurs. 1956: BEUNEUX, professeur de cours complémentaire en retraite, Laval. 1960: ROBIN, Laval. 1976: R. FOUCAULT, professeur au lycée Ambroise Paré, Laval.

Meurthe-et-Moselle: LACOSTE, professeur au lycée Poincaré, Nancy. 1952: Jacques FRANÇOIS, professeur agrégé au lycée Poincaré, Nancy (déporté). 1960: FRANÇOIS et CLEMENDOT. 1960: BILLORET. 1960: CABOURDIN. 1963: GERARD, directeur des archives départementales, préfecture, Nancy, qui travaille avec CLEMENDOT. 1970: Jacques MIÈVRE, assistant à la faculté des lettres de Nancy, travaille avec GÉRARD. 1971: MIÈVRE, assistant à la faculté des lettres de Nancy, nommé à Nice, cesse d'être correspondant du Comité. 1973: ETIENNE, professeur de collège d'enseignement secondaire, Nancy, travaille avec GÉRARD.

Meuse: BEQUART, archiviste, Bar-le-Duc. 1949: SAVOURET, archiviste, Bar-le-Duc. 1950: COLNAT, archiviste en chef à Bar-le-Duc. 1960: HARTERT, Ligny-en-Barrois. 1960: chanoine BOULHAUT, curé de la paroisse St-Sauveur, Verdun. 1961: POMAREDE, bibliothécaire municipal, Bar-le-Duc. 1964: WEILL, directeur des archives départementales, Bar-le-Duc. 1969: LEMÉE, directeur des archives départementales. 1973: BERTRAND, professeur à l'école normale.

Morbihan: CORGNE, professeur au lycée de Pontivy (à la retraite en 1949). 1952: TANGUY, professeur à l'école normale de Vannes. 1957: GUILLEMOT (ex-déporté). 1959: LEROUX, professeur au lycée de Lorient. 1959: GUILLEMOT cité avec LEROUX. 1976: B. FRELAUT, professeur, Vannes.

Moselle: 1949: ILLY, instituteur, Morange. KROMMENACKER, instituteur, Audun-sur-Tiche. 1950: RIGAULT, archiviste en chef de la Moselle. 1952: R. WEIL, professeur de lycée, Sarreguemines (déporté). 1956: NEIGERT, professeur d'histoire au cours complémentaire (ex-déporté). 1969: HIEGEL, conservateur aux archives départementales de la Moselle.

Nièvre: colonel ROCHE, vice-président du conseil général (décédé en 1954). 1952: COURAULT, directeur d'école honoraire, Nevers. 1956: Mme TESTARD (ex-internée). 1960: LA BUSSIERE. 1960: PERRIN, chef du service départemental du ministère des anciens Combattants. 1961: DE GAULEJAC, directeur des archives départementales, Nevers. DE GAULEJAC travaille avec le docteur CHANEL. 1970: MARTINET, professeur de lycée, Nevers, travaille avec PERRIN.

Nord: 1949: LECOMPTE, professeur au lycée Faidherbe et Mlle Andrée DUPONT professeur au lycée Fénelon à Lille. 1949: MACHU, professeur au lycée Faidherbe à Lille, en coopération avec Mlle DUPONT. 1950:

PIETRESSON de Saint-Aubin. 1952 : DUCROQUET, directeur d'école, Lille, en remplacement de DOUAL. 1960 : ERPELDINGER, professeur au collège Dupleix, Lille ; ROUSSEAU, instituteur à Lambres- lès-Douai. 1962 : CAYEZ, professeur agrégé au lycée, Lille. 1970 : Daniel LAURENT, adjoint de ROUSSEAU.

Oise : GALEY, directeur d'école, Beauvais. 1955 : VILLEROY, instituteur, et COURSEAUX, instituteur (ex-déporté résistant). 1959 : Mme GUT, faisant fonction de directeur des archives pour le département de l'Oise. 1973 : Mme F. ROSENZWEIG, professeur d'histoire, Beauvais, et BERTHE, professeur d'histoire à Beauvais, travaillent avec Mme GUT. 1976 : Xavier LEPRETRE, Chantilly.

Orne : VIEL, professeur au collège de la Ferté-Macé. 1960 : JOUANNE, archiviste honoraire, Alençon. 1974 : Jean VIGILE, directeur d'école à Alençon, travaille avec JOUANNE.

Paris : 1962 : DEBENEST, Paris.

Pas-de-Calais : BESNIER, archiviste en chef, Arras. Mai 1949 : BOUGARD, archiviste (Arras) en remplacement de BESNIER, qui vient de prendre sa retraite. 1952 : Mlle LESUEUR, surveillante générale au lycée de jeunes filles de Béthune, succède à Mme COSSE, professeur au lycée de jeunes filles de Béthune, nommée dans la Drôme. 1956 : MAURIANGE, professeur agrégé au collège technique, Boulogne, ex-prisonnier de guerre évadé. 1960 : BESNIER, directeur des archives départementales honoraire, Arras. 1960 : colonel LHERMITTE, Arras.

Puy-de-Dôme : Marcel PAUL, instituteur à Doranges (déporté). 1960 : MANRY. 1961 : NONY. AUGUY cité en 1970. 1971 : MARTIN, professeur de lycée à Clermont-Ferrand, travaille avec MANRY. 1972 : VIALATTE, président de chambre honoraire à la cour d'appel de Paris, Montferrand.

Basses-Pyrénées : BAYAUD, archiviste en chef, Pau. 1957 : BARADAT avec POULLENOT en 1960.

Pyrénées Atlantiques : 1971 : Yves BARADAT remplace Aimé BARADAT décédé.

Hautes-Pyrénées : septembre 1949 : TANESSE, professeur honoraire de lycée, bibliothécaire de la ville, Tarbes. 1952 : MAUMUS, Tarbes. 1956 : CANSOT, inspecteur primaire, avec MAUMUS. 1972 : SAJOUS, Tarbes, adjoint de MAUMUS. 1974 : Michel PAPY, professeur à la faculté des lettres de Pau. 1975 : Mme REY, fille de M. MAUMUS, décédé. 1978 : GIRAUD. 1978 : Mlle COUADEAU, Lourdes.

Pyrénées-Orientales : MAUREILLE, inspecteur d'académie, Perpignan. 1952 : CHAIX, professeur d'histoire au lycée Arago, Perpignan. 1953 : ESTEVE, président de la Fondation nationale des déportés, internés résistants et patriotes (FNDIRP), Perpignan. Docteur DURRIEU DE MADRON, président de l'Amicale des résistants et maquisards catalans, Perpignan.

1960 : FOURQUET, directeur d'école honoraire, Perpignan. 1960 : avec Mme FOURQUET. 1960 : ESTEVE. 1965 : PACOUIL, Perpignan, en remplacement de FOURQUET décédé. Mme FOURQUET travaille avec M. PACOUIL. 1972 : LARRIEU, professeur de lycée, Perpignan, travaille en coopération avec PACOUIL et Mme FOURQUET.

Bas-Rhin : LIVET, assistant à la faculté des lettres de Strasbourg. 1953 : SIGMANN, agrégé, assistant à la faculté des lettres de Strasbourg. 1956 : MEY, professeur au lycée Fustel de Coulanges. 1957 : BEER-GEHLER, professeur au collège de Saverne (pour l'arrondissement de Saverne). 1960 : François-G. DREYFUS, attaché de recherches au CNRS, Strasbourg. 1962 : J. GSTALTER, délégué adjoint à la délégation régionale des anciens Combattants, adjoint à DREYFUS. 1967 : FOESSEL. 1968 : Mlle KELCHE, professeur au lycée de Neudorf, Strasbourg, travaille avec M. FOESSEL. 1969 : MULLET. 1976 : Mme LANGE, Strasbourg.

Haut-Rhin : BOPP, professeur au collège de Colmar. 1956 : BLASY, professeur au collège technique, travaille avec BOPP. 1959 : Mlle CLAUSER, professeur au collège national Lambert de Mulhouse.

Rhône : BOUVIER, professeur au lycée du Parc, Lyon. Novembre 1948 : BOUVIER remplacé par RUBY, Lyon. 1949 : M. LECOUR. 1950 : DENIAU, RUBY, LEBOSSE. 1960 : LEBOSSE, Villeurbanne. 1961 : NICOD, conservateur aux archives départementales, travaille avec LEBOSSE. 1962 : RUBY, professeur, Lyon, adjoint à LEBOSSE. 1962 : FREZAL, Lyon, adjoint à RUBY. 1965 : CAYEZ, professeur agrégé, Caluire, adjoint à LEBOSSE. 1966 : M. A. THOMAS, avocat général honoraire. 1967 : CHANEL, Lyon. 1972 : AULAS, Vaugneray, adjoint de M. l'avocat général THOMAS. 1978 : Mlle BRISON, lycée du Parc, Lyon.

Saône-et-Loire : 1948 : VINCENT, sous-préfet honoraire, Louhans. 1960 : PIRAT. 1961 : BARLET, instituteur à Varennes-sous-Dun. 1969 : BARAULT, directeur du collège d'enseignement général. 1973 : Mlle VELU, professeur au lycée de Mâcon, travaille avec BARAULT. 1973 : Mlle MARGUIN, professeur agrégée au lycée Lamartine de Mâcon, travaille avec BARAULT et Mlle VELU. 1977 : Mlle Martine CHAUNEY, archiviste à la bibliothèque municipale, Châlon-sur-Saône.

Haute-Saône : Mme CHICLET, directrice de l'école normale des filles, Vesoul. 1956 : MEDARD, professeur honoraire de Faculté. 1963 : CARETTI, professeur à l'école normale de garçons de Vesoul. 1965 : J. LATRILLE, professeur d'histoire au lycée de Vesoul. 1967 : SARRE, professeur au lycée, Luxeuil. 1970 : RIVAT, PERONIAT, maire de Comberjon, adjoints de SARRE.

Sarthe : CORDONNIER, bibliothécaire, Le Mans. 1959 : PIOGER, directeur de cours complémentaire à la retraite. 1957 : MORET-BAILLY, agrégé, ex-prisonnier de guerre. 1959 : Mme PIOGER citée avec son mari. 1960 : COUTELLE, directeur de cours complémentaire honoraire, Le Mans. 1975 : GARNIER, Le Mans, travaille avec COUTELLE.

Savoie : général LESTIEN, Chambéry. 1959 : DE LAVARELLE, sous-archiviste, adjoint de LESTIEN. 1960 : colonel POCHARD, Chambéry, secondé par LAVARELLE, sous-archiviste.

Haute-Savoie : GUICHONNET, professeur au collège moderne, Annecy. 1960 : SIMOEN, chef du service départemental des anciens Combattants. 1960 : FIVEL et SIMOEN. 1963 : MARIOTTE, directeur des archives, Annecy. 1967 : GAMBIER, Annecy. 1976 : DEMICHELIS, professeur, lycée Fichet, Bonneville. 1977 : P. MOUTHON, professeur au collège d'enseignement secondaire d'Annemasse. 1978 : POIRSON, Annecy.

Seine-Inférieure : BLANCHET, archiviste en chef, Rouen. 1952 : LEPRETTRE, directeur d'imprimerie, Rouen (déporté). 1952 : PIONTEK, professeur au collège technique, Rouen (ancien déporté). 1955 : Yvon HECHT, journaliste, Rouen.

Seine-Maritime : 1957 : P. MANSIRE (ex-prisonnier de guerre). 1960 : DUBUC, président de la Société d'émulation, école Mont Fortin à Bois-Guillaume. 1960 : Mlle STEPHAN, Mont-Saint-Aignan. 1961 : Mlle STEPHAN travaille avec Mlle JOUTEL. 1970 : COUTURE, école Francisque Poulbot, Barentin, travaille avec BOIVIN. 1974 : MARQUIS, professeur au collège d'enseignement secondaire de Saint-Etienne-du-Rouvray, travaille avec BOIVIN et COUTURE.

Seine-et-Marne : Mlle PARRE, directrice du collège de jeunes filles, Fontainebleau. 1955 : Mme LOZE, institutrice en remplacement de Mlle PARRE. 1960 : TETROT, professeur de cours complémentaire, Soignolles-en-Brie. 1960 : l'abbé LHUILLIER, curé des Chartrettes (ex-déporté). Mme LOZE citée en 1970. 1976 : Claude CHERRIER, Montereau.

Seine-et-Oise : GUIGNEPAIN, inspecteur primaire honoraire, Draveil, démissionnaire en janvier 1949 pour cause de mutation. 1960 : LANSIART.

Yvelines : 1973 : Mlle COUPRY, sous-archiviste aux archives départementales de Versailles. 1976 : Mme BUXTORF, archiviste, Versailles.

Somme : LOGIE, bibliothécaire municipal, Amiens. 1952 : AUGER DUVIGAUD, professeur au collège de garçons d'Abbeville. 1959 : VASSELLE. METTEAU cité en 1970. 1972 : DUVERLIE, Amiens, aide le docteur VASSELLE.

Tarn : 1948 : GRESLES-BOUIGNOL, archiviste en chef, Albi. 1952 : GUY, professeur au lycée d'Albi (travaille en équipe avec ALOUSQUE, professeur au collège moderne de garçons d'Albi, Mlle SUDRIES et Mlle HENRY, professeurs au collège classique de jeunes filles d'Albi, Mme CANREDON, professeur au collège moderne de Lavaur). 1952 : SAULIERE, frère de déporté non rentré, en remplacement de Mlle HENRY. 1963 : X. SCHAPIRA, professeur au lycée, Albi, adjoint à SAULIERE. 1974 : M. et Mme FABRE, professeurs.

Tarn et Garonne : RESSIGEAC, professeur d'espagnol au lycée de Montauban. DOSSAT, professeur d'histoire au lycée de Montauban. 1950 : Mlle FERAL, licenciée d'histoire et géographie, diplômée d'études supérieures, travaille avec DOSSAT et RESSIGEAC.

Territoire de Belfort : 1963 : PLAYOUST, directeur des archives départementales. MANSOTTE cité en 1970. 1976 : Christian OPPETIT, directeur des services d'archives, Belfort.

Var : COULET, bibliothécaire-archiviste de la Ville, Toulon. MASSON, instituteur à Vidauban. 1975 : J.-M. GUILLON.

Vaucluse : CHOBAUT, archiviste en chef, Avignon. Septembre 1949 : CUCUMEL, instituteur à Cavaillon (ex-chef de réseau et ex-chef départemental adjoint des MUR). 1952 : BENOIT, professeur agrégé d'histoire au lycée Mistral d'Avignon. 1953 : AUTRAND, chef de division à la préfecture. 1975 : ISSAUTIER, professeur à l'école normale d'Avignon.

Vendée : Mme JODET, directrice d'école honoraire. 1960 : GOURHAND, directeur des archives départementales, La Roche-sur-Yon. 1962 : Gérard NOCQUET, professeur au lycée, Les Sables d'Olonne.

Haute-Vienne : 1948 : BETGE, archiviste, Limoges. Septembre 1949 : Mlle LANGLOIS, archiviste en chef à Limoges. 1950 : DUCHEIN, archiviste de la Haute-Vienne à Limoges. 1952 : Mme MASCOMERE, professeur au lycée de jeunes filles de Limoges. 1957 : RETAT, Limoges (ex-déporté). 1960 : PEYRAL. 1960 : DUBOIS, instituteur retraité, Limoges. 1961 : DECANTER, directeur des archives départementales, Limoges. 1972 : Mlle PASTAUD, professeur de collège d'enseignement général, Limoges, aide DECANTER.

Vienne : SALVINI, archiviste en chef, Poitiers. 1953 : François VILLARD, archiviste en chef, Poitiers. 1960 : BOULARD, professeur au lycée, Poitiers. 1960 : HUYARD, Poitiers, ancien déporté. 1966 : RACAULT, professeur de lycée, Poitiers. 1968 : PICARD partage les tâches de RACAULT.

Vosges : ROBET, archiviste en chef, Épinal. 1952 : SAVOURET, assistant à la faculté des Lettres de Nancy. 1953 : FRANÇOIS, professeur agrégé au lycée de Nancy. 1960 : NOTEBAERT, secrétaire général de l'office des anciens Combattants, Épinal. 1960 : DODIN. 1963 : BRISWALTER, Bruyères. 1967 : DODIN, Saint-Dié.

Yonne : pas de titulaire en 1949. 1950 : VAUTHIER, professeur aux cours par correspondance, Joigny, ancien déporté à Oranienbourg. 1956 : REGNARD (ex-déporté), décédé en 1966. 1967 : HOHL, directeur des services d'archives, Auxerre. 1975 : GAUTRIN, directeur du groupe scolaire Fournier, Joigny. 1977 : DROGLAND, professeur de collège d'enseignement secondaire, Sens.

Hors de métropole :

Tunisie : 1949 : M. PIGNON, secrétaire de l'institut des hautes études de Tunis.

États-Unis : 1949 : Boris MIRKINE-GUETZEVITCH.

Guadeloupe : H. BENET, proviseur du lycée Carnot, Pointe-à-Pitre.

Martinique : RIMBAUD, importateur, Fort de France.

Maroc : 1952 : TRUCHET, contrôleur civil à la retraite, Rabat.

Madagascar : 1959 : Mme MARCHAND-THEBAULT, archiviste, Tananarive.

Réunion : 1959 : M. SCHERER, nouvel archiviste, succède à M. PEROTIN. 1973 : GERBEAU, directeur-adjoint de l'institut d'études supérieures de lettres et sciences humaines, à Saint-Denis.

Index

N

O

P

Les auteurs

Julien BLANC	Docteur en histoire, ATER à l'Institut d'études politiques de Lyon.
Laurent DOUZOU	Professeur à l'Institut d'études politiques de Lyon, Laboratoire de recherche historique Rhône-Alpes, UMR 5190.
Gil EMPRIN	Correspondant pour l'Isère de l'Institut d'histoire du temps présent-CNRS.
Michel GOUBET	Ancien correspondant du Comité d'histoire de la Deuxième Guerre mondiale, professeur honoraire en classes préparatoires.
Jean-Marie GUILLON	Professeur à l'université de Provence.
Pierre LABORIE	Directeur d'études à l'École des Hautes Études en Sciences Sociales.
Bruno LEROUX	Directeur historique de la Fondation de la Résistance.
Fabrice MAERTEN	Chercheur au Centre d'études et de documentation Guerre et sociétés contemporaines, Bruxelles.
Guillaume PIKETTY	Directeur de recherches à l'Institut d'études politiques de Paris.
Steffen PRAUSER	Maître de conférences à l'université de Birmingham.
Paule RENÉ-BAZIN	Conservateur général du patrimoine.
François ROUQUET	Maître de conférences à l'université de Rennes 1.
Jacqueline SAINCLIVIER	Professeur à l'université de Rennes 2.
John SWEETS	Professeur émérite à l'université du Kansas.
Olivier VALLADE	Ingénieur CNRS.
Cécile VAST	Docteur en histoire, ATER à l'université de Franche-Comté.

Dominique VEILLON	Directrice de recherches au CNRS.
Mercedes YUSTA	Professeur à l'université de Paris 8 – Vincennes – Saint-Denis.

Table des matières

Imprimé en France
par JOUVE
1, rue du Docteur Sauvé, 53100 Mayenne
Avril 2010 - N° 509085C